KB049080

WINNERS TAKE ALL

WINNERS TAKE ALL
THE ELITE CHARADE OF CHANGING THE WORLD

엘리트 독식 사회

세상을 바꾸겠다는 그들의 열망과 위선

아난드 기리다라다스 지음 | **정인경** 옮김

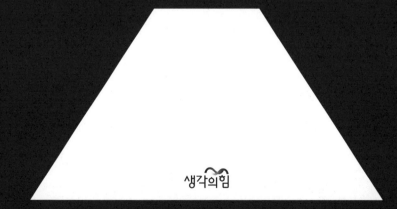

생각의힘

오리온과 조라,
그리고 오늘 태어난 30만 명 이상의 아이들을 위해.
너희들이 우리의 환상을 간파하기를 바라며.

나는 어떤 남자의 목을 조르며 등에 올라앉아 있지만,
나 자신과 다른 사람들에게 장담하건대 그에게 미안한 마음이며
가능한 한 모든 수단으로 그 짐을 덜어주고 싶다.
… 그의 등에서 내려오는 것만 빼고.

－레오 톨스토이, 「시민 불복종과 비폭력에 관한 글」

사회변화는 한 집단이 다른 집단의 이익을 위해
수행하는 프로젝트가 아니다.

－이스라엘 하이파 세계 정의원이
바하이 교인들에게 보내는 편지

프롤로그

우리의 기업과 경제, 이웃과 학교, 기술과 사회의 기본 구조에 이르기까지 사방이 온통 새로운 것들로 번쩍인다. 그러나 이러한 새로움은 누구에게나 그 혜택이 돌아가는 진보와 문명 전반의 향상으로 이어지지 못했다. 미국의 과학자들은 의학과 유전학에서 가장 중요한 발견을 하고 생의학 분야에서 다른 어떤 나라보다 더 많은 논문을 발표한다. 그러나 미국인의 평균적인 건강은 다른 부유한 국가 시민들의 수준에 비해 여전히 뒤떨어지며, 특정 연도의 기대 수명은 실제로 감소했다. 미국의 발명가들은 비디오와 인터넷의 발전에 힘입어 놀라울 정도로 새로운 학습법을 창안해내고, 그중 많은 부분은 무료로 제공된다. 그러나 오늘날 12학년* 학생들은 1992년의 그들보다 독해 능력이 떨어진다. 농산물직거래장터와 홀푸드마켓**이 공존하는 미국은 어느 출판물의 표현대로 '요리의 르네상스'를 맞았다.

* 한국의 고등학교 3학년에 해당한다.
** Whole Foods Market. 유기농 제품으로 유명한 미국의 슈퍼마켓 체인으로, 2017년 아마존Amazon과 합병했다.

그러나 비만 및 관련 질환은 날로 증가하며 거의 모든 사람들의 영양도 개선되지 못했다. 온라인 코딩을 배우는 학생이나 우버Uber 운전자의 사례에서 보듯이 기업가가 되는 데 필요한 도구들은 그 어느 때보다도 접근이 용이한 것처럼 보인다. 그러나 기업을 소유한 청년의 비율은 1980년대 이래 3분의 2 정도로 떨어졌다. 미국은 아마존이라는 대단히 성공적인 온라인 서점을 탄생시켰고, 또 다른 회사인 구글Google은 공공 이용을 목적으로 2,500만 권 이상의 책을 스캔했다. 그러나 문맹은 여전히 고질적인 문제이며 일 년에 최소 한 권의 문학 작품을 읽는 미국인의 비율은 최근 수십 년 동안 4분의 1 수준으로 떨어졌다. 정부는 마음대로 이용할 수 있는 더 많은 데이터를 가졌으며, 시민들에게 말하고 그들의 말을 경청하는 수단도 더 많이 가지고 있다. 그러나 격정적인 1960년대에 비해 고작 4분의 1 정도의 사람들만이 정부를 신뢰할 수 있다고 생각한다.

성공적인 사회는 일종의 진보의 기계다. 이 기계는 혁신이라는 원료를 취해 인류의 광범위한 발전을 생산해낸다. 미국의 기계는 고장난 상태다. 최근 수십 년간 변화의 열매가 열렸을 때 아주 운 좋은 이들이 그 전부를 챙겨갔기 때문이다. 예컨대 상위 10퍼센트의 평균 세전 소득은 1980년 이래 두 배가 되었고, 상위 1퍼센트는 세 배 이상 증가했으며, 상위 0.001퍼센트는 일곱 배 이상 증가했다. 반면 하위 50퍼센트의 평균 세전 소득은 거의 정확하게 동일한 수준에 머물렀다. 이 친숙한 수치가 35년 동안의 경이롭고 어리둥절한 변화의 결과인데, 그에 반해 1억 1,700만 미국인의 평균 임금은 조금도 영향을 받지 않았다.

그러는 동안, 누구에게나 주어졌던 앞서 나갈 수 있는 기회는 이미 앞서 있는 사람들의 특권으로 변형되었다. 1940년에 태어난 미국인 가운데 중산층에서 자란 이들은 나중에 부모보다 더 나은 삶을 사는 이른바 아메리칸 드림을 실현할 수 있는 확률이 대략 90퍼센트에 달했다. 그러나 1984년에 태어나 오늘날 성인이 된 미국인들은 결코 좁힐 수 없는, 크게 두 갈래로 나뉜 새로운 현실을 맞았다. 소득 사다리 꼭대기 부근에서 자란 이들은 이제 70퍼센트의 확률로 꿈을 실현할 수 있다. 한편 바닥 부근에서 자란, 올라갈 필요가 더 큰 이들이 부모의 지위보다 더 높이 오를 확률은 35퍼센트에 불과하다. 운 좋은 이들이 독점하고 있는 것은 돈만이 아니다. 다른 나라의 일반 시민보다 더 오래 사는 편인 부유한 미국 남성은 이제 가난한 미국 남성보다 15년이나 더 살고, 가난한 미국 남성은 꼭 수단과 파키스탄의 남성만큼 산다.

따라서 좌파든 우파든 수많은 미국인은 오늘날 한 가지 공통적인 느낌에 사로잡힌다. 자신과 같은 사람들에게 어딘가 불리하게 게임이 조작되고 있다는 느낌 말이다. 아마도 이것이 '시스템*'을 비난하는 목소리가 계속해서 들리는 이유일 테다. 사람들은 시스템이 개별적인 발전을 사회적인 발전으로 변환하기를 기대한다. 그러나 미국뿐만 아니라 전 세계의 시스템은 혁신의 이득을 위쪽으로 빼돌리도록 조직되었다. 그 결과 세계 억만장자들의 재산은 이제 다른 모든

●   system. 저자는 이 책에서 시스템을 '제도, 법, 규범의 집합'을 의미하는 개념으로 사용한다(401쪽 참조).

이들의 재산보다 두 배 이상 빠른 속도로 증가하고, 인류의 상위 10 퍼센트가 전 세계 부富의 90퍼센트를 보유하게 되었다. 이러한 사실을 감안할 때, 미국 유권자들이 최근 몇 년간 더 분노하고 의구심을 품게 된 것은 당연하다. 이들은 좌와 우의 포퓰리즘 운동을 받아들이고, 한때는 상상조차 할 수 없었던 방식으로 사회주의와 민족주의를 정치의 중심에 끌어들이며, 여기저기에서 쏟아지는 온갖 음모론과 가짜 뉴스에 굴복하고 있다. 미국의 시스템은 고장 났고 이제 바뀌어야만 한다는 인식이 이데올로기적으로 분리된 양 진영 모두에서 뜨겁게 확산되었다.

이렇듯 몰아치는 분노에 직면한 일부 엘리트들은 벽과 문 뒤, 그리고 그들의 튼튼한 집 안으로 숨어들었고, 폭도들로부터 자신을 보호할 훨씬 더 막강한 정치 권력을 장악하려고 할 때만 모습을 드러냈다. 그런데 최근 몇 년간 꽤 많은 미국의 부자들이, 그 자체로는 칭찬할 만한 것이면서도 그와 동시에 자기 잇속을 차리는 다른 어떤 일을 시도했다. 이들은 당면한 문제들을 책임지겠다며, 도움을 주겠다고 나섰다.

대단히 불공평한 현 상태status quo의 승자들이 사방에서 '변화의 열렬한 지지자'를 자처하고 나선 것이다. 이들은 당면한 문제를 알고 있으며, 해결책의 일부가 되기를 원한다. 이들은 사실상 해결책을 찾는 데 앞장서길 원한다. 이들은 자신의 해결책이 사회변화의 최전방에 배치될 만하다고 굳게 믿는다. 이들은 사회 곳곳을 바로잡으려는 보통사람이 주도하는 운동에 동참하거나, 지지 의사를 밝힌다. 그러나 대개 이들, 즉 엘리트들은 자신들이 주도하는 프로젝트를 시작한다.

그리고 사회변화를 마치 자신의 포트폴리오 안에 있는 또 다른 주식이나 구조조정 대상 기업을 대하듯 다룬다. 그러니 그들이 가진 편견도 자연스레 함께 반영된다.

이들의 구상은 대체로 민주적이지 않으며, 집단적인 문제 해결이나 보편적인 해결책을 고려하지도 않는다. 그보다는 오히려 민간의 재단 등을 활용해서 자선을 베푸는 방식을 선호하며, 시장의 방식으로 문제를 파악하려 하고 무엇보다도 정부를 우회하고자 한다. 요컨대 불공정한 현 상태의 승자와 이들의 승리에 일조한 도구, 사고방식, 가치관이 불의injustice를 시정하는 비결이라는 매우 영향력 있는 견해를 표방한다. 그 덕분에 불평등의 시대에 원한의 대상이 될 위험이 가장 큰 이들이 오히려 우리의 구원자로 변신한다.

사회의식이 있는 골드만삭스Goldman Sachs의 금융인들은 녹색 채권green bonds과 임팩트 투자* 같은 "윈윈win-win" 계획을 통해 세상을 바꾸려 한다. 우버나 에어비앤비Airbnb 같은 기술Tech 회사는 가난한 사람들에게 운전기사를 하게 하거나 남는 방을 빌려주도록 함으로써 자신들이 이들의 힘을 길러주고 있다고 말한다. 경영 컨설턴트와 월스트리트의 두뇌들은 자신들이 더 위대한 평등의 추구로 인도하겠다고 사회적 부문**을 설득하여 이사직을 맡는 등 지도적 지위를 차

* impact investing. 수익도 얻고 사회적 가치 창출에도 기여하자는 취지에서, 사회나 환경에 긍정적인 영향을 미치는 기업에 투자하는 것을 말한다. 사회에 좋은 의미의 충격impact을 줄 수 있는 투자를 지향한다.
** social sector. 자선을 비롯한 공익 활동을 하는 비영리·비정부 기구들로 이루어져 있으며, 공공 부문 및 민간 부문에 대비해 제3 부문으로 불리기도 한다.

지하고자 애쓴다.

부호들[*]과 대기업이 후원하는 콘퍼런스나 아이디어 페스티벌은 불의를 주제로 패널을 초대하면서 시스템의 결함을 다루기보다는 결함 있는 시스템 내에서 삶을 개선하는 데 초점을 맞추는 "지식 소매상[***]"을 양성한다. 의심스러운 방식과 난폭한 수단을 사용하여 발전한 수익성 좋은 기업들이 '기업의 사회적 책임'에 관여하고, 일부 부자들은 부를 쌓는 과정에서 심각한 사회적 문제를 야기했을 수 있다는 사실에도 불구하고 "돌려줌giving back"으로써 명망을 얻는다. 아스펜 연구소Aspen Institute와 클린턴 글로벌 이니셔티브Clinton Global Initiative, CGI 같은 엘리트 네트워킹 포럼은 부자들이 문제를 떠맡아 자칭 사회변화의 리더가 되도록 훈련하는데, 실상 이들이 그 숱한 문제의 발생과 지속에 모종의 역할을 해왔다.

공적 규제가 아니라 좀 더 계몽된 기업의 자기 이익이 공공복지의 가장 확실한 보증인이라는 믿음 속에서 새로운 유형의, 지역사회를 고려하는 이른바 B 코퍼레이션[***]이 탄생하기도 했다. 심지어 민주

- plutocrat. 플루토크라트는 그리스어로 부를 의미하는 'plutos'와 권력을 의미하는 'kratos'가 합쳐진 말로, '부와 권력을 다 가진 부유층'을 의미한다. 이 책에서는 '부호'로 번역했다.
- thought leader. 전문성, 대중성, 상업성을 갖춘 개인이나 기업을 일컫는 말이다. 이 책에서 저자는 지식인 계층을 크게 둘로 나누는데, '지식 소매상'과 '공공지식인public intellectuals'(또는 '비판적 지식인')이 그것이다(4장 참조).
- B corporation. 주주만이 아니라, 직원, 지역사회, 소비자 등 모든 이해관계자의 이익benefit을 추구하는 기업을 말한다. B 랩B lab이라는 비영리 단체가 제안한 운동으로, 기업의 사회적·환경적 실천을 엄밀하게 분석하여 의무를 다한 기업에 B 코퍼레이션 인증을 제공한다(389쪽 참조).

당을 변화시키자는 운동에 자금을 댄 실리콘밸리의 억만장자 두 명 중 한 명은 빈정대는 기색도 없이 자신의 목표가 힘없는 사람들의 목소리를 키우고 그들 같은 부자들의 정치적 영향력은 줄이는 것이라고 주장할 수 있었다.

이러한 활동의 배후에 있는 엘리트들은 스키 휴양지보다는 바리케이드를 연상시키는 언어, 그러니까 "세상을 변화시킨다changing the world"거나, "세상을 더 나은 곳으로 만든다making the world a better place"는 표현을 사용하곤 한다. 그러나 이들이 그토록 많은 일을 하면서 돕고 있는 바로 그 순간에도 미국인의 평균적인 삶은 거의 개선되지 않았고, 군대를 제외한 사실상 모든 국가 기관이 대중의 신뢰를 상실했으며, 이들은 계속해서 발전의 과실 대부분을 가져가고 있다는 외면할 수 없는 사실이 우리 앞에 놓여 있다.

세상을 바꾸겠다는 엘리트의 계획에 우리의 미래를 넘겨줄 준비가 되었는가? 참여 민주주의는 실패라고 외치면서 이렇듯 사적인 형태로 변화를 창조하는 것이 앞으로의 새로운 방식이라고 선언할 준비가 되었는가? 미국 정부의 노쇠한 상태를 핑계로 그것을 우회할 뿐만 아니라, 더 위축되도록 방치할 준비가 되었는가? 아니면 우리 모두가 잠재적으로 목소리를 갖는 의미 있는 민주주의를 위해서 싸울 것인가?

오늘날 미국의 엘리트들이 역사상 가장 많은 사회적 배려를 하는 엘리트라는 점은 부인할 수 없다. 그러나 그와 동시에 냉정한 숫자의 논리가 보여주는 것은 이들이 가장 약탈적인 엘리트이기도 하다는 점이다. 엘리트는 자신의 생활 방식이 위태로워지는 것을 거부하고 공공선을 위해 권력자가 희생할 수도 있다는 관념을 부정하면서 일련의 사회적 합의를 고수한다. 요컨대 진보는 자신들이 독점하고 그 부스러기를 버림받은 사람들에게 상징적으로 건네겠다는 것인데, 사실 사회가 제대로 작동한다면 그들 중 다수에게 그런 도움은 필요하지 않을 것이다. 이 책은 엘리트들의 사회적 배려와 약탈, 예외적인 베풂과 축재hoarding, 불공정한 현 상태에서 단물을 빼먹고 그럼으로써 아마도 사태를 악화시키는 행동과 그 행동을 하는 주체가 현 상태의 사소한 부분을 수선하려고 하는 시도 사이의 연관성을 이해해보려는 작업이다. 또한 엘리트들이 세계를 바라보는 방식에 대한 하나의 견해를 제시하는 시도다. 이를 통해 그들이 세상을 변화시키고자 행하는 활동의 장점과 한계를 더 잘 평가해볼 수 있을 것이다.

이 모든 엘리트의 배려와 약탈을 이해하는 데는 여러 가지 방식이 존재한다. 그중 하나는 그들이 할 수 있는 만큼 최선을 다한다고 생각하는 것이다. 세상은 원래 그러하다. 시스템은 원래 그러하다. 시대의 영향력은 누군가 저항할 수 있는 것보다 더 크고, 언제나 가장 운 좋은 이들이 돕는다. 이러한 견해는 그 유익함이 양동이 안의 물 한 방울일지라도 대단하다고 말한다. 그보다 약간 더 비판적인 견해는 이 엘리트 주도의 변화가 선의로 하는 것일지언정 부적절하다고 목소리를 높인다. 대증 요법일 뿐, 근본 원인을 치료하지 못한다는 것이다. 그들의 행위는 우리를 병들게 하는 근원을 바꾸지는 못한다. 이 견해에 따르면 엘리트들은 더 의미 있는 개혁의 의무를 회피하고 있다.

그러나 엘리트들이 발 벗고 나서서 사회변화의 전위를 자처하는 사태를 바라보는 또 다른, 좀 더 암울한 방식도 있다. 상태를 개선하지 못했을 뿐만 아니라 현상 유지에 복무한다는 견해다. 진보에서 배제되는 대중의 분노를 무디게 하고 승자의 이미지를 좋게 만들 뿐이라는 것이다. 엘리트들은 사적이며 자발적인 미봉책을 가지고 만인의 문제를 해결할 수 있는 공적인 해결책을 밀어낸다. 우리 시대에 쏟아져 나오는 엘리트 주도의 사회변화가 상당히 유익하고 고통을 달래주며 생명을 구한다는 사실에는 의심할 여지가 없다. 그러나 이러한 엘리트의 유용함은 "해결책이 아니"라 "곤경의 악화"라는 오스카 와일드Oscar Wilde의 말도 새겨보아야 한다. 100여 년 전, 지금과 같은 혼돈의 시대에 그는 "최악의 노예 소유주는 자신의 노예들에게 친절하게 대해서 그 시스템으로부터 고통받는 이들과 그 시스템을 심사숙고하는 이들이 그것이 가진 끔찍함을 깨닫거나 이해하지 못하게 했던 사람들이었고, 마찬가지로 현재 영국의 상황에서 가장 해악을 끼치는 이들은 가장 좋은 일을 하려고 노력하는 사람들"이라고 말했다.

와일드의 말이 현대인에게는 다소 극단적으로 들릴지도 모른다. 선을 행하려고 하는 일에 무슨 잘못이 있겠는가? 그러나 선이 더 큰, 잘 보이지 않는 해악의 공범일 때는 그럴 수 있을 테다. 우리 시대에 그 해악이란 아주 소수에게 돈과 권력이 집중되는 것이다. 소수는 이를 통해 변화의 이익을 거의 독점하다시피 거두어들인다. 그런데 엘리트가 추구하는 선행은 이러한 집중을 건드리지 않을 뿐만 아니라, 사실상 강화하는 경향이 있다. 엘리트들이 사회변화를 이끄는 리더 역할을 맡게 되면 이들은 사회변화의 의미 자체를 개조할 수 있으며 무엇보다도 승자를 절대 위협하지 않는 개념으로서 제시할 수 있다. 권력을 가진 자와 그렇지 못한 자 사이의 골이 깊어지는 시대에 엘리트는 사람들이 도움을 받아야 하지만 오로지 시장 친화적인 방식이되, 근본적인 권력 방정식을 뒤엎지 않아야 한다는 생각을 퍼뜨렸다. 사회는 바뀌어야 하지만 승자들이 언제나 이길 수 있도록 돕는 근본적인 경제 시스템, 이들이 해결하겠다고 나선 수많은 문제를 야기하는 시스템 자체는 결코 바꾸지 않는 방식이어야 한다. "세상을 바꾸기" 위한 강력한 싸움은 본질적으로 세상을 그대로 유지하는 방식으로 벌어지고, "돌려주기"는 영향력, 자원, 도구의 배분을 그대로 유지하는 방식으로 이루어진다. 어디 더 좋은 방식이 있는가?

세계 최고 부국들을 대표하여 활동하는 연구 및 정책 기구인 경제협력개발기구OECD의 사무총장 앙헬 구리아Ángel Gurría는 엘리트의 지배적인 태도를 소설 속 이탈리아 귀족 탄크레디 팔코네리Tancredi Falconeri에 빗대었다. 팔코네리는 "상황이 유지되기를 바란다면, 상황은 변해야만 할 것"이라고 선언한다. 이러한 견해가 옳다면, 우리 주변의 수많은 자선단체, 사회혁신, '하나 사고 하나 기부하기give-one-get-one' 판매 전략 등은 개혁의 조치가 아닐지도 모른다. 오히려 더 위협적인 변화로부터 엘리트를 보호하는 조치로서 보수적인 자기방어의 형태일 수 있다.

구리아는 이어서 위협적인 변화일 수 있는 사안들을 열거했다. "소득·자산·기회의 불평등의 증대, 금융과 실물 경제 사이의 분리 확대, 노동자·기업·지역 내 생산성 수준의 격차 증대, 여러 시장에서의 승자 독식의 동학, 조세 체계의 누진성 제한, 기득권에 의한 정치와 기관의 포획 및 부패, 의사 결정의 투명성 및 일반 시민의 참여 부족, 교육 및 미래 세대에게 전달할 가치의 건전성 문제." 구리아는 엘리트들이 "표면적으로 상황을 변화시킴으로써 실제로는 아무것도 변화시키지 않는" 다양한 방식을 발견했다고 말했다. 진정한 사회변화로부터 잃을 것이 가장 많은 사람들이 스스로 이 위대한 변화의 책임을 떠맡았고, 종종 사회변화를 가장 필요로 하는 이들의 마지못한 동의도 구했다.

이러한 경향으로 얼룩진 시대가 도널드 J. 트럼프Donald J. Trump의 당선으로 정점에 이른 것은 당연하다. 트럼프는 엘리트 주도의 사회변화에 대한 숭배를 드러낸 사람이자 그 방식을 철저히 이용했으며 그와 동시에 그러한 방식의 화신으로 불리는 인물이다. 그는 널리 퍼져 있는 직관, 즉 거의 모든 미국인을 위한 최선의 일을 하고 있다는 엘리트의 주장이 거짓이라는 직관을 이용했는데, 트럼프 이전에 이를 성공적으로 해낸 이는 거의 없었다. 그는 그 직관을 자극하여 광란의 분노를 만들어낸 다음 그 분노를 엘리트가 아닌 가장 주변부에 있는 취약한 미국인에게 향하도록 했다. 그리고 자신을 띄워준, 자신이 이용했던 바로 그 사기의 화신이 되었다. 그는 자신이 공격한 엘리트와 마찬가지로 기득권자이면서 부당하게도 자신을 배교자로 묘사했다. 그는 스스로를 가난하고 교육받지 못한 사람들의 가장 유능한 보호자로 꾸미고, 모든 증거에도 불구하고 자신이 추구하는 변화는 자기 이익과 아무런 관련이 없다고 주장하는 부유하고 교육받은 남자였다. 그는 힘 있는 사람에게 가장 좋은 것이 힘없는 사람에게도 가장 좋다는, 변화를 말하는 부자들 사이에서 유행하는 이론의 최고

판촉 사원이 되었다. 트럼프는 그들(엘리트)을 만들고 다른 이들은 뒤처지게 놔둔 바로 그 시스템을 개혁하는 과제를 엘리트에게 맡긴 문화의 산물이다.

트럼프에게 표를 던진 사람들과 그의 당선으로 절망한 사람들을 단합하게 하는 한 가지는 이 나라에 변혁에 가까운 개혁이 필요하다는 감각이다. 우리가 대면한 질문은 '이미 경제의 근간을 지배하고 정치권력의 장에서 막대한 영향력을 행사하는 돈을 가진 엘리트들이 사회변화와 더 위대한 평등을 추구하는 영역까지 계속해서 장악하도록 허용해야 하는가'다. 돈과 권력을 장악하는 것보다 더 나은 유일한 한 가지는 돈과 권력을 분배하는 문제에 의문을 제기하려는 노력을 통제하는 것이다. 여우가 되는 것보다 더 나은 유일한 한 가지는 암탉을 감시하라는 부탁을 받은 여우가 되는 것이다.

우리 공동의 삶의 개혁을 국민에 의해 선출되고 그들에게 공식적으로 책임을 지는 정부가 이끌게 할 것인지, 아니면 우리 모두에게 가장 좋은 이익을 알고 있다고 주장하는 부유한 엘리트가 이끌게 할 것인지 결정해야 한다. 우리는 진정으로 더 나은 세상을 열망하기도 하지만 무엇보다도 먼저 자신을 보호하려고 하는 사적 행위자들이 효율성이나 규모와 같은 지배적인 가치를 내세워 민주적인 목적을 찬탈하는 모습을 지켜볼 것인지 결정해야만 한다. 물론 정부는 지금 제대로 기능하지 못하고 있다. 이는 분명한 사실이다. 그러나 바로 그러한 이유로 우리는 정부의 수리를 최우선의 과제로 삼아야 한다. 문제가 많은 민주주의를 우회하려고 하면 할수록, 민주주의는 훨씬 더 많은 문제를 겪는다.

우리는 민주적인 노력을 기울여 노예제를 폐지하고, 아동 노동을 종식시키고, 노동일을 제한하고, 약물을 안전하게 관리하고, 단체 교섭을 보호하고, 공립 학교를 세우고, 대불황과 싸우고, 농촌 지역에 전기를 보급하고, 전국을 잇는 도로를 건설하고, 빈곤이 없는 위대한 사회를 추구하고, 여성·아프리카계 미국인·그 외 소수자들에게 시민적·정치적 권리를 확대하고, 동료 시민들에게 노년의 건강, 안전, 존엄을 제공해왔다. 이처럼 오늘날 우리를 있게 한 진보의 동력에 대한 굳건한 믿음을 어째서 그토록 쉽게 잃어버렸는지 자문해보아야 한다.

이 책은 엘리트가 주도하는 시장 친화적이며 승자의 안전이 보장되는 사회변화에 대한 일련의 묘사를 제시한다. 각 장에서 여러분은 이러한 형태의 변화를 열렬히 신봉하거나, 혹은 의문을 제기하는 사람들을 만나게 될 것이다. 여러분은 자신이 다니는 신생 벤처 기업이 빈곤 노동자의 곤궁을 해결하리라고 믿는 직원, 강력한 공적 조치만이 치솟는 대중의 분노를 저지할 수 있다고 믿으며 신생 기업에 투자하는 억만장자를 만날 것이다. 또한 부자와 권력자의 초청이나 후원을 계속해서 받고자 할 때 이들에게 과연 얼마나 도전할 수 있을지 고민하는 한 지식인thinker도 만날 것이다.

여러분은 골드만삭스와 맥킨지에서 근무한 전력이 있는, 경제적 평등을 부르짖는 한 활동가도 만날 것이다. 그는 "문제를 야기한 바로 그 도구를 가지고 문제를 풀려는 시도"에 자신이 공모한 것은 아닌지 고민하는 사람이다. 여러분은 자선계의 가장 영향력 있는 인물 중 한 사람을 만나게 될 것이다. 그는 어떠한 방식으로 돈을 벌었는지 말하지 않는다는 금기를 깨뜨림으로써 그를 칭송하는 부자들을 망연자실하게 한다. 여러분은 정치적 행동을 통해 세상을 바꾸겠다는 신념을 가지고 자신의 경력을 시작한 전직 미국 대통령을 만날 것이다. 그는 대통령직에서 물러난 이후 부호들과 어울리면서 이들을 위협하기보다는 그들에게 이득이 되는 사적인 방법을 통한 변화에 이끌리기 시작했다.

여러분은 대단한 명사 취급을 받는 "사회혁신가"도 만날 것이다. 그는 상업적인 접근으로 세상을 바꾸는 자신의 방법이 과연 기대한 대로 문제를 해결할 것인지 내심 의문을 품고 있다. 여러분은 어느 이탈리아 철학자를 만날 것이다. 그는 부자가 변화를 주도할 때 배제되는 것이 무엇인지 상기시킨다.

이처럼 다양한 인물이 지닌 공통점은 이들이 어떤 강력한 신화를 붙들고 씨름하고 있다는 점이다. 이 신화는 예외적으로 권력이 집중된 시대를 조성했고, 실질적인 변화를 회피하기 위한 엘리트의 사적이고 편파적이며 자기보존을 위한 행위를 허용해왔다. 또한 이 신화 덕분에 수많은 고귀한 승자들은 '좋은 일을 함으로써 성공한다'는 자신의 구상을 배제의 시대에 적합한 해법으로써 스스로는 물론 세상의 많은 사람들에게 제시할 수 있었다. 이 신화는 특권의 보호를 사심 없는 것으로 치장하고, 좀 더 의미 있는 변화는 순진하고 급진적이며 멍청한 것으로 묘사한다.

이 신화들이 정확히 그러하다는 점이 이어지는 장에서 밝혀질 수 있기를 바란다. 우리 시대에 개혁으로 보이는 많은 것들은 사실 현상태의 옹호일 뿐이다. 이러한 오인을 조장하는 신화를 간파할 때 진정한 변화로 향하는 길이 드러날 것이다. 권력자의 허락 없이도 세상을 개선하는 일이 다시 한번 가능할 것이다.

그러나 세상은
어떻게 변화되는가?

힐러리 코헨Hilary Cohen은 대학 생활을 하는 동안 아리스토텔레스와 골드만삭스의 가르침에 한껏 고무되었고, 세상을 변화시키고 싶었다. 그와 동시에 그녀는 머릿속을 맴도는 한 가지 질문으로 고민했다. 그런데 세상은 어떻게 변화되어야 하지?

2014년 조지타운 대학 4학년의 봄이었다. 그녀는 졸업 후 무엇을 할지 결정해야 했다. 경영 컨설턴트가 되어야 할까? 랍비가 되어야 할까? 곧바로 비영리 단체에서 일하면서 사람들을 도와야 할까? 아니면 일단 기업에서 경험을 쌓아야 할까? 당시 그녀는 미국의 엘리트 대학생이라면 누구나 가졌을 법한, 타인을 돕는 데는 기업에서의 경험이 필수적이라는 지배적인 메시지에 젖어 있었다. 의미 있는 사회변화를 이끌어낼 수 있는 가장 좋은 방법은 세상을 주도하는 곳에서 보고 배우는 것이었다.

세상을 바꾸겠다는 이상은 그녀 세대에게 일반적이었지만 코헨의 배경을 감안하면 뜻밖이었다. 그녀는 「월스트리트저널Wall Street Journal」을 구독하는 휴스턴의 부유한 가정에서 성장했는데, 어머니는 정신건강 분야와 유대인 공동체에서 열심히 자선활동을 했고 아버지는 금융(채권, 부동산) 분야에서 일했다. 그는 다른 아버지들이 소프트볼을 지도하듯이 딸에게 투자 분석을 가르쳤는데, 예컨대 쇼핑몰을 돌아다니면서 어느 상점에 가장 긴 줄이 늘어서 있는지 살피도록 했다. 때때로 그는 딸의 관찰을 근거로 주식을 샀고 주가가 오르면 크게 칭찬했다. 고소득자인 아버지를 둔 덕분에 코헨은 유아원에서부터 고등학교까지 킨케이드 스쿨the Kinkaid School에 다녔는데, '전인全人' 교육과 '지적·육체적·사회적·윤리적 균형 성장'의 철학을 표방하는 사립 학교였다. 이러한 학교에 다니는 대다수 학생이 그렇듯이, 그녀가 한때는 높은 이상을 품다가 사회봉사 요건을 완수하고 결국 아버지처럼 돈 잘 버는 화이트칼라 직종에 자리를 잡는 것은 지극히 자연스러운 경로였다.

그러나 코헨은 꽤 오랫동안 정치와 공공서비스에도 관심을 가지고 있었다. 그녀는 "3학년 때부터 어지간한 학생회 임원은 다 맡았다"고 말했다. 어린 시절 그녀는 "2032년 힐러리 코헨"이라는—온라인에서는 페이스북Facebook 그룹으로, 현실에서는 실물 티셔츠로 뒷받침된—대통령 출마의 꿈을 품었다. 고교 시절에는 휴스턴 시장의 청년 협의회 일원으로 활동했고, 하버드 대학의 여름 강좌인 '의회: 정책, 정당, 제도'를 수강했으며, 미 의회에서 인턴으로도 일했다. 마침내 대학 입학을 앞두고 워싱턴으로 돌아왔는데 이때 그녀는 아버지의 영향력을 벗어나 다른 궤도에 진입한 것처럼 보였다.

그녀는 몸에 밴 사업에 대한 흥미, 정치에 대한 고유한 열정 그리고 어렴풋하나마 수학 또는 과학의 한 과목, 혹은 기타 어려운 학문을 접해보고 싶은 마음을 품은 채 대학에 갔다. 그러나 그녀는 곧 자신의 변화를 감지했다. 오래된 석조 건물과 녹색 사각형 안뜰에서 이상주의에 사로잡힌 대학생은 그녀만이 아니었다. 교육학에 관한 신입생 세미나를 수강한 그녀는 거기에서 아리스토텔레스의 『니코마코스 윤리학Ethika Nikomacheia』을 읽었다. 그녀는 이 책을 두고 "나에게 지대한 영향을 미쳤고, 아마도 대학 생활 그리고 결국 인생의 행로를 바꿔놓았다"고 말했다.

휴스턴의 부유한 동네에서 성장했고, 금융인의 슬하에서 배웠으며, 명문 조지타운에 들어가기 위해 최고의 예비 학교prep school를 거친 이가 품었음 직한 인생의 목표에 관한 수많은 가정은 『니코마코스 윤리학』을 읽으면서 통째로 흔들렸다. 아리스토텔레스는 말했다. "돈을 버는 인생은 필요에 의해서 어쩔 수 없이 택하는 것일 뿐, 부가 우리가 추구하는 선善일 수는 없다. 왜냐하면 부는 그저 유용할 따름이며 다른 어떤 것을 위한 것이기 때문이다." 물질적인 것보다 더 위대한 목표를 찾으라고 하는 이 가르침은 이후로도 계속해서 그녀를 떠나지 않았다. 코헨은 말했다. "아리스토텔레스는 당신이 인생의 목표라고 착각할 수 있는 모든 것을 검토해요." 영광, 돈, 명예, 명성. "무엇보다도 그는 이러한 것들이 결국에는 당신을 만족시킬 수 없는 근거를 제시하죠." 그에게 유일한 지고至高의 선은 '인간의 행복'이었다.

수업을 들으면서 코헨은 철학을 전공하고 싶은 마음이 생겼다. 어떻게 사는 것이 최선인지에 대한 이 고대의 고민을 사람들이 어떤 식으로 해결하는지 이해하고 싶었기에 심리학, 신학, 인지과학 수업도 들었다. 학위를 따기 위해 노력하면서 그녀는 '타인을 위하는 인간의 행복'이라는 관념을 추구하고 싶다는 결단을 내렸다. 다른 많은 동기들과 마찬가지로 그녀는 긍정적인 변화의 주역이 되고 싶었다. 또래 사이에서 이러한 욕망이 널리 퍼져 있었던 이유는 아마도 불운한 이들에게 어떤 은총도 내리지 않는 사회에서 자신들이 운 좋은 사람이라는 사실을 종종 떠올렸기 때문일 것이다.

코헨이 조지타운 대학에 다니던 2010년 초만 해도 불평등에 대한, 손에 넣을 수 없는 아메리칸 드림에 대한 분노가 아직 절정에 달하지는 않았다. 그러나 이미 회피할 수도 없는 것이었다. 대침체* 이후 회복의 기운은 여전히 더뎠다. 워싱턴에 있는 대학 주변에도 고급 주택이 눈에 띄게 늘면서, 최근 20년 사이 2구역**의 흑인 인구는 절반으로 줄었다. 학생들은 대학 신문 「호야The Hoya」의 보도로 이 사실을 알았다. 코헨이 입학하고 두 달이 지났을 때, 아주 색다른 느낌의 티파티***가 2010년 중간 선거에서 주목할 만한 승리를 거두었다. 바네사 윌리엄슨Vanessa Williamson과 테다 스카치폴Theda Skocpol은 그 운동을 세밀하게 분석하는 책에서 "그들****은 더 이상 보통의 일하는 사람들을 신경 쓰지 않는 듯했다"는 티파티 성원 베벌리Beverly의 말을 인용했다. 이 책은 코헨이 신입생이던 해 봄에 출판되어 조지타운에서 교재로 쓰였다.

* Great Recession. 2008년 서브프라임 사태 이후 미국과 전 세계가 겪은 경기 침체를 1930년대 대공황Great Depression에 빗대어 일컫는 말이다.
** Ward Two. 백악관을 비롯한 주요 시설과 대학들이 위치한 곳을 말한다.
*** Tea Party. 오바마 대통령의 건강보험 개혁에 반발하며 2009년부터 시작된 보수주의 운동으로, 작은 정부와 재정 건전성을 중시한다.
**** 워싱턴의 정치인들을 의미한다.

코헨이 2학년이던 해, 첫 두 주 동안에는 '점령하라 운동Occupy Movement'이 출범했다. 이 운동이 선전한 덕에 코헨이 대학에 다니는 동안 미국인들이 구글에서 '불평등'을 검색한 횟수는 두 배로 늘었고 '1퍼센트' 검색은 세 배나 늘었다.

그녀가 3학년이던 해 봄, 조지타운 대학의 리더들과 마찬가지로 예수회 출신이 새 교황으로 선출되었다. 교황 프란치스코Pope Francis 는 즉각 "시장의 절대적인 자율성과 금융 투기를 거부하고 불평등의 구조적 원인을 제거함으로써 빈곤이 발본적으로 해결되어야 한다"고 촉구했다. 그는 특히 불평등을 "사회 모든 악의 근원"이라고 보았다. 「호야」는 로마에서 울려 퍼진 이 말들이 캠퍼스에서 반향을 일으키고 있다고 보도했다. 나중에 코헨과 함께 자선활동 프로젝트에 진력하게 될 예수회 사제이자 정치학 교수인 매슈 카네스Matthew Carnes 는 불평등에 대한 대학에서의 오랜 비판이 교황에 의해 "옹호되었다"고 신문에서 말했다. 코헨이 4학년이 되기 전 여름에는 '블랙 라이브즈 매터^{•••••}'와 관련한 이슈가 불거졌는데, 동급생 중 다수는 현대 미국 역사상 불평등에 대한 가장 통렬한 비판 중 하나인 이 운동에 깊은 관심을 보였다. 코헨이 졸업을 앞두었을 무렵, 무명의 프랑스 경제학자 토마 피케티Thomas Piketty가 경이로운 베스트셀러 『21세기 자본Capital in the Twenty-First Century』을 출판했다. 2.5파운드에 달하는 704쪽의 이 책은 불평등을 통렬하게 폭로했다.

●●●●● Black Lives Matter. '흑인의 목숨도 소중하다'는 뜻으로 2012년 미국에서 흑인 소년을 죽인 백인 방범 요원이 이듬해 무죄 평결을 받고 풀려나면서 시작된 흑인 민권 운동을 총칭한다.

피케티와 몇몇 동료들은 코헨이 졸업과 동시에 돈을 벌기 시작한 2014년 무렵, 깜짝 놀랄 사실을 담은 논문을 출간한다. 연구는 코헨 같은 대졸자가 소득 상위 10퍼센트에 속할 것이라는 신중한 가정을 전제로 해서 1980년 비슷한 상황에 놓인 사람보다 세전 수입이 두 배 이상이라는 것을 보여주었다. 만일 코헨이 소득 상위 1퍼센트에 속한다면 그녀의 수입은 부모님 시대의 1퍼센트가 번 것의 세 배 이상 될 것이었다. 참고로 인플레이션을 감안하여 보정했을 때 1980년에 42만 8,000달러인 엘리트의 1년 평균 수입은 2014년 130만 달러에 이른다. 만일 희박하나마 그녀가 상위 0.001퍼센트에 든다면, 그녀의 수입은 1980년의 그것보다 일곱 배나 더 많은, 1억 2,200만 달러가 될 것이다. 연구에는 같은 기간 미국인의 하위 50퍼센트의 세전 평균 임금이 1만 6,000달러에서 1만 6,200달러로 인상되었을 뿐이라는 놀라운 사실도 포함되었다. 달리 말해서 1억 1,700만 명의 사람들은 "1970년대 이래 경제성장에서 완전히 차단되어 있었다"고 피케티, 이매뉴얼 사에즈Emmanuel Saez, 가브리엘 주크만Gabriel Zucman은 말했다. 정신을 혼미하게 만들 정도였던 기술 혁신의 한 세대가 미국인의 절반을 위해서는 이렇다 할 진보를 가져다주지 못한 것이다.

　코헨은 양극화되는 미국의 현실 속에서 진로를 결정해야 했다. 그녀의 열망을 가장 잘 포착한 구절은 조지타운의 복도에서 흔히 볼 수 있는 "나는 수백만 명의 인생을 바꿀 것이다"였다. 이 말은 사회문제가 가득한 시대에 그 해결에 힘쓰겠다는 널리 퍼진 이상을 대변했다. 또한 그러한 이상이 시장 자본주의의 제도와 관행에 의해 어떻게 굴절되는지도 드러냈다.

코헨과 그 친구들이 타인을 위해 세상을 변화시키는 일에 관해 고민할 때, 이들은 자신들의 시대 감성에 따랐다고 그녀는 설명했다. 지금은 위상이나 영향력 면에서 자본주의에 대적할 만한 이데올로기가 없는 시대이자, 사회변화와 같은 주제를 고려할 때조차 시장의 언어, 가치, 가정에서 벗어나기 어려운 시대다. 대학의 사회주의 동아리는 사회적 기업 동아리로 대체되었다. 학생들도 광고, 그리고 이른바 지식 소매상들의 테드TED 강연과 책이 전파하는 기업 세계의 율법에 영향을 받고 있었다. 요컨대 무엇을 하든지 "수백만 명의 사람들"이라고 말할 정도의 "규모"로 하라는 것이었다. 무엇보다도 이 시대는 젊은이들에게 그들이 "좋은 일을 함으로써 성공할 수 있다"고 집요하게 말했다. 결국 코헨과 친구들이 자신들의 이상을 추구하고자 했을 때, 무언가를 파괴하거나 이의를 제기하는 방식이 아니라 어떤 벤처를 창업할 것인가의 문제로 접근하게 되었다고 그녀는 말했다. 대다수의 사람들은 악에 도전하는 것보다 선을 건설하는 것이 더 영향력 있다고 믿었다.

이들의 부모가 "더 나은 세상"에 관해 말했던 한 세대 전에는 많은 이들이 '시스템', '권력', '인류' 등의 언어로 이루어진 사고를 추종하는 경향이 있었다. 1960~1970년대에 조지타운은 강한 종교적 성향 탓에 매우 보수적인 대학 중 하나였다. 그런데도 베트남 전쟁에 반대하고, 시스템에 이의를 제기하고, 급진 조합Radical Union 같은 집단에 가입하는 열혈 변혁가들이 많았다. 1970년대에 급진 조합은 지지자들이 모택동 주석의 어록을 읽도록 권유하는 서신을 출판하기도 했다. 1971년 수전 버만Susan Berman이 쓴 『당신이 선택한 대학에 관한 비공식 안내서』는 "캠퍼스의 4분의 1 정도만 유행에 민감하다. 대학생들은 누더기를 걸쳤다. 그러나 3년 전만 해도 일부 학생들이 스포츠 코트에 타이를 매고 수업에 들어온 것에 비하면 지금은 사정이 나아지고 있는 중이다"고 밝혔다.

그러한 학생 중 하나가 빌 클린턴Bill Clinton이었다. 그는 1964년에 조지타운 대학에 입학했는데, 2학년이 되었을 때 다행히도 셔츠와 타이를 갖춰 입어야 하는 규정이 폐지되었다. 미래의 대통령이 당시 인터뷰 진행자인 모리스 무어Maurice Moore에게 "내가 보기에 히피 또는 신세대off-beat generation의 일원으로 분류될 만한 친구가 많았다"고 말했다지만, 스스로 급진주의자라고 생각하지는 않았다. 클린턴은 그의 표현에 따르면 히피 운동의 '다소 건강하지 못한 반항 습성'과 거리를 두기 위해 신중을 기했다. 그러나 그가 선택한 진로는 사회 변화를 원하는 당시 젊은이들이 장래를 고민했던 방식을 보여준다. 그는 자신이 박사 학위 또는 로스쿨, 그 후에는 "국내 정치, 말하자면 선거 운동이나 그와 비슷한 것"을 생각했었다고 무어에게 말했다. 그는 린든 존슨Lyndon Johnson 대통령의 민권civil right과 빈곤에 관한 포괄적인 구상에 매료되었고 당시에는 그러한 생각이 당연하다고 믿었다. 만일 진지하게 세상의 변화를 고민한다면, 사회문제의 근원에 있는 시스템을 다루는 일에서 시작해야 한다는 믿음이 바로 그것이다.

그때 이후로 조지타운과 미국 그리고 전 세계가 세상을 바꾸는 가장 좋은 방법에 관한 신흥 이데올로기에 포획되었다. 그 이데올로기는 종종 신자유주의라고 불리는데, 인류학자 데이비드 하비David Harvey의 규정에 따르면 "강력한 사적 소유권, 자유시장, 자유무역을 특징으로 하는 제도적 틀 내에서 개인이 기업가로서 자유와 수완을 자유롭게 발휘하도록 할 때 인간의 행복이 가장 잘 도모될 수 있다고 생각하는 정치경제적 실천의 이론"이다. 하비는 이 이론이 설파되는 곳마다 "규제 철폐, 민영화, 그리고 다양한 공공서비스 영역에서 국가의 철수"가 뒤따르는 경향이 있다고 말했다. "시장에서 개인의 자유가 보장되는 한편, 사람들은 저마다 자신의 행동과 안녕을 책임진다. 이 원칙은 복지, 교육, 보건, 심지어 연금의 영역에까지 뻗어간다." 정치철학자 야샤 뭉크Yascha Mounk는 이 이데올로기가 새로운 '책임의 시대'를 열었다고 말하면서 그 문화적 영향을 다음과 같이 포착한다. "한때 타인을 돕고 지원하는 도덕적 의무를 의미했던 책임은 이제 자급자족의 의무를 암시하게 되었다."

이 혁명의 선구자는 로널드 레이건Ronald Reagan과 마가렛 대처 Margaret Thatcher 같은 우파 정치인으로, 이들은 정부의 역할을 비방함으로써 권좌에 올랐다. 레이건은 "정부는 우리 문제의 해결책이 아니다. 정부 자체가 문제다"고 선언했다. 2세기 전, 그의 나라를 건국한 이들은 "더욱 완벽한 연방을 형성하고, 정의를 확립하며, 주州들 간의 평화를 보장하고, 공동 방위를 도모하며, 모두의 복리를 증진하고, 우리와 우리의 후손들에게 자유의 축복을 보장하기 위하여" 입헌 정부를 수립했다. 이들이 만든 기구—미국을 역사상 가장 성공한 사회로 세우는 데 기여한—는 이제 이 모든 지향의 적이라고 선포되었다. 대서양 건너편의 대처는 "사회 같은 것은 없다. 개개의 남자, 여자, 그리고 가족이 있을 뿐이다. 정부는 사람들을 통하지 않고서 아무것도 할 수 없으며, 사람들은 자기 자신부터 먼저 돌보아야 한다"고 말하면서 레이건과 공명했다. 미국 등지에서 실제로 이들의 혁명이 이룩한 것은 세금의 인하, 규제의 완화, 그리고 학교·직업 훈련·공원 등 공유물 전반에 대한 공공 지출의 대대적인 삭감이었다.

그렇다고 해서 우파가 단독으로 이러한 혁명을 완수할 수는 없었다. 말하자면 충성스러운 반대파가 필요했다. 신자유주의자들은 미국의 정치 스펙트럼상 왼쪽 절반에서 자신들과 협업할 수 있는 집단을 육성했다. 이 자유주의 후보 선수들은 사회 개선과 약자 보호라는 좌파의 전통적인 목표를 계속 유지할 터이지만, 점차 시장 친화적인 방식으로 추진할 것이었다. 클린턴은 이른바 좌파와 우파를 넘어선 제3의 길Third Way, 그리고 1996년 이 말이 나온 순간부터 역사에 길이 남게 된 "큰 정부의 시대는 끝났다"는 유명한 선언 덕분에 이 집단의 우두머리가 될 것이었다.

1960년대 존슨식 큰 정부 행동주의activism를 수용한 것에서부터 큰 정부의 종식을 선언하기에 이르기까지 클린턴의 진화는 일종의 문화적 전환을 대변했는데, 그 효과는 코헨이 발견했듯이 2010년대 초 조지타운에서도 감지되었다. 코헨과 친구들이 세상을 바꾸려는 열망에 자극되었을 때, 이들은 문제를 해결할 최선의 장소로서 정부보다는 시장에 끌리는 경향이 있었다. 이는 이들의 관념과 이들에게 주어진 활용 가능한 자원의 영향이었다. 예로부터 전해오는 젊은이 특유의 세계를 달리 해석하려는 충동은 이제 이 시대를 지배하는 관념에 의해 주조되고 인도되곤 했다. 진정으로 세상을 바꾸고 싶다면 자본주의의 기술, 자원, 인력에 의존해야 한다는 관념이 그것이다. 예를 들어 2011년 조지타운 대학에는 학생 활동에 배정된 기금이 150

만 달러나 쌓여 있었다. 대학 당국이 이 기금을 운영하는 일에 더는 관여하려고 하지 않았기 때문에 그것을 어떻게 이용할지를 두고 학생 투표가 실시되었다. 학생들은 여러 제안 가운데 '세상을 이롭게 하는 재학생 및 졸업생의 혁신적인 아이디어에 투자하는 학생 운용 기금'이라는 안을 선택했다. 코헨은 이 사회혁신 및 공익 활동기금 Social Innovation and Public Service Fund의 창립 이사회의 학생 이사 두 명 중 한 명으로 합류했다. 그녀는 조지타운 대학의 교수들뿐만 아니라 사모펀드 경영자와 여타 기업가들과 함께 일했다. 이는 더할 나위 없이 칭찬할 만한 선의의 기획이었다. 그와 동시에 많은 젊은이들이 시장 컨센서스market consensus가 지배하는 시대에 변화—사회적이고 정치적인 행동에 의해서뿐만 아니라 투자위원회에 의해서 추진될 수 있는—를 어떻게 생각하는지를 보여주었다.

최근 수십 년 동안 기업의 후원자들은 대학 생활로 침투하여 학생들의 관심을 잡아끄는 프로그램을 개발하는 데 상당한 성과를 거두었다. 예를 들어 1970년대 초 조지타운은 장차 씨티은행Citibank으로 발돋움하게 될 은행의 창업자이자 하버드 경영대학원의 주요 기부자인 고故 조지 베이커George F. Baker 일가로부터 선물을 하나 받았다. 가장 우수한 학생들을 표창하는 베이커 장학 프로그램Baker Scholar program이 그것인데, 그가 기부한 하버드 경영대학원에 이 프로그램이 생겼다면 아마도 그러려니 했을 것이다. 하지만 조지타운 대학에서 인문대liberal arts 학생들을 대상으로 "비즈니스의 세계에 대해 배울" 수 있는 "특별한 기회"를 제공하는 프로그램을 만든 것은 정말이지 교묘한 일이었다.

코헨은 이 프로그램에 지원했다. 사업가가 되고 싶어서라기보다는 영향력을 가지려면 비즈니스 세계에서의 훈련과 경험이 유용하리라는 확신이 있었기 때문이다. 지원서를 낸 후 그녀는 면접을 보았다. 면접은 네 명의 이사가 질문을 퍼붓는 방식이었는데 "이들 대부분이 금융이나 컨설팅 분야에 종사하거나, 했었다"고 그녀는 회상했다. 비즈니스에 대한 관심이 어느 정도인지 묻는 질문에 그녀는 어린 시절 아버지를 위해 쇼핑몰을 조사했던 일화를 떠올렸다. 그녀는 세상의 변화와 관련된 전통적인 관점, 조지타운의 예수회 전통, 그리고 새로이 뜨고 있는 시장 중심의 관점 사이의 긴장이 질문에 반영되었다고 말했다. "저는 그날 하루 동안 '수익성과 상충할 수밖에 없는 윤리적 기준의 균형을 가늠해보라', '예수회의 이상인 타인을 위한 여성과 남성을 삶 속에서 어떻게 실천해왔는지 묘사하라', '자신의 퍼스널 브랜드personal brand를 두 문장 이하로 간명하게 표현해보라'는 질문을 받았어요."

면접 결과 그녀는 베이커 장학생으로 선발되었고, 그 덕분에 보통사람이라면 좀처럼 알기 어려운 비즈니스 세계 내부의 특성을 들여다볼 수 있었다. 프로그램은 교내에서 정기적인 모임을 열었고 때로는 다른 도시를 찾아가기도 했다. 그녀는 컨설팅 기업, 금융서비스 기업, 미디어와 테크놀로지 회사뿐만 아니라 키바Kiva, 두섬싱DoSomething, 카인드Kind, 나스카NASCAR 등의 회사도 방문했다.

인문대 학생들이 비즈니스에 관심을 갖도록 유도하는 프로그램에서, 이사들 중 한 명은 은밀하게 정반대되는 메시지를 전달하려고 시도했다. 그는 케빈 오브라이언Kevin O'Brien이라는 예수회 사제로

1980년대에 베이커 장학생이었는데, 원래 회사법 분야의 직업을 준비했다가 사제가 되려고 마음먹으면서 그 세계를 떠난 이였다. 그는 코헨 또래의 베이커 장학생 아홉 명이 참석하는 정례 만찬을 주관했다. "우리 대부분이 들어가려고 하는 세계를 이미 경험했고, 또 떠나왔기 때문인지 속마음을 숨기는 다른 이사들에 비하면 온화하지만 아주 도발적인 성격의 질문을 던지곤 했다"고 그녀가 말했다. "그는 우리를 자극해서 각자의 소명과 '영혼의 화폐'로 보상받는 일에 대해 자주 생각하도록 하곤 했어요."

오브라이언 신부가 제공한 종류의 충고는 학내 기업 채용 담당자들, 대개 인턴 사원을 제안하는 것으로 시작하는 이들의 거대한 힘에 대항하는 것이었다. 대다수 주요 대학을 압도해버린 출세 지향적 문화에서는 야망 있는 많은 학생이 잠재적 직업을 탐색하는 일로 여름을 보내고는 했다. 코헨도 마찬가지였다. 2010년에 그녀는 의회에서 인턴을 시작했다. 그녀 주변의 여러 사람들이 보기에 의회 인턴은 세상을 바꾸는 방법을 배우는 구닥다리 방식이었다. 그들은 탐스슈즈Toms Shoes나 임팩트 투자 기금처럼 사회문제에 관심을 갖는 사업을 추진하는 일을 훨씬 더 높이 평가했다. 코헨은 이러한 견해를 마뜩잖게 여겼지만 그렇다고 해서 완전히 거부한 것도 아니었다. 의회 인턴을 마친 그녀는 이번에는 교육 테크놀로지 회사에서 인턴을 했다. 4학년이 되기 전 해의 여름, '블랙 라이브즈 매터'가 한창이었다. 그녀는 장차 자선가가 되려는 다른 많은 사람을 따라 골드만삭스의 인턴 애널리스트로 여름을 보냈다.

이러한 선택이 과연 다른 사람을 돕겠다는 이상을 품은 이에게 적합한 것인지 의아할 수도 있다. 하지만 그녀 또래에게는 전혀 낯설지 않은 일이었다. 기업이 가르치는 기술이 어떤 종류든 변화를 만드는 데 꼭 필요한 도구라는 견해, 골드만과 같은 회사가 옹호하는 그 흔한 견해에 감명을 받은 사람은 코헨만이 아니었다. 경영 컨설팅 회사와 월스트리트의 금융 기업은 최근 몇 년간 수많은 젊은이들을 상대로, 소위 인문학이 제공한다고 이야기되는 것보다 우월한 버전, 예컨대 길을 걸으면서 원하는 무엇이든지 할 수 있는 휴대성 뛰어난 트레이닝을 제공할 수 있다고 설득해왔다. 코헨에 따르면, 그들은 또한 "세계의 리더가 되기 위해서는 이 기술이 필요하다"고 말했다.

그녀가 이러한 통념에 어느 날 갑자기 굴복한 것은 아니었다. 캠퍼스 내 게시판이나 온라인에 광고된 비영리 부문의 일자리도 신중하게 고려했다. 그러나 어쩐지 위험 부담이 있는 것처럼 느껴졌다. 물론 그녀는 변화를 만드는 일에 단도직입적이었다. 그러나 대기업이 제공하는 실력 양성 및 자기 계발에 따른 이점을 포기할 것인가? 그녀가 살펴본 비정부 기구들NGOs 중 일부는 젊은이를 위한 진로 계획도 책임감과 영향력을 키워가는 장래성도 없는 것처럼 보였다. 이들 중 상당수는 연간 한두 명의 졸업생을 고용했고 체계가 거의 없었기 때문에 개인이 알아서 해나가기를 기대했던 반면, 대기업은 한 학년 전체를 신입 애널리스트로 선발했고 이들을 "학급class"이라고 지칭하면서 기숙사 생활에 대한 묘한 향수를 불러일으켰다.

코헨은 여전히 아리스토텔레스파였다. 예컨대 많은 사람이 돈이 목적이라고 생각했지만 그녀는 돈 자체가 목적은 아니라고 믿었다. 하지만 돈은 수단이었고, 따라서 그녀는 세상을 더 나은 곳으로 만들기 위해서는 돈을 다루는 법을 배울 필요가 있다는 주변의 믿음을 받아들였다.

대기업은 자신들을 미래의 변화를 위한 발판이자 오늘날의 변화를 위한 실험실로 묘사하기 위해 갖은 노력을 했다. 예를 들어 골드만은 '1만 명의 여성'이라는 프로젝트를 시작하여 여성 기업가에게 투자하고 조언도 제공했다. 홍보 책자에 따르면, 이는 '불평등을 줄이고 경제성장의 몫을 더 많이 공유하도록 하는 가장 중요한 수단 중 하나'였다. 코헨이 인턴으로 일할 당시, 골드만은 뉴욕의 한 교도소 프로그램에 1,000만 달러를 투자하는 실험적인 (결국에는 망한) 프로젝트에 관여하고 있었다. '소셜 임팩트 채권social impact bond'으로 불린 새로운 금융상품 약관에 따르면, 투자를 받은 교도소 교육 프로그램이 재범률을 획기적으로 낮추었을 때 수익이 발생했다.

코헨과 같은 취향을 가진 사람들을 자기편으로 끌어들이려는 골드만의 노력에도 인턴을 마친 그녀는 자신에게 어울리지 않는 곳이라고 생각했다. 골드만은 "좋은 일을 함으로써 성공"하는 연속선의 한 끝인 "성공"으로 너무 치우쳐 있었다. 그녀는 좀 더 온건한 선택으로서 맥킨지앤드컴퍼니McKinsey & Company를 생각했다. 대규모로 문제를 해결하기 위해 일종의 극기 훈련boot camp에 참가한다는 콘셉트가 마음에 들었는데, 이는 캠퍼스 채용 담당자들이 고안해낸 선전 방식이었다. 맥킨지 고객의 압도적 다수는 기업이지만 코헨 같은 젊은이의 사고방식을 아는 채용 담당자들은 사회 그리고 공공 부문의 프로젝트를 강조했다. 만약 고용된다면 아이티 지진 복구를 돕고 로마 교황청에 자문하는 데 대부분의 시간을 보내리라고 생각하며 기업 설명회 자리에서 일어났다고, 코헨은 반쯤 농담으로 말했다.

그녀는 이러한 생각에 열광했지만, 사람들의 삶을 바꾸겠다고 큰 소리치며 컨설팅 회사에 출근하면서 자신이 '전혀 창의적이지 않고 끔찍할 정도로 지루한 결정'을 내리지는 않을지 두려웠다. 그러나 골드만과 마찬가지로 맥킨지 또한 그녀를 설득할 만한 이야깃거리를 가지고 있었다. 요컨대 맥킨지는 단순한 발판이 아니라, 지금 바로 세상을 바꿀 수 있는 곳이었다. 대학을 갓 졸업한 기업 애널리스트 지망자들을 대상으로 한 2014년도 채용 팸플릿은 적절한 모든 부분을 아우르는 것처럼 보였다.

세상을 바꿔라.

삶을 개선하라.

새로운 무언가를 발명하라.

복잡한 문제를 해결하라.

당신의 재능을 확장하라.

지속적인 관계를 구축하라.

처음 세 가지는 거창해 보였지만 맥킨지는 구체적인 방안도 가지고 있었다. 예컨대 사회적 부문 실천Social Sector Practice이라는 부문을 만들어 "휴대전화로 금융서비스를 제공하는 일은 포용적 성장을 촉진함으로써 수십억 명의 사람들을 이롭게 할 수 있는 방법"이라는 견해를 발표했다. 경쟁 컨설팅 회사도 똑같이 했다. 보스턴컨설팅그룹Boston Consulting Group은 "사회적 부문과 기업 고객 모두를 위해서 세상을 바꾸겠다"고 약속했다. 베인앤드컴퍼니Bain & Company는 "사회의 모든 부문을 변혁하는 것이 우리의 목표"라고 선언했다.

이들은 사실 '시장'은 세상을 변화시키는 장소로, '시장형 인간'은 세상을 바꾸는 이상적인 인물로 그리는 널리 퍼진 견해를 송출하는 중이었다. 그래서 코헨 같은 졸업생들은 경제적 어려움이나 불평등에 대한 이야기뿐만 아니라, 이러한 재앙을 물리치는 방법에 대한 끈질긴 메시지를 쉴 새 없이 들었다. 이들은 "자본은 변화를 창조한다"는 모건스탠리Morgan Stanley의 광고 캠페인을 보았을 것이다. 이 광고는 "자본의 가치는 부뿐만 아니라 중요한 것을 창조하는 데 있고, 모건스탠리를 위해 일하는 것은 말 그대로 수백만 명의 사람들에게 더 나은 삶의 기회를 주는 것과 마찬가지"라고 선포하고 있었다. 마치 환생한 민간 부문의 존 F. 케네디John F. Kennedy처럼, "세상의 변화를 만들어내는 자본을 조성하자"고 고함친다. 아마도 이들은 데이비드 본스타인David Bornstein이 쓴 『달라지는 세계: 사회적 기업가들과 새로운 사상의 힘』 같은 영향력 있는 책을 읽었거나 「포브스Forbes」 지에 실린 "더 나은 세상을 위해 성공을 일구는 5개 기업", 「포춘Fortune」 지에 실린 "세상을 바꾼 27개 기업" 등의 기사를 접했을 수도 있다. 이들은 아마도 그러한 유형의 비즈니스는 돈이 아니라 사랑에 관한 것이라는, 어느 연구 보고서에 실린 에어비앤비의 주장에 동의할 것이다. 「패스트 컴퍼니Fast Company」의 요약에 따르면 그 연구는 "나누는 사람들 대부분은 세상을 더 나은 곳으로 만들고 싶은 마음에 그렇게 한다"고 주장했다. 이들은 아마도 딜라이트 디자인D.light Design과 라이프스프링 병원LifeSpring Hospitals의 이야기를 담은 「더블보텀라인The

Double Bottom Line」같은 다큐멘터리를 봤을 것이다. 두 회사는 다른 대부분의 기업과 마찬가지로 "세상을 바꿔라"와 "이윤을 창출하라"는 두 가지 목표를 통합했다. 이들은 아마도 기업이 B 코퍼레이션 인증을 받고 '선을 행하는 힘으로 비즈니스를 이용'하고, '우리가 추구하는 변화를 촉진'하겠다는 새로운 "독립선언서"에 서명했다는 이야기를 들었을 것이다.

그리고 이들은 아마도 자신이 존경하는 지식인들이 이렇듯 새로운 시장 기반의 방식이야말로 세상을 바꾸는 기존 방식을 능가했다고 말하는 것을 들었을지도 모른다. 예를 들어 뉴욕 대학교 경영대학원 심리학과 교수이자 인기 있는 TED 강사인 조너선 하이트Jonathan Haidt는 1980년대 초 예일 대학의 좌익 학생이었지만 이후에는 자신이 신봉했던, 권력을 공격하는 방식의 세계 변화world-changing에 등을 돌렸다. 그는 라디오 진행자 크리스타 티펫Krista Tippett과의 인터뷰에서 새로운 신념을 명확하게 표명했다.

우리 또래는 시민 참여의 단계가 활성화될 것이고, 따라서 정부가 민권을 비롯한 여타의 것들을 바로잡을 수 있으리라고 기대하며 자랐다. 실제로 정부가 무언가를 하도록 만들었다. 그런데 청년들은 정부가 가로등을 켜고 끄는 것 외에 무언가를 하는 것을 전혀 보지 못하면서 자랐다. 그렇기 때문에 이들의 행동주의는 정부가 일을 하도록 만드는 방식은 아닐 것이다. 그보다는 앱app의 발명과 같이 개별적으로 문제를 해결하는 방식일 것이다. 그리고 그러한 방식은 통할 것이다.

하이트 같은 학자가 앱 발명을 민권 운동에 비유하는 것은 코헨처럼 주저하는 졸업생을 둘러싼 지적인 분위기를 느끼게 한다. 어쨌거나 회사에 들어가는 일이 그렇게 따분한 결정은 아니었을 것이다. 이러한 생각은 코헨의 또래들 사이에서 늘 나오는, 예컨대 사회혁신, 사회적 경제, 사회적 기업, 사회적 투자 같은 모든 "사회"들에 대한 이야기에 의해 강화될 수도 있다. 실제로 코헨이 조지타운 대학에서 마지막 학기를 다니는 동안, 캠퍼스에서는 새로이 사회적 영향과 혁신을 위한 비크 센터Beeck Center for Social Impact & Innovation가 출범했다. 이는 코헨이 고려하던 '세상을 변화시키는 일에 점점 더 영향력이 커지는' 민간 부문 주도의 접근을 홍보하기 위해 고안되었는데, 유혹적인 면과 복잡한 문제를 함께 드러냈다.

센터는 남미의 광산 사업에서 큰돈을 번 알베르토 비크Alberto Beeck와 올가 마리아Olga Maria가 기부한 1,000만 달러 덕에 만들어졌다. 이들 부유한 기부자는 과세, 재분배, 노동법, 광산 규제 같은 의제를 논의에서 배제하는 방식으로 종종 금융적 이익을 얻었다. 그리고 조지타운은 다른 대학과 마찬가지로 흔쾌히 도움을 주었다. 이곳의 센터장executive director은 구글, 골드만삭스, 백악관을 거친 베테랑 소날 샤Sonal Shah로 완벽한 적임자라고 할 수 있었다. 그녀는 오바마 대통령 시절 백악관에 사회혁신 및 시민참여국the Office of Social Innovation and Civic Participation을 만들기도 했다. 사회혁신 및 시민참여국 웹사이트에 적혀 있듯이, 그것은 "워싱턴에서 하달하는 새로운 프로그램을 만드는 것만으로는 지속적인 변화를 이끌 수 없다는 단순한 발상에 기초"하고 있었다. 이는 시장 중심의 사고가 지배하는 시대에 낯선 것은 아니었지만 민주당 정부치고는 눈에 띄는 발표로, 부자와 권력자가 수용할 수 있는 사회진보의 이론을 반영했다.

나중에 샤는 그러한 통념을 발전시켜 책을 한 권 썼는데 그 지적 바탕에는 공적 문제의 사적 해결이라는 떠오르는 개념이 자리 잡고 있었다. 모니터 딜로이트Monitor Deloitte에서 공공 부문 업무를 수행했던 지틴더 콜리Jitinder Kohli와 공동 집필했고, 딜로이트, 스콜 재단Skoll Foundation, 「포브스」지가 후원하는 논단think-piece 시리즈의 하나로 출간되었다. 책은 이렇듯 사람들과 단체들이 주도하는 신식의 사적인 세계 변화가 구식의 공적이고 민주적인 방식보다 더 낫다고 주장했다.

지난 시대에는 뉴딜 프로그램으로부터 주간interstate 고속도로 건설에 이르기까지 국가 중대사를 처리하는 책임을 정부가 홀로 짊어졌다. 그러나 오늘날의 도전은 그 어느 때보다 복잡하고 상호 연결되어 있기 때문에 단일 행위자나 해결책으로는 해결할 수 없다. 그렇기에 정부는 비영리 단체와 기업을 아우르는 임팩트 이코노미Impact Economy의 행위자들과 함께 일할 기회를 갖고 있다.

인류 역사상 가장 강력한 기관으로 여겨지는 미국 정부가 현대 사회의 문제에는 부적합한, 여러 행위자 중 "한 행위자"로 축소되는 것은 이해하기 어려웠다. 이러한 견해에 따르면, 전국적인 규모의 고속도로망을 건설하거나 뉴딜을 펼치는 것은 쉬웠다. 그러나 오늘날의 문제는 정부가 맡기에 너무 어려웠다. 그러므로 부유한 기부자, 비정부 기구, 공공 부문 사이의 협력을 통해 해결되어야만 했다. 부자들을 공공 문제 해결의 지도적 위치에 배치한 이와 같은 방법이, 이들을 위협할 수 있는 해결책을 저지하는 권력까지도 함께 부여한다는 사실은 언급되지 않았다. 만약 당신이 선호하는 큰 문제의 해결 방법에 내 돈이 필요하고 그래서 나에게 그 일을 주도할 권한을 준다면, 내 기부금의 원천인 상속이나 기업을 약화할 만한 해결책은 권장하지 않을 것이다.

민간이 세상의 발전에 하나의 역할을 하게 함으로써 얻을 수 있는 좀 더 미묘한 형태의 영향도 있다. 예컨대 신생 비크 센터가 내놓은 홍보 자료를 보면, 비즈니스의 언어가 어떤 식으로 사회변화의 영역을 정복하고 과거의 권력, 정의, 권리의 언어를 몰아냈는지 알 수 있다. 센터의 목적은 혁신을 육성하고 독특한 여러 재능을 키우는 것이다. 센터는 대규모 사회변화를 추동하기 위해 세계적인 지도자들과 관계를 맺는다. 또한 삶을 개선하는 방향으로 자본, 데이터, 기술, 정책의 권력을 활용할 도구를 제공한다. 홍보 자료에 따르면 "새로운 센터에서 학생들은 사회적 가치 측면의 경력에 도움이 될 기금의 계획, 조직, 조성 방법을 배울 것이고 소기업이나 비영리 기구를 위한 새로운 아이디어 육성에 도움을 줄 수 있는 세계적인 지도자들도 소개받게 될 것이다." 공공 행위를 통한 공공 문제의 해결, 예컨대 법을 바꾸고, 법정에 출두하고, 시민들을 조직하고, 정부에 억울함을 청원하는 일은 전혀 언급되지 않았다. 오히려 대학은 "세계의 가장 시급한 문제 중 일부"에 대한 해결책으로서 "기업가정신entrepreneurial spirit"에 새로이 방점을 찍겠다고 약속했다.

그해 코헨은 맥킨지로부터 연봉이 제시된 합격 통지서를 받았는데, 맥킨지 입사는 따분하고 자기 이익만 추구하는 선택이라고 느낄 법했고 실제로 그녀는 그렇게 느꼈다. 그러나 다른 한편으로는 사람들을 돕는 새로운 길에 초대받았다고 느낄 수도 있었는데, 실제로 코헨은 그렇게도 느꼈다. 그녀는 캡스톤Capstone으로 알려진 또 다른 프로그램에도 속해 있었는데 그 모임에서는 자신이 혼자가 아니라는 사실을 알 수 있었다. 이 프로그램은 대학 졸업반 학생들을 소규모 집단으로 묶어 교수의 도움을 받아 마지막 학년의 불안과 장래의 진로를 토론하도록 했다. 3월 말에 열렸던 아홉 번째 모임의 주최자는 토론을 준비하면서 약간의 읽을거리를 이메일로 배포했는데 그중 하나가 「조지타운 보이스The Georgetown Voice」의 한 토막이었다. 학생들이 운영하는 뉴스 잡지인 「조지타운 보이스」는 1969년 「호야」가 베트남 전쟁을 다루지 않으려고 하자 이에 반발한 편집자들이 만든 매체였다. 여기에 실린 기사는 그 시절 코헨이 자신에게 묻고 있었던 질문을 던졌다. "왜 그토록 많은 조지타운 졸업생은 은행과 컨설팅 분야에서 일자리를 얻는 것일까?"

이 기사는 정규직으로 취업한 2012학년도 조지타운 졸업생의 40퍼센트 이상이 컨설팅 또는 금융서비스 분야에 취업했다는 놀라운 사실을 보도했다. 기자는 이러한 추세가 "예수회의 가치를 자긍심의 원천으로 삼는 대학 입장에서 모순되는 것처럼 보일 수 있다"고 관측했다. 이어서 고액 연봉, 많은 학생이 안고 있는 학자금 대출 부담, 그리고 "금융서비스와 컨설팅 업무를 일류로 받드는 문화"를 과잉 공급의 원인으로 지목했다. 잡지와 인터뷰한 한 학생은 "친구들이 관심을 보이는 많은 분야에는 몇 년간의 경력이 없어도 되는 신입을 위한 자리가 없는 것이 현실"이라고 덧붙였다. 다른 분야로 가기 위해서도 컨설팅과 금융 회사는 반드시 거쳐야 할 관문인 것처럼 보였다. 코헨과 친구들은 그날 그 기사를 놓고 토론을 벌였는데, 맥킨지 입사를 고민하던 그녀의 마음을 반영하는 듯했다. 결국 그녀는 입사 제안의 수락 기한을 다섯 번이나 연장한 이후에야 맥킨지에 합류하는 결정을 내렸다.

코헨은 입사 초기에는 "황홀한 동시에 섬뜩했다"고 말한다. 그녀는 주위의 재능 있는 사람들에게 큰 감명을 받았다. "오리엔테이션 자리에 앉아 있었던 것으로 기억해요. 주변에는 말쑥한 차림에, 생각을 똑 부러지게 표현하고, 실력도 뛰어난 사람들이 가득하죠. 스스로에게 다시 한번 묻습니다. '내가 여기 속한 게 맞나? 정말 이들 중 한 명이라고?' 이런 느낌이에요." 하지만 그녀 역시 얼마 지나지 않아 과로와 현실로 괴로워하게 되었다. 프로젝트 대부분은 세상을 구원하는 것이 아니라, 그저 단조로운 업무들이었다. 그녀는 자신이 보았던 대로 "지난 수십 년간 일반적으로 사람들이 접근할 수 없었던 문제에 접근하게 될 것이고, 그 과정에서 고객의 삶을 더 좋은 방향으로 변화시키게 될 것"이라는 말에 기대를 걸었다. 그러나 그녀가 접한 프로젝트 대부분은 여기서 비용을 깎고, 저기서 시장 진입 전략을 짜는 등 그저 보통의 기업 자문 업무였다. "좀 더 일상적인 일들의 실행일 뿐이었다"고 그녀는 말했다.

업무는 채용 담당자들이 약속했던 것보다 더 따분했지만 동료 컨설턴트들의 일중독은 그 따분함과 보조를 맞추지 못했다. 이들은 마치 자신의 업무가 엄청나게 시급한 문제인 듯 일했지만 실제로 그런 것은 아니었다. 종종 저녁을 먹으며 엑셀로 모델을 만들기도 했는데, 식사 중에 전화 통화를 했다는 이유로 '심한 질책과 책망을 듣는' 가정에서 자란 코헨은 이 일에 충격을 받았다. 호텔에서 고객의 사무실까지 차를 타고 가는 5분 동안에는 으레 통화를 하며 자투리 시간 내에 최대의 생산성을 짜내려고 했다. "그게 현실"이라고 코헨이 말했다. 그러고 나서 그녀는 "정말 미친 문화"라고 덧붙였다. "더디긴 하지만 확실히, 여러분도 그렇게 하게 될 거예요."

코헨은 자신의 결정을 의심하기 시작했고, 자신을 잘 아는 사람들이 종종 강하게 권유하곤 했던 랍비 과정을 진지하게 고려해야 하는 것은 아닐까 생각하게 되었다. 하지만 비즈니스가 곧 봉사의 길이라는 논리가 매우 강력했기 때문에 회사 경험도 영적인 일에 유용한 준비라고, 또 만일 "랍비 일이 잘 풀리지 않았을 때를 대비해서라도 맥킨지 경력이 도움이 될 것"이라고 스스로 다독였다. 그녀는 또한 맥킨지를 거쳤다고 알려진 랍비가 되는 것이 아마도 더 나을 것이라고 말했다. "우리는 지극히 제한된 양의 정보에 근거해서 서로를 이해하죠. 확실히 선택이나 브랜드, 상징이 어떤 것들을 말해주는 것 같으니까요."

*

맥킨지에 일자리를 잡으면서 코헨은 '마켓월드MarketWorld'에 합류했다. 마켓월드는 현 상태로부터 이익을 얻으면서, 세상을 변화시키는 좋은 일도 해내는 신흥 권력 엘리트의 세계다. 이 세계는 계몽된 사업가와 자선단체, 학계, 언론, 정부, 싱크탱크의 세계에 있는 그들의 동료로 구성된다. '지식 소매상'으로 불리는 자신들의 사상가, 자신들의 언어, 나아가 자신들의 영토도 보유하고 있다. 끊임없이 이동하는 콘퍼런스 군도는 그 영토의 일부로, 여기에서 마켓월드의 가치가 강화되고 전파되며 행동에 옮겨진다. 마켓월드는 네트워크이자 커뮤니티지만, 그와 동시에 일종의 문화이자 정신 상태를 가리킨다.

이들은 대중의 삶, 법, 그리고 사람들이 공유하는 시스템을 개혁하는 일에는 관심이 없다. 그보다는 자유시장과 자발적 행동을 통해 사회변화가 추구되어야 한다는 생각, 자신들의 욕구에 적대적인 세력이 아니라 자본주의의 승자와 그들의 동맹이 사회변화를 감독해야 한다는 생각, 그리고 현 상태의 최대 수혜자가 개혁에서 주도적인 역할을 해야 한다는 생각을 신봉하고 또 촉진한다.

맥킨지에서 처음 몇 주를 보내면서 코헨은 아직 마켓월드의 본색을 알지 못했고, 자신의 일에 회의적인 감정을 느끼면서도 결국에는 몇 달 그리고 몇 년을 버틸 수 있었다. 요즘 수많은 똑똑한 청년들이 다짐하듯이 돈이 저버린 사람들을 돕는 데 필요한 도구를 갖추기 위해 돈의 세계로 들어갔다는 생각을 마음에 새길 수 있었기 때문이다. 코헨은 스스로를 안심시켰다고 말했다. "비즈니스 이슈를 구조화하고, 분해하고, 해결하는 훈련을 받았기 때문에 이제 나는 내가 선택한 어떤 문제나 도전에도 똑같은 기술을 적용할 수 있었어요."

그러고 나서 그녀는 마켓월드의 생각을 간파하기 시작했다. 외부에 있을 때, 그녀는 기업에서 훈련된 사람들이 다른 이들을 돕는 데 필수적이지만 뭐라 규정하기 어려운 사고방식을 키워간다는 주장에 경외심을 품었다. 하지만 일단 내부에 들어오자 그녀는 이러한 사고 방식이 타이어 회사가 비용을 줄이거나 태양 전지판 제조업자가 세계로 뻗어가는 유망한 시장을 선택하는 데는 정말 유용하지만, 모든 영역의 만병통치약으로서 지위를 누릴 자격은 없다는 사실을 깨달았다. 회계, 의료, 교육, 염탐, 항해는 모두 저마다의 도구와 분석 방식을 가지고 있지만, 그 어떤 접근법도 거의 모든 것에 대한 해결책이라고 널리 홍보되지는 않았다.

코헨은 세계 변화를 위한 일종의 중간 기착지로서 비즈니스 트레이닝이라는 관념이 채용 담당자의 책략일 뿐이며 외관상 고귀해 보이는 마켓월드의 의도 덕분에 더 쉽게 받아들여지는 것은 아닌지 우려하기 시작했다. 그녀가 배워보겠다고 결심한 문제 해결법의 가치는 무엇일까? 고객 프로젝트를 진행하면서, 그녀는 마음속에서 일종의 병행 훈련을 가동하기 시작했는데 말하자면 맥킨지의 도구들을 무시하고 그저 자신이 올바른 해답이라고 생각하는 것이 무엇인지 자문해보았다. "'우리가 어떻게 조사하고 분석할 것인지 여기 나와 있다'는 식으로 차근차근 단계를 밟아가는, 완벽하게 선형적인 과정이 이루어진 적은 거의 없었고, 실제로 올바른 해답을 제시한 적도 거의 없었다"고 코헨은 말했다. 그 과정 덕에 맥킨지는 명성을 얻었지만, 종종 "해답을 만들어내기보다는 전달하는 데 사용되었다"고도 덧붙였다. 해답은 지성과 상식을 통해 도출되었고, 그러면 팀이 나서서 그것을 마치 '맥킨지표 해답'처럼 보이도록 만들곤 했다. "우리는 짜여진 틀template에 그 해답을 다시 써넣곤 했어요."

자신이 사용하는 방법이 종종 오류를 범한다는 사실을 느끼고 있던 코헨은 비즈니스 세계 외부에서는 이런 방법을 갈망한다는 사실에 깜짝 놀랐다. 우리 시대에 많은 영역은 그들 자신의 방법론에 대한 자신감이 결여되어 있고, 종종 필사적으로 자신들의 업무에 비즈니스적 사고를 주입하려고 한다. 진보를 일구고 사람들을 돕고 세상을 바꾸는 만능 출입 카드로서 비즈니스에 대한 믿음은 큰 성공을 거두었고, 그 결과 국가의 인재를 선발하는 백악관까지도—공화당이 장악했든 민주당이 장악했든 가릴 것 없이—국가의 운영 방식을 둘러싼 결정을 내릴 때 점점 더 컨설턴트와 금융가의 특별한 재능에 의존하게 되었다. 2009년 「이코노미스트The Economist」지는 이를 두고 "미국 정부Uncle Sam의 문제를 해결하려고 나선 맥킨지의 방향 전환"이라고 표현했고, "부시가 골드만삭스 동창을 고용하는 데 중독된 것 같았던 그 방식과 똑같이, 오바마는 맥킨지 출신을 선호할지도 모른다"고 주장했다.

　그런데 공공의 이익에 관해 정부에 자문하도록 불려온 그들은 상당수의 시급한 공적 문제에 연루된 사람들이었다. 경영 컨설턴트와 금융가들은, 이들이 포함된 작은 엘리트 무리가 어떻게 한 세대가 일군 혁신의 성과 대부분을 어떻게 차지하게 되었는가에 관한 이야기에서 없어서는 안 될 주인공이다. 금융 부문은 소비자와 노동자뿐만 아니라 산업 자체도 희생하면서 미국 경제로부터 점점 더 많은 가치를 뽑아냈다. 국가 재원의 점점 더 많은 부분이 월스트리트 주변으로 빨려 들어갔는데 그곳에서는 기업의 신규 투자나 노동자의 임금 인상이 보이지 않았다. 그러는 동안 컨설턴트들은 생산성 혁명을 기업에 들여왔다. 그들은 기업에 **모든 것**을 최적화하는 방법을 가르쳤고, 그 결과 기업의 공급 사슬supply chain은 더 빈약해지고 손익계산서는 더 충실해졌다. 또한 이러한 최적화로 인해 노동자를 대하는 기업의 태도는 더 박해졌다. 그 결과 노동자들은 해고, 해외 이전offshoring, 동적인 작업시간 관리dynamic scheduling, 그리고 기업 발전의 덜 긍정적인 면인 자동화 등의 사태에 직면했다. 바로 이것이 기업의 이윤과 생산성은 상승하는 데 비해 노동자의 임금은 정체되었던 부분적인 이유다. 코헨은 자신과 동료들이 이러한 사실에 구애받지 않았다고 말했다. "마치 '괜찮아, 우리가 이런 문제를 일으켰지만 해결 방법도 알고 있잖아'라고 생각하는 것 같았다"고 그녀가 지배적인 태도를 전했다. "그러니까 결국 우리가 해결할 새로운 문제일 뿐이었어요. 네, 우리가 초래했지만 말이에요."

하지만 코헨은 이러한 해결책이 지닌 힘에 대한 믿음을 잃고 있었다. 이어서 자신이 실제로는 세상을 바꾸기 위한 훈련을 받고 있지 않다는 위험한 생각을 하기 시작했다. 그녀는 곰곰이 다음 행보를 고민했다.

그러는 동안 대학 졸업 후 시카고의 지역사회 조직가로서 첫 활동을 시작했던 오바마 대통령의 두 번째 임기가 막바지에 다다르고 있었다. 현대의 관례대로라면 곧 재단과 도서관을 설립할 순서였다. 그는 시민 생활의 회복이 자신의 우선순위 중 하나가 될 것이라고 강조했다. 그는 종종 미국인의 삶에서 기업과 부자들이 너무 많은 발언권을 가진 반면, 보통사람들은 너무 적은 발언권을 가졌다고 말하곤 했다. 그런데 이 대통령이 민주주의를 더욱 활력 있게 만들어야겠다고 생각했을 때, 그는 맥킨지로부터 자문을 얻겠다고 결정했다.

코헨은 팀에 합류하라는 요청을 받았고, 시민권에 새로운 활력을 불어넣기 위해 대통령이 무엇을 해야 하는지 연구하기 시작했다. 그녀는 오바마가 문제를 분석하기 위해 맥킨지의 컨설턴트에게 의존하는 것이 "나의 의심을 잠재웠지만, 그와 동시에 또 다른 의심도 생겨나게 했다"고 말했다. 맥킨지 컨설턴트들이 이 일을 맡아야 한다는 결정이 그녀가 존경해마지않는 대통령의 생각이라면 아마도 그대로 해야만 할 것이다. 다른 한편, 그녀는 자신을 오도했던 바로 그 신화에 대통령도 영향을 받은 것은 아닌지 의구심을 품었다. 왜 지역사회 조직가들을 찾아가지 않는 것인지 그녀는 궁금했다. 그 프로젝트가 사회변화에 대한 마켓월드의 영향력 증대에 일조하는 것처럼 보였기 때문에, 그녀는 거기에서 "희망"을 보기보다 "더 많이 머뭇거리게" 되었다. 그녀는 갈등을 겪었다. 맥킨지가 그 일을 맡았다는 사실이 불안감을 주었지만, 그녀가 상상할 수 있는 가장 신나는 일이라는 사실도 부정할 수 없었다.

코헨과 동료 컨설턴트들의 작업은 기업가와 부호들이 자기 이익을 넘어 사회적 과제에 도전하는 상황에서 민주주의를 다시 생각하는 것으로 해석될 수 있었다. 그러나 또한 기업 엘리트들이 그저 끼어들고 있는 것인지, 아니면 세상을 바꾸는 일을 아예 떠맡으려는 것인지 질문해볼 수도 있었다. 만약 후자라면, 돈이 있는 자들에게 민주주의를 되살리려는 노력을 맡기는 것이 다른 이들에게 맡기는 것보다 더 나은 성과를 낼 수 있을까? 이는 논리적으로는 가능한 일이지만 개연성은 떨어진다. 병을 치료하는 사람은 누구든지 저마다의 진단, 처방, 예상을 거쳐 병명을 다르게 제시한다. 문제를 맡는 일은 그것을 자신의 것으로 만드는 작업이고, 무엇이 아니며 어떻게 해결될 필요가 없는지 결정할 권리를 갖는 것이다. 예를 들어 인간 욕구의 문제는 봉건 영주들이 돌보았던 시기에서부터 유산자 남성으로 대표되는 공화국이 돌보았던 시기, 그리고 성인 보편 참정권이 확립된 민주주의가 돌보았던 시기까지 매우 상이한 해결책을 찾았다.

사회문제에 대한 해결책 설계를 기업 컨설팅 회사에 맡기는 것의 가장 큰 위험은 권력에 대한 어떤 근본적인 질문을 회피할 수도 있다는 점이다. 마켓월드의 문제 해결사들은 가해자를 찾아 나서지 않으려 하며 책임을 묻는 일에도 관심이 없다. 코헨은 자신과 동료 컨설턴트들도 민주주의에서 소외된 사람들의 관심을 과감히 무시하거나 최소화했다고 말했다. 악의나 고의가 아니라 이들 머릿속의 모델 때문이었다. 만약 여러분이 세계를 공학의 문제, 예컨대 조정할 수 있는 눈금이 새겨진 계기판이나 껐다 켰다 할 수 있는 스위치로 생각한다면, 그래서 모든 것을 최적화할 수 있다면 다른 세계—자기 것을 지키고 나머지 사람들을 쫓아내는 사람들과 시스템—를 보는 사람들의 목소리를 기록할 필요가 없을 것이다.

결국 코헨은 맥킨지를 떠났고 오바마 재단에 정규 직원으로 합류했다. 그러나 여전히 컨설팅 회사의 급여를 받는 동안 그녀와 동료들은 '기업식 사회변화'라는 미묘한 균형 잡기를 할 수밖에 없었다. 그들은 보통사람의 시선에서 민주주의를 더 활력 있고 실질적인 것으로 만들어야 했지만, 되도록 자신들의 동료인 승자에게 너무 심하게 도전하지는 않아야 했다. 그들은 제도institutions에 대한 대중의 신뢰를 끌어올려야 했지만, 그 제도를 이끄는 사람들이 신뢰받지 못하는 이유는 너무 깊이 파고들지 않아야 했다.

코헨은 여전히 랍비가 되는 꿈을 버리지 않았는데, 좋은 일을 함으로써 성공하기를 바라는 데서 오는 타협으로부터 벗어날 기회를 제공했기 때문이다. "마켓월드와 그 논리에서 벗어나서 살고 싶다는 점은 분명하다"고 그녀가 말했다. 그러나 그에 따르는 위신과 생활 방식도 좋아하지 않는다고 말한다면, 거짓말일 것이다. 코헨은 또한 대규모의 변화를 만들어내는 꿈을 버리지 않았다. 계속 종교적인 훈련에 매혹된다는 점에서 그녀는 시장 신앙을 버리고 자신을 바칠 만한 또 다른 신앙을 갈망하는 것처럼 보였다. 사실 그녀는 시장 신앙을 선택했다기보다 그것에 굴복했었다.

이 신앙은 오늘날 상당수의 품위 있고 분별력 있는 사람들을 붙들고 있다. 그들 중 많은 이들은 코헨처럼 자신이 완전히 이해할 수 없는 것에 사로잡혔다. 그들 중 많은 이들은 자신이 세상을 바꾸고 있다고 믿는다. 오히려—또는 그와 동시에—그들은 자신이 해결하기를 바라는 문제의 근원에 자리한 시스템을 보호하고 있을 수도 있다. 그들 중 많은 이들은 내심 다른 방법이 없는지, 그곳에서 자신의 역할은 무엇일지 고민한다.

2장

윈윈

세상을 바꾸고 싶은가? 사업을 시작하라.

－조너선 클라크Jonathan Clark, 기업가

저녁 식사 시간, 스테이시 애셔Stacey Asher는 여섯 명이 앉는 창가 쪽 자리에서 판타지 스포츠*의 힘을 이용하여 가난한 사람들을 돕는 방식에 관해 이야기하고 있었다. 그녀는 댈러스의 하일랜드 파크에서 조지 W. 부시George W. Bush 전 대통령의 집과 멀지 않은 곳에 산다. 애셔는 포트폴리오위드퍼포스Portfolios with Purpose라는 이름의 자선단체를 운영하는데, "건강한 경쟁과 나눔을 결합한 강력한 플랫폼"이 홍보 문구다. 이 짧은 표현은 테크노 유토피아주의techno-utopianism, 자본주의, 그리고 자선의 느낌을 용케 뽑아냈다. 그녀는 30대 정도로

* fantasy sports. 온라인에서 가상의 팀을 꾸려 스포츠 경기를 치르는 게임을 말한다.

보이는데, 텍사스로 오기 전 뉴욕에서 '예닐곱' 군데 헤지펀드에서 일했고 새 남편도 금융 쪽에 있었다고 말한다.

다른 사람을 돕는 데 헌신하게 되었다는 비즈니스 세계의 수많은 이들처럼, 애셔의 이야기도 아프리카를 만나며 시작된다. 킬리만자로산을 오르는 동안 그녀는 탄자니아의 한 고아원에 들어서게 되었다. 그곳에서 하루 한 끼를 확보하기 위해 동생을 등에 업고 수 마일을 걸어 다니는 아이들을 만났다. 그녀는 고아원 운영비가 한 달에 250달러에 불과하며 그런데도 자금이 부족해서 식당 문을 닫기도 한다는 사실을 알게 되었다. 나중에 그녀는 말했다. "그 순간, 내 삶은 영원히 바뀌었죠."

애셔는 그들을 어떻게 도울 수 있을지 곰곰이 생각하기 시작했다. 마켓월드의 수많은 박애주의자들이 그렇듯이, 그녀도 자신과 주변 사람들, 그리고 그들이 소속된 기관들이 어떻게 하면 기존의 방식을 바꿀 수 있을지 고민하기보다는 새로운 무언가를 시작하는 데 더 관심이 있었다. 그녀는 자신이 무엇을 할 수 있을지 자문하면서 주변 사람들이 이미 했을 수도 있는 것들은 배제했다(예컨대 헤지펀드들이 조세 회피에 그토록 엄청난 창의력을 발휘하지 않았다면, 정부가 해외 원조에 쓸 수 있는 세수가 더 많았을 것이라는 점은 더 말할 필요도 없다).

바로 그때, 세계에서 가장 큰 은행 중 하나인 스탠다드차타드 Standard Chartered는 탄자니아의 법정에 출두해 싸울 준비를 하고 있었다. 은행은 부패로 얼룩진 '더러운 채권'을 어느 에너지 투자사로부터 싸게 매입한 다음, 그 사업을 국유화하도록 탄자니아 정부에 청원하여 국민들의 돈으로 채무를 상환하도록 했다는 혐의를 받고 있었다. 이는 흔한 관행으로 적어도 이론적으로는 애셔가 염려했던 고아들을 돌보는 탄자니아 정부의 능력에 해를 끼치는 것이었다. 아프리카개발은행Africa Development Bank Group은 이른바 벌처펀드*—스탠다드차타드가 조성한 혐의로 기소된 종류의 펀드—들이 부실채권을 대폭 할인된 가격에 사들인 다음, 아프리카 정부로 하여금 납세자의 돈으로 전액 상환하도록 청구하는 사례들이 비일비재하다고 지적했다. 벌처펀드는 만일 해당 국가가 이의를 제기하면 그들의 해외 자산을 동결하겠다고 위협했다. 아프리카개발은행은 "이러한 벌처펀드는 가장 취약한 국가의 발전을 저해한다"고 말하면서 탄자니아뿐만 아니라 앙골라, 부르키나파소, 카메룬, 콩고, 코트디부아르, 에티오피아, 라이베리아, 마다가스카르, 모잠비크, 니제르, 상투메프린시페, 시에라리온, 우간다가 큰 피해를 보았다고 언급했다.

대형 금융 거래에 관해 잘 알고 있을 뿐만 아니라 연줄도 든든하고 선의를 지닌 애셔와 같은 사람은 이러한 사안을 다루기 좋은 위치에 있었다. 개발은행에 따르면, 벌처펀드는 채무국으로부터 거의 10억 달러를 뽑아냈다. 이 점을 감안하면, 수상쩍은 관행을 차단하고 더 많은 돈이 사회적 지출로 흘러가게 하는 일은 고아들을 도울 수 있는 거대한 잠재력을 지녔다. 그러나 이는 동시에 마켓월드의 승자

• vulture fund. 부실한 자산을 저가에 인수해 상황이 호전된 후 고가로 되팔아 수익을 올리는 기금 또는 회사를 의미한다. 행동주의 펀드로 알려진 엘리엇은 내전 중이던 콩고 정부가 지불해야 하는 채권을 30만 달러에 인수한 후, 소송을 통해 콩고 정부의 자산을 동결하며 결국 1억 2,700만 달러를 보상받았다. 이 중 1억 달러는 유니세프가 콜레라 퇴치를 위해 지원했던 구호금이었다고 한다.

들이 다른 사람의 문제를 맡을 때 눈감아주는 경향을 보이는 바로 그러한 종류의 일이기도 하다. 그러한 일은 충돌이 불가피하다. 말하자면 문제의 원인인 금융 기관의 이름을 지명해야 하고, 언젠가 유용할지도 모르는 사람들에게 싸움을 거는 셈이기 때문이다. 애셔와 같은 이들은 시스템을 개혁하는 것보다 덜 적대적인 문제 해결법이 있다는 말을 늘 들어왔고, 또 믿게 된 사람들이었다.

그녀는 수백만 명의 사람들이 판타지 풋볼을 좋아하고, 누구나 주식시장에서 돈을 벌고 싶어 한다는 것을 알고 있었다. 또 사람들을 돕는 일을 마다할 이가 어디 있겠는가? 애셔는 판타지 풋볼 모델을 모방해서 선수 대신 주식을 넣고, 수익금은 승자가 선호하는 자선단체로 보내는 방안을 생각했다(포트폴리오위드퍼포스 이용자의 90퍼센트가 금융업에 종사하는 것으로 알려졌고, 최소한 한 명은 스탠다드차타드의 애널리스트인 것으로 드러났다). 마켓월드가 종종 그러하듯이, 여기에는 참가자의 역설이 있다. 예컨대 게임을 했던 바로 그 사람들이 초고속 매매flash-trade라고 알려진 기법으로 상품을 거래함으로써 그들이 돕고 있다고 알려진 지역사회의 물가를 요동치게 할 수 있었다. 아니면 이들은 자신의 회사나 고객으로 하여금 수상한 아프리카 부채를 사들이도록 하는 일을 계속할 수도 있고, 또는 교사와 소방관의 연금 기금을 공격하는 방식으로 지방 정부를 압박해서 자신들의 부유한 채권자에게 상환하게 할 수도 있다. 요컨대 애셔의 아이디어는 아무것도 바꾸지 않은 채 무언가를 바꿀 수 있다는 마켓월드의 가치를 완벽하게 담아낸 것이었다.

애셔는 사회변화를 둘러싼 접근법 중 하나인 "윈윈"과 그 감칠맛

나는 방식에 마음을 빼앗겼다. 이는 시장 우위의 시대에 크게 유행하는 접근법으로 스티븐 코비Stephen Covey의 저서 『성공하는 사람들의 7가지 습관』이 그 매력을 포착해냈는데, 그중 네 번째 습관이 바로 "윈윈을 생각하라"였다.

윈윈은 삶을 경쟁의 영역이 아니라 협력의 영역으로 본다. 윈윈은 모든 인간의 상호 작용에서 서로의 이익을 계속해서 추구하는 정신과 마음의 틀이다. 윈윈은 서로에게 이득이 되는 만족스러운 합의나 해결책을 의미한다. 그러니까 우리 둘 다 파이를 먹게 되는데, 그 맛은 진짜 끝내준다!

이러한 생각은 변화에 대한 마켓월드의 접근을 부채질했고, 또한 그 덕에 사회적 기업, 사회적 벤처 캐피털, 임팩트 투자, 베네피트 기업*, DBL**, TBL***, 기업의 사익 추구를 교화시킨 공유가치shared value 이론, 하나를 사면 하나를 기부하는 상품 등 승자에게 좋은 것과 모든 이에게 좋은 것이 서로 조화를 이룬다고 가정하는 다양한 표현이 쏟아져 나왔다. 「뉴욕타임스 매거진The New York Times Magazine」은 어느 머리기사에서 "베푸는 것이 성공의 비결일까?"라고 물었는데, 이는 조직심리학자이자 자칭 "지식 소매상"인 애덤 그랜트Adam Grant

---

* benefit corporation. 이윤 창출과 사회적 책임 모두를 적극적으로 행하는 기업을 이른다.
** double bottom line. '경제적 가치'와 '사회적 가치'라는 두 가지 기준으로 기업 실적을 측정하는 비즈니스 원칙을 말한다.
*** triple bottom line. DBL에 '환경 지속성'이 추가된 것을 말한다.

의 연구를 바탕으로 한 것이었다. 이러한 시도를 이상적으로 다룬 버전에서 승자는 돈을 벌고, 좋은 일을 하고, 우쭐해하며, 어렵고도 자극적인 문제에 몰두하고, 자신의 영향력을 느끼고, 고통을 줄여가고, 정의를 전파하며, 국적을 넘나드는 이력서를 작성하고, 세계를 여행하고, 시선을 끄는 칵테일 파티 초대장을 얻는 등 다양한 묘미를 누릴 수 있었다.

힐러리 코헨이 맥킨지에 간 이유 중 하나는 이렇듯 윈윈에 대한 널린 퍼진 믿음 때문이었다. 이 믿음은 신발 한 켤레를 사면 다른 한 켤레의 신발이 곧 가난한 사람에게 전달될 것임을 알고 누군가 위안을 느낄 때마다 작동했다. 어느 대학 캠퍼스에 붙은 한 장의 포스터에서도 이런 믿음을 발견할 수 있었다. "연구 결과, 베푸는 것이 여러분을 더 행복하게 만든다. 이기적이라면 베풀어라." 이 믿음은 작고 한 경영학자 C. K. 프라할라드C. K. Prahalad가 말한 "피라미드 밑바닥의 행운"이라는 활기 넘치는 발상에서도 찾아볼 수 있다. 프라할라드는 대기업에 "윈윈 상황"을 약속했는데, 그에 따르면 "기업은 활기찬 시장을 이용할 수 있을 뿐만 아니라 가난한 사람들을 소비자로 대우함으로써 이들도 더 이상 모욕을 당하지 않고 자율적인 소비자가 된다"는 것이다. 세계은행의 어느 난민 문제 담당 고문이 쓴 "시리아인들을 일터로 돌려보내는 것은 난민을 받아들인 국가와 난민 모두에게 윈윈"이라는 글에서 드러나듯이, 한때 순전히 동정심에 기초해서 주창되었던 것에 비하면 윈윈은 확실한 장점일 수 있었다. 시장 중심의 사고가 지배하는 세계에서 공인을 받으려면 2차 세계대전 이래 가장 대규모의 인도주의적 접근이 필요한 재난 중 하나인 난민 문제도 도와주는 사람들을 위한 기회로 홍보될 필요가 있었다.

이렇듯 다양한 발상을 관통하는 것은 고통이 없다는 약속이다. 나에게 좋은 것은 당신에게도 좋을 것이다. 애셔가 이러한 방식의 사고에 끌렸던 것도 이해할 수 있다. 당신은 현재의 삶을 그대로 유지하면서도 죄책감을 얼마간 덜어내는 방식으로 사람들을 도울 수 있다.

애셔의 사례에서 알 수 있듯이, 아직 발견되지 않은 진정한 원원이 많이 있다. 그러나 어느 정도의 회의주의skepticism도 근거가 있었다. 애셔와 같은 승자들이 자신이 보유한, 사용법도 알고 있는 도구를 들고 문제를 해결하고자 뛰어들 때, 그들은 종종 그 근원에 자신들이 관여되어 있다는 사실을 간과하곤 했다.

*

저스틴 로젠스타인Justin Rosenstein은 사람들을 돕는 가장 좋은 방법에 대해서 애셔보다 훨씬 더 많은 고민을 하는 듯했다. 그는 세계적으로 널리 알려지지는 않았지만, 몇몇 핵심 기술을 개발하는 데 중요한 역할을 했기 때문에 실리콘밸리에서 유명인으로 통했다. 프로그래밍과 제품 설계에서 두각을 나타낸 그는 구글 드라이브Google Drive의 출범을 도왔고 지메일Gmail 채팅의 공동 개발자였다. 나중에는 페이스북으로 옮겼고, 그곳에서는 페이지Page와 "좋아요like" 버튼을 공동 개발했다. 10억 명 이상의 사람들이 로젠스타인이 만든 도구를 일상적으로 사용하고 있다. 그는 보상으로 수천만 달러에 상당하는 주식을 받았는데, 아직 서른 살이 되기 전의 이야기였다.

이제 로젠스타인은 일찍 성공을 거둔 젊은 기업가 사이에서 드물지 않게 나타나는 딜레마에 봉착했다. 자신에게 남은 돈과 수십 년의 시간을 어떻게 사용할지에 관한 것이었다. 그는 매우 소박하게 살았다. 출시된 지 몇 년 지난 구식 아이폰을 쓰고, 혼다 시빅을 몰았으며, 샌프란시스코에 있는 공유조합shared-cooperative 주택에서 열두 명의 사람들과 함께 살았다. 이들 중 다수는 예술, 사회운동, 상담 분야에서 일했는데, 이들은 그의 자산 수준을 전혀 알지 못했다. 비즈니스 좌석으로 업그레이드할 수 있는 선택권이 생겼을 때, 그는 그만큼의 비용을 말라리아 모기장에 투자하면 얼마나 많은 생명을 구할 수 있을지 생각했다. 자신의 돈 대부분을 인류를 위한 활동에 기부하고 싶었다.

로젠스타인은 스스로 매우 영적인 존재로 여겼는데, 다른 사람들을 위해 봉사하기로 마음을 먹은 것도 이 때문이었다. 어느 늦은 오후, 샌프란시스코에서 그는 말했다. "정말 심오한 의미에서 말하자면 우리는 모두 한 공간에 있다고 생각해요. 마음속 어딘가에서 사실 같은 영혼을 공유하고 있죠. 나는 보통 신이라는 표현은 피하지만 그 의식 자체는 좋아합니다. 왜냐하면 우리는 다른 많은 사람들을 통해서 밖을 내다보는 하나의 의식을 갖고 있으니까요." 로젠스타인은 추상적이고 외부적인 신을 믿는다기보다는 다른 사람들을 믿었다. "내 존재의 본성에 깊숙이 들어갈수록, 우리 모두가 연결된 장소에 있는 것만 같은 느낌이 듭니다."

마켓월드의 윈윈 가치를 따른 로젠스타인은 아사나Asana라는 회사를 설립하여 세상을 더 좋게 만들기로 결심했다. 아사나는 우버,

에어비앤비, 드롭박스Dropbox 같은 회사에 협업용 소프트웨어를 판매했다. 애셔와 마찬가지로 그도 돕고 싶다는 마음으로 충만했지만 마켓월드의 관점을 벗어나기는 어려웠다. 그는 아사나의 소프트웨어가 인류의 상태를 개선하는 가장 강력한 방법이 될 수 있다고 믿었다. "인간 진보의 본질을 생각해보면—그것이 보건 의료의 개선이든, 정부의 개선이든, 예술 창작이든, 생명공학의 실행이든, 전통적인 자선사업이든 그 무엇이든 간에—인간의 상태 또는 어쩌면 세계의 상태를 전진하게 할 수 있는 모든 것은 결국 함께 일하는 사람들의 집단과 관련됩니다. 그래서 우리는 이렇게 묻죠. 만일 우리가 긍정적인 일을 하려는 모든 사람을 5퍼센트 더 빨리 움직이도록 하는 보편적인 소프트웨어를 만들 수 있다면 어떨까? 아마 테러범들까지도 5퍼센트 더 빨리 움직이게 만들겠죠. 하지만 전체적으로 봤을 때는 긍정적인 효과가 더 크리라고 생각합니다. 정말로요."

모두를 좀 더 생산적으로 만들어 사람들의 삶을 개선하려는 로젠스타인의 바람은 고귀했다. 그러나 현재 그의 나라가 직면한 핵심적인 경제 문제 중 하나는 생산성 면에서 괄목할 만한 성장을 이루었음에도 국민 절반의 임금은 현저하게 정체되어 있다는 사실이다. 워싱턴의 싱크탱크인 경제정책연구원Economic Policy Institute은 한 보고서에 이렇게 기록했다. "1973년 이래로 미국 노동자 대다수의 시간당 임금은 경제 전반의 생산성과 보조를 맞추어 오르지 못했다. 사실상 시간당 임금은 거의 **조금도** 오르지 않았다." 연구원의 관찰에 따르면, 평균적인 미국인 노동자의 생산성은 1973년에서 2014년 사이에 72퍼센트 상승했지만, 노동자 급여의 중앙값은 같은 시기에 약 9퍼센트 상승했을 뿐이다. 간단히 말해서 미국의 문제는 생산성 저하가 아니라, 생산성으로부터 얻은 이득을 엘리트들이 전유하고 있다는 사실이었다. 점점 더 이익을 짜내는 금융 부문도 일부 책임이 있다. 금융 부문은 다른 방식으로 정비될 수도 있었는데, 예컨대 거래에 대한 규제 강화, 금융업에 대한 세금 인상, 정리해고나 사모펀드의 연금 공격을 막아내기 위한 더 강력한 노동 보호, 단순한 투기보다 일자리 창출 투자를 우대하는 인센티브 등이 있다. 생산성 향상으로 인한 이득의 전유를 방지함으로써 근본적인 문제를 해결하는 데 일조하는 이러한 조치들이 없는 한, 로젠스타인의 것과 유사한 구상들은 약속했던 변화를 가져오지 못할 것이다. 수백만 명에게 필요한 희소한 것(임금) 대신, 엘리트들이 축재하게 될 풍부한 것(생산성)을 늘리는 역할을 하는 데 그칠 뿐이다.

로젠스타인과 유사한 선택을 하는 이유를 이해하려면 윈윈에 대한 거의 종교적인 믿음을 봐야 한다. "기술의 놀라운 점은—다른 산업도 마찬가지지만, 특히 기술 분야에서 일반적인데—꿩 먹고 알 먹고 할 기회가 아주 많다는 겁니다. 그렇지 않은가요?" 그가 말했다. "좋은 일을 하는 것과 돈을 버는 것 중에서 하나를 선택해야만 한다는 고정 관념이 있습니다. 많은 사람들에게 이건 정말 현실적인 고민일 거예요. 두 가지를 멋지게 교차시킬 수 있는 다양한 재주가 모두에게 주어지는 건 아니니까요. 하지만 기술의 영역에서는 수익을 좇으면서도 세상을 위해 좋은 일도 할 수 있는 엄청나게 많은 기회가 있습니다. 구글 검색은 역대 가장 엄청난 사례죠. 그리고 사실 두 가지가 함께 있을 때, 좋은 일을 많이 할수록 더 많은 돈도 벌 수 있는 상황에 당신이 더 여러 번 참여할 수 있을 거라고 생각합니다." 그는 사회정의와 권력의 집중이 어떻게든 동시에, 무한정 증대될 것이라고 전망하고 있었다.

그는 이어서 말했다. "이건 여러분이 정말로 신중하게 고심해야 하는 훌륭한 사례입니다. 복잡하고 골치 아프며 합리화하기도 아주 쉬우니까요. 저 또한 여러 번 그랬다고 확신합니다. 그저 더 많은 돈을 벌려고 하는 순간에도 '오, 이건 세상에 도움이 되는 일이야' 하고 합리화하게 되는 겁니다. 그러나 한편으로는 영리 목적의 활동에도 멋진 점이 존재합니다. 비영리 목적의 활동이 필요한 경우에는 정부의 지원도 필요하죠. 그러나 영리 목적의 활동은 스스로 지속가능하기 때문에 계속해서 기금을 모을 필요가 없습니다."

이와 같은 개념은 마켓월드 사람들에게 중요했다. 비즈니스 솔루션은—겉모습에도 불구하고—다른 대안들보다 더 인정을 베풀 수 있었다. 승자에게 제공되는 수익이 그들의 지속적인 자선을 보장해주는 까닭이다. 로젠스타인은 이상적인 사업은 수익(가져가는 가치)과 긍정적인 외부 효과(가져가지 않으면서 세상에 창조하는 가치)를 모두 가지고 있다고 말했다. 구글의 광고 판매는 수익이다. 또한 구글이 누구든, 어디서든, 무언가를 쉽게 찾을 수 있도록 만든 것은 긍정적인 외부 효과다. 그는 말했다. "둘 다 갖춘 시스템을 만들 수 있는 경우, 그러니까 당신이 벌어들이는 모든 달러가 긍정적인 외부 효과가 되는 경우에 놀라운 점은 이제 이 엔진에 계속해서 투자할 수 있다는 점입니다. 당신은 더 큰 일을 할 수 있죠. 재투자도 할 수 있고, 훌륭한 인재를 고용할 수도 있습니다."

비즈니스가 선을 행하는 자급자족의 방법이라는 생각은 로젠스타인이 동료들을 평가할 때 특히 편리했다. "정말 많이 연구했지만, 선을 행하기 위해 큰 경제적 희생을 기꺼이 치르려는 사람은 거의 없다"고 그가 말했다. "밀레니얼 세대를 보세요. 그들 대부분은 의미 있는 일을 하고 싶어 하지만, 그렇다고 해서 벌이가 괜찮은 일을 포기하지는 않을 겁니다. 저는 그들을 비난하지 않아요. 아마 저도 똑같이 느낄 거고요. 하지만 사람들이 생각하는 것보다는 더 많은 기회가 있다고 생각합니다. 선택할 필요 없이 상당한 돈을 벌면서 세상에 좋은 일도 할 수 있는 기회 말이에요."

이러한 식의 진보에 대한 믿음 덕분에 로젠스타인은 의도하지 않은 결과를 무시할 수 있었다. 예컨대 그가 신봉하는 부류의 도구를 만들 때, 당신은 사람들이 그것을 어떻게 이용할지 알 수 없다. 로젠스타인도 이 부분은 인정했다. 그는 십 대들이 페이스북 게시물의 '좋아요' 숫자에 집착하고 안달하는 사실을 알고 있고, 자신이 어떤 영향을 미쳤을지 궁금해한다. 또 구글, 페이스북 등 자신이 일한 회사들이 돈을 벌며 좋은 일을 할 수 있지만 그와 동시에 상당한 수준의 권력을 축적하는 방식을 보지 못할 수도 있다. 이 기업들이 자유사회의 정보와 뉴스에 대해, 사람들의 개인 신상, 행방, 그리고 모든 대화 내용에 대해 갖는 권력은 위험하고 독점의 양상마저 보이므로 해체까지는 아니더라도 감시될 필요가 있다.

이러한 종류의 염려만 무시한다면, 아사나가 실리콘밸리의 방식대로 좋은 일을 하면서 성공하기란 더 쉬워질 것이다.

사람들이 더 쉽게 협업하도록 도와줌으로써 우리는 집단이 더 쉽게 집합행동collective action을 조정하도록 할 수 있고, 그 결과 이들은 목표뿐만 아니라 자신들을 추동하는 명백한 사명을 달성할 수 있다. 앞으로 우리는 몇 년 안에 모두의 세계를 개선하기 위해 집단을 만들어 협력하는 수백만 명의 사람들에게 다가갈 것이다. 그들을 통해서 우리는 지구상 모든 사람의 삶을 개선할 것이다.

이는 고무적인 전망으로, 전통적으로 노조, 운동, 그 밖의 공공 영역에서 공동의 대의를 외치는 시민들의 형태를 함축하는 "집합행동"이라는 용어를 사용한 것도 눈에 띈다. 이 전망은 쓰라린 진리를 반영했다. 종종 사람들이 이미 하고 있고, 하고 싶어 하고, 어떻게 하는지도 알고 있는 것을 하려고 할 때 그리고 일종의 파급 효과로서 거대한 문명의 이득을 약속할 때 그 해결책은 세계의 필요보다는 해결하는 자의 필요를 중심으로 형성된다. 요컨대 다른 사람을 위한다고 주장하는 원윈은 사실 그렇게 주장하는 사람들을 위한 것이다.

그날 저녁 늦게, 로젠스타인은 자신이 살고 있는 공유조합 주택인 아가페Agape로 차를 몰았다. 정교하게 조각된 나무 장식의 벽이 있는 화려하면서도 우아한 오래된 맨션이었다. 사람들은 식당으로 향했는데, 거기에는 탁자 두 개와 여러 종류의 의자, 오래된 교회 신도석 하나가 있었다. 이들은 만나면 포옹을 하는 경향이 있었다. 대부분 젊은 떠돌이 창작자였는데, 그리 많지 않은 임대료도 아마 그들에게는 빠듯했을 것이다. 이곳은 로젠스타인이 공동 설립한 공동체로 그는 여기에서 위안을 얻었다. 이들은 앉아서 손을 모았고, 누군가가 세속적인 감사 기도를 하고 난 후 포장해온 캄보디아 음식 상자로 달려들었다.

*

애셔의 포트폴리오위드퍼포스, 로젠스타인의 아사나, 그리고 이와 비슷한 수많은 구상의 배후에는 급진적인 이론이 자리하고 있다. 그것은 자기 이익의 이로운 부산물에 관한 오래된 관념을 새롭게 비튼 것이다. 그 오랜 관념은 몇 세기 전 유럽의 신흥 상업 사회에서 발원했다. 인간 이기심의 사회적 효용에 관한 애덤 스미스Adam Smith의 선언은 가장 유명한 성명이다.

우리가 저녁 식사를 기대할 수 있는 것은 정육점 주인, 양조업자, 빵 굽는 사람의 자비심 덕분이 아니라 자기 이익을 추구하려는 그들의 욕구 때문이다. 우리는 그들의 인간성이 아니라 자기애에 호소하는 것이며, 그들에게 우리 자신의 필요가 아니라 그들의 이익에 관해 말한다.

자기애가 다른 사람에게 흘러들어 간다는 이 관념은 원원주의의 초기 시조다. 『도덕감정론』에서 스미스는 "보이지 않는 손"이라는 그 유명한 비유로 이 관념을 자세히 설명한다. 그에 따르면, 부자들은 다음과 같다.

타고난 이기심과 탐욕에도 불구하고 비록 그들은 자신의 편리함을 의도

했을 뿐이지만, 비록 그들이 고용한 수천 명의 노동자에게서 그들이 생각한 유일한 목적은 자신들의 허영심과 만족할 줄 모르는 욕망의 충족이겠지만, 그들은 모든 개선의 산물을 가난한 사람들과 나눈다. 그들은 보이지 않는 손에 인도되어, 토지가 모든 주민에게 평등한 몫으로 분할되었을 때 일어났을 법한 것과 거의 동일하게 생활의 필수품을 분배하게 된다. 그리하여 의도하거나 알지 못하면서도 사회의 이익을 증진시킨다.

스미스의 주장은 이기적으로 번영을 추구하면 실제로 모든 사람을 돌보려고 시도하는 것과 똑같이 모든 사람을 돌보게 된다는 것이다. 이 일반적인 생각으로부터 친숙한 이론이 파생된다. 낙수 효과 trickle down 경제학. 상승하는 파도는 모든 배를 들어올린다. 기업가들은 파이를 키운다. 스미스는 부자에게 자신의 사업에만 집중하라고 말한다. 그 배후에는 이기주의의 행복한 부산물로서 자동으로 긍정적인 사회적 결과가 발생할 것이라는 가정이 있다. "자유시장"—사실 이 표현은 시장에 최초의 규제가 도입된 이래 줄곧 모순어법이었다—의 마법을 통해 부자는 자신도 모르게 공공선을 가져온다.

포트폴리오위드퍼포스와 아사나가 대표하는 종류의 윈윈은 강력한 수익률과 빈곤의 경감을 동시에 약속하는 새로운 임팩트 투자 기금, 새로운 사회적 기업, 소득 피라미드 최하층 소매 운용bottom-of-the-pyramid retail play 등과 더불어 기존의 전통을 뒤집음으로써 혁신을 꾀했다. 새로운 윈윈주의는 승자와 패자, 부자와 빈자의 이익의 조화라는 동일한 가정 위에 구축되었지만 일종의 부산물과 파급 효과로서의 사회적 선이라는 관념은 거부했다. 승자들은 더는 사회적 선을 무시하라거나 간접적이고 의도하지 않게 기여하라는 말을 듣지 않았다. 그들은 직접적이고 의도적으로 사회적 개선에 초점을 맞춰야 했다. 로젠스타인은 단지 소프트웨어 회사가 아니라 그가 생각하기에 인류의 상태를 가장 잘 개선할 것 같은 회사를 설립해야 했다.

애덤 스미스의 이론으로부터 원원 이론에 이르는 여정에서, 기업가는 우연한 공공선의 촉진자에서 공공선을 돌볼 특별한 역량이 있는 독특한 인물로 변모한다. 비즈니스는 긍정적인 사회적 이득이 있는 한 부문에서 인류 향상을 위한 핵심적인 수단으로 변화한다. "너그러운 기부자로서가 아니라 '비즈니스로서 행동하는 비즈니스'가 우리가 직면한 긴급한 문제를 처리하는 데 **가장 강력한 힘**"이라고 하버드 경영대학원 교수 마이클 포터Michael Porter가 자신의 생각을 정리한 글에서 선언했다. "비즈니스는 최고의 포지티브섬positive-sum 게임이다. 모든 이해 당사자의 승리win를 만들 수 있기 때문이다"고 홀푸드마켓의 최고경영자 존 매키John Mackey와 라젠드라 시소디어Rajendra Sisodia는 원원 신앙의 성서가 된 책 『돈, 착하게 벌 수는 없는가: 깨어 있는 자본주의에서 답을 찾다』에서 말한다.

새로운 원원주의는 "보이지 않는 손"보다 훨씬 더 급진적인 이론이라고 할 만하다. 저 오랜 관념은 자본가들의 탐욕이 낳은 행복한 부산물이 가난한 이들에게 미치는 한, 이들을 과도하게 규제해서는 안 된다는 주장을 함축했을 뿐이다. 새로운 생각은 한 걸음 더 나아가, 지금껏 약자의 문제를 해결할 수 있었던 그 어떤 정부보다 자본가들이 더 유능하다고 주장한다.

이 새로운 교의를 잘 드러내는 진술은 『박애자본주의: 승자만을 위한 자본주의에서 모두를 위한 자본주의로』에서 발견된다. 2008년 가을, 수많은 사람들이 붕괴하는 경제를 목도하면서 부자들이 세상을 망치고 있다고 느낄 당시에 출간된 이 책은 마치 변명을 늘어놓듯이 부자들이 구원자라는 주장을 펼쳤다. 저자인 매슈 비숍Matthew Bishop과 마이클 그린Michael Green은 그 옛날 행복한 부산물 방식이 아니라, 승자들이 직접적으로 사회변화의 리더 역할을 맡을 때 이러한 구원이 도래할 것이라고 강조한다.

오늘날 인자한 자본가들은 심각한 문제로 가득찬 세상을 보며 자신들, 아마도 오직 자신들만이 그것을 바로잡을 수 있고 또 그래야만 한다고 생각한다. 물론 그들의 말대로 매년 가난한 나라에서 빈곤 때문에, 그리고 부유한 국가에서는 이미 퇴치된 질병 때문에 죽는 수많은 아이들의 목숨을 우리가 구할 수 있다. 미국이나 유럽으로 시선을 돌리면, 교육 시스템이 모든 아이를 위해 작동하도록 하는 방법을 모색해야 하는 것도 우리다.

애덤 스미스의 아이디어는 시장의 작동 방식에 대한 분석에 기초했지만, 이 새로운 아이디어는 부유한 이들의 견해에 기초한다. 비숍과 그린은 "지난 30년간 기업가의 부가 급증하는 중에 부를 쌓은 자수성가한 사람들은 과거의 승자와는 다르다"고 말한다. 그 이유는 이들이 막 취득한 부를 떼어서 다른 사람들을 기꺼이 도우려고 한다는 점 때문만은 아니다. "기업가들은 또한 타고난 문제 해결사이며 어려운 문제를 떠맡는 도전을 즐긴다"는 것이다. 그들은 "인자한 자본가"를 다음과 같이 묘사했다.

어떤 핵심적인 일을 다른 누구보다 훨씬 잘할 수 있는 역량을 지닌 '초능력자'다. 이들은 정치인처럼 몇 년마다 선거를 치르지 않으며, 대부분의 상장 기업 최고경영자처럼 분기별 수익을 계속 올리라고 압박하는 주주들의 횡포도 겪지 않는다. 또한 이들은 대부분의 비정부 기구 대표처럼 엄청난 양의 시간과 자원을 모금 활동에 쏟을 필요도 없다. 그 덕택에 이들은 장기적인 사고를 하고, 인습적인 지혜에 대항하며, 정부에게는 위험 부담이 큰 아이디어를 수용하고, 상황의 필요에 따라 상당한 자원을 신속히 투입할 수 있다.

새로운 이론에 따르면, 기업가정신은 인도주의—기업가정신의 바퀴에 윤활유를 제공하는—와 동의어가 될 수 있다. "지난 10년 동안 '선행'은 성공적이고 영향력 있는 사업을 구축하는 원동력이 되었다"고 뉴욕의 벤처 캐피털 회사, 콜라보러티브펀드Collaborative Fund의 설립자 크레이그 샤피로Craig Shapiro는 말한다. "한때 성장과 수익을 희생시키는 것으로 여겨졌던 사회적 사명의 추구는 이제 고객과 직원 모두를 끌어모으려고 할 때 큰 역할을 하지요." 샤피로는 이러한 추세를 관찰하여 자신의 회사가 만들어낸 투자 명제를 설명하기 위해 벤다이어그램을 활용했다. 하나의 원에는 "나를 위해 더 좋은(자기이익)"이라고 쓰여 있고, 다른 하나의 원에는 "세상을 위해 더 좋은(더 큰 이익)"이라고 쓰여 있다. 그리고 두 원이 포개진 부분에는 "기하급수적 기회"라고 쓰여 있다. 너그럽게 해석하자면, 세상은 융성하는 사업으로부터 이득을 얻을 만하다는 의미다. 좀 더 사악하게 해석하자면, 기업은 세상의 상태를 개선하려는 모든 시도로부터 이득을 얻을 만하다는 의미다.

인도주의로서의 기업가정신이라는 이 관념이 실리콘밸리보다 더 깊이 파고든 곳은 어디에도 없다. 이곳의 기업가들은 일상적으로 자신들을 인류의 해방자로, 자신들의 기술을 본질적으로 유토피아를 꿈꾸는 것으로 이야기한다. 로젠스타인의 아사나 같은 업무용 소프트웨어 회사도 "지구상 모든 이들의 삶을 개선할 것"이라고 주장할 수 있었다. 로젠스타인의 친구인 그레그 페렌스타인Greg Ferenstein은 몇 년 전에 이 거창한 주장을 연대순으로 기록하고 밸리가 전파하는 새로운 심리를 이해하려는 작업에 착수했다. 그는 다양한 매체, 특히 실리콘밸리의 온라인 뉴스레터인 「테크크런치TechCrunch」에 글을 썼던 베이 에어리어Bay Area 지역의 기자였다. 그는 자신이 취재한 사람들에게 활력을 불어넣는 이 원대한 아이디어에 관심을 가졌고 원원주의가 상상하는 세상은 무엇인지, 때때로 그것이 모호하게 하는 것은 무엇인지 궁금했다.

페렌스타인은 수많은 기술 기업 창업자를 만나 인터뷰했고 그들의 아이디어를 정제해서 기본적인 철학으로 구성했다. 그는 이 철학을 낙관주의Optimism라고 부른다. 하지만 그것은 표준 규격의 신자유주의를 기술 버전으로 약간 변형한 듯이 보였다. 그 이데올로기의 중심 요지는 원원의 가능성과 인간 이익의 조화에 대한 믿음이라고 그는 말했다. "사람들은 정부와 시장의 작동이 상호 대립하며, 규제는 정부가 시장을 제약하는 도구라는 전형적인 생각을 가지고 있다"고 페렌스타인은 말했다. 이 새로운 이데올로기는 정부가 자본주의의 투자자라고 믿는다. 정부는 자본주의를 견제하기 위해서가 아니라 자본주의를 위해, 말하자면 자본주의가 성공하도록 하기 위해 일한다. 자본주의의 성공을 위한 조건들이 갖춰질 수 있도록 하는 것이다. 예컨대 필수적인 숫자의 노동자를 생산하기 위해 양질의 교육 시스템이 존재하며, 기업들이 먼 곳에서 물건을 사고팔 수 있도록 무역 협정이 맺어지고, 생산물이 썩기 전에 트럭에 실어 슈퍼마켓으로 나르도록 하는 기반 시설이 있으며, 사람들이 건강하고 (더 중요하게는) 생산적인 삶을 살 수 있도록 공기는 깨끗하다.

"과거에는 상이한 계급 사이, 시민과 정부 사이, 미국과 다른 나라 사이의 제로섬 관계에 대한 인식이 정부의 기초였다"고 페렌스타인은 말했다. "만일 여러분이 그러한 내재적 갈등을 상정한다면, 부의 불균형을 염려할 것이다. 누군가는 노조가 기업으로부터 노동자들을 보호하기를 원한다. 다른 누군가는 비즈니스에 방해가 안 되는 더 작은 정부를 원한다. [하지만] 만일 여러분이 그런 추정을 하지 않는다면, 모든 기관이 성공할 필요가 있고 그래서 그들이 모두 서로 협력해야 한다고 믿는다면, 노조든 규제든 주권이든 다른 무엇이든 간에 사람들을 서로로부터 보호하는 모든 것이 필요하지 않다. [그렇지만] 대부분의 정치와 기관들은 특정 집단의 사람들 간의 제로섬 관계에 기초하여 돌아간다"고 페렌스타인이 계속 말했다. "[하지만] 이 이데올로기[원원의 가능성과 이익 조화의 믿음]는 독특합니다. 내가 그것을 낙관주의라고 부르는 이유는 모든 사람이 사이좋게 잘 지낼 수 있다는 믿음 때문이죠. 좀 더 구체적으로 말하자면, 모든 사람이 공통의 선호를 가지고 있다는 믿음입니다."

이러한 생각은 시민이 법 앞에 평등하고, 충돌하는 이해관계를 갖고, 그러한 이해관계에 기초해서 자원과 권력을 얻기 위해 경쟁하며, 국가는 상이한 종류의 욕구를 대표하도록 설계되어 다양한 기관을 운용한다는 현대 민주주의 사회의 관점을 밀어내려고 한다. 낙관주의는 중세 시대를 지배했던 진보로서의 조화라는 전망에 귀를 기울인다. 그 핵심은 12세기에 마리 드 프랑스Marie de France가 인간 신체의 각 부분에 대해 쓴 시, "한 남자, 그의 배와 팔다리의 우화"에 표현되어 있다. 이 시에서 신체 각 부분은 상호 의존성을 깨닫기 전까지 서로 원망한다. 처음에 손과 발과 머리(노동자를 대표한다)는 배(영주를 대표한다)가 "자신들이 번 것을 먹었다"는 사실에 격노한다. 그들은 배에게서 음식을 빼앗기 위해 노동을 멈춘다. 배가 소화시켜서 다른 부위에 영양소로 공급할 만한 물질이 없어지자 결국에는 다른 부위가 말라간다. 시는 다음과 같이 끝을 맺는다.

이 사례에서 누구나 알 수 있네
모든 자유로운 인간은 알아야 할 것을:
아무도 명예를 가질 수 없네
주인에게 수치심을 주려는 그 누구도.
그의 주인도 그것을 가질 수 없네
그가 백성들에게 수치심을 주려고 하는 한.
어느 쪽도 상대에게 도움이 못 되면
악이 그 둘 다에게 닥치네.

이 우화는 손과 발과 머리가 다 같이 번창해야 한다고 말한다. 그러나 우화는 또한 배가 번창하지 않으면 모두 다 번창할 수 없다고 주장한다. 이 관점은 약자를 저버리지 않는다. 하지만 그와 동시에 이들의 성공이 강자의 그것과 결코 대립하지 않는다고 말하고 있는 것이기도 하다.

이렇듯 마켓월드 관념의 대담함을 무시할 수는 없다. 그것은 상이한 사회 계급, 요컨대 자신의 욕구와 권리를 위해서 싸워야만 하는 상이한 이해관계를 갖는 계급이 존재한다는 생각을 거부한다. 그 대신에 우리는 우리가 원래 받을 자격이 있는 것을 마켓월드를 통해서 얻는다. 아프리카 고아를 도울 수 있는 판타지 풋볼, 모든 사람을 더 생산적으로 만드는 사무용 소프트웨어, 빈민을 대상으로 한 주주가치를 늘리는 방식의 치약 판매 등이 그것이다. 이 원원 교리는 승자가 패자를 돌볼 만한 특별한 자질을 갖추었다고 주장한다는 점에서 애덤 스미스가 말했던 것보다 더 많은 것을 떠들어댄다. 그러나 원원의 시대는 또한 역사적인, 양극화된 불평등의 시대다. 이들은 무엇으로 자신의 노력을 입증할 것인가?

중산층이 사라져가는 나라에서, 세계화 및 기술 발전과 일자리 변화로 인한 불안에 시달리는 세계에서, 많은 사람들이 겪고 있는 고통에 대한 원원 이론의 대응은 무엇인가? "그 부분은 이 이데올로기의 강조점이 아니"라고 페렌스타인은 말한다. 고통은 혁신될 수 있었다. 혁신을 일구는 이들이 창업하게 하라, 그러면 고통은 줄어들 것이다. 기업가정신을 가진 벤처는 저마다 다른 사회문제를 떠맡을 수 있었다. "주택난을 완화하는 방법은 사람들이 에어비앤비의 사례처럼 자신의 집을 공유하도록 허용하는 것"이라고 페렌스타인은 말했다. 에어비앤비 광고 캠페인은 이러한 노선을 따라 기업가들의 도움으로 방을 임대하여 추가 소득을 올려서 지금은 잘살고 있는 나이 든 흑인 여성을 전면에 내세웠다. 물론 가난한 사람들 대부분은 소유한 집이 없거나 임대할 만한 여분의 공간이 없다. 또한 많은 아프리카계 미국인은 그 플랫폼에서 방을 빌리는 것이 어렵다고 생각한다. 호텔은 더는 인종에 따라 쉽게 차별할 수 없지만, 예비 객실의 관리자들은 종종 차별한다. 그러나 이러한 맹점보다 훨씬 더 놀라운 것은, 페렌스타인의 말에서 드러나듯이 승자는 사회변화로부터 일종의 사례금을 받아야 한다는 생각이었다.

사실 에어비앤비와 소위 윈윈이라고 불리는 여타 사례가 주장하는 이해관계의 조화는 묘사를 가장한 희망일 뿐이다. 승자와 패자, 권력자와 힘없는 자는 여전히 존재하고, 모두가 함께한다는 주장은 타인의 불편한 현실을 지워버린다. 페렌스타인은 "이 이데올로기는 누가 변화로부터 이득을 얻는가를 심하게 과대평가한다"는 점을 수긍했다. 그렇다면 윈윈의 신봉자들이 그 어느 때보다 많은 권력, 단 한 번의 창업으로 경제력뿐만 아니라 사회변화를 추진하는 지도력까지 차지한다면 무슨 일이 벌어질까? "사람들은 뒤처질 것"이라고 페렌스타인이 말했다. 이어서 "우둔하고, 불쌍하고, 궁핍하고, 동기부여가 되지 않은 사람들은 뒤처질 것이다. 변화를 꺼리는 사람들은 뒤처질 것이다. 교외의 소도시를 좋아하는 사람들은 뒤처질 것이다. 하루 24시간 일하지 않으려는 사람들은 뒤처질 것이다. 발명하고 창조하면서 살지 않으면 뒤처질 것이고, 뒤처질 수 있다."고 덧붙였다. 이는 낙관주의의 전체 가정, 우리 모두가 서로의 성공에 투자하고 함께 번영할 것이라는 가정과 상충하는 것처럼 보였다. 사실 이제 페렌스타인은 낙관주의자들이 더 잘할수록 더 많은 사람들이 좌초될 것이라고 말하고 있는 듯했다. 이 주장은 세계에서 실제로 일어나는 일—이미 부유한 이들에게 진보의 혜택이 흘러들어 가는 반면, 변화의 나쁜 측면에 있는 사람들에게 만연한 낙오—에 대해서는 아무 말도 하지 않았다.

승자들이 자신의 성공을 다른 이들의 성공과 떼어놓을 수 없는 것으로 보는 것은 좋다. 그러나 사람들의 선호와 욕구가 겹치지 않으며, 나아가 사실상 충돌하는 상황은 언제나 있다. 그렇다면 패자에게는 무슨 일이 일어나는가? 누가 그들의 이익을 보호할 것인가? 예를 들어 모든 미국인이 괜찮은 공립 학교를 갖기 위해 엘리트들이 말 그대로 더 많은 돈을 내놓아야 한다면 어떻게 될 것인가?

*

실리콘밸리 커뮤니티 재단Silicon Valley Community Foundation을 운영하기 위해 베이 에어리어로 이주한 지 얼마 지나지 않아, 에밋 카슨 Emmett Carson은 승자와 패자를 가르는 당혹스러운 용어인 사회정의 social justice를 그만 쓰라는 말을 들었다. 사회정의가 그의 평생의 업임을 감안할 때 그에게는 당혹스러운 일이었다. 그러나 카슨은 변화에 대한 기업가 계층의 기여를 지배하는 암묵적인 규칙 중 하나인 '승자의 기분을 좋게 할 수 있는 방식으로 문제의 틀을 짜는 것'이 더 전도유망하다는 점을 이해했다.

카슨은 시카고 남부의 지방 정부에 근무하는 흑인 노동자의 아들로 자랐다. 그가 살던 동네는 치안이 불안하고 범죄가 끊이지 않았다. 카슨이 여덟 살이었을 때 그의 집 근처에서 총격 사건이 일어나자, 카슨 가족은 30여 블록 남쪽에 있는 채텀 빌리지Chatham Village라는 더 나은 환경으로 이주했다. 그 후 카슨의 인생은 다른 길로 접어들었다. 그는 모어하우스 대학Morehouse College을 나왔고, 프린스턴에서 대학원 과정을 밟았으며 포드 재단과 미니애폴리스 재단의 높은 지위까지 올랐다. 그러고 나서 실리콘밸리로 갔고, 거기에서 사회변화를 만들고자 하는 기술 기업가들의 조언자가 되었다.

바로 그때가 더는 "사회정의"라는 표현을 사용하지 말라는 이야기를 들었던 때다. 포드나 미니애폴리스에서 사회정의는 유용한 말이었다. 그러나 실리콘밸리는 달랐다. 그 말은 사람들을 화나게 했다. "나는 25년 동안 사회정의 분야에서 일했다"고 어느 날 그가 내게 말했다. "처음 20년은 '사회정의'라는 말을 사용하는 것이 중요하다고 생각했어요." 실리콘밸리에서는 사회정의를 다르게, 말하자면 승자와 패자를 가르는 사고방식으로 해석했다. "어떤 사람들은 부자들의 몫을 뺏어서 가난한 사람들에게 베푸는 것을 사회정의라고 생각했어요. 또 어떤 사람들은 아무것도 벌지 못한 사람들에게 거저 주는 것이라고도 생각했고요." 그래서 카슨은 "공정fairness"이라는 말을 사용하기 시작했다.

밸리의 승자들은 그 표현을 선호했다. 승자들의 공모 관계를 다루기보다는, 추상적인 시스템이 사람들을 대우하는 방식에 더 집중하는 느낌이 들었기 때문이다. "해결책을 찾아가고 있다"고 카슨이 말했다. "만약 '공정'이라는 단어를 사용해야 뭔가 잘못되었고 그래서 바뀌어야 한다고 말할 수 있다면, 제게는 그게 더 좋은 말인 거죠. 구별과 분열을 최소화하면서, 다양한 사람들이 '그거라면 믿을 수 있겠어'라고 말할 수 있는 표현을 만들어내려고 해요."

이제 카슨은 사업가들의 부와 현 상태에 대해 이의를 제기하지만 않으면 그들은 기꺼이 도우려고 한다는 것을 이해하게 되었다. 그들은 자비를 베풀고 도움을 준다는 느낌을 좋아했다. 그러나 그들은 가난한 사람들이 받을 도움에 결재할 기회를 좋아했을 뿐, 민주주의와 집합행동(아사나가 사용한 것과는 다른 의미의)을 통해 그런 도움을 조직할 기회를 좋아한 것은 아니었다. "'당신이 나에게 준다'가 아니라, '내가 당신에게 얻는다'고 관점을 바꾼다면, 대화의 전반적인 역학 또한 바뀔 것"이라고 카슨은 말했다. 아마도 그들은 "내가 성공했기 때문에, 열심히 일했고 마침내 해냈기 때문에 표적이 되고 있다고 생각할 것이다. 달리 말해 당신이 얻지 못한 내 성공의 일부를 받을 자격이 있다"고 느낄 것이다. 카슨은 이들이 그러한 피해 의식을 갖는 것이 옳다고 생각하지는 않는다는 점을 분명히 했다. 그러나 일을 성사시키기 위해서는 이들의 감정을 존중하기로 결심했다.

카슨은 평생을 바쳐서 가난, 기회, 불평등 문제를 다루어왔다. 그러나 부상하는 인자한 자본가 계급과 어울려 살며 일하는 지금은 그들의 규칙에 따라 움직이기로 했다.● 승자들은 세계를 자신들이 신

●   카슨은 11년 동안 재단을 이끌며 페이스북의 창업자 마크 저커버그Mark Zuckerberg, 트위터의 공동 창업자 잭 도시Jack Dorsey, 마이크로소프트의 공동 창업자 폴 알렌Paul Allen 등으로부터 기부를 받아 재단의 자산을 무려 135억 달러까지 키워냈다. 그러나 그는 2018년 부적절한 인종적·성적 발언에 책임을 지고 사임했다.

봉하는 방식으로 바꾸기를 원했다. 예를 들어 이들은 평등한 공립 학교보다는 차터 스쿨**을, 기술 회사에 대한 반독점 규제보다는 빈곤을 줄이는 기술 회사를 선호한다. 만약 당신이 그들의 책임을 면제해주고, 그들을 찬양하며, 그들에게 의존하는 방식으로 세상을 변화시킨다는 목표를 추구한다면 이들은 기꺼이 참여할 것이었다. 윈윈.

*

　벤처 자본가 크레이그 샤피로의 벤다이어그램으로 돌아가 생각해보자. 샤피로는 자신을 위해서 세상을 개선하는 방대한 영역과 남을 위해서 세상을 개선하는 또 다른 방대한 영역이 있다고 말한다. 이 둘이 만나는 지점에는 엄청난 가능성이 존재한다. 더욱이 "이제 사회적 사명을 추구하는 일은 고객과 직원 모두를 끌어모으려고 할 때 큰 역할을 한다." 하지만 별로 가진 것이 없는 사람들과 세상은 어떻게 되는가?

　부자들의 세계에서 자원, 두뇌, 도구에 대한 접근은 분명한 이득이다. 그 역량들은 곧바로 당신의 문제를 해결하기 위해 활용될 수도 있다. 그러나 샤피로의 벤다이어그램에서 수학자들이 차집합이라고 부르는, 각 원의 가장 큰 부분은 원원의 공통 영역 밖에 있다는 점에 주목할 필요가 있다. 승자의 이익과 일치하지 않는 다른 이들의 이익은 어떻게 되는가?

●●　charter school. 일종의 자율형 공립 학교다. 정부의 지원과 기부금으로 예산을 충당하되, 사립 학교처럼 자율적으로 운영되는 학교를 말한다.

제인 레이브록Jane Leibrock은 자신이 그러한 상황과 마주쳤다고 생각했다. 그녀는 최근 합류한 신생 기업의 공식 차량으로 쓰이던 덜컹거리는 노란색 포드 브롱코의 운전석에 앉아 베이 에어리어의 880번 고속도로를 달리고 있었다.

레이브록은 사람들이 프라이버시 설정을 어떻게 하는지 조사하는 업무를 하던 페이스북을 떠나 이븐Even이라는 새로운 회사에 합류했다. 그녀는 중요한 사회문제, 예컨대 불규칙하게 고용하는 관행의 확산으로 인한 수많은 미국 노동자의 소득 불안정성, 시간제 일자리의 증가, 그리고 계획적으로 생활하지 못하고 끊임없이 일을 좇게 만드는 온디맨드 경제on-demand economy 등을 해결하려는 이븐의 시도에 끌렸다.

급여의 변동이 심하면 공과금을 납부하는 일도 계획을 세워서 미래를 생각하는 일도 어려워진다. 이븐은 자연스럽게 전화 앱이라는 실리콘밸리식 해결책을 내놓았다. 한 번의 수수료로 노동자의 들쑥날쑥한 수입을 매끄럽게 할 수 있었다. 초기 계획은 이들에게 일 년에 260달러라는 가격으로 서비스를 판매하는 것이었는데, 만약 이들이 평소보다 더 벌면 번 돈의 일부를 저장했다가 이후 몇 주 사이에 급여가 하락하면 저장해둔 돈으로 보충해주는 형식이었다. 일주일에 평균적으로 500달러를 벌지만 변동이 상당히 크다고 가정해보자. 어떤 주에 당신이 650달러를 번다면 500달러는 일반 은행 계좌로 갈 것이고, 150달러는 이븐의 가상 계좌에 예치된다. 어떤 주에 당신이 410달러를 번다면, 이전의 잉여금 덕분에 여전히 500달러가 계좌로 입금된다. 이븐은 실리콘밸리 특유의 야심을 품고 지난 한 세대에 걸친 미국 노동자의 삶의 변화, 예컨대 아웃소싱, 정체된 임금, 불규칙한 시간, 무력화된 노조, 탈산업화, 늘어나는 부채, 허울뿐인 병가, 질 낮은 학교, 약탈적인 대출, 동적인 일정 관리 등에 대처하려는 시도였다. 변화의 근저에는 정책 선택, 기술 변화, 세계 정세 등이 있었지만 이븐은 이렇듯 근본적인 문제에 대해서는 아무것도 하지 않았다. 로젠스타인을 비롯한 수많은 원원의 신봉자와 마찬가지로 이븐의 창업자들도 돕고 싶은 마음이 굴뚝같았지만, 자신들도 어떤 기회를 창출할 수 있는 방식으로 돕는 것이 최선이라고 생각했다.

레이브록은 이들이 처음으로 고용한 직원 중 한 명이었다. 그날 그녀는 워킹푸어working poor들이 무엇을 필요로 하는지, 어떤 생활을 하는지 직접 그 생생한 목소리를 듣고 배우고자 880번 고속도로를 달리는 중이었다. 그래야 고객인 그들을 가장 효과적으로 도울 수 있기 때문이었다. 그녀는 예일 대학을 졸업했고 텍사스 오스틴의 사립학교 몇 군데를 다녔는데 남부 사투리의 흔적은 남아 있지 않았다. 그녀는 캘리포니아로 몰려든 인재 중 한 명이었다. 인재들이 몰리면서 베이 에어리어는 미국에서 가장 비싸고, 불평등하고, 긴장감 넘치는 지역 중 한 곳이 되었다. 분개한 지역 주민들이 사우스베이South Bay를 오가며 직원들을 수송하던 구글 버스에 돌을 던진 유명한 사건도 있었다. 레이브록과 이븐의 동료들에게서는 고귀한 의도가 넘쳐 났지만, 그럼에도 이익을 취하며 안전망을 제공한다는 이븐의 솔루션이 그 창업자들이 발견한 문제에 대한 가장 적절한 대응인지 따져보는 일은 온당했다. 이븐의 솔루션은 저소득층을 덫으로 옭아맨 신경제를 돈 되는 투자로 볼 수도 있지 않을까? 저소득층의 수입은 오른 게 아니라 들쑥날쑥하지 않게 되었을 뿐이며, 그것도 특정한 기업 행위를 법으로 제한하는 것(승자와 패자를 가르는 방식)이 아니라 노동자들에게 그 대가로 수수료를 물리는 방식(원원)으로 이루어졌다. "태어나서 처음으로 안전망이 있다고 느끼고 싶다면, 이븐이 그 해답이다"고 회사의 웹사이트는 밝혔다. 이것은 국민과 정부에게 어떤 방식으로든 도와달라고 요청하지 않는 새로운 종류의 마켓월드식 "안전망"이었다.

여기 레이브록이 스타벅스에서 한 싱글맘과 이야기를 나누고 있다. 그녀는 일을 하면서도 공부를 마치려고 애쓰는 현실과 부모님이 사주는 기저귀에 의존하면서 느끼는 당혹감에 관해 말했다. 여기 레이브록이 나이키 매장에서 어느 직원과 함께 서 있다. 그녀는 사장이 수당을 주지 않기 위해 시간을 계속 적게 배정하면서도 일주일 내내 나오도록 요구하고 있어서 부업을 잡지 못하는 상황이라고 이야기했다. 여기 어느 상점가에서 레이브록이 우르술라라는 이름의 잡화점 점원에게 너무 적은 돈으로 빠듯하게 살고, 노동시간이 매주 달라지는 탓에 계획을 세우기가 어려운 상황 때문에 정신적으로 힘들지 않은지 묻고 있다. 슈퍼마켓에서 일주일에 평균 36시간을 일하면서도 우르술라는 샌프란시스코의 학교에 다니는 손주들을 데리러 갈 주유비도 마련하기 힘들다고 했다. 우르술라는 자신을 괴롭히는 우울증과 아버지의 파킨슨병, 어머니의 치매를 이야기했다.

레이브록은 업무상 밸리에서 가장 천대받는 부류의 미국인들과 접촉했다. 여러 건의 인터뷰를 진행하면서 그녀는 이 나라가 낯설게 느껴졌다. 어느 날 스카이프를 통해 헤더 제이콥스Heather Jacobs라는 여성에게 그녀의 삶과 재무 상태에 대해 물었다. 대화는 다소 어색하게 시작되었는데, 제이콥스가 제안받은 내용을 오해했기 때문이다. 그녀의 남편은 이븐이 무조건 신용을 제공한다고 말했는데 사실 그렇지는 않았다.

제이콥스의 일에 관해 물으면서 레이브록은 단어를 신중하게 골랐다. "당신에 대해 말해주세요. 당신은 어떤 일로 돈을 버시나요? 어떤 일, 또는 일들을 하시는지요? 당신의 일, 또는 일들은 무엇인가요?"

제이콥스는 어느 마사지 체인점에 출근하는데, 추가 소득을 위해 프리랜서로도 일한다고 했다. "그러다 보니 종일 거의 일만 하고 있다"고 그녀가 말했다. 그녀는 직장의 주당 노동시간이 보통 26시간에서 32시간에 이르는 방식을 설명했다. 여기에 더해, 제이콥스는 사람들을 개별적으로 방문하거나 체육관에 파견되었다. 이들은 그녀에게 급여를 주지는 않았는데, 따로 팁을 챙기는 것은 허용되었다.

매달 돈은 바닥나고, 각종 납기일은 다가오고, 많이 벌지는 못했을 때 그녀는 약간 미쳐버렸다. "정신이 이상해져서 머리카락을 뽑아버릴 것같이" 느꼈다. "갈 수 있는 어디든 가서 마사지할 사람을 필사적으로 찾아내려고 하는 순간이에요. 보통 27일 전후인데, 그때가 내 신용카드 청구서 납부 기한이거든요. 일이 없을 때는 고작 90달러만 받기도 해요. 그러니 내가 흥분하게 되는 거죠."

제이콥스는 자신이 돈을 받았던 방식을 상세히 설명했다. 그녀는 한때 회사의 위험risk으로 여겨졌던 것의 상당 부분을—수많은 미국 노동자들과 마찬가지로—자신이 감당하게 되었던 방식을 설명했다. 만약 회사가 그녀를 위해 더 많은 마사지 예약을 확보한다면, 그녀는 팁을 제외하고 시간당 18달러 정도를 벌 수 있었다. 만약 회사가 예약을 많이 받지 못하면, 그녀의 급여는 최저 임금 수준으로 떨어지고 노동시간도 줄어들 수 있었다. 바로 이것이 현재 많은 미국인이 고용된 방식이다. 어떤 때는 2주에 700달러를 벌었고, 다른 때는 90달러를 벌었다.

최근 들어 이 모든 것, 예컨대 44마일(약 70킬로미터)의 통근 거리, 캘리포니아 주립대학 채널 아일랜드CSUCI에서 공부하면서 레드스바베큐Red's BBQ의 파트타임 배달원으로 일하는 남편 그레그Greg 대신 상환하고 있는 오래된 빚, 마사지 학원비인 3,700달러 때문에 엉망이 된 신용점수, 여전히 신용카드로 갚고 있는 학비, 먹이를 주어야 할 개 등이 그녀를 압박해왔다. 그녀는 이런 일들이 "숨 막힐 정도로 스트레스를 준다"고 묘사했다. 그녀는 혼자만의 생각에 빠져들기 전에 "조금씩 무너지고 있다"고 말했다. "저는 그 많은 스트레스를 조절하지 못하겠어요. 조울증이 있거든요. 엄청난 스트레스를 받은 후에는 공황발작이 찾아오죠."

제이콥스가 돈—기한이 다 되거나 곧 돌아오는—을 생각할 때면 발작이 찾아왔다. 발작이 오면 그녀는 가슴이 철렁했다. "마치 교통사고를 당하기 직전 같아요." 원하지 않는 누군가가 힘차게 껴안는 듯한, 숨막힐 듯 답답한 포옹처럼 느껴진다고 그녀는 말했다(공교롭게도 이븐의 설립자 중 한 명은 「사이언스Science」지에 실린 "가난이 인지 기능을 해친다"는 논문을 읽고 창업의 길을 택했다. 논문은 '가난할 때 돈에 관해 생각하는 것이 어떻게 심리적 손상을 야기하는지' 연구했다. 쇼핑몰에서 가난한 사람에게 다가가 돈에 관한 가상의 질문, 예컨대 가상의 차를 고가로 수리해야 하는 상황에 놓였는데 어떻게 할 것인지 등을 묻는다. 이후 IQ 검사를 실시해서 비슷한 경제 수준이지만 이렇듯 돈을 상기시키는 질문을 받지 않은 사람들과 비교하는데, 수치가 13점가량 떨어지는 것을 알 수 있었다. 이는 알코올 중독이나 밤에 잠을 못 잔 효과와 비견할 만한 급락이라는 것이 이 연구의 발견이다).

제이콥스는 계속해서 말했다. "그래서 나는 약을 복용해야만 했어요. 그 약은 한 달에 60달러가 들었죠."

레이브룩은 더 건강하고 만족스러운 인생은 어떤 것일지 물었다. "안정적인 소득이 있으면 좀 더 용기를 낼 수 있을 것 같아요. 그러니까 그럴 만한 가치가 있는지 한 시간이나 토론할 필요 없이 그냥 밖에 나가서 영화를 보면 되는 거예요. 아이스크림 같은 걸 사와서 넷플릭스Netflix로 뭔가를 보는 것 말고요. 내 말은, 솔직히 말해서 거의 1년 반 넘게 데이트 한 번 못 했어요. 우리는 늘 집 안에 있었고, 친구들과 어울리는 법도 없었어요. 그럴 만한 여유가 없었으니까요."

제이콥스와 그레그는 주로 월마트에서 쇼핑을 했지만, 더 쪼들릴 때는 달러 스토어Dollar Store로 옮겨서 생활을 검소하게 유지했다. 둘 다 체중이 늘었는데, 값싼 가공식품에 든 다량의 소금과 설탕이 그들을 괴롭히고 있었다. 그녀는 그 음식이 요즘 아침에 일어날 때마다 느끼는 통증의 원인이라고 확신했다.

제이콥스는 다른 나라의 사람이다. 그곳의 주민들은 실리콘밸리가 승승장구하던 수년 동안 삶이 점점 더 불안정해졌다. 한 세대에 걸친 눈부신 혁신은 1억 1,700만 명의 사람들에게 거의 아무런 추가 수입도 가져오지 않았다. 미국은 역사상 가장 야심 차고 인상적인 기업을 만들어내면서 그들의 네트워크를 통해 이곳의 10억 인구와 저

곳의 10억 인구를 연결하고 있지만, 성장의 그늘에 있는 보통사람들에게는 그 어느 때보다 잔인한 또 다른 나라로 존재했다. "사회는 말하죠. 학교에 가야 하고, 괜찮은 직장을 구해야 한다고 말입니다. 그러면 월급을 받을 거라고요. 내가 미국에 살기 때문이라는 거죠." 제이콥스는 또 다른 때에 말했다. "그리고 나는 그렇게 했어요. 그런데 지금 빚더미에 있습니다. 이제는 숨이 막힐 것 같아요."

제이콥스의 이야기는 미국의 진보 시스템이 제대로 작동하지 않는 여러 지점을 드러냈다. 거기에는 미국의 의료 시스템과 너무 비싼 약들, 대중교통 시스템, 임금과 노동법, 식량 시스템과 식품 사막*, 학자금 대출 위기, 미국 기업이 노동자에게 불확실성을 떠넘김으로써 한 세대에 걸쳐 손익계산서를 안정시킨 이른바 리스크 대이동great risk shift, 그리고 주주들이 모든 다른 이해 당사자를 희생시키면서 점점 더 자신들만을 위해 회사를 경영하는 방식 등이 포함된다.

비노드 코슬라Vinod Khosla는 억만장자 벤처 자본가로, 그의 회사는 이븐에 대한 초창기 투자를 주도했다. 그는 정부가 개입하지 않으면 제이콥스와 같은 삶이 미국인 대다수에게 닥칠 현실이라고 경고를 보내기 시작했다. 그는 밸리 집단의 승리주의triumphalism를 간파했다. 어느 날 아침, 감기를 다스리며 2층 회의실에 앉아 있던 코슬라는 이미 너무나 많은 노동자 계급의 삶을 사정없이 파괴해버린 붕괴가 앞으로도 계속될 것이고, 또 심화될 것이라고 예상했다. 그는 경제 전

• food deserts. 신선한 음식을 구매하기 어렵거나, 그런 음식이 너무 비싼 지역을 가리키는 신조어다.

반에 확산된 자동화가 원인이라고 생각했다. 또한 세계적으로 계속해서 혁신이 넘쳐날 테지만 인류의 번영이라는 측면의 진보는 쉽게 나타나지 않을 것이라고 예상했다. 머지않은 미래에 열 명 중 일고여덟은 안정적인 일자리를 갖지 못할 수도 있다고 생각했다. 그에게 이렇듯 다가오는 미래는 위안entertainment의 문제(그 모든 사람의 마음을 어떻게 사로잡을 것인가?)이자 정치의 문제(어떻게 하면 그들이 반란을 일으키지 못하게 할 것인가?)였다.

흥미롭게도 코슬라는 자신이 투자했던 이븐과 같은 앱이 문제에 대한 올바른 대응이라고는 생각하지 않는 듯했다. 사회 불안을 피할 수 있는 길은 "만약—정말로 만약—충분한 재분배를 한다면, 일할 필요가 있기 때문이 아니라 일하고 싶어서 일하는 모든 사람들의 최소한의 생활 수준을 관리하는 것"이 해법이라고 그가 말했다. 그는 이러한 재분배를 하려면 자신 같은 사람들이 더 높은 세금의 형태로 상당한 돈을 내놓아야 한다는 사실을 알고 있었다. 그러나 좋은 투자라고 생각했다. "노골적으로 표현하자면, 사람들에게 충분히 넉넉하게 살 수 있도록 뇌물을 주는 것"이라고 그가 말했다. "그렇지 않으면, 그들은 시스템을 바꾸려고 노력할 테니까요. 안 그렇습니까?"

이븐이 제안했던 다소 상이한 접근법은 승자들이 제이콥스 같은 이에게 돈을 주어 그녀 자신을 위한 보험을 들 수 있도록 했다. 이는 그들의 삶을 안정시키도록 돕는 동시에 승자들도 수익을 낼 수 있는 방법이었다. 이미 필요한 것보다 더 많은 돈을 번 승자들이 이러한 접근의 한계를 자유롭게 말하는 반면, 이들의 투자를 받는 아직 부를 일구지 못한 이들은 그렇지 않다는 사실은 이해할 만하고 흥미로웠다. 억만장자 투자자가 거대하고 집합적인 사회적 의무를 말하고 있었다면, 그가 투자한 회사의 창업자들은 개인 금융 앱을 원원으로 만들려고 애쓰고 있었다.

이러한 관점의 전환은 예일대 정치학자인 제이콥 해커Jacob Hacker 에게는 걱정거리였다. 그는 유명한 책에서 "리스크 대이동"이라는 말을 만들어냈고, 그의 연구는 이븐의 창업자들을 고무하는 데 일조했다. "이븐은 공적인 문제에 대한 사적인 해법"이라고 그가 말했다. 소득의 변동성 증대를 국가적인 사안으로 만든 최초의 인물이었던 해커는 자신이 이븐에 "매료되었다"고 말했다. 그는 그 아이디어가 "아주 매력적이고 흥미를 자아낸다"고 생각했고, 비즈니스 모델에는 "풀어야 할 문제가 많지만, 그와 동시에 칭찬할 것도 많다"고 지적했다. 그러나 그는 염려했다. "일단 이런 해법이 도입되면—노조와 같은 사적인 집합행동이든 사회운동과 같은 공적인 집합행동이든—집합행동을 하도록 하는 압박이 약해지지 않을까요?" 그가 물었다. "만약 그 대단한 새로운 미봉책이 대수술, 예컨대 확대된 실업보험, 유급 육아휴직, 노조와 새로운 대안 조직 같은 불안정한 시민이 그토록 절실히 필요로 하는 것들을 가로막는다면, 슬픈 아이러니가 될 것"이라고 그는 말했다. 해커는 개별적으로는 힘이 없지만 수적으로 힘을 얻어 강력한 이익에 대항하기 위해 한데 뭉쳐 단결할 잠재력이 있는 시민들의 집단, 요컨대 정치적 행동이라는 관념을 다시 참조하고 있었다. 이 관념은 이제 훨씬 더 유혹적인 접근에 맞닥뜨렸다. 무엇을 얼마나 많이 기부할지 결정하는, 또는 약자의 문제도 해결하고 자신에게도 이익을 가져다주는 벤다이어그램의 공통 부분에 집중하는, 그리고 단결의 파괴적인 힘을 저지하기 위해서라면 이러한 것들을 기꺼이 하는 승자들의 접근이 그것이다.

만일 여러분이 "헤더 제이콥스를 도울 수 있는 가장 좋은 방법은 무엇인가?"라고 묻는다면, 솔직한 대답은 아마도 그녀의 수입이 들쑥날쑥하지 않도록 연간 260달러를 청구하는 것은 아닐 테다. 만약 당신이 이븐에 있는 모든 이들과 마찬가지로 교육받은, 특권을 누리는, 자원에 접근할 수 있는 사람이라면 제이콥스를 계속 가난하게 놔두는 시스템의 작동 방식을 수선하기 위해 무언가를 해야 한다고 결론을 내릴 수 있다. 그러나 그 문제들이 해결된다면, 성장할 만한 원원 사업은 많지 않을 것이다. 만약 세상의 수많은 헤더 제이콥스를 그녀처럼 고용하는 방식이 불법이 되면, 또는 코슬라의 대규모 재분배 구상이 실현된다면 이븐은 아마 필요 없어질 수도 있다.

3장

베레모를 쓴 걱정에 찬
반란군 왕들

지난 11월 애셔와 페렌스타인, 그리고 수천 명의 마켓월드 시민들이 바하마로 향하는 14만 5,655톤의 노르웨이지안 크루즈에 탑승했다. 다른 사람을 위해 좋은 일을 하면서 부자가 될 수 있다는 아이디어는 세계적으로 끝없이 이어지는 부흥 집회에서 일종의 복음처럼 찬양되고 전파된다. 마켓월드의 시민들은 꼬리에 꼬리를 물고 이어지는 콘퍼런스들, 예컨대 다보스, TED, 선밸리Sun Valley, 아스펜Aspen, 빌더버그Bilderberg, 다이얼로그Dialog, 사우스바이사우스웨스트South by Southwest, 버닝맨Burning Man, 테크크런치디스럽트TechCrunch Disrupt, 국제 전자제품 박람회Consumer Electronics Show, CES 등에서 그리고 지금 세상을 바꾸려고 열망하는 기업가들로 가득 찬 유람선상의 서밋앳시Summit at Sea에서 열심히 포교 활동을 할 수 있다.

서밋앳시는 비즈니스를 이용해서 세상을 바꾼다는, 그리고 아마도 "세상의 변화"를 이용해서 비즈니스를 번영하게 한다는 신조를 찬미하는 4일간의 해상 축제였다. 여기에는 상당히 많은 기업가와 이들에게 투자한 금융가, 흥을 돋우고 몸과 마음의 건강을 말하는 일부 예술가와 요가 강사 그리고 이러한 모임에 대체로 빠지지 않는 다양한 이들, 특히 "인플루언서", "지식 소매상", "큐레이터", "컨비너convener", "커넥터connector" 그리고 "커뮤니티 매니저" 등의 용어로 자신을 표현하는 사람들이 모였다. 마켓월드에서 특히 인기가 있는 행사였던 탓에 이 유람선에는 아메리카 온라인America Online, AOL, 애플, 비트코인 재단Bitcoin Foundation, 체인지닷오알지Change.org, 드롭박스, 구글, 모더니스트 퀴진Modernist Cuisine, 엠티비MTV, 페이팔Paypal, 소울사이클SoulCycle, 탐스슈즈, 우버, 바인Vine, 버진갤럭틱Virgin Galactic, 워비 파커Warby Parker, 자포스Zappos 등 신망 있는 기업의 창업자나 대표들이 모두 모였다. 선상에는 일부 억만장자와 수많은 백만장자가 있었고 그 밖에 평범한 미국인들에게 월급을 주는 이들이 꽤 많이 참석했다.

유람선에 탄 이 수많은 기업가 유형을 대변했던 뉴욕의 마케팅 전문가 셀레나 수Selena Soo는 이들의 관점을 완벽하게 포착해냈다. 그녀는 자신의 웹사이트에 "나는 다른 이들의 삶을 개선하는 일을 사명으로 여기는 고객들과 함께 일한다"고 올렸다. "이들의 비즈니스가 성장할 때 세상은 더 살기 좋은 곳이 될 것이다." 기업 이익과 사회적 선을 모두 추구한다는 회사에서 오랫동안 일해온 블레어 밀러Blair Miller 역시 서밋에 참여했는데, 그는 한 의류 부티크가 출간한 인터뷰에서 다음과 같이 말했다.

내가 던진 질문은 나의 경력을 사회변화에 바쳐야 하는지의 여부가 아니었다. 나는 항상 내가 어떻게 하면 막대한 변화를 만들 수 있을지 고민했다. 오늘날 비즈니스는 세계를 지배하는 세력이다. 만일 내가 비즈니스가 이루어지는 방식에 영향을 미칠 수 있다면, 나는 전 세계 수백만 명의 삶을 바꿀 수 있으리라고 믿는다.

일단 비즈니스가 주변을 변화시키는 방법이라고 생각한다면 기업가들의 콘퍼런스야말로 무한한 가능성을 제공할 것이다. 실제로, 배에 타고 있던 많은 사람들은 최근 서밋의 사명을 세계적이고 역사적인 용어로 제시한 어느 콘퍼런스 조직자의 말에 고무되었다.

바람이 동쪽에서 불어오고, 6일이라는 짧은 기간에 하늘과 달에서 변화의 기운이 생성되고 있으니 마침내 역사가 바뀔지도 모른다. 지금은 그 전반적인 영향을 헤아릴 수 없겠지만 문화의 대변동은 대개 그렇다. 지구의 판들 사이에서 일어나는 대변동 말이다.

동기부여를 잘하는 연사이자 지식 소매상인 숀 스티븐슨Sean Stephenson은 참석자들을 향한 환영 연설에서 서밋의 목적을 야심 차긴 하지만 조금 더 솔직하게 제시했다. 이 기회를 최대한 활용하려는 듯 세 개의 자잘한 조언으로 구성되었다. 첫째, "여러분이 인류에게 지속적인 영향을 미치는 데 도움이 될 만한 인맥을 이 방 안에서 만들 수 있습니다." 둘째, "여러분의 경제 사정에 힘을 써줄 수 있는 친구들을 사귀게 될 것입니다." 셋째, "이 배는 술에 취해서 옷을 벗는 모임이 아닙니다. 뭐, 그럴 수도 있겠습니다. 하지만 사회정의에 관한 모임이기도 합니다."

그러나 극심한 불평등의 시대라는 엄혹한 현실 앞에서 주머니 사정을 나아지게 할 요량으로 사회정의에 접근하고, 비즈니스를 이용하여 잠재력을 해방함으로써 획기적인 변화를 만든다는 전망은 빛이 바랬다. 기업가들이 세상을 바꾸는 데 더 많은 노력을 기울일수록, 이들의 거창하면서도 자기 잇속만 차리는 주장을 조롱하듯이 엄혹한 현실의 장벽은 더 굳건해졌다. 서밋앳시의 참석자 중 일부를 보면 이 말이 딱 들어맞는다. 비즈니스에 좋은 것이 인류에게도 좋다는, 마켓월드의 기준에서 봐도 썩 뻔뻔한 주장을 하는 실리콘밸리와 기술 세계에서 온 이들이 바로 그들이다.

실리콘밸리의 신부호들은 우리 시대의 록펠러와 카네기였다. 이들은 거대한 부를 축적하고 새 시대의 기반을 구축하면서 이따금 그것이 문명을 위한 활동이라고 주장했다. 로젠스타인은 구글과 페이스북 그리고 자신의 스타트업을 통해 세상을 변화시킨 경험에 입각해서 "기술에서 놀라운 점은 꿩 먹고 알 먹고 할 기회가 아주 많다는 것이다. 안 그런가?"라고 말했다. 그러나 이들이 뭐라 말하건 과거 그 어느 때보다 심각한 수준으로 불평등이 증대된 데는 이 기술 신봉자들의 책임도 있다는 점을 부정할 수는 없었다(이들이 터를 잡았던 도시 샌프란시스코는 보통사람들이 삶을 꾸려갈 공간과 기회가 점점 더 줄어드는 등 미국 도시 중 가장 잔혹한 수준으로 불평등해졌다. 이것은 우연이 아니다). 이들 중 상당수는 다른 무엇보다도 평등을 보호하기 위해 고안된 제도들, 예컨대 노동조합이나 지역별 규제 또는 고용 보장 및 노동자 수당 등의 해체를 강하게 요구했다.

윈윈에 대한 믿음이 사실상 불평등에 기여해왔다는 증거가 널리 퍼져 있음에도 그 믿음은 어떻게 유지될 수 있었을까? 다른 사람들의 삶을 개선하겠다고 주장하면서도 사실상 개선되고 있는 것은 아마도 자신들의 몫뿐이라는 것을 알아차렸을 때 느끼게 될 법한 인지 부조화를 이들 신부호들은 어떻게 완화시켰을까? 서밋앳시의 어느 날, 유람선 7층에 있는 블리스울트라 라운지의 중앙 통로에서 이 기술 세계의 고위 성직자라고 할 수 있는 셔빈 피셔바Shervin Pishevar가 한 가지 형태의 구원을 시연하고 있었다.

피셔바는 밸리에서도 잘나가는 벤처 자본가로, 초창기 에어비앤비와 우버에 투자하여 입지를 굳혔다. 이 투자 덕분에 그의 손주 세대도 다른 일을 하지 않고 자선사업만 할 수 있는 만큼의 수익을 얻었다. 피셔바는 미국에 입양된 이란 태생 이민자로서, 제2의 조국은 국토 안보부를 통해 그를 탁월한 미국인으로 선정했다. 그는 밸리에서 실력자로 통했다. 「뉴욕타임스」에 따르면, 우버의 창업자인 트래비스 칼라닉Travis Kalanick은 그를 개인 교사처럼 모시며 로스앤젤레스의 클럽에 드나들었고 자동차와 갈아입을 "클럽 의상"을 제공했다고 한다.• 서밋앳시에 참석한 기업가들은 '셰르파 벤처스'라는 이름의 회사를 소유한 피셔바 같은 벤처 자본가라면 선택 여하에 따라 누구든 산꼭대기까지 안내할 수 있는 지위에 있다고 믿었다.

이 점을 감안하면 피셔바의 연설, "하이퍼루프에 탄 사람들: 벤처 자본가 셔빈 피셔바가 말하는 빠르게 돈 벌 수 있는 이야기"를 듣고

• 워커홀릭인 칼라닉은 그 클럽들에서 영화배우 레오나르도 디카프리오 Leonardo DiCaprio 등과 어울렸으며, 할리우드의 여러 유명인에게 투자를 받았다(「뉴욕타임스」, 2017년 4월 23일 자 기사 참조).

자 구름같이 몰려든 사람들이 이해가 되었다. 어떤 이들은 안락의자나 소파 위에 앉았고 어떤 이들은 바닥에 누웠다. 또 어떤 이들은 8층 발코니 주위로 모여 아래를 응시했다. 군중은 경건한 침묵 속에서 넋이 나간 듯 경청하는 중이었다.

이들이 귀를 기울인 이는 권력자, 자신이 가진 힘을 입증하는 동시에 돈보다 더 고귀한 것을 추구하는 사람으로 묘사하기 위해 애쓰고 있던 한 남성이었다. 어느 대목에 이르러 피셔바는 "나눔은 보살핌"이라고 말했다. 그는 진부한 표현을 내뱉은 점을 인정했지만 진심으로 그렇게 생각한다고 말했다. 그는 계속해서 "결국 중요한 것은 돈에 관련된 것이 아니"라고 말했다. "그보다는 사랑, 독특한 사랑의 순간들에 관한 문제죠." 서밋에 모인 사람들은 이에 호응하며 열렬히 손뼉을 치고 환호했다. 짐작건대 이들은 여전히 자신의 돈과는 무관한 문제라고 믿었을 것이다.

피셔바는 최근에 자신이 몰두하고 있는 분야인 생명 연장 기술로 화제를 돌렸다. 피셔바뿐 아니라 밸리의 많은 기업과 투자자들이 지불 능력이 있는 이들의 생명 연장을 추구하는 연구에 주목하고 있었다. "향후 20년, 30년… 제가 할 수 있는 가장 좋은 조언은 살아 있으라는 겁니다." 피셔바가 말했다. "어리석은 위험은 정말이지 감수하지 마세요." 이 말은 되도록 많은 위험을 감수하라는 그의 사업 정신과 충돌했다. "육체적으로 말이죠. 그리고 준비해야 합니다. 유전 연구 분야에서 물 흐르듯 전개되는 상황을 보면, 우리의 기대 수명과 건강한 삶이 길어질 것이기 때문입니다. 그리고 이제 우리 문명의 기반 자체에 도전하겠죠. 오늘날의 상식은 앞으로 사람들이 더 많은 지식을 갖고 더 오래 살고 더 건강한 삶을 사는 현실에는 적합하지 않게 될 겁니다. 70세에 은퇴한다는 생각은 마치 30세인 사람에게 은퇴하라고 말하는 것처럼 여겨질 테고요."

이 순간 피셔바는 예언으로 가장한 변호에 열중하고 있었다. 이는 실리콘밸리의 부호들이 흔히 하는 일로서 권력이 없는 사람들의 점증하는 불안에 몹시 놀란 나머지 자신들의 명백한 권력을 위장하는 한 가지 방식이었다. 요즘 많은 사람들이 벤처 자본가와 기업가를 사상가로 간주하면서 이들의 상업적 발언이 마치 하나의 아이디어처럼 취급되고 급기야는 종종 미래에 대한 전망으로 둔갑했다. 이들이 투자한 회사의 주장을 모으거나 이들이 창업한 회사의 강령을 기반으로 다듬은 것이 미래 세계에 대한 주장이 되는 것이다. 사람들이 자신의 아이디어에 귀를 기울이는 틈을 타서 이들은 자기 이익을 실현하려는 희망을 세상에 대한 언뜻 이타적인 예측으로 세탁했다. 예컨대 노동자에게 수당을 주지 않으려는 부호는 이러한 욕망을 모든 사람이 일인 기업가가 되는 미래 예측으로 탈바꿈시킬 수 있었다. 문자 포스팅에 비해 더 많은 광고 수입을 가져오는 비디오 포스팅에서 이윤을 창출하는 데 혈안이 된 어느 소셜 미디어 억만장자는 원하는 것을 얻기 위해 그가 소유한 강력한 알고리즘도 고쳐가며 자신의 바람을 마치 예언인 것처럼 제시했다. "나는 사람들이 온라인에서 소비하는 콘텐츠 대부분이 비디오인 세상이 지금으로부터 몇 년 안에 도래할 것이라고 생각합니다."(마크 저커버그가 이 예측을 발표한 이후에 「뉴욕 New York」 지는 "웹 콘텐츠의 대세는 비디오일 것이다. 이 같은 결정을 일방적으로 내릴 수 있는 사람이 말했다"는 기사를 실으며 정곡을 찔렀다.)

밸리에서 '예측'은 아직 발생하지 않은 일을 그려보는 것일 뿐이라고 주장하면서 특별한 미래를 위해 분투하는 인기 있는 방식이 되어버렸다. 예측은 사심 없어 보이는 분위기를 풍기기 때문에 유용하다. 예언자는 지금 여기 자신의 욕망과 이익에 사로잡혀 있지 않다. 이들이 자기 눈 색깔을 선택할지언정 미래 상황이 어떻게 전개될지 선택하는 것은 아닌 듯 보인다. 그러나 가능한 수많은 시나리오 중에서 하나를 선택한 다음, 모든 이에게 선택한 미래가 필연적이라고 그리고 사회가 가능한 여러 가지 미래 중에서 하나를 선택하려고 집합적으로 시도하는 것은 무용하다고 역설하는 것은 미래를 형성해가는 절묘한 방법이었다.

생명 연장과 그 밖에 '물 흐르듯 전개되는 상황'을 예측하면서 피셔바는 사실상 그러한 일들을 추진하고 있었다. 그는 상당히 영리하게 창업 투자를 하고 운도 매우 좋았던 이들, 지금은 인간 수명 연장을 위해 할 수 있는 것과 관련해서 사회적 파급력이 막대한 결정을 내리는 엘리트 집단의 일원이었다. 이와 같은 권력 덕분에 이들은 막중한 책임을 부여받은 동시에 분노의 표적이 되었다. 그렇기에 자신들이 싸우고 있는 미래는 저절로 도래할 것이고 심지어 이들의 선택이 아니라 객관적인 힘, 달리 말해 권력이 아닌 신의 섭리의 열매로 주어질 것임을 사람들에게 확신시켜야 할 것이다. 바로 이러한 점 때문에 피셔바는 영리하게도 자신의 목적을 수동적인 형태로 표현했다. "오늘날 일이 돌아가는 방식은 앞으로의 현실에는 적합하지 않게 될 겁니다." 부자들의 수명이 더 길어지는 것은 그저 물 흐르듯 일어날 어떤 일이었다. 모두를 위한 의료 시스템의 개선은 그렇지 않았다.

질의응답 시간에 군중 속 누군가가 물었다. "세상을 변화시키는 아이디어를 내놓는 사람들은 어떤 이들입니까?"

질문을 받은 피셔바는 자신과 동료 엘리트들을 권력자가 아닌, 그들에 대항하는 반란군으로 묘사했다. 세상을 변화시키는 이들의 공통된 특징은 진실을 위해 싸우는 것을 마다하지 않는 성향이라고 피셔바는 말했다. 그들이 남들보다 운이 좋게 태어난 것, 인종 및 성차별에 억눌릴 필요가 없었던 것, 가족과 친구로부터 초기 자본을 쉽게 구할 수 있었던 것은 중요하지 않았다. 그들은 누구보다도 용감하고 대담했으며, 누군가는 무자비하다고 말할 정도로 권력을 얻기 위해서라면 어떤 대가든 감수하려고 했다. 우버의 트래비스 칼라닉과 테슬라Tesla의 엘론 머스크Elon Musk를 거론하면서 그는 말했다. "이들은 불편한 장소에서 가장 편안해합니다. 무슨 의미냐면, 이들이 불편한 대화를 아주 편안해한다는 겁니다. 우리 대부분은 그저 안락한 상태에 있기를 원합니다. '모든 것이 훌륭해, 나는 행복해, 너도 행복해, 우리는 착하고 최고야, 영원히 좋은 친구야.' 하지만 그들은 '제기랄, 집어치워! 그러지 말고 한번 붙어보자. 이 망할 세상에서 대체 무슨 일이 벌어지고 있는 거지? 진실은 뭐야?'라고 할 겁니다. 상황이 불편해질 때, 점점 더 불편하게 느껴지는 이유는 진실과 진실이 아닌 것이 충돌하고 있기 때문이죠. 그때 그걸 알아내고 이해하는 유일한 방법은 속으로 파고드는 겁니다. 빅 아이디어를 만들어내는 사람들은 그런 갈등을 피해가지 않습니다. 사실 그들은 힘껏 포용하죠."

이러한 식으로 자기만의 독특한 진리를 추구해가는 창업이라는 관념은 피셔바의 반항적인 자아관의 일부였다. 왕은 수많은 진리를 관장한다. 그러나 전체를 책임지지 않는 반란군은 자유롭게 자기만의 독특한 진리를 추구할 수 있다. 이것이야말로 반란군의 핵심이다. 자신과 다른 욕구를 지닐 수도 있는 타인에 대한 걱정은 반란군과 아무런 상관이 없다. 피셔바의 관점에서 우버 같은 회사가 규제 당국이나 노조와 빚는 마찰은 상충하는 이익 때문이 아니다. 그저 반대파와 맞서 싸우는 독특한 진리, 부패한 기성 질서에 대항하여 봉기하는 반란군이 보일 뿐이다. 다음 질문에 대한 피셔바의 답변으로 이 점은 훨씬 더 분명해졌다.

"경쟁하지 않을 수 없는 상황에서 도덕과 야망 사이의 균형은 어떻게 모색해야 합니까?"

피셔바는 자신과 자신이 투자한 회사가 권력을 지니고 있다는 점을 받아들이지 않았기 때문에, 질문을 이해하지 못한 것처럼 보였다. 도덕적 선택에 직면한 자신을 인식하려면 스스로가 보유한 권력을 어느 정도 인정해야 한다. 그 대신 열세에 몰린 포위당한 상황에서도 목숨 걸고 분투하는 반란군의 모습이 거울에 보인다면, 당신 또한 피셔바가 그랬던 것처럼 질문을 오해하게 될 것이다. 피셔바는 도덕적 인간인 그가 부도덕한 세력에 맞서고 있는 도덕적 기업을 대변하는 방식에 관한 것으로 질문을 해석했고, 여기에서 다시 한번 우버의 예를 들었다.

"나에게 가장 버거운 것은—택시 카르텔이 한 예인—기성의 구조와 독점입니다. 아주 현실적인 문제죠. 어떤 모임에 갔을 때 그 세계에 전형적인 유형의 사람들에게 위협을 당한 적이 있습니다. 이탈리아에서 그들이 운전자를 폭행하는 것을 목격했지요. 프랑스에서 차를 전복시키고 돌을 던져대는 폭동을 보았을 겁니다. 나는 딸을 데리고 디즈니에 갔어요. 우리는 폭동의 한복판에 있었죠. 우리는 우버를 타고 전쟁이라고밖에 말할 수 없는 그 지역을 벗어나야만 했습니다. 그러니 도덕적 견지에서 바라봤을 때 도덕적으로 부패한 시스템에 대항하여 싸워야 합니다. 수십 년 동안 도시와 시의회 내부, 시장과 기타 등등에서 모두가 얽히고설키며 시스템의 뿌리를 이루었습니다. 이 모든 것이 현실이죠. 하지만 이 현실은 우버와 다른 회사들이 이룩한 새로운 기술과 혁신에 위협을 받고 있습니다. 그러니 계속 싸워야지요. 우리가 싸워야만 할 대상이니까요. 또한 도덕적 견지에서 우리는 그러한 유형의 통제 집단, 도시뿐만 아니라 주, 심지어 국가와 지구 수준에서도 실재하는 그들과 싸울 책임을 안고 있습니다.”

피셔바는 벤처 자본가와 억만장자 기업가들을 기성 제도와 맞서 싸우는, 보통사람들을 대변하며 권력에 대항하는 반란군으로 캐스팅했을 뿐만 아니라 더 나아가 보통사람들을 보호하고 평등을 촉진하기 위해 설립된 제도들에 악역을 할당했다. 그는 노조를 “카르텔”이라고 언급했다. 매우 표준적인 노동운동의 특색을 띠었던 시위를 “전쟁 지역”으로 묘사했다. 택시 운전사와 이들의 대표자를 부패한 세력, 마치 마피아 단원이라도 된 것처럼 “그 세계에 전형적인 유형의 사람들”이라고 이야기했다.

여기 한 인물, 민주적으로 제정된 규제들을 분쇄하고 노조를 회피하려고 시도한 우버의 선도적인 투자자가 있었다. 노조는 이 보잘것없는 남자에 대항하는 투쟁을 단지 말뿐만이 아니라 실제로 조직했었다. 그는 스스로를 보통사람들을 대신해 부패한 권력 구조에 대항하여 싸우는 인물로 자랑스럽게 묘사했다. "정치권력이 부패한 시대에, 다중에 기반한 사회적 권력이 앞장서게 된다"고 피셔바가 말했다. "부패에도 끄떡없는 대항력을 키우기 위해서는 큰 소동을 일으켜야만 합니다."

피셔바는 그가 좋아하지 않는 규제와 노조를 언급하면서 "이를 파괴할 수 있는 회사를 찾는 일이야말로 이를테면 '우리의 역량과 지식을 활용하여 그러한 통제 지점을 제거하고 세상을 더 살기 좋게 만들겠다'는 모종의 윤리학을 보유하는 한 가지 방식"이라고 지적했다. 요컨대 기술적 파괴는 모두가 고루 혜택을 얻을 수 있도록 세상을 개선하는 벤처 자본가만의 방식이었다.

박수와 함성.

피셔바의 재림을 믿는 인류의 기도나 사명감은 없었지만 그는 한 명의 반란군으로서 연설했다. 그는 자신이 칭송하는 우버와 에어비앤비가 아무런 힘없는 사람들에게 행한 착취와 불법으로 인해 현재 심각한 제재에 직면했다는 것을 알지 못한다는 태도를 취했다. 그가 생각하기에는 자신과 그 회사들이 약자였다. 그가 생각하기에 시위 중이던 파리의 운전자들은 "전쟁 지역"을 만들고 그와 그의 아이를 위협했다. 그가 생각하기에 그는 지방 도시의 규제에 반발하면서 부패를 청산하려고 애쓰고 있었다. 그가 생각하기에 그는 마치 벤처 자본가로 환생한 마틴 루터처럼 뉴욕시 택시리무진위원회Taxi and Limousine Commission의 문에 반박문을 붙이며 인기 없는 자기만의 진리를 고수하고 있었다. 오늘날 벤처 자본가는 세계에서 가장 강력한 사람들에 속하지만, 그가 생각하기에 자신은 보잘것없는 한 남자였다.

당신의 지도자가 여전히 반란군 시절의 베레모를 쓰고 있다면, 당신은 두려워해야만 할 것이다.

질의응답 순서가 끝나자 피셔바는 셀마Selma와 하버드 경영대학원의 언어를 매끄럽게 합쳐서 "가치 창출의 운동"이라며 서밋에 찬사를 보냈다.

"가치 창출", 자신이 권력을 지닌 엄청난 부자라는 사실을 사람들에게 상기시켜줄 위험이 있는 이 구절의 의미를 무디게 할 요량으로 그는 다시 한번 감상적인 언어를 들먹였다. 그에 따르면 가치는 가치 창조자, 요컨대 당신이 "사랑, 믿음, 지지가 가득한 환경"에 있도록 해준 사람들에 의해 창출된다. 여기에서 그는 운동과 사랑, 연대와 이타심의 언어, 그리고 급기야 나눔이 곧 보살핌이라는 치유 언어까지 도용하고 있었고, 자신의 과두정의 전망이 노골적으로 드러나지 않도록 그 언어들로 치장하고 있었다. 그는 기업가들이 잔뜩 모인, 참가비가 엄청나게 비싸고 초대받은 이들만 허용되는 배타적인 유람선 콘퍼런스에 참석하는 대담함을 보이면서도, 불공정한 카르텔을 구성한 것은 택시 운전사들이었다고 주장했다. 그는 노동운동의 관념을 깨부수기 위해 어떤 일도 마다하지 않는 회사로부터 수익을 얻었고 그것을 옹호하면서도, 뻔뻔하게 운동의 언어로 콘퍼런스에서 연설할 수 있었다. 그는 실리콘밸리의 벤처 자본가로서 국가를 덜 평등하게 만드는 바로 그 장본인이면서도, 보통사람들 편에서 투쟁한다고 주장할 수 있었다.

*

자신의 권력을 인정하지 않은 것은 피셔바만이 아니었다. 이러한 겸손은 새로운 권력의 중심지, 실리콘밸리의 결정적인 특징이다. "이들은 마치 왕처럼 행동하는 동시에 반란군이나 된 것처럼 싸운다"고 기술 연구자 다나 보이드Danah Boyd는 말한다. 그녀는 해커와 삐딱한 프로그래머 무리 속에서 성장했지만, 이들이 승리를 받아들이지 못하는 모습을 보고 좌절하고 말았다. 이들은 이제 현대 권력의 도구를 소유했다. 그러나 그 부문의 반反문화적 기원에서 비롯된 유물인 "외부자"의 이미지를 고집했고, 그러다 보니 "자신의 행위와 실천을 엘리트, 즉 권력자의 그것으로서 이해할 준비가 되어 있지 않았다"고 보이드는 주장했다. "불안과 불평등이 만연하는 세상에서 스스로 약자로 간주하는" 권력자들은 "자신들이 도덕적 책임을 안고 있다는 사실도 깨닫지 못한다." 피셔바를 전설로 만든 두 회사는 바로 이러한 종류의 현실 부정에 관여한 대가로 법적인 분쟁에 휘말렸다.

에어비앤비의 분쟁은 서밋앳시가 열리기 몇 달 전, 퀴르티나 크리텐든Quirtina Crittenden이라는 이름의 아프리카계 미국 여성이 숙박 예약을 하려고 할 때 '인종'이 조건으로 참조되는 것에 대한 불만을 표출하려고 트위터에 접속하면서 시작되었다. 특정 날짜에 이용 가능하다고 안내했던 숙소의 주인이 예약을 거부한 화면을 찍어서 게시한 크리텐든은 "#AirbnbWhileBlack(흑인도 에어비앤비를)"이라는 태그를 달았다. 시간이 흐르면서 다른 사람들 또한 자신의 증언을 크리텐든의 게시물에 추가하기 시작했는데, 이듬해 국립공영라디오에서 그녀를 소개하면서 이 이야기는 더욱 널리 알려졌다. "학사 학위, 석사 학위 그리고 박사 학위까지 가지고 있지만 나는 여전히 당신의 아파트를 빌릴 수 없죠. #AirbnbWhileBlack." 그레고리 셸턴Gregory Seldon 이라는 이름의 흑인 사용자는 자신이 "백인으로 위장하자 즉각 받아들여졌던" 일화를 공유했다. 셸턴의 트윗도 순식간에 퍼져나가면서 소셜 미디어에서 불기둥이 일었다.

에어비앤비와 여타의 실리콘밸리 플랫폼이 작동하는 방식 덕분에 회사는 대응 가능한 한 가지 선택 사항을 가지고 있었다. 즉 에어비앤비는 플랫폼만 제공할 뿐, 웹사이트상의 자율적인 두 사람 사이에 일어난 일에 대해 책임을 질 수 없다는 주장을 펼 수 있었다. 그러나 몇 달 후 그들이 내놓은 한 보고서는 많은 이들을 놀라게 했다. 그들이 실시하겠다고 약속한 것은 "호스트와 게스트가 의식적이든 무의식적이든 차별적인 행위에 연루될 기회를 크게 낮출 수 있는 강력한 시스템적 변화"였다. 이는 자발적인 조치였기에 탄복할 만했다.

그러나 #AirbnbWhileBlack이 불길처럼 번져간 지 두 달이 흐른 후, "아프리카계 미국인 손님에 대한 차별을 방지하지 못했"고 직접적으로 "차별 행위에 연루된 것처럼 보인다"고 주장하는 캘리포니아 평등고용주택청Department of Fair Employment and Housing의 지적을 접수하면서 에어비앤비는 뒤로 물러났다. 회사는 "에어비앤비는 단지 플랫폼을 운영할 뿐이며, 호스트가 매 건에 대해 예약을 확정하는 것과 관련하여 결정을 내릴 만한 지위에 있지 않다"고 법적인 용어로 대응했다. "에어비앤비가 자체적으로 이용 가능한 데이터에 기초해서 보았을 때 사이트에 있는 일부 제3자 호스트가 인종 차별을 금하는 에어비앤비의 정책을 위반했을 수 있으며 회사의 정책과 절차가 이 문제를 다루기에는 아직 상당히 미흡하다는 점을 인정한다." 그러나

차별받았다는 이용자의 주장을 뒷받침하는 하버드 경영대학원의 연구에도 불구하고, 에어비앤비는 단지 "숙박업소 목록을 출판"하는 보잘것없는 역할만 맡은 채 법적 책임에서 "벗어나려"고 했다. 에어비앤비는 "제3자 이용자들의 행동에 대해 법적인 책임을 질 수 없다"고 주장했다. 그들에 따르면, 법은 "타인에 의한 차별을 방지할 의무를 부과하지 않는다."

#AirbnbWhileBlack이 시작되었을 당시, 피셔바의 또 다른 핵심 투자 대상인 우버는 그들의 주장처럼 "우버가 보잘것없고 무기력한지"를 둘러싼 소송에 휘말렸다. 한 무리의 운전자들이 캘리포니아 노동법에 따른 피고용인 대우를 요구하면서 우버와 그 경쟁사인 리프트 Lyft를 연방 법원에 고소했다. 하지만 운전자들이 계약자라는 합의문에 서명했기 때문에 노동법의 적용 대상이 안 된다는 반박이 제기되었다. 이들은 개별 운전자를 사업자, 즉 규제 기반 시설이 필요하지 않은, 자기 시간을 선택하는 자유로운 행위자로 간주하는 약관을 수용했던 것이다. 이들은 마켓월드를 지배하는 환상 중 하나인 사람들 각자가 작은 기업이라는 말을 믿었다. 그 후 일부 운전자는 사실상 자신들이 수많은 다른 사람들이 원했던 것과 동일한 권력, 착취 그리고 변화무쌍한 환경으로부터의 보호를 바라는 노동자일 뿐이라는 사실을 깨달았다.

운전자들이 그 합의문에 서명했기 때문에 피고용인이 되는 쉬운 길은 막혀버렸다. 하지만 업무를 수행할 때 회사가 이들에게 광범위하고 지속적인 권력을 행사했다는 사실을 입증할 수 있다면, 법에 따라서 아직 피고용인의 지위를 인정받을 수 있었다. 계약자가 되는 것은 독립을 인정받는 대가로 특정한 보호와 혜택을 포기하는 것이고, 따라서 그 독립은 진실한 것이어야 한다. 이 소송은 새로운 네트워크 시대의 권력은 어디에 도사리고 있는지를 신중하게 고심하던 두 사건의 판사, 에드워드 첸Edward Chen과 빈스 차브리아Vince Chhabria에게 영감을 주었다.

우버와 리프트가 반란군의 지위를 점한 점은 놀랍지 않았다. 에어비앤비처럼 우버와 리프트도 권력이 없다고 주장했다. 우버는 승객과 운전자 사이에서 연계를 활성화하는 기술 회사일 뿐, 자동차 서비스는 아니라고 주장했다. 계약서에 서명한 운전자들은 자신의 운명을 결정하는 강력한 행위자였다. 이러한 주장을 첸 판사는 조롱했다. 그는 "우버는 더 이상 '기술 회사'가 아니"라고 말했다. 이는 "무선 통신장치CB radio를 이용해서 택시를 파견하기 때문에 엘로우캡Yellow Cab이 '기술 회사'라거나, 컴퓨터와 로봇을 이용해서 잔디 깎는 기계를 제작하기 때문에 존 디어John Deere가 '기술 회사'라거나, 아니면 현대적인 관개 기법을 활용해서 사탕수수를 재배하기 때문에 도미노 슈거Domino Sugar가 '기술 회사'라는 말이 성립하지 않는 것과 마찬가지"였다. 차브리아 판사도 유사한 사례를 들어 "운전자와 승객을 연결하는 플랫폼을 제공할 뿐인, 이해관계가 없는 보잘것없는 방관자"라는 리프트의 주장을 기각했다. 그는 아래와 같이 기록했다.

리프트는 그 플랫폼의 이용자들을 그저 무작위로 연결하는 일보다 훨씬 많은 일에 관여하고 있다. 그들은 자신을 일종의 맞춤형 승차 서비스로 홍보하며 적극적으로 고객을 찾아 나선다. 그들은 운전자에게 세부적인 행동 지침을 전달한다. 무엇보다도 리프트의 '운전자 가이드 및 자주 묻는 질문'에는 운전자가 "리프트를 위해 운전한다"고 적혀 있다. 그러므로 리프트는 단지 플랫폼에 지나지 않으며, 운전자가 리프트를 위해 그 어떠한 서비스도 수행하지 않는다는 주장은 진지하다고 볼 수 없다.

판사들은 우버와 리프트가 스스로 인정하려는 것보다 훨씬 강력한 권한을 가졌다고 생각했지만, 그들이 월마트 같은 구舊경제의 고용주로서 피고용인에 대해 동일한 권한을 갖지 않는다는 점은 수긍했다. "이 사건의 배심원단은 네모난 못을 건네받고 두 개의 둥근 구멍 중에서 선택하라는 요청을 받게 될 것"이라고 차브리아 판사는 기록했다. 한편 첸 판사는 네트워크 센터로서의 중요성에 관한 주장에도 불구하고, 우버가 운전자들을 소송으로 이끌었을 보이지 않는 종류의 권력을 행사했는지의 여부를 파고들었다. 이 새로운 권력을 정의하기 위해서, 그는 어떠한 판사도 관심을 갖지 않은 작고한 프랑스 철학자 미셸 푸코Michel Foucault에게로 시선을 돌렸다.

첸 판사는 주목할 만한 구절에서 우버의 권력을 푸코가 『감시와 처벌』에서 분석했던 그 유명한 판옵티콘의 간수에 비교했다. 판옵티콘은 철학자 제레미 벤담Jeremy Bentham이 18세기에 고안해낸 원형 감옥의 설계도였다. 이는 대규모 수감자를 감시하기 위해 건물 중앙에 홀로 있는 간수의 권한을 강화하려는 발상에서 비롯되었다. 간수가 실제로 모든 수감자를 한번에 볼 수 있는 것은 아니지만 설계의 특징상 그들은 어느 순간에 누가 감시를 당하는지 알 수 없다. 첸 판사는 푸코가 분석한 판옵티콘 권력의 속성과 작동 방식이 우버의 권력과 유사하다고 생각했다. 그는 "권력의 자동 기능을 보장하는 의식적이고 영구적인 가시성의 상태"에 관한 한 구절을 인용했다.

비록 자산 소유나 피고용인의 시간에 대한 통제 등 친숙한 형태의 권력의 덫은 존재하지 않았다 하더라도 우버가 운전자의 서비스를 감독하고 추적하고 통제하고 피드백을 주는 다양한 방식이 "권력의 기능"에 해당한다고 판사는 주장했다. 운전자들이 공장에 고용된 노동자들과 같지도 않았지만, 그렇다고 해서 원하는 것은 무엇이든지 할 수 있는 독립적인 계약자도 아니었다. 이들은 사소한 위반으로도 해고될 수 있었다. 그것이 권력이다.

우리 시대에 가장 영향력 있는 신흥 권력의 중심이 자신의 권력을 부정하고, 나아가 중요한 것은 아무것도 바꾸지 않는 변화의 전망을 퍼뜨리면서 스스로 부를 축적한다는 사실은 충격적일 수 있다. 그렇다고 해서 이러한 태도가 아주 냉소적인 것만은 아니다. 기술 세계는 오랫동안 자신이 창조하는 도구들이 본래 평등을 지향하며 권력의 분할을 확대하기보다는 축소하는 데 기여할 것이라고 주장해왔다. 1990년대 중반에 인터넷이 사람들의 일상에 영향을 미치기 시작하면서 빌 게이츠Bill Gates는 기술이 고질적으로 불평등한 세계를 평등하게 하는 데 기여할 것이라고 예측했다.

우리는 모두 가상 세계의 동등한 창조물이며, 이 평등을 활용하여 현실 세계에서 사회가 아직 해결하지 못한 사회학적 문제의 일부를 다루는 데 도움이 되도록 할 수 있을 것이다. 네트워크가 편견이나 불평등의 장벽을 제거하지는 않겠지만 그 방면에서 강력한 세력이 될 것이다.

이러한 신념이 마켓월드, 특히 실리콘밸리에 얼마나 큰 영향을 미쳤는지는 너무도 명백하다. 세상은 잔인하고 불공평할지 모르지만, 만일 당신이 기술의 씨앗을 뿌린다면 그 땅에도 평등의 싹이 움틀 것이다. 아프가니스탄의 모든 소녀가 스마트폰을 가지고 있다면… 모든 교실이 웹에 연결되어 있다면… 모든 경찰이 신체 카메라를 착용한다면… 마크 저커버그와 프리실라 챈Priscilla Chan은 자선사업의 일환으로 연결되지 않은 사람들을 연결하겠다고 약속했다. 왜냐하면 인터넷은 "당신이 좋은 학교 근처에 살지 않아도 교육을 제공하고, 당신 주변에 의사가 없더라도 질병을 예방하거나 아이들을 건강하게 키우는 방법 등의 의료 정보를 제공하고, 당신이 사는 곳 근처에 은행이 없더라도 금융서비스를 제공하고, 당신이 사는 곳의 경제가 좋지 않더라도 일자리와 여타 기회들에 접근할 기회를 제공"하기 때문이다. 밸리의 일부 사람들은 완전히 달변가가 되어서 기술의 평등화 경향을 설파했다. 벤처 자본가 마크 안드레센Marc Andreessen은 "에어비앤비 덕분에 이제 집이나 아파트를 가진 사람이라면 누구나 방을 임대로 내놓을 수 있고 그 결과 소득 불평등이 줄었다"고 말한다. 이러한 견해에 따르면, 마치 안드레센 같은 투자자들이 '점령하라 운동'처럼 보이지만 더 큰 집과 더 확실한 성과를 얻은 것은 이들이다.

네트워크는—권력을 주변으로 밀어내는 동시에 핵심으로 빨아들이는—신흥 권력의 상당한 기반이 된다. 이러한 발상은 네크워크 분야의 권위자인 조슈아 쿠퍼 라모Joshua Cooper Ramo에게서 유래한다. 저널리스트였던 라모는 헨리 키신저Henry Kissinger의 제자가 되면서 몇 해 전 다양한 유형의 새로운 권력이 구래의 전략 및 지정학 법칙을 뒤집는 방식에 관심을 가졌다. 네크워크를 연구하고 그 소유자들과 인터뷰하여 쓴 책『제7의 감각, 초연결지능: 네트워크 시대의 권력, 부, 생존』에서 그는 말했다.

권력은 심오한 집중과 광대한 분배라는 두 가지 특성을 지닌다. 어느 쪽이건 단순한 용어로는 이해될 수 없다. 권력과 영향력은 중세 시대에 비해 훨씬 더 집중화된 동시에 가장 활력 있는 민주주의에 비해 더 분산된 듯하다.

라모는 우버와 에어비앤비, 페이스북과 구글이 근본적으로 민주적인 동시에 위험스러울 정도로 과두적이라고 주장한다. 페이스북 덕분에 알제리 지하로 숨어든 사람들은 자신이 원하는 것을 모두 표현할 수 있으며 전 세계인도 그것을 볼 수 있다. 에어비앤비 덕분에 누구나 자기 집을 임대할 수 있다. 우버 덕분에 재정상의 어려움을 겪는 그 누구라도 큰 번거로움 없이 앱을 설치해서 돈을 벌 수 있다. 이러한 플랫폼은 한때 미디어 회사, 호텔 체인, 택시 노조가 통제한 권력을 주변부로 밀어내는 중이다. 그러나 네트워크는 또한 극단적인 집중화 경향을 보인다. 고등학교 친구들의 절반이 다른 소셜 네트워크에 머무른다면 재미가 없을 것이기 때문에 페이스북은 사실상 독점 상태가 된다. 네트워크 이론의 핵심 원칙은 네트워크가 확대될수록 새로운 연결로부터 더 많은 과실을 챙길 수 있다는 것이다. 말하자면 네트워크는 그 몸집이 커질수록 더 튼튼해지고, 더 강력해지고, 더 빨라지는 희귀한 종류의 야수다.

이처럼 권력이 집중되는 동시에 분산되는 현상은 사회의 권력 배분에 실질적인 영향을 미친다. "기술 세계의 사람들은 자기네 산업을 승자들도 아직은 불분명한 새로운 적의 갑작스러운 공격에 취약한, 마치 파도가 넘실대는 혼돈의 바다인 양 묘사하기를 좋아한다"고 「뉴욕타임스」의 IT 칼럼니스트 파하드 만주Farhad Manjoo가 말했다. 그는 사실 아마존, 애플, 페이스북, 구글, 마이크로소프트가 거의 모든 것을 지배하면서 그 산업이 어느 때보다도 더 집중화되었다고 말한다. 만주의 표현을 딴 이 가공할 5대 기업Frightful Five은 그 어떤 기준으로 보더라도 "점점 더 거대해지고 이들의 부문 내 입지는 견고해졌다. 이들은 새로운 부문에서도 맹위를 떨치면서 뜻밖의 신생 경쟁자들을 잘 따돌리고 있다." 만일 기술이 계속해서 골리앗을 낳고 있다면 이는 라모가 묘사했던 네트워크의 '집중화의 힘' 덕분이다. 그러한 행위자들은 종종 "플랫폼"이라고 불리는 특정한 기본 네트워크를 구축했으며 그 규모가 커질수록 신생 기업들은 별다른 선택의 여지 없이 그 네트워크에 의존하게 된다. 만주에 따르면 "이 플랫폼을 벗어날 수는 없다. 이들 중 하나 또는 두 개를 선택할 수 있겠지만, 이들 전체가 경제 전반을 관장하는 금박의 그물망을 형성한다."

스스로 "커뮤니티"라고 칭하기는 하지만 페이스북은 인간성의 많은 부분을 차지하는 "친구"라는 말을 자기 사업 모델에 가장 이로운 방식으로, 일방적으로 재정의했다. 또 다른 회사인 구글은 우리가 검색하고 구매하는 모든 것, 우리가 입력한 모든 외설적인 농담, 우리가 가사 도우미에게 했던 모든 말, 우리가 현관 보안 카메라 앞에서 한 모든 행동을 알 수 있다. 에어비앤비는 새해 전야 하루에만 자신들의 숙소에 130만 명이 머물렀다는 사실을 자랑했다. 이러한 종류의 기술이 세상을 집어삼키면서 상대적으로 소수의 사람들이 그 어느 때보다도 더 많은 인간의 담론, 동작, 구매, 판매, 독서, 작문, 교육, 학습, 치유, 거래가 행해지거나 처리되는 기반 시설의 상당 부분을 소유하게 되었다. 그런데도 이들 중 많은 이가 기성 질서에 대항한 싸움을 공개적으로 선포한다.

데이비드 하이네마이어 한손David Heinemeier Hansson은 콜로라도에 있는 베이스캠프Basecamp라는, 성공했지만 비교적 작은 규모를 유지하는 평범한 사업체이자 실리콘밸리와 세상을 집어삼키려는 유혹을 피한 소프트웨어 회사의 공동 창업자다. 그는 "요즘에는 누구도 우주에 자기 흔적을 남기는 정도에 만족하지 않는다는 것이 문제인 듯하다"고 말한다. "그들은 어떻게든 우주를 자기 것으로 만들어야 합니다. 시장에 있다는 것만으로는 충분하지 않아요. 이들은 시장을 지배해야 합니다. 고객에게 봉사하는 것만으로도 충분하지 않은데, 이들은 고객을 차지해야만 합니다."

핀보드Pinboard라는 스타트업의 창업자인 마시에이 세글로스키Maciej Ceglowski는 벤처 기업가를 처음에는 봉건 잉글랜드의 토지 귀족에, 나중에는 한때 자신의 고국 폴란드를 지배한 사회주의 정부에 비교하는 말을 해서 밸리와 그 밖의 지역에서 파문을 일으켰다.

캘리포니아 자본주의에는 매우 수상쩍은 점이 있다.

과거 잉글랜드에서 시골 땅을 소유하는 것이 그랬던 것처럼, 투자는 우리 상류층의 고상한 직업이 되었다. 이는 계급의 표식이자 사회에서 부유한 기술 전문가들이 소일하는 괜찮은 방식이다. 상류층 투자가들은 어떤 아이디어가 추구할 만한 가치가 있는지 결정하고, 이들과 협력하는 사람들은 거기에 맞춰서 자신들의 제안을 조정한다.

이렇게 생겨난 회사들은 더는 이윤이나 심지어 매출에도 관심이 없다. 그 대신에 이들의 성공 척도는 가치평가valuation, 즉 자신들의 가치가 얼마나 되는지 사람들에게 확신시킬 수 있는 정도다.

기업 전체에 일종의 환상의 요소가 존재하기 때문에 기술 엘리트조차도 불안감을 느낀다.

과거에 폴란드에도 이러한 유형의 사람들이 있었다. 다만 우리는 그들을 벤처 자본가가 아니라 중앙의 설계자central planner라고 불렀다. 그들 역시 자기들 것이 아닌 막대한 양의 돈을 배분하는 역할을 맡았다.

그들 역시 자신들이 세상을 바꾸고 있다고 순진하게 믿었고, 우리의 일상이 바로 눈앞에 있어야 할 반짝이고 아름다운 세상과 동떨어져 있는 이유에 관해서 똑같은 종류의 변명을 했다.

한 세대에 걸쳐, 정치뿐만 아니라 많은 이의 생활을 퇴락하게 만든 원인이라고 할 수 있는 연이은 문제가 미국 사회를 괴롭혔다. 사회계약은 해체되었고, 노동자의 삶은 더욱 불안정해졌으며 이동성도 둔화되었다. 이는 매우 어렵고도 중요한 문제들이다. 이 시대의 새로운 승자들이 새로운 시대를 위한 새로운 사회계약의 작성에 참여하는 것은 당연한 일이다. 이는 지구화되고 디지털화된 세계에서 보통사람들이 경제적 안전을 누리는 새로운 전망을 표방한다. 그러나 우리가 보아왔듯이, 실제로 이들은 노동조합을 비롯한 아직 남아 있는 노동자 보호 장치를 모두 파괴하고, 사회의 점점 더 많은 부분을 일종의 상시 노동시장으로 개조하여 노동자들이 수백만의 보잘것없는 임시직을 얻기 위해 바닥을 향한 상호 경쟁을 하도록 만듦으로써 상황을 더 악화시켰다. 실리콘밸리의 벤처 자본가 폴 그레이엄 Paul Graham은 "아직도 노조가 있는 산업은 신생 기업에 의해 방출될 가능성이 있다"고 언젠가 트위터에 올렸다.

미국의 불평등이 그 어느 때보다도 감당하기 어려운 수준으로 악화되는 상황에서 마켓월드의 승자들이 도움을 줄 수도 있었을 것이다. 이들이 자신이 속한 지역사회를 들여다보았다면 알아야 할 사안들이 드러났을지도 모른다. 심지어 합법적일 때조차도 자신들의 세금 부담을 줄이기 위해서라면 물불을 가리지 않은 것은 "좋은 일을 함으로써 성공한다"는 그들의 주장과 상충한다. 이들이 적당한 대의에 관심을 기울인다고 하더라도 역외 금융과 같은 사안에 대중이 주목하지 못하도록 한 것은 문제를 더욱 심각하게 악화시킨다.

많은 미국인의 기대 수명이 감소함에 따라, 성공했다는 느낌을 가진 승자들이 얼마간 기부했을지도 모른다. 그들은 선진국에서 이렇듯 퇴보하는 이례적인 현상을 만들어낸 보건 의료 시스템의 세부 사항이나, 쉽게 예방할 수 있는 죽음이 개발도상 국가들에서 지속되는 이유에 관해 관심을 가졌을지도 모른다. 부와 지위 덕분에 꽤 오래 살 것이므로 이들은 자신들에 대해서는 전혀 생각해보지 않았을 수도 있다. "말라리아와 결핵이 여전히 존재하고 부자들이 열심히 기금을 대지만, 결국 그들이 더 오래 살 것이라는 점은 매우 이기적으로 보인다"고 빌 게이츠는 말했다.

*

　서밋앳시의 예상을 크게 벗어난 연사는 미국의 내부 고발자이자 국가안보국의 골칫거리인 에드워드 스노든Edward Snowden이었다. 그는 러시아에 있었기에 비디오 화면으로 승선했다. 그를 인터뷰한 사람은 크게 성공한 벤처 자본가(인스타그램, 킥스타터, 트위터, 우버)인 크리스 사카Chris Sacca였다. 서밋의 창립자 중 한 명이 무대 위를 걸으면서 말했다. "우리에게는 크리스 사카처럼 진실을 말하는, 지식 소매상이 필요합니다." [서밋은] 한 사람 가격으로 진실을 말하는 두 사람 [을 섭외한 셈이다].

　무대를 장악한 사카는 서밋이 "기업가정신을 위한, 그리고 정의를 위한 플랫폼"이 되었다고 칭송했다. 그는 기업가와 정의가 마치 동일한 개념인 양 말했다. 그러고 나서 그는 내부 고발자의 색다른 발언을 유도하면서 한동안 스노든과 인터뷰를 했다. 어느 순간, 모스크바에 있던 그 남자는 밸리의 영광을 추종하는 모든 이들의 가슴을 뛰게 할 만한 말을 하기 시작했다. 세계에서 가장 유명한 폭로자는 암호화를 능가하는, 아예 추적조차 할 수 없는 새로운 통신 도구를 만들어서 두 사람 사이에 있었던 대화의 사실조차 알려지지 않도록 해야 한다고 말했다. 그는 사람들이 이러저러한 플랫폼에 추적당하는 피해를 입지 않으면서도 읽은 책, 참여한 운동, 사귄 친구가 알려지지 않게 하면서도 그 시대의 온라인 커뮤니티에 참여할 수 있는 방법을 사람들에게 제공하는 "임시 정체성tokenizing identity"에 관해 이야기했다.

128

계속해서 스노든은 말했다. "우리가 민권 운동을 생각할 때, 역사 속에서 일어났던 모든 사회진보를 생각할 때, 르네상스 시대로 거슬러 올라가 이단적인 관념에 대해 생각하는 사람들—'이봐, 세상은 평평하지 않을지도 몰라'—을 떠올려볼 때, 인습이나 그 시대의 법 구조에 도전하는 일 그리고 그러한 생각을 하는 것까지도 법을 어기는 일입니다. 만일 누군가 이단적인 사고에 막 동참하려는 순간, 아무리 사소한 규정이라 할지라도 법을 어기는 그 순간 즉시 탐지되고, 금지되고, 결국에는 모종의 처벌 또는 제재를 통해서 교정된다면, 우리는 결코 우버가 이루어낸 것과 유사한 창업을 볼 수 없을 뿐만 아니라 가동 중인 인간 사회의 진보를 멈추어버릴 겁니다. 이단적인 사고는 즉각 축출되고, 펜을 빼앗기고, 변화를 이끌 수 있는 임계량을 건설할 가능성이나 역량을 보유하지 못한 채 정통성에 도전할 기회조차 갖지 못할 것이기 때문입니다."

기업가 청중들에게 예의를 갖추기 위한 노력의 일환이었는지 스노든은 이단에 관한 자신의 원대한 전망에 창업이라는 단어를 끼워 넣었고 그 때문에 본래의 의도대로 생각을 전달할 기회를 망쳐버렸다. 그는 사카 그리고 짐작건대 수많은 다른 이들이 이제 자신의 혁명적인 말을 듣고서 오로지 투자만을 생각하도록 만들었다.

사카가 거대한 화면을 응시하면서 "그래서 나는 생계형 창업자들에게 투자한다"고 말했다. "당신의 의견을 들으면서 하고 싶은 말이 생겼습니다. 여기에서 창업자의 기운이 느껴져요. 당신은 건설되어야 할 것들에 관해 말하고 있습니다. 그중 어느 하나를 당신이 직접 건설할 예정인가요? 여기에는 아마도 당신을 기다리는 투자자들이 있을 거란 말입니다."

스노든은 깜짝 놀란 것처럼 보였다. 그가 이단과 진리와 자유에 관해 말하고 있던 자리에서 이제 창업에 관한 질문이 나오고 있었다. 당황한 나머지, 그는 예의 바르게 사카의 말을 부정하고자 애썼다. "활발하게 돌아가는 몇 개의 프로젝트가 있기는 합니다. 하지만 나는 벤처 캐피털을 원하는, 투자자를 모집하려고 애쓰는 수많은 사람들과는 조금 다른 견해를 가지고 있습니다. 나는 홍보하는 것을 좋아하지 않습니다. 이 특별한 문제를 해결하기 위해 이 특별한 시스템을 연구하고 있다고 말하고 싶지 않습니다. 차라리 최소한의 비용으로 그냥 그 일을 하고 그 후에 성과물에 기초해서 평가를 받는 게 나을 듯합니다. 만약 잘 된다면, 확장된다면, 멋진 일일 겁니다. 하지만 궁극적으로 내가 상업적인 영역에서 일하게 될 거라고 생각하지 않는 편입니다. 그러니 '기다려 봅시다'라고 말하는 편이 좋겠네요."

이는 마켓월드의 생활 방식에 대해 부드럽게 표현된 질책이었다. 여기 스스로 홍보하는 것을 꺼리고, 돈을 갈구하지 않으며, 실제로 시스템과 싸우고 있고, 나아가 더 위대한 선을 실현하기 위해 기꺼이 잃을 준비가 된 한 남자가 있었다.

서밋에서 스노든은 "세계 어디에서든지 실험할 수 있고, 안전한 장소"를 요구했다. 그에게 이는 아마도 삶과 죽음을 포함하는 진지한 전망이었을 것이다. 기업가들은 마치 진정한 배교자를 흉내 내듯이 똑같은 생각을 들먹이는 경향이 있었지만, 이들의 경우에 그것은 권력에 도전한다기보다는 오히려 축적하고 보호하는 일과 관련되었다. 기업가 겸 투자자인 피터 틸Peter Thiel은 법의 손길이 미치지 않는 곳에 떠다니는 "시스테딩*" 커뮤니티를 주창했다. 구글의 공동 창업자 래리 페이지Larry Page는 "기술자로서 새로운 시도를 해보고 사회에 미치는 영향도 파악해볼 수 있는 안전한 장소가 있어야 한다"고 말했다. 기술 투자자인 발라지 스리니바산Balaji Srinivasan은 스노든이 상상했던 것처럼 "근본적으로 미국 밖에서 기술에 의해 운영되는 사전 동의opt-in 기반의 사회를 건설할" 도구들을 이용하여 디지털 혁명의 승자들이 러다이트Luddite와 불평꾼의 배은망덕한 세계로부터 분리 독립할 것을, 그의 표현에 따르면 "실리콘밸리 최후의 출구"를 만들 것을 주장했다.

이러한 다양한 통념은 정부 없는 삶이라는 환상으로 연결되어 있다. 이 부유하고 힘 있는 사람들은 자신들이 공들여 가공한 권력에 대항하는 반란군 이미지를 유지하면서 작가 케빈 루즈Kevin Roose가 "무정부주의 치어리딩"이라고 부른 활동에 관여한다. 이들이 일하는 방식에서 통제받지 않는 영역을 요구하는 것, 이러한 무정부주의에 대한 지지의 목소리를 높이는 것이 마치 인류를 위한 자유의 신세계를 소망하는 것처럼 들릴지도 모른다. 그러나 수많은 사상가가 지적했던 것처럼, 백지 상태의 통제 없는 세상을 만들어서 가장 큰 이익을 볼 이들은 권력을 가진 자들이다. 페미니스트 작가 조 프리먼Jo Freeman이 1972년에 쓴 『구조 없는 곳의 독재자The Tyranny of Structurelessness』에는 이러한 통찰을 담은 유명한 구절이 적혀 있다. 그

●   seasteading. 육지 위에 세워진 안정적인 거주지를 뜻하는 홈스테딩 Homesteading을 빗댄 말로서, 정부로부터 독립적인 도시를 해상에 건설하겠다는 웅대한 구상에서 출발했다.

에 따르면, 모호하거나 무정부적인 조건에서 집단이 운영될 때 구조가 없다는 것은 "사람들에 대해 절대적인 지배력을 확립하려는 강자 또는 운 좋은 자의 위장술이 된다."

프리먼의 생각은 계몽주의와 토마스 홉스로 거슬러 올라갈 수 있다. 홉스도 구조가 붕괴된다고 해서 권력이 사라지는 것은 아니라고 생각했으며 이것이 약자에게 갖는 함의에 주목했다. 그가 옹호했던 강력한 리바이어던은 종종 군주정이나 권위주의의 다른 말로 취급된다. 그러나 사실 홉스가 제안했던 것은 권위와 자유 사이에서의 선택이 아니라 상이한 종류의 권위들 사이에서의 선택이다. 누군가는 항상 통치한다. 그렇다면 문제는 누가 통치하는가다. 리바이어던, 다시 말해 보편적인 규칙을 만들고 시행할 수 있는 강력한 국가가 없는 세상에서 사람들은 집 주변에 사는 수천 명의 작은 리바이어던들에 의해 통치될 것이다. 예컨대 사람들이 일할 땅을 소유한 봉건 영주가 있을 때 이들은 영주로부터 자신을 보호할 수단이 거의 없다. 권력을 지닌 변덕스럽고 무책임한 귀족들이 있을 때도 마찬가지다.

홉스가 제시한 것은 모든 이에게 공식적인 법률이 적용되도록 하는 권위, 모두에게 공통으로 속할 뿐만 아니라 지역의 권위들을 압도하는 권위에 관한 생각이었다. 그는 이러한 권위가 없을 때보다 있을 때 더 큰 자유를 누릴 수 있으리라고 생각했다. "인간은 그들 모두를 위압할 수 있는 권력이 부재한 상황에서 교유할 때 즐겁지 않으며, 오히려 정반대로 큰 슬픔에 잠긴다." 그는 규칙이 없는 세상에서는 "어떤 것도 부당할 수 없다. 그곳에서는 옳고 그름, 정의와 불의에 관한 통념이 있을 자리가 없다. 공통의 권력이 존재하지 않는 곳에서는 법도 존재하지 않는다. 그리고 법이 존재하지 않는 곳에서는 불의도 존재하지 않는다"고 말했다. 이러한 세계에서 가장 중요한 덕목은 "강제와 기만"이다.

자칭 기업가 반란군이 실제로 추진하고 있었던 것은 사람들을 마을·교회·영지의 특수주의로부터 해방시키며 모두에게 적용되는 보편적 규칙을 발전시키려는 계몽주의의 주요한 프로젝트를 전복하는 일이었다. 아마도 이 엘리트들이 마음속에 그린 세계는 규칙이 약화되고 기업가들이 시장을 통해 지배하는, 영주의 사적인 지배의 복귀 같은 것이었다. 그곳에서는 페이스북 백작과 구글 영주가 민주주의 바깥에서 우리 모두의 운명을 좌우할 중대한 결정을 내리게 될 것이다. 이 세계에서 그들은 커뮤니티와 사랑, 운동과 윈윈의 언어를 차용하여 주위의 농노들에 대한 자신의 권력을 부인할 것이다. 이들은 계속해서 세상을 바꾸는 일에 관해 이야기할 것이다. 그러나 그 세계의 수많은 사람들은 절망스러운 부분이 전혀 바뀌지 않고 있다고 느낄 것이며 그렇게 느끼는 것이 당연하다.

소수의 수중에 권력을 쥐어주고, 권력자가 평민들을 위한 투사가 되는 것이 우리 시대에 진보로 받아들여지기 위한 필연적인 방법은 아니다. 세상을 살기 좋은 곳으로 만드는 좀 더 정직한 다른 방법을 고민하는 사람들이 있다. 발전의 과실은 마땅히 승자에게 돌아가고 그들의 규칙을 따라야 한다는 마켓월드의 부담스러운 요구 사항에 구애받지 않고 자유롭게 생각하는 사람들이 있다. 그러나 자원뿐만 아니라 브랜드를 만들어내는 권력을 자신의 뜻대로 운용할 수 있는 마켓월드와 경쟁하기란 쉽지 않다.

서밋이 있은 지 몇 달 후, 뉴욕의 괴테 연구소Goethe Institute에서 열린 한 행사는 디지털 시대에 대한 매우 상이한 전망을 제시했다. 바로 "플랫폼 협동조합주의"라는 명칭의, 이제 막 출범한 운동의 회합이었다. 여기에서는 세상을 더 살기 좋게 만드는 것에 관한 대화, 어떠한 변화든 권력자가 혜택을 누려야만 하고 그러한 변화만이 해볼 만한 가치가 있다는 원원의 율법을 벗어나는 대화가 있었다. 플랫폼 협동조합주의는 실리콘밸리가 이미 일어나고 있다고 주장한 것을 실현하려는 운동으로 "새로운 종류의 온라인 경제"를 제안한다. 디지털 팜플렛에는 다음과 같은 문장이 실려 있다.

인터넷이 우리에게 가져다주는 모든 경이로운 점에도 불구하고, 그것은 독점, 추출, 감시의 경제학에 지배된다. 일반 사용자는 자신의 개인 데이터도 거의 통제하지 못하며, 노동자의 삶 구석구석에까지 디지털 작업장이 파고들고 있다. 온라인 플랫폼은 위대한 균형자가 되겠다고 약속하는 그 순간조차, 사회에 존재하는 불평등을 종종 이용하고 악화시킨다. 과연 인터넷은 다른 방식으로 소유되고 관리될 수 있을 것인가?

이러한 표현은 수사修辭가 아니라 실제로 세상을 변화시키는 일에 덤벼드는 것이었다. 위와 같은 생각을 마켓월드에서 자주 접할 수는 없지만, 기술을 구축한 이들이 오직 자신만을 위해 일한다든가, 인도주의와 기업가정신은 사실상 전혀 별개라는 등 그 이면의 가정은 명백했다. 플랫폼 협동조합주의의 전복적인 전제가 실제보다 과장될 필요는 없을 것이다. 그저 알려진 바대로 그 핵심 주장은 마켓월드의 승자뿐만 아니라 보통사람들도 기술의 발전 방식에 대해 어느 정도 발언권을 가져야 한다는 것, 기술은 한 가지 이상의 방향으로 발전할 수 있다는 것, 그러한 방향 중 어떤 것은 혁신의 과실이 사람들 대다수에게 돌아가도록 하는 데 있어서 다른 어떤 것보다 더 나을 수 있다는 것이다.

사람들은 마켓월드에서 금지되다시피 한 사고방식, 예컨대 권력과 특권이 존재한다는 것, 모든 시대마다 누군가는 가지고 있으며 다른 누군가는 그렇지 않다는 것, 이 권력과 특권이 감시를 필요로 한다는 것, 그 과정은 바뀔 수도 있었고 그 역사는 단순하지 않고 복잡했다는 것, 때로는 정말 놀라운 새로운 도구들이 세상을 더 악화시키는 방법으로 활용되었다는 것, 새로운 빛이 비추는 순간조차 어두운 곳은 종종 사라지지 않는다는 것, 사람들은 자신과 자신의 생각이 얼마나 이기적으로 보이는가에 개의치 않고 오랜 습관처럼 서로를 착취해왔다는 것, 권력자들은 당신의 대표가 아니라 당신과 동등한 시민이라는 것에 관한 연설을 들었다.

참석자들은 원원에 구애받지 않고 이야기했다. 그들은 착취와 학대 그리고 연대에 관해 이야기했다. 그들은 문제를 지적했다. 그들은 고상한 마켓월드의 합의에 얽매이지 않았다. 청중은 유토피아를 꿈꾸기보다는 냉소적이었고, 북돋우려고 하기보다는 비판적이었다. 그들은 그것이 새롭지 않다는 것도 알았다. 연사는 연사대로 마켓월드의 관례인 붙임성을 보이지 않았다. 발표도 매끄럽지 않았다. 소형 마이크도 제공되지 않았다. 열대 초원의 사자처럼 무대 위를 돌아다닌 사람은 아무도 없었다. 발언 도중 농담을 하는 사람도 거의 없었다. 사람들은 그저 해결하기를 바라는 문제를 이야기할 뿐이었다. 이 행사는 서밋앳시를 비롯한 마켓월드의 여타 포럼과 대조적으로 피가 끓을 만큼 민주적이었다.

트레버 숄츠Trebor Scholz가 연단에 오르더니 몇 해 전 자신이 플랫폼 협동조합주의라고 이름 붙인 생각에 관해 짧은 글을 쓰게 된 이유를 설명했다. 그는 실리콘밸리에 의해 개조되고 있는 세계, 특히 한때 공유경제라고 불렸던 것을 조사하면서 환상의 이야기를 간파하기 시작했다. 여기 승차를 원하는 사람들과 그것을 제공하는 사람들, 이케아 가구의 조립을 원하는 사람들과 그것을 설치하러 오는 사람들, 방을 임대함으로써 비용을 감당하는 사람들과 그곳에 묵는 사람들 간에 중개인 역할을 하는 소수의 잘나가는 회사들이 있었다. 숄츠가 생각하기에 이러한 서비스가 급격히 인기를 얻으며 역사적인 순간을 맞은 것은 우연이 아니었다. 전 세계 금융 시스템의 대붕괴는 수많은 사람들에게서 그들의 집, 일자리, 건강보험을 앗아갔다. 또한 붕괴의 여파가 확산되면서 이러한 상실을 겪은 수많은 사람들이 미국의 새로운 하층 계급으로 빨려 들어갔다. 붕괴 후 몇 년 동안 개선의 기미가 거의 보이지 않았던 사회 밑바닥의 위태로운 삶이 부유층을 위한, 그리고 숄츠의 표현대로 "점점 더 소수의 수중으로 부가 흘러들어가도록" 하는 풍족한 서비스의 원천이 되었다. 왜 그런지 모르겠지만, 밸리가 운동장을 고르게 하고 사람들을 자유롭게 한다고 칭송한 기술이 미국 사회에서 매끄러운 디지털 방식으로 운용되는 상층과 하층의 새로운 구분선을 만들어냈다.

숄츠는 일이 이렇게 전개될 필요는 없었다고 말했다. 기술은 본래 봉건적인 것도 민주적인 것도 아니었다. 라모가 말했던 것처럼, 이는 두 가지 경향을 모두 지녔다. 어떤 경향이 우세할지는 시대의 가치와 사람들이 싸우면서 선택한 것에 달려 있다. 우리는 역사상 우버나 에어비앤비 같은 플랫폼을 구축하는 일이 현저히 쉬운 시대에 살고 있다. 그런데 이러한 편의성에도 셔빈 피셔바, 크리스 사카 등 소수의 투자자 무리가 거대 플랫폼을 소유하고, 자신의 이익을 위해 운영하며, 아주 낮은 비용으로 가능한 한 많은 가치를 노동자로부터 뽑아내려는 경향이 존재한다. 숄츠는 궁금했다. 오늘날 플랫폼을 구축하는 일이 그토록 쉬운 것이라면 노동자와 고객은 왜 자신들의 플랫폼을 만들지 못하는가?

숄츠는 이 일을 하기 위해서 다양한 시도를 발굴하고 연구하는 세계적인 모험에 착수했다. 아이디어는 이미 수많은 작은 싹을 틔우고 있었다. 페어몬도Fairmondo, 로코노믹스Loconomics, 멤버스 미디어Members Media, 그 밖에 여러 가지가 있었다. 하지만 이러한 회사들에 한정된 일은 아니었다. 숄츠는 말했다. "내가 꼭 어떤 앱을 말하는 건 아닙니다. 기술 그 자체에 대해서 말하는 게 아니에요. 오히려 어떤 사고방식의 변화와 관련된 이야기를 하는 겁니다. 지금은 이런 식의 추출 경제를 기반으로 하지만, 상호주의와 협동조합주의를 실제 기반으로 하는 것을 지향하는 사고방식 말이죠." 드물게도 아무런 조건 없이 정말로 세상을 바꾸려는 생각이 여기 있었다.

숄츠가 강연을 할 때마다, 민주적으로 소유한 도구들이 어떻게 강력한 기업 플랫폼과 경쟁할 수 있는지 묻는 질문이 제기되었다. "어떻게 하면 일정 수준 이상의 규모를 만들 수 있을까요?" 사람들은 묻곤 했다. "어떻게 하면 대중에게 다가갈 수 있죠?"

숄츠는 사람들에게 "우리가 대중"이라는 점을 상기시켰다. 그는 플랫폼 협동조합의 다양한 측면을 연구하는 사람들이 청중의 질문에 답하도록 양보했다. 브렌던 마틴Brendan Martin은 아르헨티나, 니카라과 그리고 미국에서 활동하는 협동조합 방식의 금융 기관인 워킹월드Working World의 설립자였다. 그는 자신이 "비추출non-extractive 금융"이라고 부르는 것을 만들려고 애쓰고 있으며, 플랫폼 협동조합이 상징하는 도전은 아주 오래된 인간 이야기의 일부라고 청중에게 말했다.

플랫폼을 둘러싼 싸움, 그것이 협동조합 방식인가 아니면 소수만이 소유하는 형태인가, 본질적으로 이 싸움의 문제로 역사를 바라볼 수 있고 해석할 수 있다. 계급 전쟁은 사실상 누가 그것을 소유할 것인가, 우리 중 몇 명인가 아니면 우리 모두인가의 문제일 수 있다. 공공 이익을 가져오는 것들을 소수가 소유하고, 그것을 이용해야만 하는 사람들로부터 원하는 것을 뽑아 가는가 아니면 집합적인 이익을 위해 그것들이 공유되는가가 쟁점이다. 지금 이 기술의 새로운 점이 있다면 이 전투가 치러지는 공간의 새로움일 뿐이다.

이용하는 것 말고는 그 어떤 선택권도 갖지 못하는 것을 누가 소유하는가? 이는 새로운 시대에 중요해진 고대의 질문이다. 마틴은 새로운 플랫폼을 보면서 과거의 플랫폼, 예컨대 곡물, 금, 토지와의 연결 지점을 발견했다. 구시대에 잇따른 혁명은 부채 탕감과 토지 재분배를 요구했다. 마틴은 "과거의 요구를 이제는 부채를 탕감하고 플랫폼을 재분배하는 요구로 바꿔볼 수 있을 것"이라고 말했다.

다음으로 브루클린 가족생활센터Center for Family Life의 협동발전 프로그램Cooperative Development Program을 공동으로 총괄했던 엠마 요라 Emma Yorra가 있다. 그녀는 기술과 명백한 관련성이 거의 없는 사회봉사 프로그램을 운영하고 있었다. 몇 해 전 그 센터는 가난한 이민자들이 집 안 청소, 보육, 애완동물 보호 등의 일을 구할 수 있도록 돕고, 가능한 한 많은 보수를 중개인에게 떼이지 않고 가져가게 하려고 노동자 협동조합을 조직하기 시작했다.

어느 날 요라는 지하철 안에서 한 광고를 보고 화가 치밀었다. 간편한 청소를 제공하는 새롭고 매끈한 디지털 플랫폼 중 하나를 홍보하는 광고였다. 그녀는 이렇게 회상했다.

사실 기술적으로 사용하기 편리하다는 점을 홍보하는 광고였다. 마치 "한 번의 클릭으로 아파트를 말끔하게 한다"는 느낌이었다. 거기에는 노란 장갑을 낀 손이 있었다. 몸통도 없이 스펀지를 들고 있는 손이었다. 당신은 보이지 않는 누군가, 노란 손을 가진 마법의 요정이 이 깨끗한 아파트를 말끔하게 하도록 만들 것이다. 물론 진짜 사람은 아니다. 그렇지 않은가? 이는 기술에 관한 것이다.

이 문제는 요라를 괴롭혔다. 서비스의 조달을 더 용이하게 만든 기술은 상호 작용의 특성도 바꾸어버렸다. 클릭 한 번으로 끝내는 앱은 그 배후에 있는 노동하는 사람의 골치 아픈 인간적 현실을 모호하게 만들었고, 이제 노동자의 협상력은 약화됐다.

요라는 원클릭 청소 서비스에 대한 협력적인 대안으로 자신이 상상했던 것을 만들기 시작했다. 마켓월드는 그것을 거부할 때조차 여간해서는 벗어날 수 없는 탓에 그녀는 자신의 서비스를 구축하기 위해 월스트리트 거물들의 기금으로 조성된 로빈후드 재단Robin Hood Foundation에서 자금을 끌어왔다. 이 노력은 괴테 연구소에서 행사가 열린 그날 밤에도 여전히 진행 중이었다(마침내 그녀의 회사는 업앤고Up & Go 라는 이름의 새로운 앱을 출시했다. 이 앱을 통해 고객은 청소 서비스를 예약할 수 있고, 지불액의 95퍼센트는 노동자에게 간다. 노동자는 회사의 소유주이기도 했다). 이 앱이 출시되기 1년여 전이었던 그날 밤, 요라는 그녀를 질겁하게 만들었던 한 통계에 맞서 진보를 만들어내기 위해 먼 길을 가야만 했다. 자선단체인 옥스팜Oxfam이 내놓은 소식에 따르면, 몇 해 전 300명의 억만장자에서 이제 불과 62명으로 줄어든 억만장자들이 인류 하위 절반(36억 명)만큼의 부를 소유하고 있었다. 추후 좀 더 정확한 자료가 입수되었을 때 옥스팜이 밝힌 바에 따르면, 62명이 아니라 9명의 억만장자였다. 그리고 그 이듬해, 세계 자원의 절반에 해당하는 몫을 가져간 억만장자의 수는 9명에서 8명으로 줄었다.

그 8명 중 6명은 기술이 평등을 촉진할 것이라고 예상했던 분야에서 돈을 벌었다. 게이츠, 저커버그, 아마존의 제프 베조스Jeff Bezos, 오라클Oracle의 래리 앨리슨Larry Ellison, 텔맥스Telmex의 카를로스 슬림*과 그 밖의 멕시코 기업들, 그리고 블룸버그Bloomberg의 창업자이자 전직 뉴욕 시장인 마이클 블룸버그Michael Bloomberg가 그들이다. 다른 한 명은 소매업체 자라Zara를 설립한 아만시오 오르테가Amancio Ortega로

그는 첨단 기술을 제조업에 적용하여 공장을 자동화한 것으로 유명하다. 8인조 중 마지막 한 명은 워렌 버핏Warren Buffett으로, 그는 애플과 아이비엠IBM의 대주주였다.

- Carlos Slim. 1990년 멕시코 국영 통신 회사 텔맥스를 인수하며 일약 세계 최고의 부호로 떠올랐다. 그는 최고가를 제시하지 않았음에도 인수에 성공했고, 인수 대금 지급을 미루며 텔맥스의 배당금을 사용해 대금을 납입했다. 대런 애쓰모글루는 『국가는 왜 실패하는가』에서 착취적 제도의 수혜를 본 대표적인 사례로 카를로스 슬림을 들고 있다.

4장

비판적 지식인과
지식 소매상

"무언가를 이해하지 않는 조건으로 급여를 받는 이에게,
그것을 이해시키기란 어렵다."

– 업튼 싱클레어Upton Sinclair

2011년 10월, 메인주 캠든Camden의 조용한 마을에서 에이미 커디Amy Cuddy는 처음으로 학계가 아닌, 일반인 대상의 강연을 준비했다. 커디는 하버드 경영대학원의 사회심리학자로서 지난 10여 년 동안 편견, 차별, 권력 시스템의 작동을 연구해왔다. 그녀는 여성이 직면하는 성차별주의가 시기envy―일하는 여성에게 느끼는―와 연민pity―일하지 않는 여성에게 느끼는―의 기묘한 혼합물이라는 점을 보여주었다. 그녀는 9/11 항공기 납치범과 아부그라이브의 수감자를 고문한 미국인 교도관의 결정이 "사회화된 순종"과 "순응"의 산물임을 보여주었다. 그녀는 컴퓨터로 암묵적 편견 테스트를 받던 백인들이 이 테스트의 목적이 인종주의를 측정하기 위한 것임을 알고 나

면 편견이 더 강해진다는 점을 보여주었다. 그녀는 허리케인 카트리나 발생 직후에 사람들이 자신과 피부색이 다른 사람들보다는 같은 인종의 사람들에게 더 쉽게 "고통, 애도, 회한"과 그 밖에 "독특하게 인간적인" 감정을 지각한다는 점을 보여주었다. 그녀는 수많은 아시아계 미국인을 규정하는 "소수자 성공모델*"이라는 고정 관념을 보여주었다.

그 가을, 그녀는 거의 지구적인 현상인 남성 헤게모니가 사회적 조건에 따라 다양하게 변형되어 단단히 뿌리내리는 방식을 연구하는 장기 프로젝트팀과 지속적으로 협업을 하고 있었다. 그녀와 동료들은 독립적이면서 자기 지향적인 특성을 최고의 "문화적 이상"으로 삼는 미국 사회는 남성을 독립적이고 자기 지향적인 존재로 제시하는 경향이 있다고 밝혔다. 반면 상호 의존적이고 타자 지향적인 특성이 더 칭찬받는 한국 사회는 남성을 상호 의존적이고 타자 지향적인 존재로 묘사하는 경향이 있었다. 논문에 따르면, "일반적으로 남성은 무엇이 됐든 문화적으로 가장 칭송되는 특성을 더 많이 지닌 존재로 간주된다." 수많은 그녀의 논문과 마찬가지로 이 논문도 해결책을 제시하지는 않았는데, 이는 어떤 문제의 근간을 파고드는 고귀한 지적 전통의 일부였다. 아마도 이러한 점 때문에 커디의 작업은 학계를 넘어선 강연 활동으로 이어지지 않았다. 지금까지는 말이다.

그녀는 팝테크PopTech라는 콘퍼런스의 연사로 초대되었다. 이 또

---

* model minority. 그 구성원이 사회적 평균을 상회하는 사회 · 경제적 성공을 이룬 것으로 받아들여지는 집단을 말한다.

한 서밋앳시처럼 마켓월드 순회 행사의 중요한 기착점이었는데, 메인주에도 빅 아이디어를 들여오고 싶은 무리의 사람들—이더넷 Ethernet의 창안자, 펩시와 애플의 전 최고경영자가 포함된—이 설립했다. 바닷가재 샐러드, 웨스트 페놉스코트만West Penobscot Bay을 내려다보는 황혼의 선상 파티, 캠든 하버 인Camden Harbour Inn의 나탈리 레스토랑에서 밤술 한 잔과 함께 즐기는 팝테크에서는 아이디어가 부드럽게 흘러내렸다. 마켓월드의 학회 대다수가 그렇듯이, 팝테크도 상당한 수준의 참가비가 있었고, 비용의 상당액을 기업의 후원자에게 의존했다. 마켓월드가 이러한 종류의 행사를 조직할 때, 그 입맛이나 시각과 무관하게 어떤 아이디어를 어떻게 제시할지 결정하기란 아마도 쉽지 않을 것이다. 커디는 손쉬운 해결책보다는 문제 자체를 생각하는 경향이 있었고, 권력과 시스템을 변화시키는 일에 관해 말하는 편이었다. '윈윈' 식의 그저 그런 변화에도 별 관심이 없는 듯 보였기 때문에, 마켓월드 타입의 사람들이 그녀를 어떻게 생각할지 가늠할 수 없었다.

다행히도 커디에게는 신세계로 진입하는 데 필요한 안내자, 앤드루 졸리Andrew Zolli가 있었다. 팝테크의 큐레이터인 졸리는 콘퍼런스에 커디를 초대한 장본인이었다. 졸리는 일종의 마켓월드 내 프로듀서로서 빅 아이디어와 결합하고 싶은 회사들, 다음 콘퍼런스를 기다리는 네트워커들, 더 많은 청중과 만나고 싶고 아마도 마켓월드 안의 영향력 있는 엘리트의 환심을 사고 싶은 작가와 지식인이 만나는 수익성 있는 교차점에 서 있었다. 자신의 콘퍼런스를 "세상을 바꾸는 기계"라고 불렀던 졸리는 제너럴일렉트릭General Electric, GE, 프라이스워터하우스쿠퍼스PricewaterhouseCoopers, 나이키, 페이스북 같은 기업 뿐만 아니라 NGO, 스타트업, 시민사회단체를 상대로 한 컨설턴트이 자 전략 고문이었다. 게다가 그는 다양한 마켓월드 조직의 이사였고, 유료 순회 강연의 고정 연사로서 회복력resilience 같은 주제에 관해 연설도 했다. 회복력을 주제로 한 그의 책은 컴퓨터가 조종하는 전기망electric grid이나 해양 보호와 같은 일을 윈윈이라고 칭송해 마지않았다.

달리 말해, 졸리는 마켓월드 문화와 그 세계관의 전문가이자 전파 자였다. 그는 마켓월드 사람들이 미래를 전망하고 크게 한몫 잡을 수 있도록 도와주면서 어떤 생각이 이들에게 유용할지 알고 있었고, 더 나아가 승자가 죄의식을 갖거나 비난을 의식하지 않으면서도 어떻 게 사회의식과 지구적인 인식을 갖추고 있다고 느끼게 할 수 있는지 알고 있었다.

회복력에 관한 자신의 책을 홍보하기 위해 그가 쓴 어떤 글은, 세 계가 빈곤이니 기후변화니 하는 거대한 문제를 뿌리 뽑으려 하기보 다는 더불어 사는 데 집중해야 한다고 주장했다. 그것은 현 상태에 완벽하게 만족하면서, 본질적으로 현 상태를 보존하는 성격의 변화 를 선호하는 이들을 안심시키는 내용이었다. 졸리는 근원적인 문제 를 해결하려는 욕망이 "매혹적이고 도덕적인 환상"일 뿐, 궁극적으 로 잘못된 것이라고 생각했다. 문제는 아마도 계속 여기에 존재할 것 이므로 사람들이 적절히 대처하도록 가르치는 일이 훨씬 중요하다 는 것이 그의 주장이었다.

졸리는 사람들이 처한 상황을 개선하기보다는 견뎌내도록 도움 을 주는 일에 자원을 투여하는 다양한 프로젝트를 후원했다. 예컨대 그는 "명상 실천"이 "위탁 보호를 받는 아이들의 정신적이고 생리적인 회복력을 강화"할 수 있다는 것을 보여준 에모리 대학의 연구를 극찬했다. 이는 위탁 보호 제도를 고치는 것보다 훨씬 쉬운 일이었다. 그는 해수면의 지속적인 상승에 따른 변압기 폭발에도 마을이 살아남을 수 있도록 도와줄 공기 주입식 교량과 미세 전기망에 관해 역설했다. 그는 이러한 종류의 개선 중 어떤 것도 "영원한 해결책"이 될 수 없으며, "근원적인 문제를 뿌리 뽑지 못한다"는 점을 재빨리 인정했다. 그는 "원하지 않는 변화에 적응하는 일은 우리를 엉망진창에 빠뜨린 데 책임이 있는 사람들에게 면죄부를 주는 것이고, 또한 그들이 더는 그렇게 할 수 없도록 압박할 만한 도덕적 권위도 상실하는 것"이라는, 자신에 관한 비판을 알고 있었다. 하지만 이는 대개 기업 컨설턴트나 마켓월드의 아이디어 창안자들처럼 살지 않는 이들로부터 들을 만한 생각이었고, 졸리는 심각하게 받아들이지 않았다.

그는 자신이 "현실에는 나쁜 사람들과 나쁜 생각이란 없으며, 위험을 완화하기 위해 우리가 해야 할 일이 없다"고 말하는 것이 아님을 분명히 했다. "그러나 보기맨*에 대항하는 성스러운 전쟁은 벌어지지 않았고, 가까운 시일 내에 벌어질 것 같지도 않다는 점을 인정해야만 합니다. 그 대신 우리에게는 더 실용적이고 정치적으로 포용할 줄 아는 접근, 말하자면 바다를 멈추게 하려고 노력하기보다는 파도를 타면서 견뎌낼 줄 아는 지혜가 필요하지요." 우리는 우리가 공통으로 직면한 문제에 관해 말할 수 있지만, 정치적이지 말아야 하고, 근

---

* bogeyman. 아이들을 겁줄 때 들먹이는, 실체가 불분명한 귀신을 말한다.

본적인 원인에 초점을 맞추지도 말아야 하며, 보기맨을 쫓지도 말고, 근원적인 변화를 추구하려고 애쓰지도 말아야 한다. 희망을 주어라, 파도를 타면서 견뎌라. 이것이 마켓월드의 방식이다.

생애 처음으로, 같은 분야에 종사하지 않는 수백 명의 낯선 사람들 앞에서 입을 열게 된 커디는 초조하게 앉아 있었다. 이들은 그녀의 수업을 신청한 하버드 학생도 아니었으며, 사회심리학의 기본 개념도 알지 못했다. 개인주의와 집단주의 사회에서의 남성 이미지에 관한 그녀의 논문은 머릿속에 다 들어 있었지만, 이 점이 팝테크의 흥을 돋우지는 못할 것이었다. 학술지 「심리과학Psychological Science」에 실린 그녀의 또 다른 논문인 "간단한 비언어적 표현이 신경내분비 수준과 위험 관용에 미치는 영향Brief Nonverbal Displays Affect Neuroendocrine Levels and Risk Tolerance"이 강연의 바탕이 될 터였다.

어둠 속에서 무대 조명이 밝아졌다. 커디는 손은 엉덩이에 올리고 꽉 끼는 갈색 카우보이 부츠를 신은 발은 어깨너비로 벌려 단단히 고정한 채 무대 중앙에 섰다. 이는 그녀가 "권력 자세power pose"라고 개념화한 자세들 중 하나였다. 그녀 뒤쪽의 거대한 화면에는 손과 다리에 똑같이 힘이 느껴지는 자세를 취한 원더우먼의 이미지가 있었다. 그녀와 동료들은 이렇듯 단호한 자세로 서 있는 것이 사람들에게 자신감을 유발할 수 있으며, 어쩌면 그녀가 오랫동안 연구해왔던 성차별주의의 일부 효력도 약화시킬 수 있다는 사실을 발견했었다. 영원처럼 느껴지는 20초 동안 원더우먼의 주제곡이 재생될 때, 커디는 힘이 넘치는 자세로 말없이 그 자리에 서 있었다. 그녀는 자세를 유지한 채 좌우로 몸을 돌렸다. 그러고 나서 자세를 풀고 미소를 지었다.

"저는 오늘 여러분에게 보디랭귀지에 관해 이야기할 겁니다." 그녀가 강연을 시작했다. 두 번째 슬라이드에 뜬 강연 제목은 "권력 자세 취하기: 보디랭귀지로 권력을 획득하라"였다. 그녀는 자신과 동료들의 연구를 설명하기 시작했는데, 권력과 성차별 및 편견의 광범위한 역학 관계를 바꾸지 않더라도 사람들이 개인적으로 자신감을 얻는 데 도움을 줄 수 있는 자세들이 있었다. 그렇게 의도한 것은 아니겠지만 그녀는 마켓월드가 지식인에게서 바라는 것, 요컨대 권력을 보유한 이들에게서 그것을 빼앗지 않으면서도 권력이 없는 이들에게 약간을 나누어 주는 식으로 어떤 문제를 사고하는 방식을 제시하고 있었다. 그녀는 사람들에게 금기의 벽을 부수라고 제안하는 대신에—나중에 그녀가 쓴 은유를 활용하여 말하자면—그 벽을 타고 오를 사다리를 제공하고 있었다. 만약 졸리였다면 다음과 같이 표현했을 것이다. "바다를 멈추게 하려고 노력하기보다는 파도를 타면서 견뎌내는 방식을 그녀가 사람들에게 알려주고 있었다."

*

외교정책 연구자인 대니얼 드레즈너Daniel Drezner는 "아이디어 산업The Ideas Industry"이라는 최근의 논문에서 "지식 소매상에게는 호시절이지만 공공지식인에게는 최악의 시절"이라고 선언했다. 이 논문은 불평등이 모든 것을 압도하는 시대에 사고의 작용이 어떻게 왜곡되는지에 관한 학문적인 설명이자 일인칭 시점의 서술이다.

드레즈너는 두 종류의 구별되는 지식인을 정의하는 일부터 시작한다. 이들은 중요한 관념을 발전시키면서도 광범위한 청중에게 호소하려는 욕망을 공통적으로 가지고 있다. 두 유형 중 첫 번째, 사멸하는 유형이 공공지식인으로 드레즈너는 이들을 폭넓은 "비판자critic"이자 권력의 적이라고 묘사한다. 예를 들어 이들은 아마도 '시장, 사회, 또는 국가로부터 거리를 두고' 있을 것이며 '임금님이 벌거숭이라고 지적하는 일'을 의무로서 자랑스럽게 여긴다. 두 번째, 떠오르는 유형이 지식 소매상으로 이들은 최근 지적 생산에 꽤 많은 후원을 하는 대부호들과 어울리고는 한다. 지식 소매상들은 '한 가지 엄청난 것을 알고 있고 자신들의 중요한 아이디어가 세상을 바꿀 것이라고 믿는' 경향이 있다고 드레즈너는 말한다. 이들은 회의론자가 아니라 "진정한 신념가"이다. 이들은 희망을 주는 이야기를 하는 낙관주의자다. 이들은 권위에 기대어 연역적으로 추론하기보다는 자신들만의 경험에서부터 귀납적으로 추론한다. 이들은 권력을 심하게 다루지 않는다. 수전 손택Susan Sontag, 윌리엄 버클리William F. Buckley Jr., 고어 비달Gore Vidal이 공공지식인이었다면, 토머스 프리드먼Thomas L. Friedman, 니얼 퍼거슨Niall Ferguson, 파라그 카나Parag Khanna는 지식 소매상이다. 공공지식인은 책이나 잡지 지면에서 서로 논쟁을 벌인다. 반면 지식 소매상은 주로 TED 강연을 하는데, 여기에는 비판이나 반박의 여지가 거의 없으며 시스템의 변화보다는 희망에 찬 해결책이 강조된다. 공공지식인은 승자들에게 진정한 위협감을 준다. 반면 지식 소매상은 "혼돈, 자기역량 강화, 사업가적인 능력"을 부르짖으면서 승자의 가치를 홍보한다.

드레즈너에 따르면, 공공지식인의 쇠퇴와 지식 소매상의 부상을 설명하는 세 가지 요인이 있다. 첫 번째는 정치적 양극화다. 미국 정치가 점차 부족적인 특징을 띠게 되면서 사람들은 지적으로 탐닉하는 사상가들이 던지는 흥미로운 질문을 듣기보다는 누가 그것을 제공하든지 간에 자신들의 견해를 확인시켜주는 말을 듣는 데 더 관심을 갖게 되었다. 또 다른 요인은 권위에 대한 신뢰가 널리 상실된 것이다. 최근 수십 년간 미국인들은 군대를 제외한 나라의 거의 모든 제도에 대한 믿음을 잃어버렸다. 몇 년간 지속된 팍팍한 경제 현실과 제 기능을 하지 못하는 공공 영역이 그 원인의 일부였다. 언론인은 척추지압사보다 신뢰받지 못하게 되었다. 이렇듯 신뢰가 상실되면서 공공지식인은 존중받지 못하고 완전한 자격을 갖추지 못한 아이디어 창안자들이 주목을 끌 만한 새로운 공간이 마련되었다. 하지만 드레즈너의 시각에서 볼 때, 지식인들의 영역을 가장 크게 변화시킨 요인은 바로 심화되는 불평등이었다. 불평등은 역설적인 효력을 미쳤다. 한편으로 극단적인 불평등은 "미국 전역에 확산된 것처럼 보이는 문제를 진단하고 처방할 아이디어에 대한 갈증"을 야기했다. 다른 한편으로 그것은 "새로운 아이디어를 만들어내고 촉진하는 데 자금을 대는 새로운 후원자 계급"을 낳았다. 그리하여 미국은 불평등과 사회균열 문제에 관해 그 어느 때보다 더 많은 관심을 갖고 있으며, 어쩌다 보니 억만장자에게 인기가 좋은 해설가들에게 그 어느 때보다 의존하고 있다.

드레즈너는 자신의 조사뿐만 아니라 다른 이들의 연구에 기대어 이 해설가들이 어떻게 마켓월드의 궤도에 진입하게 되는지, 다시 말해 자신과 커디 같은 지식인이 어떻게 잠재적 비판자로서의 역할을 단념하도록 구슬려지고 그 대신에 승자들의 동료 여행자가 되는지 보여준다. "날이 갈수록 더 부유해지면서 미국의 엘리트들은 원하는 무엇이든지 할 만한 여유를 갖게 되었다"고 그는 기록했다. "이들 중 상당수가 학교로 돌아가고 싶어 하며, 혹은 학교가 그들에게 다가오도록 만드는 것으로 드러났다." 지식인들은 "빅 아이디어 회합Big Idea get-togethers" 예컨대 TED, 사우스바이사우스웨스트, 아스펜 아이디어 페스티벌, 밀컨 연구소Milken Institute의 글로벌 콘퍼런스, 그리고 「애틀랜틱The Atlantic」의 후원을 받는 콘퍼런스에 초청되어 엘리트들의 스승이 된다. 이들은 "거절하기 어려운 기회가 천천히 하나둘씩 늘어난" 이후, 자신도 모르는 사이에 지식 소매상이 되어 있는 모습을 발견하곤 한다.

부호들이 이러한 매혹적인 유인을 제공하는 그 순간에 덜 부패한 형태의 지적 후원은 줄고 있다는 사실을 드레즈너의 분석에 추가할 수 있을 것이다. 최근 수십 년 사이에 미국 대학에서 정년 트랙의 교수는 절반으로 감소했다. 아이디어를 생산하는 영역의 또 다른 지적 원천이라고 할 수 있는 뉴스룸Newsrooms은 1990년 이래 40퍼센트 이상 감소했다. 서점이 사라지고 인쇄물이 줄어들면서 출판업은 어려운 시절을 보내고 있다. 우리는 디지털이 아이디어를 송출하는 황금시대를 살고 있지만, 실제로 그것으로 생계를 이어가는 많은 이들에게는 지금이 암흑시대다. 지식인 대다수는 아이디어를 만들어내는 삶이 고달프고, 보수도 변변치 않으며, 대중에게 칭송받지 못한다고 생각하고 그 밖에 어떤 기대도 품고 있지 않다. 그러나 돈, 대중적 명성, 또는 독자적 영향력에 끌린 이들에게는 공적 지향의 원조를 압도하는 사적 지향의 원조가 있었다. 그런데 이 새로운 후원자들은 뚜렷한 취향과 금기를 가지고 있다.

마켓월드의 순회 행사, 그리고 보다 일반적으로 지식 소매상의 세계는 여러 가지 바람직한 영향을 미쳤다고 말할 수 있을 것이다. 그들을 통해서 많은 사람들이 아이디어에 쉽게 접근하고 활용할 수 있게 되었다. 솔직히 말해서 한 세대 전 사람들 대다수는 전혀 책을 읽지 않았고 지금도 독서를 시작할 생각이 없다. 그런데 두껍고 무거운 책들에 대한 대안으로 영상 녹화된 새로운 형태의 강연이 만들어진 것이다. 과거 출판사와 신문사의 문지기 역할을 하던 이들에 의해서 오랫동안 배제되었던 다양한 배경의 사람들까지 광범위한 청중으로 포괄하는 기회도 확대되었다.

그러나 지식 소매상의 세계는 사기꾼charlatan들에게 쉽게 정복된다. 드레즈너가 주장하듯이, 그곳에는 미담을 강조하는 "그 어떤 건설적인 비판도 없는 긍정"이 넘쳐난다. 또한 아이디어를 향상시키는 데 도움이 될 뿐만 아니라 형편없는 아이디어가 너무 많은 지지자를 끌어들이지 못하도록 차단하는 떠들썩한 논쟁은 아예 취급도 안 한다. 또한 그곳에서 지식인들은 어떤 타협점을 찾아야만 하는 상황에 놓이는데, 말하자면 정직성을 유지하고 권력을 견제해야 한다는 요구를 충족시킬 수 없게 되는 것이다.

드레즈너가 상세하게 묘사하는 현상은 지식인들의 세계에서만 중요한 것이 아니다. 만일 대중적으로 인기 있는 지식 소매상들이 매 사안에서 더 거대한 시스템과 구조를 긍정할 뿐 아무런 위협도 가하지 않으며 침묵을 지키고, 부자들의 편을 들며, 사적인 문제 해결법을 지지하고, 모두가 승자가 되는 윈윈 방식에 헌신한다면, 점차 다른 목소리는 밀려나게 될 것이다. 이는 단지 회의장 안의 일만은 아닐 것이다. 이들은 기명 칼럼을 쓰고, 책을 출판하는 계약을 하며, 텔레비전에 나와서 견해를 표명하고, 대통령과 총리에게 조언을 하는 등의 일도 떠맡게 될 것이다. 결국 이들의 성공은 비판적 지식인들의 희생 위에서 이루어진 것이라고 할 만하다. 무자비한 신新경제 위에서 경력을 쌓는 법을 조언해주는 지식 소매상이 있는 한, 경제를 덜 무자비하게 만들고자 노력하는 수많은 비판적 지식인에게 귀를 기울이는 사람들은 많지 않을 것이다.

힐러리 코헨, 스테이시 애셔, 저스틴 로젠스타인, 그레그 페렌스타인, 에밋 카슨, 제인 레이브룩, 셔빈 피셔바, 크리스 사카, 트래비스 칼라닉 등의 세계에서 지식인들은 이 엘리트들이 추구하는 변화의 전망을 제시하도록 요구받으며, 또한 엘리트들이 변화의 주체이자 문제의 해결책이지 결코 문제가 아니라는 사실을 더 많은 대중에게 확신시켜주도록 요구받는다. 불평등의 시대에 이 승자들은 한편으로는 자신들이 피셔바가 말한 "모종의 윤리적인 철학"을 가지고 있다는 의식을 버리지 않았다. 이들은 자기 자신과 다른 사람들에게 스스로를 정당화할 만한 언어가 필요했다. 이들은 "바다를 멈추게 하려고 노력하기보다는 파도를 타면서 견뎌내는 자세"를 강조하는 방향으로 변화의 관념이 새롭게 정의되기를 바랐다. 그리고 지식 소매상들은 승자들이 요구하는 바를 그들에게 제공했다.

*

팝테크에서 커디가 선택한 주제는 적중했다. 그녀는 구조적인 차원의 남성 권력에 대해서는 말하지 않았다. 개인들이 좀 더 강력한 힘을 느낄 수 있는 자세에 관해 말했고, 대중은 이에 열광했다. 강렬하면서도 이해하기 쉬운 표현과 특유의 원더우먼 자세가 알려졌고, 얼마 지나지 않아서 그녀는 TED 본 무대에서의 강연을 요청받았다.

그녀는 강연에서 현실을 미화하려는 생각은 없었다고 말했다. 하지만 수많은 여성이 느끼는 무력감의 원인은 파고들지 않은 채 그 감정에 대해 말하기로 결심했다. 몇 년이 지난 후 인터뷰에서 그녀는 자신의 "권력 자세" 연구의 배경인 동기부여에 관해 솔직하게 이야기했다. 그녀는 자신의 수업에서 말을 하지 않는 여학생들을 보면서 그 생각이 떠올랐다고 말했다. "그들이 미동도 없이 몸을 웅크리고 있는 것을 보았을 때, 그 모습은 정말이지 제 머릿속에 또렷이 새겨졌어요. 그제서야 저 또한 위협적이라고 인식되는 남자와 어떤 식으로든 상호 작용을 하게 되면 그와 똑같은 방식으로 행동한다는 걸 알게 된 겁니다." 인터뷰에서 커디는 그러한 행동의 원인에 대해서 터놓고 이야기했는데, "성차별주의"에서 유래한 것이었다. 하지만 강연에서는 이러한 아이디어의 거친 모서리들을 매끈하게 다듬었다. 그녀는 자신이 가르쳤던 강의실을 묘사하면서 일부 학생들은 육체적으로도 거대하고 대화에서도 공격적이어서 "마치 우두머리 수컷 같은 모양으로" 강의실에 들어왔고 다른 학생들은 "그 순간에 사실상 몸을 작게 웅크리고" 있었다고 말했다. 그러고 나서 그녀는 젠더 요인을 무심결에 언급하고 넘어갔다. 하지만 젠더 요인은 연구를 통해 발견한 관찰 사항이었다. "몸을 작게 웅크리는 행동은 젠더와 관런된 것처럼 보입니다. 이러한 행동은 남성보다 여성에게서 훨씬 더 자주 찾아볼 수 있습니다. 여성은 만성적으로 남성보다 권력이 적다고 느끼기 때문에 그리 놀라운 일은 아니죠."

여성이 왜 만성적으로 남성보다 권력이 적다고 느끼는지, 누가 여성에게 그렇게 하는지, 그리고 어떻게 하는지에 관해서라면 커디는 누구보다도 출중한 권위자였다. 그러나 이러한 이야기는 무대에서 나오지 않았다. 그 대신에 커디는 청중들에게 "권력 자세"에 관한 연구 결과를 소개했다.

권력을 가졌거나, 가졌다고 느낄 때 사람들이 좀 더 널찍하게 자리를 잡고 당당하게 선다는 점은 이미 알려져 있었다. 그런데 더 많은 여성들이 강의실에서 발언하기를 바라면서도 권력의 불균형이라는 더 광범위한 문제는 시정하려고 하지 않는다면 어떻게 될까? 그들이 더 큰 권력을 가진 것처럼 느끼고, 또 실제로 그렇게 되기를 바라면서도 그저 널찍하게 자리를 잡고 당당하게 서 있으라고만 가르친다면 어떻게 될까? TED 강연이 있던 날, 커디와 동료들이 궁금하게 여기며 던진 질문은 이러했다. "당신은 실제로 그렇게 될 때까지 '그런 척'을 할 수 있나요? 말하자면, 잠깐 어떤 행동을 함으로써 정말로 좀 더 강해진 것처럼 느낄 수 있을까요?" 이들이 내린 엄청난 결론은 할 수 있다는 것이었다. 그녀는 "마치 영향력이 있는 것처럼 행동한다면, 실제로 당신은 좀 더 영향력이 있다는 느낌을 갖게 될 것"이라고 말했다. 잠시 후에 그녀는 "아주 작은 비틀기만으로도 커다란 변화를 가져올 수 있다"고 덧붙였다. 강연 막바지에 이르러서 그녀는 널찍하게 서서 자세를 잡아보라고 제안하면서 "이를 가장 잘 활용할 수 있는 사람은 어떠한 자원도 기술도 지위도 권력도 없는 사람들"이라고 말했다. 이제 사람들은 최소한 그런 척이라도 할 수 있는 새로운 도구를 얻었다.

400만 명이나 되는 사람들이 커디의 TED 강연을 시청했고, 그 결과 지금까지 업로드된 영상 중 두 번째로 높은 조회 수를 기록했다. 그녀가 강연을 한 때가 2012년이었으니 실험심리학 분야의 방법도 진화했고, 초기 커디의 연구가 밝혀낸 일부 효력들, 예컨대 호르몬에 미치는 영향은 다른 효력들, 예컨대 감정 상태에 미치는 효력에 비해서 똑같이 되풀이되기가 더 어렵다는 비판도 제기되었다. 커디는 권력 자세가 사람들의 심리 상태에 미치는 영향을 입증하는 추가적인 증거를 제시하는 한편, "자세와 호르몬 사이의 관계는 우리가 생각했던 것만큼 단순하지 않다"고 TED 웹사이트에서 인정했다. 어찌 되었든 그 논쟁이 커디의 결론에 열광하는 이들을 단념시키지 못했음은 분명했다. 사람들은 자신감을 심어준 것에 대한 고마움을 표하기 위해 거리에서 마주칠 때마다 그녀를 멈춰 세웠고, 눈물을 흘리며 포옹을 해도 되는지 묻기도 했다. 그녀의 이메일 편지함은 용량을 초과했다. 그녀는 곧 출판 계약을 따냈다. 그녀는 인생에서 다른 어떤 일을 하더라도 결코 벗어날 수 없는 한 줄의 경구로 유명한 사람들 중 한 명이 될 것이다. 전적으로 커디 자신이 선택한 결과라고는 할 수 없지만, 그녀는 아마도 영원히 "권력 자세" 여성일 것이다.

커디는 여전히 커디였고, 열정적인 페미니스트였으며, 연구자이자 대적하기 어려운 성차별주의의 적이었다. 여성이 선천적으로 무력감을 느끼는 것이 아니라 살면서 그런 감정이 내면화된 것임을 이 세상 누구보다도 명석하게 설명할 수 있는 사람이었다. 하지만 그녀는 인정사정없이 자신의 논리를 밀어붙이기는커녕 비판적인 언급을 생략했고, 그 대신 유쾌하고 건설적이며 행동으로 옮길 만한 지식 소매상다운 사례를 제시했다. 그러자 세계는 그에 대한 보답으로 그녀의 말을 경청했다.

*

이 새로운 포럼과 청중을 다루는 법을 이해했기 때문에 커디는 주변의 수많은 사례를 활용하는 이점을 누릴 수 있었다. 문화에 대해 열린 태도만 갖는다면 더 많은 청중에게 다가가는 지식인이 되는 법, 비판적 지식인과 지식 소매상을 양극단에 놓았을 때 '지식 소매상' 쪽으로 이동하는 법은 얼마든지 익힐 수 있었다. 이는 커디와 마찬가지로 지식 소매상의 길을 간 동시대인 몇몇을 고려해볼 때 확실하게 드러나는 점이었다. 공통으로 밟아야 할 몇 가지 기본적인 단계들— 지식 소매상의 세 단계라고 부를 수 있는—부터 알아보자.

그중 첫 번째 단계는 "가해자가 아니라 희생자에 초점을 맞춰라"다. 이 문장 자체는 최근 몇 년 사이 지식 소매상 중 최고의 반열에 오른—자신의 책 표지에 "그의 세대에서 가장 시선을 끄는 지식 소매상 중 한 명"이라는 문구를 적은—조직심리학자 애덤 그랜트가 한 말이다. 어떤 문제에 직면했을 때, 인간은 본능적으로 문제를 일으킨 장본인을 찾는 경향이 있다. 하지만 이것은 승자와 패자를 가르는 문제 해결 방식이다. 그랜트는 성차별주의와 같은 문제를 좀 더 친근하게 다루는 방법을 제안했다. 그는 "불의에 직면했을 때 가해자에 대해 생각하면 분노와 공격성이 커지게 된다"고 적었다. "피해자에게 시선을 돌리면 더욱 공감하게 되어, 분노를 건설적인 방향으로 전환할 기회를 얻는다. 해를 입힌 사람을 처벌하려고 애쓰는 대신 해를 입은 사람을 돕게 될 것이다."

두 번째 단계는 "정치적인 것을 개인적인 것으로 만드는" 일이다. 지식 소매상이 되기를 원하고 비판적 지식인으로서 거부당하고 싶지 않다면, 대중이 문제를 집합적이고 체계적인 수준이 아니라 사적이고 개인적인 수준의 사건으로 이해하도록 도와야 한다. 이는 초점을 어디에 맞출지의 문제다. 볼티모어°의 길모퉁이를 지나면서 엉덩이까지 내려 입은 바지를 문제 삼을 수 있다. 시야를 넓혀 도심 빈민가의 과도한 치안 유지 활동과 기회의 부족이 문제라고 여길 수도 있다. 좀 더 시야를 넓혀 현재의 문제는 지난 한 세기에 걸친 아프리카계 미국인에 대한 사회적 통제가 빚어낸 것이라고 여길 수도 있다. 지식인 대다수는 타고난 성향과 훈련의 결과로 사태를 시스템과 구조의 측면에서 바라보는 넓은 시야를 갖고 있는 편이다. 그러나 다시 초청받는 지식 소매상이 되고 싶다면 시야를 좁히는 법을 반드시 배워야 할 것이다.

커디의 친구가 된 브린 브라운Brené Brown은 시야를 좁히는 데 성공한 사례라고 할 수 있다. 브라운은 사회복지 분야의 학자인데, 그

● 메릴랜드주에 있는 도시로, 미국 내에서도 치안이 좋지 않기로 유명하다. 특히 빈부 격차가 극심하며, 열악한 환경이 범죄율을 높이기도 했다.

녀를 제외하면 이 분야에서는 주목받는 지식 소매상이 거의 배출되지 않았다. 아마도 사회복지라는 학문이 구조적으로 거시적 관점을 취하기 때문일 것이다. 말썽을 피우는 아이를 분석하는 심리학자는 부모나 가정 환경 이상을 보지 않을 수 있다. 그러나 사회복지 연구자는 가정을 넘어 우리 모두가 연루된 시스템, 예컨대 근린의 우범지대, 실패한 위탁 제도, 만성적인 빈곤, 낡아빠진 보건 제도, 영양실조 등을 고려하여 「사회 안의 가정Families in Society」 같은 학술지에 논문을 쓰도록 훈련받는다. 이 때문에 사회복지 연구자들은 지식 소매상이 될 적당한 재목이 못 된다. 이들은 언제든지 비판적인 태도로 승자와 패자를 나눠서 이야기할 것이기 때문이다.

휴스턴 대학의 연구자인 브라운은 인간관계 탐구에서 시작해서 수치심, 이어서 취약성을 연구했다. "관계가 발생하려면 우리는 자신이 보이도록, 잘 보이도록 해야만 한다는 발상이지요." 그녀는 6년 동안 연구했고 마침내 한 가지 불가피한 결론에 도달했다. "강한 애정과 소속감을 지닌 사람들과 그것을 얻기 위해 진정으로 분투하는 사람들을 갈라놓는 유일한 변수가 있었습니다. 강한 애정과 소속감을 지닌 사람들은 스스로 애정과 소속감을 느낄 만한 자격이 있다고 믿는다는 점이었어요. 그것이 전부였죠." 아무래도 사회복지 연구자는 이렇게 말하지 않는 편이다. 그들은 우리 대부분의 자기실현을 가로막는 복잡하게 뒤얽힌 환경—개인적인 노력을 통해 극복할 수 있는 것도 있겠지만 대체로 그럴 수 없는—즉 구조의 산물이거나 우리가 통제할 수 없는 수많은 다른 행위자의 선택에 좌우되는 많은 것을 다루는 전문가들이다.

브라운은 어떤 이들은 가치가 있다고 느끼게끔 만들고, 또 다른 이들은 보잘것없다고 느끼게끔 만드는 그 모든 이유와 환경과 힘— 예컨대 빈곤, 가정 폭력, 경찰의 대처, 중독 등—은 전혀 강조하지 않았다. 그녀는 오프라 윈프리가 후원하는 잘나가는 지식 소매상이 되었고, 역대 가장 인기 있는 TED 강연을 했다. "우리는 취약한 세계에 살고 있다"고 그녀가 말했다. 이 세계에서 사람들은 아프고, 결혼해서 아등바등 살아가며, 해고도 당하고, 다른 이들을 해고하기도 해야 한다. 그녀가 이렇게 말했을 당시, 나라 전체는 심각한 경제 위기를 겪고 있었다. 수백만 명의 사람들이 일자리와 집을 잃었고 심지어는 그 여파로 사랑하는 사람도 잃었다. 브라운은 고통 앞에서 감각을 마비시키는 것은 해답이 아니라고 사람들에게 경고했는데 "미국 역사상 빚, 비만, 중독, 약에 가장 의존하는 성인"인 현대 미국인들은 바로 그렇게 하고 있었다(첫 번째 단계, 가해자가 아니라 피해자에게 집중하라는 지침을 따라 그녀는 사람들에게 빚, 비만, 마약, 정신 치료를 강요하는 강력한 이익은 언급하지 않았다). 브라운이 보기에 갖가지 고민에 대한 해답은 "나는 그저 진실로 감사한다. 이렇게 취약한 존재임을 느낀다는 것은 곧 내가 살아 있음을 의미하기 때문"이라고 말하며 그 자체를 받아들이는 것이었다. 취약성이 만연한 시대에, 승자들이 아주 근본적인 것은 바꾸려고 하지 않는 시대에, 취약성을 감사하게 여기는 이러한 마음의 주문이 유행했다. "오늘, 삶이 결코 똑같을 수는 없는 1,800명의 페이스북 이용자들이 있습니다." 브라운의 연설이 끝난 후 한 페이스북 간부가 한 말이다. 승자들은 그녀를 좋아했고, 오프라도 그녀를 좋아했고, 결국 모든 이들이 그녀를 좋아했다. 그녀가 지극히 보기 드문 사회복지 연구자, 말하자면 상품화된 사회복지 연구자가 되었기 때문에 이제 사람들은 모두 자신만의 브라운을 가질 수 있었다. 그녀는 일련의 온라인 강의를 개설해서 사람들이 대담한 리더가 되도록, 인생에서 "충분히 주목받도록", "자기연민"에 사로잡히도록, 용감하면서도 취약하게 살도록 교육하겠다고 약속했다.

　앞서 언급한 두 번째 단계는 어떻게 보면 페미니스트 세대가 우리에게 하라고 가르쳤던 것을 정반대로 뒤집은 것이었다. 페미니스트 운동을 통해 "개인적인 것이 정치적인 것"이라는 구호가 문화적으로 확산되었는데 이 구절은 "개인적인 문제는 정치적인 문제다. 이제 개인적인 해결책은 존재하지 않는다. 집합적인 해결책을 위한 집합적인 행동이 존재할 뿐이다"라는 캐롤 허니쉬Carol Hanisch의 말에서 따온 것이다. 1969년 2월의 중요하고도 유익한 관념이었다. 그 덕분에 사생활의 고요 속에서 일어났던 일들, 구조적인 수준에서도 여전히 반복해서 일어났던 일들, 어떤 개인도 혼자서는 대항하기 힘겨웠던 세력으로 인해 일어났던 일들이 정치적으로 당당하게 전체의 시각에서, 그리고 무엇보다도 권력의 존재라는 맥락에서 파악하고 대처해야 하는 일이라는 것을 깨달을 수 있었다. 어떤 여성을 때리는 어떤 남성은 그저 한 여성을 때리는 한 남성이 아니었다. 그는 남성 지배와 법 시스템의 일부이자 관련 여성이 문제를 해결할 수 없도록 그것을 외면하는 문화의 일부였다. 낙태 시술을 받는 여성이 느꼈던 수치심은 감각이 조장한 감정이 아니었다. 종교적 권위가 교묘하게 활용하고 공공 정책이 조장하고 만들어낸 감정이었다. 페미니스트 덕분에 우리는 사태를 이러한 식으로 바라볼 수 있었다.

우리 시대의 지식 소매상들은 우리가 문제를 정확히 반대로 인식하도록 돕는 역할을 마다하지 않았다. 불의, 해고, 책임지지 않는 지도자, 불평등, 공동체의 유기, 위태로운 시민들의 삶 등 단박에 정치적이고 시스템과 관련된 문제로 보이는 사안을 다루면서도, 그들은 자신의 지식을 활용하여 우리가 사소한 문제에 집중하고 협소하게 이해하도록 만든다. 페미니스트들은 우리가 여성의 성기를 들여다보면서도 시야를 확장하여 의회를 생각하기를 바랐다. 지식 소매상들은 우리가 해고당한 이를 보면서 감정의 아름다움, 최소한 그가 살아 있다는 데에서 비롯된 그의 취약성에 집중하기를 바란다. 그들은 우리가 노동자의 임금이 아니라 취약성에 초점을 맞추기를 바란다.

세 번째 단계는 "건설적으로 실천에 옮길 수 있어야 한다"는 것이다. 해결책을 제시하지 않으면서 비판적인 것들을 쓰고 말할 수 있다. 하지만 지식 소매상이 되기를 원한다면 그렇게 해서는 안 된다. 이와 관련해서 주목할 만한 사례는 「뉴욕타임스」 기자이자 편집자인 찰스 두히그Charles Duhigg다. 그는 비판적 지식인과 지식 소매상 양쪽 모두의 생활을 다른 누구보다도 잘 꾸려왔다. 하버드 경영학 석사를 딴 두히그는 한때 부실기업 회생에 관한 금융 모델을 만들면서 여름을 보냈지만 결국 신문 기자가 되는 편이 낫겠다는 결론을 내렸다. 그는 애플이 해외 공장 운영, 조세 납부 및 회피, 그리고 특허 청구에서 저지른 사기를 폭로하는 탐사 보도로 퓰리처상을 수상했다. 또한 50만 번 이상 오염법을 위반한 기업 명단을 공개했고, "주택 대출 시장의 아주 위험한 구석"으로 끼어드는, '대침체'를 향해 달려드는 것과 같은 패니메이Fannie Mae의 파국에 가까운 결정도 밝혀냈다. 그러나 경영학 석사까지 땄음에도 그는 마켓월드가 칭송하는 인물이 되지 못했다. 사태를 개선하는 방법에 관한 이해하기 쉬운 몇 가지 조언도 제시하지 않은 채 잘못된 부분을 지적하기만 하는 비판적 지식인이었기 때문이다.

몇 년이 흐른 후, 두히그는 책을 쓰기 시작했다. 그는 예전과 똑같은 논조로 책을 쓸 수 있었을 것이고 누군가는 그 책이 중요하다고 평가했을지도 모른다. 하지만 그 책이 팔렸을까? 그가 내게 말했다. "「뉴욕타임스」 탐사 시리즈는 결코 좋은 책을 만들 수 없어요. 그들은 이 세계, 아니면 특정 기업이나 어떤 상황에서 잘못된 것들은 빠뜨리지 않고 모조리 지적하니까요. 하지만 당신이 책을 읽는다고 해봅시다. 그 누구도 얼마나 많은 것이 엉망인지 배우기 위해서 책을 읽고 싶어 하지는 않아요. 물론 그런 책들이 존재하기는 합니다. 정말이지 매우 가치가 있지요. 하지만 당신도 알다시피 그런 책의 독자는 거의 한정되어 있어요." 사람들, 특히 취향을 선도하고 지식 소매상을 후원하는 승자들은 건설적이고, 행복감을 주며, 희망을 고취시키는 것들을 원한다. "그들은 무엇이 잘못되었는지 배우는 데서 그치지 않고 무엇이 옳은지 배우고 싶어 하죠." 두히그가 말했다. 그리고 그들은 간단한 방식을 좋아한다. "그들은 자신들이 할 수 있거나, 그들 자신 혹은 세상을 더 나은 곳으로 만들 수 있는 방법을 배우고 싶어 합니다."

탐사 보도에 열중하던 시절의 두히그는 이러한 종류의 '해결책 팔이'를 탐탁지 않게 여겼다. 하지만 지식 소매상으로서 지내는 요즘, 이것이 유용하다는 사실을 깨달았다. "탐사 보도는 어림짐작을 하려고 하지 않는 것"이라고 그가 말했다. "반면 책에서는 해결책을 추측하는 데 최소한 절반 정도의 노력은 들여야 하죠." 만일 두히그의 말대로 사람들이 해결책을 선호한다면, 과거 우리 사회에 중대한 영향을 미쳤던 사상가나 비판적 지식인들이 설 자리는 점점 더 사라질 것이다. 그리고 두히그가 쓰기 시작한 종류의 책들이 그 어느 때보다 더 많아질 것이다.

두히그는 마켓월드의 사람들이 즉각 열광할 책을 출판했는데, 그들에게 힘을 실어주거나 다른 이들로 하여금 그들처럼 되라고 가르쳤기 때문이다. 첫 번째 책은 습관이 어떻게 만들어지고 깨어지는지에 관한 것으로서 건설적으로 실천할 수 있도록 장애물을 손쉽게 제거했다. 책에는 두히그가 매일 오후 쿠키를 먹던 습관을 어떻게 버리게 되었는지에 관한 이야기도 있었다. 이 첫 번째 책을 끝내겠다는 그의 경쟁심이 두 번째 책을 쓰도록 자극했다. 그는 모든 것에 조금씩 손을 대면서 바쁘게 지내면서도 어떤 것도 제대로 해내지 못한다고 느꼈다. 좀 더 생산적이기를 열망한 그는 결국 생산성에 관한 책을 쓰기 시작했다. 이 책은 "우리가 하는 모든 일에서 더 똑똑하게, 더 빨리, 더 잘하도록" 독자들을 독려했다. 이제 두히그는 마켓월드에 그리 위협적이지 않았다. 그는 자신이 한때 공격하던 부류의 사람들로부터 배우기를 갈망했다. 구글의 가장 생산적인 팀으로부터 우리가 무엇을 배울 수 있는지가 그 책에서 특히 중요한 부분이었다. 구글은 책이 출시될 즈음에 과거 두히그의 목표물이었던 애플을 제치고 지구상에서 가장 가치 있는 기업으로 떠오를 참이었다.

두히그는 엄청나게 많은 사람들이 찾는 지식 소매상이 되었다. 베스트셀러 작가 목록에는 그의 이름이 빠지지 않았고 유료 강연에도 사람들이 몰려들었다. 그는 "축복받았다"고 말했다. "내가 무슨 말을 하고, 무슨 생각을 하는지 듣고 싶어 하는 사업가들이 많다는 점에서, 정말 운이 좋죠." 특히 그가 기뻤던 것은, 처음 언론계에 입문했을 때 하버드 경영대학원의 몇몇 동기생이 보인 반응 때문이었다. 그는 "누군가가 당신에게 당첨 복권을 내밀었는데 그것을 화장실 휴지로 쓰겠다고 결심한 것"이라고 빗댔다. "그들은 내가 경제적으로 어리석은 선택을 했다고 생각한 것 같습니다. 돈을 벌 수 없는 산업에 진입하고 있었기 때문이죠. 전체를 보면 틀린 생각이었지만, 꽤 오랫동안 사실이긴 했습니다."

그의 돈벌이 전망에 대한 그토록 끔찍한 평가를 진실에서 거짓으로 바꿔놓은 것 중 하나가 초빙 강연이었다. 두히그는 그 강연으로 버는 수입에 생계를 의존한다고 해서 자신의 생각이 바뀌거나, 그가 부패하거나, 또는 자기검열을 하는 것은 결코 아니라고 단호하게 말했다. 건설적으로 실천에 옮길 만한 책들을 팔아서 돈을 버는 것도 마찬가지였다. 순회 행사의 동료 여행자인 힐러리 클린턴Hillary Clinton 이 골드만삭스에서 연설한 것을 둘러싸고 벌어진 논쟁을 언급하면서, 그는 클린턴이 이 강연 때문에 부패했다는 비판적 지식인들의 지적과 자신의 경험은 "정확히 정반대"라고 말했다. 하지만 그의 말은 클린턴의 변명과 다소 유사해 보였다. "그들은 그저 강연을 해주기를 바랐던 것뿐이다"라고 그가 말했다. "나는 일종의 오락거리 같은 존재 아니겠어요? 그들이 접근하기 위해서 애써 돈을 쓰는 정도의 사람은 아니라는 겁니다."

그는 지식 소매상들이 강연으로 먹고살게 되면 자기검열을 하게 될지의 여부에 관해서 잠시 생각했다. "지적인 탐구로 인해 잠재적인 청중과 멀어지게 될 것을 우려한 나머지 사람들이 지적인 탐구의 길을 가지 않게 될 거라고 생각합니까?" 그가 큰 소리로 물었다. "달리 말해 사업하는 청중들의 구미에 더 맞게끔 사람들이 자기 생각의 방향을 틀게 될까요?" 그는 확실히 그런 사람들이 일부 있을 것이라고 인정하면서도 그 자체가 큰 문제는 아니라고 말했다. 그리고 잠시 후에 덧붙였다. "문제는 이런 겁니다. 당신은 작가로서 부유해지기를 바랍니까, 아니면 지적으로 정직하고 책임감이 있기를 바랍니까?"

몇 해 전, 두히그와 마찬가지로 (그리고 수많은 지식 소매상들과 달리) 그럭저럭 사회적 존경을 받는 또 한 명의 거물급 지식 소매상인 말콤 글래드웰Malcolm Gladwell이 자신의 웹사이트에 작가로서 그리고 연사로서 "두 개의 모자"를 쓰고 있는 복잡한 문제로 고투하는 장문의 "폭로" 글을 썼다. 그는 아래와 같이 주장했다.

강연을 한다고 해서 청중들의 이익에 내가 충성을 바치는 것은 아니다. 왜냐고? 한 시간 동안 어떤 사람들에게 유료 강연을 하는 것만으로는 그들의 총애를 받을 수 없기 때문이다. … 금전적 유대가 부패로 이어질 위험은 존재한다. 유대가 맺어져 있을 때, 그 유대가 어떤 식으로든 지속될 때, 자원 및 영향력 그리고 정보가 양방향으로 똑같이 움직일 때가 그렇다.

글래드웰이 말한 대로 모든 강연은 제각각이며 정직한 사람을 마음대로 타락시키기에는 충분하지 않을지도 모른다. 그러나 전체로서 강연자의 경력이 얼마간의 영속성을 띤, 영향력과 정보가 양방향으로 흐르는 "유대" 같은 것을 형성할 수는 없을까? 대다수의 행사 주최 측은 강연자에게 행사의 맥락과 참석자들의 "최대 관심사"를 알려주고, 아마도 강연이 취지에 맞게 이루어지도록 제안도 할 것이다. 물론 모든 행사는 제각각이지만, 대부분의 행사가 비즈니스 세계로부터 생겨난다. 이 세계는 정치적 색깔이 없고, 실천에 옮길 만하며, 가해자가 없는 것을 선호하는 등 일관된 가치를 지향한다. 이러한 기관의 구미에 맞춰서 경력을 쌓는 일은 쉽지 않은데, 그래도 글래드웰은 수차례의 그러한 식의 영합 그리고 실패가 아니라 성공하고 싶다는 열망이 당신에게 어떠한 영향도 미치지 않을 것이라고 확신한다.

「뉴욕타임스」의 칼럼니스트인 토머스 프리드먼Thomas L. Friedman은 자신이 부패할 리 없다는 비슷한 주장을 펼치면서 "내가 쓴 글을 가지고 말해야 한다. 내가 누구에게 말하는지를 두고 나를 비판하지는 말라"고 말했다. 하지만 프리드먼과 글래드웰 각자에게 돈이 미친 영향에 대한 이들의 말을 있는 그대로 받아들이면, 부자들이 아이디어에 돈을 대긴 하지만 그것이 아이디어 시장 전체에는 어떠한 영향도 미치지 않는다는 결론에 이르게 된다.

돈은 모종의 지적인 압박을 줄 수도 있는 기관이나 동료로부터 최고의 지식 소매상을 자유롭게 해줄 수 있지만, 그와 동시에 그들의 아이디어를 독립된 지적 작업이 아니라 광고로 만들어버릴 수도 있다. 스티븐 마르케Stephen Marche는 역사가에서 지식 소매상으로 변모하여 강연당 5만 불에서 7만 5,000불까지 받는다고 알려진 니얼 퍼거슨에 대해서 아래와 같이 말한다.

논픽션 작가들은 예컨대 잘 팔리는 책을 쓰거나, 하버드 대학 교수가 되는 일을 포함해서 그들이 할 수 있는 어떤 다른 일보다도 훨씬 더 많이, 훨씬 더 쉽게 돈을 벌 수 있고, 실제로 벌고 있다.

그 액수를 생각하면 퍼거슨은 출판사의 눈치를 볼 필요가 없고, 편집자의 눈치를 볼 필요도 없으며, 당연히 학자들의 눈치를 볼 필요도 없다. 기업과 고액 투자자의 눈치를 볼 뿐이다.

글래드웰 같은 개개의 지식 소매상들은 생각을 바꾸라는 유혹, 예컨대 은행업계의 관행을 옹호해달라는 식의 유혹에 저항할 수도 있겠지만 부자들의 돈은 그들이 기꺼이 들으려고 하는 아이디어에 대한 일종의 보조금에 해당한다. 그리고 보조금은, 하버드 경영대학원 교수 가우탐 무쿤다Gautam Mukunda가 월스트리트에 대해 어떤 글에서 지적한 대로 영향을 미친다. 그에 따르면, 월스트리트는 "권력을 지닌 자들이 선하고 공정하며 옳은 일을 하고 있다"는 믿음을 주는 아이디어를 배양하는 등 권력에 집착한다.

권력에 동조하는 이들은 보상하고, 그렇지 않은 이들은 처벌하는 권력을 지닌 집단의 능력은 아이디어 시장을 왜곡한다. 이는 부패가 아니라 이익에 따라 자연스럽게 이동하는 신념에 관한 것이다. 업튼 싱클레어가 말했듯이, "무언가를 이해하지 않는 조건으로 급여를 받는 이에게, 그것을 이해시키기란 어렵다." 그 결과 사회 전체가 일그러져 가장 강력한 집단의 이익에 봉사하게 될 수 있다.

지식 소매상이 후원자의 영향으로부터 자유롭다는 생각은 이들의 대변인 격인 웹사이트 소개글과도 모순된다. 이 사이트에는 잠재적으로 위협적인 사상을 퍼뜨리고 다니는 이들이 어떻게 부유하고 힘 있는 이들의 모임을 두려워하지 않게 되는지가 잘 나와 있다.

아낫 아드마티Anat Admati는 스탠포드 대학의 경제학자이자 저명한 금융 산업의 비판자다. 이 "집요한 산업 쇠파리"에 관해서 "은행가들의 견해는 거의 일치한다"고 「뉴욕타임스」는 보도한다. "그녀의 아이디어는 극도로 비현실적이고, 미국 경제에 해롭기 때문에 심각하게 고려되지 않는다." "현 상태에 의문을 제기하는" 아드마티의 능력 덕분에 그녀의 글은 칭송받았다. 그녀는 "은행가들의 불안 전술을 분쇄하고" 나아가 "월스트리트 경영자들과 이들의 이익에 포획된 정치인이 유용한 금융 개혁안에 저항하며 자기 잇속만 챙기면서 내놓은 반대 주장의 허구성을 폭로하는" 인물이다. 그와 동시에 아드마티는 일종의 강연 대리 기관인 리뷰로Leigh Bureau의 대표적인 지식 소매상이다. 이 기관은 그녀의 강연 주제를 홍보하면서 어렵고 비판적인 부분은 덜어낸다. "은행 시스템이 누리는 혜택을 건드리지 않고도 더 안전하고 건전한 은행 시스템을 가질 수 있다."

부상하는 민족주의, 러시아의 공격성, 그 밖의 암울한 지정학적 정세에 대해 쓰는 「워싱턴포스트The Washington Post」의 칼럼니스트 앤 애플바움Anne Applebaum이 강연자로 올라 있는 소개글을 보면 "전환의 정치—위험과 기회"라고 나와 있다.

제이콥 해커는 예일 대학의 정치학자다. 그는 금융투자 앱인 이븐을 우려하는 사람으로 지난 30년 동안 미국 경제의 추이를 날카롭게 비판해왔다. 그는 『미국의 기억 상실: 정부에 대한 전쟁이 미국의 번영을 이루어낸 주체를 망각하게 만들다』와 『리스크 대이동: 새로운 경제 불안과 아메리칸 드림의 몰락』과 같은 책을 썼다. 그는 "승자와 패자를 가르는" 지식인이고 이른바 미국 기업에 대한 아주 통찰력 있는 비판자 중 한 명이다. 이 점이 그의 강연 중개상을 곤혹스럽게 했지만 이들은 굴하지 않고 방법을 찾아냈다. 그 결과 해커는 다소 적나라하게 "안전을 복구하여 미국의 꿈을 되살리려는 정책 부문의 지식 소매상"이 된다.

피상적으로 언어만 조금 비틀었을 뿐 핵심적인 내용을 변경한 것은 아니라고 항변하는 사람도 있을 것이다. 어떤 면에서 사실이기는 하다. 하지만 그렇다고 해서 이러한 비틀기를 수용하는 데 따르는 대가가 전혀 없다고 주장할 수 있는 것은 아니다. 사상을 상품, 예컨대 작고 쓸모 있는 포장이라든가 최고경영자들이 월요일 아침에 참고할 만한 통찰, 또는 그 자체로 탁월한 것보다는 이윤을 낼 수 있는 아이디어로 변환하려는 압력은 실로 엄청나다. 이러한 압력에 굴복하여 사상을 좀 더 실천에 옮길 만한 것으로 만들고 기업 세계의 언어나 가치의 영역으로 들어가는 것은 사실상 항복하는 것과 같다. 블라디미르 마야콥스키Vladimir Mayakovsky의 시, "시에 관한 세무 공무원과의 대화Conversation with a Tax Collector About Poetry"에서 시인은 자신이 사용해야만 하는 언어가 다른 세계의 언어이기 때문에 본연의 생각을 펼칠 기회가 존재하지 않음을 깨닫는다. 사업가의 세금 계산서에는 부채의 할부 상환액이 반영되지만, 시인의 "마음과 영혼의 할부 상환"이라고 하면 말이 되겠는가? 사업가는 부채 덕분에 일종의 휴식을 얻지만, 시인이 계속 빚지고 있는 것에 대하여 똑같은 혜택을 달라고 할 수 있는가?

나는
빚을 졌다
브로드웨이의 불빛에,
당신에게,
바그다디의 하늘에,
적십자에,
일본의 벚꽃 나무들에 –
내가 미처 적지 못한
그 모든 것들에
대해.

지식 소매상들은 스스로 말하지 않을 만하거나, 믿지 않을 만한 것을 이야기하면서 마치 세무 공무원의 언어로 말하는 시인처럼 되어가는 자신을 발견할 수 있다. 그리고 위험은 그들이 이렇듯 새로운 언어로 말하는 데만 도사리고 있는 것은 아니다. 그들은 어느 순간 자신만의 언어로 생각하는 것을 완전히 멈추게 될 수도 있다.

*

TED 강연을 한 지 5년이 지났을 때도 커디는 여전히 자신을 위해 만들어진 아름다운 신세계에서 살고 있었다. 그녀는 이제 동시대 지식 소매상 중 최고로 손꼽히는 유명인이다.

그런데도 여전히 성공, 그리고 성공이 찾아온 특별한 방식은 그녀에게 일종의 딜레마를 야기했다. 그녀는 거의 20여 년에 걸쳐 편견과 성차별주의를 연구해왔고, 심지어 변신 이후에도 그 주제에 관해서 학계 동료들과 함께 작업을 계속해왔다. 한때 그녀는 가해자를 맹렬히 비난하는 방식으로 이 주제를 다루었다. 그러나 유행이 된 TED 강연은 그녀가 지금까지 말해왔던 모든 것을 거의 날려버리다시피 했고, 그러자 그처럼 안전한 방식으로 아이디어를 제공해달라는 돈이 되는 요청이 끝도 없이 쇄도했다.

기업은 써먹을 만한 것에 대한 기대감을 안고 강연이나 워크숍을 요청했다. "여기에는 나를 좌절하게 만드는 것이 있다"고 커디가 말했다. "모두들 기본적으로 편견과 다양성에 관해 말하고 또 그것을 고쳐주기까지 바랍니다. 먼저 중요한 것은 편견과 다양성이라는 말을 사용하지 않아야 해요. 이 단어들이 사람들을 놀라게 할 수 있으니까요. 그리고 사람들은 이 모든 일이 한 시간 안에 끝나기를 바랍니다. 그들은 내가 한 시간 정도 강연을 해서 편견을 줄일 수 있다고 생각하는 건데, 사실 말도 안 되죠. 나는 사람들이 와서 '여자들이 회의실에서 좀 더 큰 소리로 말하게 하는 방법을 잘 모르겠어요' 같은 질문을 하는 데 질렸어요." 스스로 지적했다시피, 그녀는 지금까지 강연을 하면서 사람들이 사태를 좀 더 쉽게 이해할 수 있도록 애써왔다. 그러자 그들은 그녀를 효과 빠른 약물로 만들고 싶어 했다.

커디는 자신을 평생 성차별주의에 대항하는 참호 속에서 전투를 벌여온 사람으로 인식했지만, 지금은 손쉬운 해결책이나 내놓는 기계처럼 돌아가고 있다고 여겼다. 그녀가 이 같은 상황을 자신의 공연 목록에 그저 노래 한 곡을 더 추가하는 것뿐이라고 여기더라도, 세상 사람들은 점차 커디가 그 한 곡만 부를 줄 안다고 생각했다. 마켓월드가 당신을 좋아한다는 것은 당신을 하나의 상품으로서 원한다는 말이다.

커디는 그러한 인식에 저항하려고 노력했다. 그녀는 하버드의 임원교육 세미나에서 수업을 해달라는 요청을 받았다. 한창 활동 중인 전 세계의 경영자들이 모종의 지적 활력을 얻고자 보스턴으로 날아와 있었다. 세미나 관리자들은 그녀가 편견과 다양성에 대해서 이들에게 말해주기를 바랐다. 이들은 그녀에게 50분을 주면서 성차별주의, 인종주의, 그 밖의 주제들을 다루어주기를 원했다. 그녀는 세 시간을 요구했고, 결국 그들은 한 시간 반으로 합의했다. 그녀는 한 가지 주제, 성차별주의에만 집중할 것이고 남성 동료 피터 글릭Peter Glick을 불러오겠다고 고집했다. 글릭은 커디를 도와서 거친 반응을 보이리라 예상되는 청중을 다루기로 했고, 비용은 그녀가 부담했다. 수강생은 세계 각지에서 온 이들로 대체로 남성이었는데 불행하게도 그녀의 강의는 월드컵 기간에 열렸다. 수강생들은 곧 경기를 관람하는 편이 더 낫겠다는 판단을 내렸다.

보디랭귀지 전문가인 커디는 애초부터 꽉 막힌 사람들의 교과서적 사례 같은 방 안으로 걸어 들어갔다. 그럼에도 그녀는 지식 소매상이 아니라 비판적 지식인의 역할을 하려고 노력했다. 사실 그녀와 글릭은 지식 소매상의 첫 번째 규칙을 어기면서 강연을 시작했다. 희생자에게 집중하는 대신에 그들은 성차별주의 범죄에 관해 이야기했다. "우리가 모두 얼마나 심한 편견을 가지고 있는지 설명하면서 아주 부드럽게 시작하려고 했어요." 그녀는 말했다. 커디와 글릭은 누가 그러한 감정을 야기하는지를 제시하면서 여성이 느끼는 무력감에 관해 이야기하려고 했다. 그러면서도 이들은 상당히 조심스럽게 접근하려고 애썼다. 성차별주의 심리학의 뛰어난 권위자인 글릭은 성차별주의자로 불릴까 봐 염려하는 남성에게 고전적인 전술을 사용했는데, 바로 글릭 자신의 성차별주의에 관해 말하는 것이었다. 그는 부인을 공주 대접함으로써 한때 자신이 성차별적으로 행동했던 경험을 이야기했다.

이러한 접근은 도움이 되지 않았다. "사실 강의 중간에 그만두고 이렇게 말했어요. '이 방 안에 있는 여러분이 얼마나 불만스럽게 느끼는지 압니다. 그러니 잠시 중단하고 뭐가 문제인지 얘기해보는 건 어떨까요?'" 하지만 대화도 소용없었다. "우리는 결론을 위해 두 개의 슬라이드를 준비했어요." 커디가 말했다. "하나는 조직 내 성차별주의를 완화하기 위해 당신이 할 수 있는 개인적인 일들이었고, 다른 하나는 조직적 또는 구조적인 일들이었어요. 그런데 성차별주의가 문제라는 생각 자체에 대한 반발이 너무도 컸기 때문에 결론까지 가지도 못했답니다."

이제 마켓월드의 취향과 경계에 대해 더 많이 알게 된 커디는 과거를 돌이켜보며 상황을 다른 방식으로 다룰 수 있었을지 생각한다. 그렇다고 해서 명예를 지킬 수 있었을지는 확신할 수 없지만 말이다.

"만일 제가 '자, 직원들로부터 어떻게 최상의 성과를 끌어낼 수 있을 지에 대해 이야기해봅시다'라고 했다면 아마도 완전히 달라졌을 거예요." 그녀가 말했다. "사람들은 여성이 말문을 열기 어렵게 만드는 모종의 상황이 벌어지고 있다는 사실을 받아들였을지도 몰라요. 그것은 조직을 최고로 만드는 데 기본적인 문제였으니까요. 그런데 당신이 가서 말합니다. '이봐요, 여기 진실이 있어요. 시스템은 편향되게 세워져 있습니다. 백인 남성을 우대하죠. 유감스럽지만, 사실입니다'라고요. 내 말은 당신이 이러한 성명서를 발표할 수는 없다는 겁니다. 그렇잖아요. 진퇴양난인 셈입니다."

커디는 자신이 유명해질수록 이와 같은 진실을 말하기가 점점 더 어려워지리라고 생각했다. 그녀는 자신이 오랫동안 건조하게 연구해온 성차별주의의 표적이 되었는데, 이는 온라인 슈퍼스타가 피해 갈 수 없는 숙명인 듯했다. "성공을 거머쥔 여성 과학자로서 내가 경험한 여성혐오는 정말이지 끔찍하고 역겹고 넌더리가 났어요." 그녀가 말했다. 그 공격은 그녀에게 역설적인 효력을 발휘했다. 그녀가 학문을 매개로 연구해온 성차별주의를 아주 생생하고 개인적인 체험으로 겪게끔 해주었다. 시스템을 덜 강조하는 강연 덕택에 그녀의 아이디어가 더 널리 확산되었지만, 그 결과 그녀는 시스템이 얼마나 암울한지 더 깊이 인식하게 되었다. 하지만 그와 동시에 계속되는 독설은 그녀가 하나의 시스템으로서 성차별주의와 맞서 싸우는 데 헌신하는 작업에는 흥미를 잃게 했다. "'이 싸움을 이어가는 데 지쳤어. 너무 외로워'라고 말하게 된 계기가 있었다고 생각해요." 커디가 인터뷰에서 말했다. "한 명의 여성으로서 맞서 싸우기란 힘든 일이었다고 깨달았어요. 나를 신뢰하지 않는 이들—그녀에게 이는 남성을 의미했다—이나, 내가 정말이지 실망하게 되는 이들—이번에는 여성을 의미했다—을 상대하면서 '그래요, 당신이 옳아요. 편견이 존재한다고 생각하죠? 편견은 있어요. 당신에게 상처를 주고 있잖아요'라고 말하는 건 어쨌거나 유쾌하지 않은 일이에요." 그녀는 그렇게 말하는 것을 싫어했지만 "무슨무슨 '주의', 예를 들어 성차별주의, 인종주의 등 여러 편견이 사라지고 있다고 보지는" 않았다. "최상층에 있는 사람들이 정말로 이 문제와 씨름하고, 기꺼이 떠맡으려는 의지가 없다고 보기 때문이에요." 그녀는 "사람들이 실제로 세상을 바꿀 거대하고 전면적인 변화를 만들어낼 것"이라는 믿음을 거두어들였다.

커디는 여성들을 돕는 최선의 전략은 아무것도 변화시키지 않으면서도 스스로 만들어낼 수 있는 종류의 작은 변화를 그들이 인식하도록 하는 것이라고 생각했다. "나는 그 어떤 일이 일어나더라도, 그들이 스스로 보호해서 앞으로 밀고 나갈 수 있는 무기를 줄 수 있을 뿐이에요." 이는 파도를 타는 법을 가르치는 셈이었다. 그녀는 가해자가 아니라 희생자에 초점을 맞췄다.

이 모든 것은 음울한 아이러니다. 그녀가 시스템에 대한 비판을 줄이자 마켓월드의 엘리트들이 격하게 환영했고 전 세계가 쉽게 받아들였다. 그 결과 그녀는 유명해졌고 그로 인해 삶에서 전례 없는 성차별주의 시스템을 경험했으며, 이 문제를 이전보다 더 날카롭게 인식하게 되었다. 하지만 그 흉포함은 그녀가 더는 시스템을 건들지 않게끔 마음먹게 했고, 나아가 시스템은 결코 바뀌지 않을지도 모른다는 결론에까지 이르게 했다. 이렇게 시스템을 묵인하면서 그녀는 성차별주의를 뿌리 뽑는 대신 여성이 살아남는 일을 돕기로 했다. 그녀는 성장하고 있는 집단, 중요한 사안은 건드리지 않은 채 방치하는 변화의 이론가들 속으로 들어갔다.

커디는 말했다. "내가 다소 이단적인 견해를 가졌을지도 모르죠. 말하자면 이런 겁니다. 우리는 문제를 정리하고 그 배후에 있는 기제를 연구하는 훌륭한 일을 해왔어요. 편견을 야기하는 구조적인 기제뿐만 아니라 심리학적이고 신경학적인 기제를 실제로 완전히 이해하고 있죠. 우리가 해낸 겁니다." 이러한 학문적 성취에 대한 인식 때문에 마켓월드에 타격을 주지 않는 접근을 정당화할 수 있다고 생각했는지 모르지만 이 또한 잘못이었다. 어찌 되었든 인종, 젠더, 섹슈얼리티 등의 분야에 종사하는 그녀의 학계 동료들은—단지 몇몇을 예로 들자면—더디고 험난하며 때로는 잘 알려지지 않은 방식으로 연구하면서 문화 전반의 말하는 방식을 실질적으로 변화시켰다. 때로는 가장 위험 회피적인 성향을 보이는 정치인들조차도 대학에서 주조된 개념을 무심코 사용하기도 했다. 예를 들어 "미묘한 차별micro-aggressions(체스터 피어스Chester Pierce, 정신의학, 하버드, 1970.)", "백인 특권white privilege(페기 매킨토시Peggy McIntosh, 여성학, 웰슬리, 1988.)", "젠더 동일성 gender identity(존스 홉킨스 의학대학)", "교차성intersectionality(킴벌리 윌리엄스 크렌쇼Kimberlé Williams Crenshaw, 비판 인종 이론, 캘리포니아 대학 로스앤젤레스 캠퍼스, 1989.)" 등이 그것이다.

그럼에도 커디는 자신의 분야에서 정말 필요한 것은 진지한 연구자들이 충분한 연구비를 마련하여 이미 알려진 것들에 관한 해결책을 마련하고 그것을 실행하는 데 주력하는 일이라고 생각했다. "이제 우리는 효과적인 개입을 위한 진정으로 심오한 학문을 시작해야 하는데, 그 일이 만만치 않을 겁니다." 그녀가 말했다. 그녀가 염두에 둔 개입은 일회적인 다양성 훈련 같은 것보다 더 심오하고 영속적인 무언가를 포함했다. 말하자면, "그것은 평생 지속될 것이다."

그렇다면 그녀를 비판하는 몇몇이 주장하는, 권력 자세 그리고 아마도 유사한 방향의 또 다른 개입이 그저 페미니즘의 아류일 뿐이라는 비난은 어떻게 봐야 할까? 커디는 단호하게 부정했다. 그녀는 이러한 개입을 "오랜 시간에 걸쳐 당신의 삶에서 눈에 띄는 후속 변화를 야기할 수 있는 작지만 점진적인 변화"라고 여겼다. "이건 가벼운 헛소리가 아닙니다. 실제로 벌어지는 일이고, 새해 결심처럼 큰 변화를 꿈꾸는 것보다 훨씬 더 효력이 있을 겁니다." 하지만 이것이 진정 시스템을 바꾸는 실행 가능한 계획일까, 아니면 피드백 회로를 단 시스템을 수용하는 것일 뿐일까?

당신이 어떤 일을 하는 과정에서 변화를 만들어내고 있다는 말을 자주 듣게 된다면, 신기하게도 그 시스템을 더 쉽게 받아들이게 된다. 진정으로 변화를 이끄는 수많은 이들은 최소한 그들의 살아생전에 결코 이러한 말을 들을 수 없다는 사실에 흥분하지 말아야 할 것이다. 위에서 언급했던, 동일성과 권력의 현실에 눈을 뜨도록 국민의 새로운 언어를 주조해낸 학자들이 길거리에서 사람들에게 붙잡혀 복잡다단한 일상에서 그들이 이루어낸 변화에 관해 듣는 일은 아마도 없을 것이다. 커디 역시, 성차별주의를 비롯한 편견에 관해 연구하며 학자로서 분투하는 동안에는 자신이 변화를 만들어가고 있다는 믿음을 고수해야 했지만 대중으로부터 그러한 말을 듣지는 못했다. 그러나 그녀가 주장을 완화했을 때, 정치적 색깔을 벗어던졌을 때, 실천 가능한 일에 집중했을 때, "무슨무슨 주의들이 사라졌다"고 생각하지 않게 되었을 때, 개별 여성이 험악한 시스템을 헤쳐 나갈 수 있는 방법에 집중했을 때, 아이러니하게도 진정 어린 방식으로 시스템을 바꾸겠다는 희망을 포기한 바로 그 순간에, 그녀는 가는 곳마다 자신의 삶을 바꾸게 되었다며 고마움을 표하는 여성들에게 붙들리기 시작했다. 비록 자신의 야망을 낮추었다 할지라도, 그녀는 실행할 수 있는 변화가 가져다주는 개인적인 만족감에 빠져들었다.

커디는 매사추세츠주의 노동자 계급 가정에서 성장했는데, 권력 자세 덕분에 영예를 누리자 어릴 때부터 함께한 이웃 같은 사람들을 자신이 돕고 있다고 느끼게 되었다. 그녀는 말했다. "내게 '당신이 내 삶을 바꿔놓았다'라고 말하는 사람들 대부분은 권력이 없는 사람들이에요. 그들은 정말 믿기 어려운 역경을 겪어내면서 돌파하기 위한 이러저러한 방식을 모색해온 사람들이죠."

커디는 여전히 권력 시스템으로서 성차별주의에 대항하는 싸움에 전념하고 있으며 지금도 그 노선에 따른 연구를 수행한다고 말했다. 그러나 그녀는 "아주 솔직히 말해서 그 일은 개인적인 만족감이 덜하다"고 덧붙였다. 그러면서도 그녀는 자신의 선택에 대해 신기해하는 듯했다. "내가 이 분야에 첫발을 내디뎠을 때, 가야겠다고 생각했던 길은 아니니까요."

*

커디가 비판적 지식인과 지식 소매상이라는 양극단 사이에 끼어 있었다면, 사이먼 사이넥Simon Sinek은 확신에 차서 아무런 거리낌 없이 지식 소매상의 영역에 편안히 자리를 잡았다. 사이넥은 이제 기업과 사람이 "왜"라는 물음을 가지고 일을 시작해야 한다는 아이디어로 유명하다. 다시 말해 한 가지 고무적인 목적을 설정하여 이를 중심으로 생활을 발견하고 조직해야 한다는 것이다. 그 자신의 "왜"는 "사람들로 하여금 그들에게 영감을 주는 무언가를 하도록 고무하는 것"이라고 그는 말했다.

그는 젊은 남성인 자신이 거의 책을 읽을 수 없었기 때문에 지식 소매상의 길로 들어서게 되었다고 이야기를 시작했다. 그의 정신은 언제나 널을 뛰며 빙빙 돌았기 때문에 책에 집중할 수 없었다. 주의력 결핍 문제가 있었다. 하지만 사이넥은 문제를 위장된 기회로 생각하기를 즐겼다. "아이가 어른이 되듯이, 도전에 직면하여 발견하는 해결책이 우리의 힘이 된다고 믿습니다." 그는 자신이 독서를 통해서는 배울 수 없다는 사실을 깨달았다. 그는 오로지 대화를 통해서만 배울 수 있었다. 지식 소매상, 그것도 매우 성공한 지식 소매상이 되어 책을 쓰게 되었을 때 그는 호기심 어린 방식으로 자신의 연구를 수행했다. "만일 책을 읽어야 할 필요가 있다면, 누군가에게 나를 위해 그것을 읽고서 내용을 설명해달라고 하고 내가 질문도 던질 수 있게끔 해달라고 부탁할 겁니다." 그가 말했다. 이는 많은 지식 소매상을 규정하는 특성에 대한 그만의 매우 특별한 방식이었다. 그 특성이란 모든 종류의 지적인 전통으로부터 얼마간의 자유, 다시 말해 어떤 주제에 관해 예전에 다른 사람이 말했던 것에 부담을 느끼지 않고 그 주제를 언급하는 편안함이었다. 사이넥이 지적했던 것처럼, 이러한 이점은 곧장 그의 다른 이력과 어우러졌다. 특히 광고 분야에서 수년 동안 훈련을 거친 점이 유용했는데, 지식 소매상의 일이란 종종 광고처럼 한 번 보면 뇌리에 박히고 쉽게 이해할 수 있는 아이디어를 만들고 이를 활용하여 워크숍, 유료 강연, 컨설팅을 홍보하는 것이기 때문이다.

처음에 사이넥은 영국에서 법학을 공부할 생각이었지만 학기가 시작되고 얼마 지나지 않아 "적성에 맞지도 않고 소질도 없다"는 사실을 깨달았다. 그는 1학년 중반에 학교를 그만두고 광고의 세계로 들어감으로써 부모님을 경악시켰다. 거기에서 그는 "감정이 중요한 역할을 한다는 것을 배웠다"고 말했다. "누군가로 하여금 특정한 느낌을 받게 하거나 아니면 그들과 특정한 방식으로 연결되도록 하는 일은 논증만으로는 안 됩니다." 그는 "단순한 사실과 수치만으로는 부족하며 누군가를 끌어들여 당신이 지금 하는 일에 그들의 삶이나 그들 자신을 연결시키도록 할 수 있다면, 나아가 당신이 하는 일이 그들의 삶 속에 확고히 자리하도록 할 수 있다면 당신은 그저 팔릴 만한 물건이 아니라 사랑을 만들어내고 있는 것"임을 배웠다.

그는 엔론Enron이나 노스웨스트 항공Northwest Airlines 같은 고객을 위해 일하면서 수년 동안 광고업계에 종사했다. 그러고 나서 자신의 마케팅 회사를 차렸고 오펜하이머 펀드Oppenheimer Funds, 에이비시스포츠ABC Sports, GE, AOL 같은 고객을 유치했다. 그러나 일에 대한 열정은 시들었고, 고객과 직원을 위해 돌아가는 업무는 그에게 점점 스트레스가 되었다. 그는 말했다. "나는 하루의 대부분을 거짓을 말하고, 숨기고, 속이는 데 보냈어요. 그러니 점점 더 어두워져만 갔고 스트레스도 커졌죠. 올바른 일 처리 방법을 배우려고 업무 회의에 참석하곤 했는데, 이 때문에 기분이 더 나빠질 때가 많았어요. 그들은 무대에 서서는 내가 하고 있지 않은 것들에 대해서만 내게 말했죠."

어느 날 한 친구가 괜찮냐고 물었다. 사이넥은 그녀에게 우울하다고 말했다. 마음을 짓누르던 사실을 털어놓자 "해결책을 찾아보려는 용기가 생겼다." 떠오르게 될 해결책의 핵심에는 사이넥이 "골든 서클the Golden Circle"이라고 명명할 아이디어가 있었다. 원 하나를 상상해보라. 그 원의 핵은 "왜why", 사업의 목적 또는 명분이다. 핵을 감싸는 원은 "어떻게how", 그 목적을 실행하기 위해 회사가 취해야 할 행동이다. 다시 그것을 감싸는 원은 "무엇what", 상품이나 서비스로 측정되는 그 행동의 결과물이다.

"왜 어떤 광고는 먹히고 어떤 광고는 먹히지 않는가"를 고심하던 중에 사이넥은 이 구조물의 원리를 생각해냈다. 어느 날 그는 "턱시도를 입고 가는 사교 모임black-tie affair"에 참석했다. 옆자리에 앉은 이와 대화를 나누다 보니, 그녀의 아버지가 신경과학자라는 사실을 알게 되었다. 그녀는 사이넥에게 자기 아버지가 연구하는 "변연계 뇌와 신피질"에 관해 이야기했다. 이를 계기로 사이넥은 자신만의 뇌 연구를 이어가기 시작했다. "인간의 뇌가 결정을 내리는 방식이, 내가 어느 선반 위에 올려놓았던 이 보잘것없는 아이디어와 똑같다는 사실을 깨달았거든요." 그가 나중에 정리하게 될 표현대로, "내가 당신에게 말하는 것 중 그 어떤 것도 내 견해는 아닙니다. 모두 생물학의 교의에 토대를 두고 있죠. 심리학이 아니라 생물학이요. 위에서 아래로 자른 인간 뇌의 단면을 보면, 실제로 골든 서클에 완벽하게 상응하는 세 개의 주요 부분으로 나뉘어 있습니다." 사이넥의 (논쟁의 여지가 엄청 많고 너무나 단순화된) 뇌 이론에 따르면 사람들의 행동 가운데 "왜"와 "어떻게"에 해당하는 것은 변연계 뇌에 의해 통제되는 반면, "무엇"에 해당하는 것은 진화적으로 뒤늦게 생긴 신피질에 의해 통제된다. 학문적으로 불확실할지는 모르겠지만 정말 멋진 이야기로 들렸다.

그는 지식 소매상으로서 새로운 경력을 시작했는데, 한 사람당 100달러를 받고 그 자신의 "왜"를 찾을 수 있도록 도왔다. 사람들 옆에 앉아서 네 시간 동안 그들의 "천연 황홀경natural highs", 즉 영감이 최고조에 이른 순간에 관해 인터뷰했고 그러고 나서 인생의 목적을 알려주곤 했다. 서비스는 인기를 끌었고 그 덕분에 마침내 아주 성공적인 TED 강연을 하게 되었다. 널리 읽히는 자기계발 서적을 출간했으며, 다양한 기업체에서 강연하고 조언을 제공하는 일이 끊임없이 이어졌다. 지식 소매상으로서 이룬 이 같은 초고속 성공에는 (다소 출처가 불분명해 보이는) 창업 설화가 있기 마련이다. 사업상 캐나다를 방문했던 사이넥이 예전의 고객과 함께 아침 식사를 하러 갔을 때의 일이다. 그의 친구가 물었다.

"요즘 어떻게 지내요?" 어디에서나 그랬듯이, 나는 냅킨을 꺼내서 원을 그리기 시작했다. 그러자 그가 말했다. "이거 멋진데요! 이 아이디어를 가지고 우리 회사의 최고경영자와 얘기해보지 않겠어요?" 나는 일어서면서 시간을 확인하고 말했다. "좋습니다." 우리는 그의 회사로 갔다. 최고

경영자와 마주 앉았는데, 그곳은 중소 업체였다. 곧바로 골든 서클과 "왜"에 관한 개념을 설명하자 그녀가 말했다. "정말 엄청나네요. 우리 회사가 '왜'를 찾도록 도와줄 수 있겠어요?" 나는 대답했다. "물론입니다." 그녀는 "오늘 오후에 해줄 수 있나요?"라고 물었다. 내가 "그럼요"라고 답하자 그녀는 다시 물었다. "금액은 얼마인가요?"

물론 그때 내 머릿속에 떠오른 것은 100달러였다. 하지만 나는 "5,000달러입니다"라고 했고, 그러자 그녀가 "좋습니다"라고 말했다. 그래서 나는 2시간 30분 정도 일하고 5,000달러를 벌었으며 문자 그대로 낄낄거리면서 그곳을 빠져나왔다. 이날 내내 그 터무니없는 상황에 정말로 큰소리로 웃어대면서 거리를 걸어 다녔다. 하지만 그보다 중요한 것은 내가 이 일을 하면서 실제로 돈을 벌 수 있다는 사실을 깨달은 것이었다. 나는 머릿속에서 계산기를 두드려봤다. 한 번에 5,000달러를 받으면서 지금의 생활 수준을 유지하려면 며칠이나 일을 해야 하는지 말이다.

사이넥은 아이디어가 다양해야 한다는 부담감을 느끼지 않았다. 이것은 그의 유일한 빅 아이디어였고 이제 전파하려고 나선 참이었다. 그는 말했다. "나는 복음을 전하는 설교자입니다. 사람들이 복음을 찾아서 나에게 오고, 또 내가 좋은 소식을 설파하는 것을 도와주기를 고대하고 있습니다." 대망을 품은 지식 소매상은 탄탄한 학문적 연구에 기초를 두는 것보다는 아이디어를 집요하게 실행하고 널리 판매해서 자신의 것으로 만드는 일을 중요하게 여겼다. 사이넥은 이 일을 잘해냈다. 그는 살아 숨 쉬는 하나의 "왜"를 제공함으로써 사람들이 삶을 살아가는 데 대한 자신의 도그마를 구체화했다. 그에게는 자신감과 열정 그리고 끈기가 있었다. 또한 자신의 생각을 소위 비즈니스 세계의 "상품으로 만들어내는" 법을 알았다. 그는 두 개의 부서로 이루어진 사업을 시작했다. 하나는 그 혼자 모든 일을 처리하는 강연이나 글쓰기였고, 다른 하나는 그가 없이도 다른 이들이 모든 일을 처리하는 부서로서 그의 인맥으로 연결된 다수의 하급 지식 소매상들이 하는 강연이나 그의 책을 비롯한 기타 물품을 판매하는 일이었다.

다소 미심쩍은 복음을 기꺼이 전파하려는 이들이 어딘가에 존재한다는 사실은 그리 놀랄 일이 아니다. 이보다 놀라운 것은 엘리트들이 그러한 아이디어를 수용한다는 점이다. 사이넥은 영향력 있는 다양한 기관과 사람들, 예컨대 (그의 저술 에이전트에 따르면) 마이크로소프트, 아메리칸 익스프레스, 미국 국방부, 국회 의원, 국제 연합UN, 외국인 대사들을 상대로 강연을 하고 상담을 해준다. 떠오르는 지식 소매상은 자기 자신과 타협해야만 하겠지만 그 타협은 후한 보상으로 돌아올 수 있다. 그들이 경험한 열렬한 수용에서 모습을 드러낸 것은 사실 그들 자신의 가치가 아니라, 후원자이자 열정적인 근거지인 마켓월드 엘리트들의 가치라고 할 수 있다. 마켓월드 엘리트들은 그 어떤 것에도 도전하지는 않지만 희망을 주는, 마치 아이스크림처럼 흘러내리기 쉬운 아이디어를 사랑한다. 그들은 아무리 미약하고 논쟁적이더라도 과학적 권위에는 민감하게 반응한다. 엘리트들의 지지를 얻기 위해서는 이들이 유용하고, 결과 지향적이며, 수익성 있는 아이디어를 요구한다는 것을 알아야 한다. 이들은 집단적인 정치적 목적을 염려하는 대신에 기업과 경영자의 통제 범위에 있는 작고 미세한 어떤 것을 추구하는 사소한 지향을 선호한다. 이들은 자신들의 단조로운 사업에 어떤 이상과 변화를 이끄는 영웅주의와 사명의 불꽃을 입히는 사이넥 같은 사람에게 흥미를 보인다. 바로 이러한 아이디어들이 비즈니스 세계에 속한 부자와 권력자의 지침인 것이다. 그러나 우리가 지닌 거대한 문제의 해결책을 이끌어낼 수 있는, 모두가 원하는 그러한 종류의 사고이기도 할까?

정작 사이넥 본인은 지식 소매상의 부상에 대해 의구심을 갖는 듯했다. 그는 자신의 아이디어는 명백히 신봉했지만 '지식 소매상'을 으레 사기꾼이라고 비판했다. 그가 불쾌하게 여긴 이들은 재벌이 아이디어를 후원하고 사상이 상품화되는 새로운 시대에 생성되고 있었다. 그 자신이 마켓월드 순회 강연의 걸출한 인물 중 하나였음에도 "이 안에 있는 사람들을 경멸한다"고 말했다. "저는 '동기부여 강연자' 혹은 그 밖의 표현으로 자신을 지칭하는 사람들과 함께 묶이곤 합니다. 그럼에도 제가 사랑하고 또 명석하다고 여기는 그들을 경멸하죠. 그들은 무대 위에 올라서 내가 알기로는 스스로도 결코 동의하지 않는 내용을 발표합니다. 사실이 아닌 엉터리를 말한다고요. 나는 그들에게 다가가 말합니다. '이봐, 친구. 도대체 왜 그러는 거야?'라고요. 그러면 그들은 말합니다. '사이먼, 나도 먹고살아야 한다고.' 이 '먹고살아야 한다'는 말은 진정성이 없는 일을 할 때 우리가 스스로에게 건네는 일종의 합리화라고 생각합니다." 비록 어떤 이들은 바로 사이넥을 정확히 똑같은 용어로 묘사하지만, 그는 이러한 영합을 자신이 애써 거리를 유지하는 종류의 행동이라고 생각했다.

"가끔은 정말 힘들죠. 나도 그러한 분투에 공감하는 편입니다." 그가 계속 말했다. "어떤 사람은 엄청난 돈을 주면서 무언가를 해달라고 하고, 당신은 진정성을 지키면서 안 된다고 말합니다. 그러면 나중에 그들은 더 많은 돈을 제시해요. 왜냐하면 결국 돈의 문제라고 생각하니까요. 그렇지 않은데 말이죠. 그러면 당신은 거기 앉아서 이렇게 말합니다. '아, 이봐요. 이번 한 번만 할 수 있습니다. 이번 한 번만이에요.'"

얼마 지나지 않아서 그는 한 자문 모임에 초대되었다. 대략 열 명 남짓한 규모였는데, 모임에 참여한 대다수는 사이넥과 같은 거물급 지식 소매상들이었다. "더 위대한 선을 증진하기 위해 우리가 어떻게 노력할 수 있을지에 관해 논의할 예정"이었다고 그가 말했다. "나는 그런 이유로 참석했던 겁니다. 그런데 사람들은 어떻게 하면 자신의 메일링 리스트를 늘릴 수 있는지, 어떻게 하면 이런저런 것들로 추가적인 돈을 벌 수 있는지, 어떻게 하면 더 많은 상품을 팔 수 있는지에 대해 얘기했습니다. 나는 말 그대로 거기에 앉아 역겹다고 생각했어요." 아이디어가 상품으로 변환되는 방식을 완벽하게 구현한 그였지만, 그는 모종의 방식을 통해 자기 자신을 변절자 가운데 자리한 순수주의자로 여기고 있었다. "그게 곧 사업인 겁니다." 그는 말했다. "자, 많은 사람들의 첫 번째 책을 보세요. 일성이 완벽하게 순수한 수많은 이들이 있습니다. 순수성으로 거기까지 온 인생인 거죠. 그러고 나면 돈이 얽히고, 사업이 얽히고, TV가 관여하고, TED가 관여하고, 온갖 유혹이 다가옵니다. 그러면 누군가는 유혹에 굴복하고, 누군가는 그 유혹을 관리하며 정리할 수 있는데 그게 쉽지는 않을 거란 말입니다. 나는 많은 것을 거절했어요. 하지만 아무런 고민 없이 거절했다는 말은 아닙니다. 정말 큰돈이 걸려 있으니까요. 나도 마음만 먹으면 합리화할 수 있었죠."

그는 잠시 쉬었다가 아이디어의 세계는 "또 다른 산업일 뿐"이라고 말했다. "좋은 제품이 있고 나쁜 제품이 있죠." 문제는 아이디어가 일종의 산업으로 여겨질 때, 그리고 나쁜 제품을 매우 강력하게 선호하는 지배적인 유인 구조가 있을 때 공화국이 번영할 수 있겠는가 하는 점이다. 과연 이것이 우리가 바라는 아이디어의 생산 방식일까? 그리고 이러한 아이디어를 열렬히 수용하고 후원하는 엘리트들이 과연 우리가 미래를 맡겨도 될 만한 사람들인가?

*

에이미 커디는 지식 소매상이라도 그녀의 영업 비결을 활용하여 그 한계를 초월할 수 있다고 믿고 싶었다. 그녀는 가치 있는 사회를 만들기 위해, 미시적인 방식에서 거시적인 방식으로 나아가는—말하자면 셰릴 샌드버그*를 통해서 시몬 드 보부아르**로 연결되는—길이 존재한다고 믿고 싶었다. 그녀는 지식 소매상도 비판적 지식인이 될 수 있다고, 말하자면 자신이 마켓월드 사람들로부터 받은 환영을 이용하여 그 내부로부터 변화를 도모할 수 있다고 믿고 싶었다.

- Sheryl Sandberg. 페이스북의 최고운영책임자로 여성들이 노력만 한다면 가족, 커리어, 행복을 모두 가질 수 있다고 주장한 것으로 유명하다.
- Simone de Beauvoir. 프랑스의 철학자로, 1949년 출간한 『제2의 성』에서 여성 억압이 문명 전반의 구조적인 특성이라고 주장했다.

그녀는 자신이 속한 분야의 전혀 다른 두 개념을 혼용하는 것이 그들을 구슬려서 체계적인 개혁을 이루는 비법이 될 수 있다고 믿었다. 하나는 실제로 존재하는 개인에 초점을 맞춤으로써 사람들로 하여금 어떤 문제를 인식하도록 하는 방법이라고 할 수 있다. 다른 하나는 개인이 아니라 하나의 시스템을 보도록 시야를 확장함으로써 사람들로 하여금 문제를 인식하도록 하는 방법이다.

이 중 첫 번째는 "식별 가능한 희생자 효과identifiable-victim effect"로 알려져 있다. 카네기멜론 대학의 연구자인 데버러 스몰Deborah Small과 조지 뢰벤스타인George Loewenstein은 한 주요 논문에 다음과 같이 썼다.

아직 정체가 확인되지 않은 통계 수치상의 희생자와 식별 가능한 희생자에게 사람들은 각기 다르게 반응한다. 불운을 당한 특정한 피해자들은 상당한 관심과 자원을 끌어내곤 한다. 하지만 우선적으로 사람들이 희생자가 되지 않도록 예방하는 개입과 관련해서는 관심을 끌어내거나 기금을 모금하기가 쉽지 않다.

스몰과 뢰벤스타인의 연구는 이제 막 등장한 많은 지식 소매상들이 군중의 얼굴을 살핌으로써 감지한 바가 사실임을 보여준다. 사람들로 하여금 어떤 문제를 개인의 차원에서 보도록 유도했을 때 더 감정적으로 반응한다는 점이 그것이다. 커디의 사례를 보면, 그녀는 성인 여성보다 어린 소녀가 육체적으로 움츠러드는 것을 이야기할 때마다 이를 체감했다. 딸을 떠올리자 남성들의 머리에 경고등이 켜지는 것이다. "한 60대 노인 남성이 내게 다가와서는 말하는 겁니다.

'오, 세상에. 정말 고맙습니다. 내 딸과 손주들에게 정말 중요한 일이네요.' 그들은 열린 자세로 문제를 대했어요. 갑작스럽죠. '당신은 지도자로서 나서서 변화를 이끌어야 합니다. 좋지 않다고 말해야 해요. 당신이 해야 할 일이 많습니다'라고 할 때는 결코 장악할 수 없었던 청중입니다. 내게 전혀 귀를 기울이지 않던 사람들이 내가 그들의 딸에 대해, 그리고 그녀들이 마주할 기회에 대해 이야기하면 갑자기 고개를 들고 몸을 앞으로 내밀었어요."

지식 소매상이 자신처럼 유리하게 이러한 종류의 피드백을 활용할 수 있는지 커디는 생각해보았다. 성차별주의라는 구조적 권력에 관해 이야기하고 싶다면 우선 사람들이 그들의 딸을 떠올리도록 해라. "사람들은 자신의 딸이 많은 기회를 누리기 바라지만, 정작 자신의 여성 동료에 대해서는 그런 느낌을 갖지 않죠." 커디가 말했다. 지식 소매상이 보기에는 작은 부분에 초점을 맞추는 것의 이점이 있었다. 예컨대 성차별주의, 권력, 시스템을 모두의 딸 이야기로 풀어내면 사람들을 낚을 수 있다. 다만—지식 소매상이 이를 인정할지는 모르겠지만—작은 부분에 초점을 맞춤으로써 문제의 본질을 흐리게 할 위험이 있다. 어떤 문제를 그들의 딸이 지닌 문제로 제시함으로써 사안은 축소된다. "사람들이 자신의 딸을 넘어 일반화하지 못하는 경우에는 그런 문제가 생기죠. 자기 딸은 다른 젊은 여자와 다르니까요." 커디가 말했다. "그들은 이것을 특수한 형태라고 부르죠." 이는 아주 오래된 현상으로 "내 흑인 친구는 다르다"고 말하는 인종주의자와 같다.

다수의 지식 소매상들은 이러한 압력에 직면하면 굴복한다. 커디는 그들이 더 큰 변화를 원하지 않는 것이 아니라 그들도 인간이기 때문에 그렇다고 주장한다. "집단의 문제라는 사실을 지식인인 그들이 망각하고 있다는 것은 아닙니다. 그렇지는 않죠." 그녀가 말한다. "다른 사람과 대화를 나눌 때, 누구나 반응을 원합니다. 상대방이 달라지는 모습을 보고 싶죠. 무표정 이상의 어떤 것을 원합니다. 상호작용을 원하는 겁니다. 누구나 그런 걸 갈망해요. 그리고 반복해서 자신의 아이디어에 관해 말할 때 알게 됩니다. 개인을 특정해서 이야기하기 시작했을 때 갑자기 사람들에게 생기가 돈다는 사실을요. 저는 그들이 어떻게 그 길로 이끌리게 되었는지, 혹은 어떻게 그 길을 따르게 되었는지 압니다. 그저 흡족한 마음 이상이지요. 희망을 품게 되는 겁니다. 정말이지 사람들이 변화하고 있다고 느끼게 됩니다. 추측컨대 바로 그 지점에서 지식 소매상들은 **이제 모든 이에게 개인으로서 접근해야 한다**고 생각하기 시작하는 겁니다."

커디의 이야기를 들으면 마켓월드의 엘리트와 그들의 지식 소매상 사이에서 발달한 공생 관계를 이해할 수 있다. 지식 소매상은 다양한 아이디어를 생산하는데, 이들도 인간이기 때문에 아스펜 아이디어 페스티벌이나 TED 같은 장소에서 사람들을 감동시키는 일에 주목한다. 사회문제를 한입 크기로 잘라서 겁을 먹지 않고 쉽게 소화할 수 있게끔 만들어주는 것이야말로 청중을 감동시켰다. 지식 소매상은 이 사실을 알아차리면서 점점 더 이러한 용어들로 말했다. 청중은 점점 더 열광적으로 반응했다. 문제의 본질은 희석되었다.

이러한 이유로 커디는 두 번째 사회심리학 개념인, 시야를 널리 확장하는 접근의 가능성에 관심을 보였다. 그녀는 이것이 그토록 제한적인 공생 관계를 깨뜨릴 수 있을지도 모른다고 생각했다. 이 개념을 가리키는 공식적인 표현은 "동화 효과assimilation effect"인데, 사람들이 개인적이고 특수한 것을 주변의 사회적 맥락과 연결할 때 발생한다. 당신이 어떤 젊은 여성의 이야기를 꺼내면 남성들은 자신의 딸을 떠올리지만, 그러고 나서 이들은 또한 "자기 딸에 대한 생각을 다른 젊은 여성과 결부시킵니다. 그들의 딸과는 다르게 생긴 여성이죠. 갈색 피부를 가진, 가난한 가정 출신의 여성입니다." 그녀가 말했다. 커디가 관찰한 바에 따르면, "대비 효과contrast effect"로 불리는 역반응을 일으키지 않으면서 방대한 정치적·사회적 문제를 인간화하는 것이 관건이다. "어머나, 세상에! 하지만 내 딸은 아주 특별하죠." 역반응을 흉내 내면서 커디가 말했다. "그 아이는 다른 아이들과는 완전히 달라요. 나는 내 딸을 저런 모든 것으로부터 보호할 겁니다. 나는 그 아이만 보호할 거예요."

지식 소매상이 어떤 사안에서 정치를 걷어낼 때, 이들은 구조적 변화가 아니라 이야기에서 가해자를 제거하는 방식으로 실천 가능한 약간의 수정을 제안한다. 지식 소매상이 행하는 강연은 마켓월드의 돈을 받고 이루어지며, 그들의 경력도 마켓월드에 의해 만들어지므로 이들이 그러한 방식으로 일을 처리하도록 고무된다는 것은 결코 우연이 아니다. 어떤 부자의 딸이 관여된 문제를 밝히는 일은 당연히 그의 열정을 자극한다. 모든 사람의 딸이 관여된 문제—이를 해결하기 위해서는 특권의 희생과 상당한 자원의 지출이 요구될지도 모르는—를 밝히는 일은 부자가 등을 돌리게 할 수도 있다.

커디는 자신만의 진정성이 있기에 이러한 함정으로부터 벗어나는 길을 모색하려고 한다. 희생자를 돕는 데 초점을 맞추고, 작은 일에 주목하도록 함으로써 사람들을 문제로 이끌고, 그러면서도 권력의 문제를 회피하지 않으려고 하는 것이다. "어떻게 하면 이 모든 것을 한꺼번에 할 수 있을까요?" 그녀가 물었다. "내집단이 잘못을 저지르고 있다는 이야기를 전달할 때는 그들이 더 나은 사람이 되기 위해서 할 수 있는 간단한 것들이 있다는 희망의 메시지를 함께 건네야 합니다. 그렇지 않으면 그 이야기는 거부당하고 말 테니까요."

*

에이미 커디 한 사람이 아니라 수천 명의 지식 소매상들, 각자가 사적인 거래를 하고 여러 곳에서 불러주기를 바라면서 조심스럽게 말하고 어느 정도의 침묵도 용인하는 이들이 있는 사회에서는 무슨 일이 벌어질까? 이 모든 타협이 누적되면 어떤 일이 발생할까?

이들도 약화된 판본이기는 하지만 어느 정도는 변화의 이론을 제시해왔다. 그 변화는 사적이고 개인적이며 탈정치적인 데다가 현 상태와 시스템을 존중하는, 조금도 파괴적이지 않은 변화의 이론이다. 진정한 비판은 점점 더 외면되고, 양지에서 실천에 옮길 만한 포장용 아이디어가 점점 더 뜨면서 변화라는 관념은 점점 더 얄팍해져 간다. 어떤 문제로부터 정치, 그리고 가해자를 제거함으로써 지식 소매상은 종종 체인지메이커에게 영향력을 미칠 수 있는 거대한 플랫폼에 접근하게 된다. 그와 동시에 그는 변화는 쉽고 모두가 승자이며 희생은 필요하지 않다는 마켓월드가 고취한 거대한 이야기 더미에 올라

탄다.

지식 소매상은 고의건 아니건 마켓월드의 승자들에게 변화의 편에 서 있는 듯한 모양새를 제공한다. 불평등의 시대에 대중이 바라는 종류의 변화, 때때로 선거철에 강령으로 제시되는 그것은 대개 엘리트들이 수용할 수 없는 것이다. 이러한 유형의 변화를 거부하기만 한다면 엘리트에 대한 대중의 적대감을 키울 뿐이다. 엘리트의 입장에서는 변화를 선호하는 것처럼 보이는 것이 훨씬 유용하다. 물론 **그들이** 선호하는 변화일 테지만 말이다. 일례로, 사회적 이동성이 줄어드는 시대에 가난한 아이들을 교육하는 문제를 살펴보자. 진정한 비판적 지식인이라면 지방의 재산세로 지원하지 말고, 대다수의 선진국처럼 전국 규모의 공동 자금을 조성해서 좀 더 평등하게 지원하자고 제안할 것이다. 지식 소매상이라면 마켓월드와 그 승자들에게 일종의 지적인 대안을 제시할 것이다. 말하자면 빅 데이터를 활용해서 인기 있는 교사들에게는 더 큰 보상을 제공하고 그렇지 않은 이들은 제거하는 아이디어를 예로 들 수 있다. 극단적인 부의 불평등 문제에 있어서 비판적 지식인이라면 경제적 재분배나 인종별로 균등한 배상을 요구할 것이다. 반면 지식 소매상은 가장 유능한 지도자로부터 빈민들이 혜택을 입을 수 있게 한다는 명목으로 창업자에게 더 큰 혜택을 주라는 의견을 제시할 것이다.

단지 한두 가지가 아니라 모든 중요한 사안에서 이러한 비판의 탈각이 일어난다고 할 때, 지식 소매상은 그저 자신의 아이디어와 직관을 억제하는 데 그치지 않는다. 마치 변화를 이루어내는 것처럼 행동하면서 문제가 많은 현 상태를 그대로 유지하려는 마켓월드의 의도에 그들도 참여한다. 얼마 전, 에이미 커디의 TED 강연을 주관했던 브루노 기우사니Bruno Giussani는 이와 같은 현상에서 자신이 수행하는 역할로 고심했다. 기우사니는 TED 조직의 몇 안 되는 큐레이터 중 한 명이며 TED 글로벌 콘퍼런스의 진행자다. 수년 전 커디를 세계적인 스타로 도약하게 만든 에든버러의 무대도 그가 준비한 것이었다. 스위스의 기자 출신인 기우사니는 콘퍼런스의 주요 무대에서 누가 TED 강연을 할지 결정하고, 강연자에게 지침을 내려서 강연을 편집하고, 또 이들의 아이디어가 확산되도록 돕는 소규모 상층 집행부의 일원이다. 그는 TED 행사를 지배하는 '기술을 사랑하고 시장을 신봉하는' 윤리와는 다소 거리가 먼 입장에 있는 인물로 알려졌지만, 그렇다고 해서 TED를 위해 일하지 않을 정도도 아니었다. 그는 전면에 드러나지 않는 운영자로서 누구나 알 만한 명사는 아니지만 그런 이들을 여럿 만드는 데 일조했다.

기우사니는 오랫동안 염원하던 안식년을 가질 예정이었다. 그러나 불과 몇 달 전에 이 휴식을 취소했다. 세계적으로 포퓰리즘이 부상하고 분노의 정치가 확산되는 등 미쳐 돌아가는 사회에 도대체 무슨 일이 벌어졌는지 걱정되고, 또 궁금했기 때문이다.

엘리트를 향한 분노는 언뜻 수수께끼처럼 보일 수 있었다. 왜냐하면 그가 속한 무리에서 엄청나게 많은 단체와 사람들이 사회에 관심을 가지고 능동적으로 참여하는 것을 보았기 때문이다. "당신은 TED, 스콜, 아스펜, 기타 어느 곳이든 함께 저녁 식사를 하러 갑니다. 당신의 오른편에는 조금 전 아프리카의 비정부 기구에 100만 달러를 송금한 이가 있고, 왼편에는 그 아들이 누군가를 수술하느라 야전 병원에서 6주를 보내고 이제 막 돌아온 이가 있습니다." 세상을 바꾸겠다고 애쓰며 선행을 하는 엘리트들이 너무 많다 보니 "만일 이들 모두가 한꺼번에 뛰기라도 한다면 아마도 지구의 축이 기울 것"이라고 기우사니는 농담으로 말했다. 그런데 정작 세상에 무슨 일이 벌어지고 있는지 보라. 들끓는 포퓰리즘, 분노, 분열, 증오, 배제 그리고 공포.

최근 몇 년 동안 기우사니는 엘리트들이 점점 더 변화의 아류 복제품을 추종하는 것 같다고 생각했다. 이 관념은 대체로 시장과 시장의 승자들은 주시하지 않았다. 이들이 막대한 권력을 가지고 사람들의 생활 방식을 결정하고, 나아가 엄청난 부와 배제를 야기하는 시스템을 지탱하고 있었는데도 말이다. 기우사니는 "지난 20년을 지배해온 지적 가정들"의 복합물이 이러한 변화의 통념을 주조하고 단으로 쌓아 올렸다고 말했다. 예를 들어 "비즈니스가 진보의 원동력이다. 국가는 최소한의 일만 해야 한다. 시장의 힘이야말로 희소한 자원을 배분하는 동시에 문제도 해결하는 최선의 방법이다. 사람들은 본래 합리적이고, 자기 이익에 따라 움직이는 행위자들이다." 세계에서 가장 영향력 있는 무대 중 하나를 장악해왔던 사람으로서 이야기하면서 기우사니는 이 기간에 "특정 아이디어들이 방송을 더 많이 탔던 이유는 이러한 지적 가정들에 딱 들어맞았던 덕분"이라고 말했다. 다른 것들은 잘 들어맞지 않았다.

기우사니에 따르면, 마켓월드는 특정 아이디어가 다른 아이디어보다 더 그럴듯하며 덜 위협적이라고 생각했다. 그래서 지식 소매상들의 도움을 받아 특정 아이디어를 육성하는 역할을 했다. 기우사니가 보기에, 예컨대 "빈곤"의 문제로 표현된 아이디어는 "불평등"의 문제로 표현된 아이디어보다 더 잘 수용된다. 이 두 가지는 관련되어 있다. 그러나 빈곤이 누군가의 책임을 묻지 않는 물질적으로 결핍된 상태라면, 불평등은 그보다 더 우려할 만한 상태다. 불평등은 어떤 이는 갖고 다른 이는 갖지 못한 상태를 말한다. 이는 불의와 부정이라는 관념을 들여온다. 그리고 관계를 드러낸다. 그는 말했다. "빈곤은 본질적으로 여러분이 자선을 통해서 다룰 수 있는 문제입니다." 어떤 부유한 사람이 빈곤을 목격한다면 수표를 끊어서 문제를 작게 할 수 있다. "그러나 불평등은 그렇게 할 수 없습니다. 돌려준다고 해서 해결될 문제가 아니니까요. 그보다는 애초에 당신이 돌려주려는 그 돈을 어떻게 벌었는가에 관한 문제입니다. 아닌가요?" 기우사니가 말했다. 그는 불평등은 시스템의 본질에 관한 것이라고 말했다. 불평등에 맞서는 것은 시스템의 변화를 의미한다. 특권을 가진 사람 입장에서 보면, 결국 자신의 특권이 주목받는 것이다.

이러한 구별은 커디가 자신의 TED 강연에서 성차별주의에 반대하는 견해를 표현했던 방식과 유사했다. 커디는 불평등, 특히 한 무리의 학생들(그리고 이들과 유사한 사람들)이 지닌 권력 탓에 다른 학생들이 겪는 고통에 자극을 받아서 성차별주의를 연구하게 되었다. 이는 피해자와 가해자가 존재하는 일종의 범죄였다. 그런데 이러한 생각이 TED 강연으로 만들어질 무렵에는—우리가 보았던 것처럼—불평등이 빈곤(결핍)으로 개조되었다. "여성은 만성적으로 남성보다 권력이 부족하다고 느끼죠." 커디가 말했다. 여전히 범죄임에도, 이제 용의자는 사라졌다.

기우사니는 지식인 대부분이 어떻게 해서 이러한 종류의 지식 소매상으로 전향하게 되는지 분명하게 파악했다. 그들에게 타협 외에 다른 선택지가 없었던 것은 아니다. 그가 "변경의 잡지"나 "전투적인 회합"이라고 명명한 것들을 통해서 그들은 쉽게 아이디어를 발전시키고 홍보할 수 있다. 물론 영향력은 제한될 것이다. 만약 힐러리 코헨이 그랬듯이, 즉 코카콜라 같은 규모로 다른 사람들을 돕고 싶다는 의무감을 당신도 습득했다고 하자. 당신의 아이디어가 도움이 될 수 있다는 것을 스스로도 안다면 순수함 때문에 당신의 영향력이 제한된다고 느낄 수 있고, 이로 인해 당신을 필요로 하는 모든 사람을 돕기는커녕 그들에게 상처를 줄 것이다. 당신의 대안은 커디가 했던 대로 하는 것이다. 사람들의 귀를 열기 위해 이를 악물고 하고 싶은 말을 참는 것이다. "당신은 밖으로 나가 큰 무대에서 수준 높은 대규모 청중이 흥미를 느낄 만한 방식으로 문제를 포장할 수 있습니다. 그러한 상황에서도 여전히 당신의 아이디어—청중을 즐겁게 하거나, 만족시키거나, 아니면 그저 그곳에서 계속해서 당신의 말을 듣도록 하는 정도가 아니라 이끌고 나갈 만한 아이디어—를 충분히 제시할 수 있다는 희망은 품겠지만 말이죠."

커디와 기우사니가 스스럼없이 인정하는 바, 청중을 확보하기 위해서는 항상 그런 것은 아니더라도 종종 어떤 생각들은 차단해야만 한다는 사실을 마켓월드는 부인하는 경향이 있다. "이러한 환경에서 아이디어를 매력적으로 포장하려면 도덕적으로 중요하다고 생각하는 것의 일부 또는 확고한 신념의 일부를 쳐낼 필요가 있습니다." 기우사니는 말한다. 그럼에도 수많은 지식 소매상에게는 아주 멋진 거래였다. "일단 그것이 자신의 믿음이 되면, 다음 주와 그다음 주에도 반복하려고 하게 됩니다. 반복하고, 보강하고, 계속 연구하고, 점점 더 많은 사람에게 감동을 주면서 그들은 변화를 만들어낼 만한 영향력을 행사하려고 애쓰는 것이지요.”

많은 지식인들은 이렇듯 도덕적으로 중요하다고 생각하는 것을 쳐내고, 또 이러한 방식으로 스스로를 왜곡한다. 이들이 경력을 쌓아 가려면 마켓월드의 동의가 절실하게 필요하기 때문이다. 하지만 단한 차례의 유료 강연도 하지 않고, 몬산토Monsanto와 펩시가 후원하는 아스펜 아이디어 페스티벌의 여름 패널로도 참석하지 않고, 명랑한 아이디어가 더 많이 화제에 오를 수 있는 TED나 페이스북 같은 플랫폼을 활용하지 않고도 그럭저럭 탄탄한 경력을 쌓아가는 이들도 있다. 드레즈너가 그의 논문 “아이디어 산업”에서 말한 “대학, 싱크탱크, 사기업에 터를 잡은 중간 계층 지식인”도 있다. 물론 이들을 제치고 성층권으로 진입하여 명성과 대중의 인정을 거머쥔 지식 소매상들의 기회는 이들에게 거의 돌아오지 않는다. 드레즈너에 따르면, “슈퍼스타 반열을 유지하려는 지식인은 부호에게 유창하게 말할 수 있어야 한다.” 또한 “만일 잠재적 후원자를 행복하게 하고 싶다면, 어쩔 수 없이 그들은 돈에 관한 진실을 말할 수 없다.”

엘리트들이 기우사니에게 전화를 건다든지 해서 이 사람 또는 저사람은 무대에 오르지 못하게 요청한다는 뜻은 아니다. 그러한 일은 없다고 그가 말했다. 하지만 요청이 없이도 그러한 일은 일어나며 미묘하게 집행된다. 연사를 선정할 때는 승자에게 승리를 확인시켜주는 지식인들을 선호하는 분위기를 반영할 수밖에 없다고 기우사니는 말했다. 전통적인 유형의 비판적 지식인들은 종종 골칫거리, 외부

202

의 선동자, 구김살 많은 부정적인 인물 등 패배자의 모습이다. 떠오르는 지식 소매상들은 비록 아이디어를 제품으로 내놓을 뿐이지만 그런 모습과는 거리가 멀다. 같은 아스펜 매장에서 파카를 구매하고, 같은 콘퍼런스에 참가하며, 유발 하라리Yuval Noah Harari가 쓴 같은 책을 읽고, 같은 회사 금고에서 돈을 받고, 같은 기본적인 합의를 수용하며, 같은 지적 금기를 준수하는 모습이 오히려 권력자의 조수와 닮았다.

"사람들은 승자를 좋아하고, 우리도 패자를 좋아하지는 않습니다. 이것이 현실이에요. 안 그런가요?" 그가 말했다. 물론 누군가 그를 비롯한 이들이 그러한 선호에 영합하지 말고 저항해야 한다고 주장한다는 사실도 그는 알고 있었다. "콘퍼런스가 패자를 무대에 올리지 않는다면 결국 그들은 영원한 패자로 남을 겁니다." 기우사니가 비판을 예상하면서 말했다. "「뉴욕타임스」가 패자를 전면에 실어주지 않으면 그들은 영원히 패자로 남을 거고요." 그러나 그는 "사람들이 승자를 좋아하고 패자를 좋아하지 않는다는 이유에서 결국에는 콘퍼런스 조직자나 「뉴욕타임스」에 현존하는 사회문제를 해결하라고 요구하는 것은 불공평하다"고 말했다. "만일 내가 패자들을 무대에 올린다면 아무도 내 콘퍼런스에 오지 않겠죠. 그러니 나 역시 패자가 되고 맙니다."(그는 자신의 생각이 아니라 패자라는 말이 주는 느낌을 담아내기 위해서 인용부호를 단 "패자"라는 표현을 사용했다.)

이러한 패턴을 지속시킨 것은 꼭 악의나 냉소주의만은 아니었고, 오히려 기우사니의 말대로 지극히 평범한 것이었다. 기우사니처럼 글로벌 엘리트들의 유행을 선도하는 역할을 하는 이들은 여느 사람들과 마찬가지로 일종의 지적인 거품에 빠져 있었다. "이를 가리키는 프랑스식 표현이 바로 유일무이한 사고방식une pensée unique입니다. 맞죠? 모든 사람은 똑같은 방식으로 생각합니다." 그가 속한 세계에서 이는 특정한 아이디어에 관한 일종의 무언의 합의(널리 퍼져 있지만 전부를 포괄하는 것은 아닌)를 의미했다. 예컨대 좌파가 우파보다 낫다든지, 세계화가 비록 울퉁불퉁하게 진행되더라도 종국에는 상생하는 윈윈이라든지, 대부분의 장기적인 추세는 인류에게 긍정적이며 단기적인 문제들이 결국에는 중요하지 않음을 드러낸다든지, 다양성 및 세계시민주의 그리고 인간의 자유로운 이동은 그 반대보다 항상 더 낫다든지, 시장이야말로 일을 성사시키는 가장 현실적인 방법이라는 생각들이 그 예다.

이 유일무이한 사고방식으로 인해 그의 족속들은 "우리가 아닌 다른 사람들과 관련된 수많은 사안을 무시"했다고 기우사니는 말했다. "그리고 이러한 일이 계속될수록 우리는 그 많은 사안, 민감성 그리고 결국에는 문화를 망각했죠. 넓은 의미의 문화는 돌아와서 우리를 괴롭히고 있습니다." 거세지는 포퓰리즘의 분노를 염두에 둔 그의 이 말은 에둘러서 자신을 비난한 것이었다.

물론 자신만의 세계관을 보호하고 다른 사람들을 배제했던 이들이 기우사니 같은 큐레이터와 중재자들만은 아니었다. 자신들이 듣고 싶은 것만 들은 것은 엘리트 청중도 마찬가지였다. 기우사니는 스티븐 핑커Steven Pinker의 인기 있는 TED 강연을 사례로 제시했다. 하버드 대학의 존경받는 심리학 교수인 핑커는 이 강연에서 자신의 저서인 『우리 본성의 선한 천사』에 기초해서 역사 전반에 걸친 폭력의 감소를 다루었다. 적당히 사정을 봐준다거나 지식 소매상이 되려는 유혹에 굴복했다고 핑커를 비난하는 사람은 거의 없을 것이다. 하지만 그의 강연은 헤지펀드를 운영하는 사람들, 실리콘밸리의 사람들, 그 밖의 승자들 사이에서 추종자를 거느린 인기물이 되었다. 이는 흥미롭고 신선하며 논증이 잘 되었기 때문이기도 했지만, 그와 동시에 대체로 지금과 같은 사회 질서를 유지하도록 하는 일종의 정당화를 담고 있었기 때문이기도 했다.

핑커의 주장은 엄밀하고 초점이 분명하며 타당했다. 인간이 문제를 해결하는 한 가지 방식으로서 사람과 사람 사이의 폭력은 장기적으로 감소했다. 그러나 이 강연을 들은 많은 사람들이 보기에 이 주장은 이 시대의 불평등에 항의하는 사람들에게 불평을 그치라고 말하는 사회적 저항감이 덜한 방법을 제공했다. "일종의 이데올로기, 그러니까 오늘날의 세계는 복잡다단하고 여러 가지 측면에서 혼란스러울 수 있지만 장기적인 관점에서 보면 우리가 얼마나 잘 헤쳐나가는지를 깨닫게 되는 것이 현실이라고 말하는 이데올로기가 되었죠." 기우사니가 말했다. 이 이데올로기는 사람들에게 "당신은 비현실적이며, 사물을 올바른 방식으로 보고 있지 않다"고 말했다. "만일 현실에 문제가 있다고 하더라도, 잘 알겠지만 과거의 그것에 비하면 정말 하찮은 것이죠. 또한 상황은 점점 나아지고 있기 때문에 이제는 사실상 문제도 되지 않습니다."

기우사니는 부자들이 이런 종류의 말을 하는 것을 자주 들어왔기에 그 행위를 표현하는 동사를 발명했다. 인간 역사의 장기적인 방향을 이용하여 권력이 없는 사람들의 염려를 사소한 것으로 치부하고 정당하지 않다고 여기는 그들은 "핑커링Pinkering"을 하고 있었다. 경제적인 핑커링도 있었는데, "5억 명의 중국인들이 빈곤에서 벗어나 중산층이 되었기 때문에 세계 경제는 위대하다고 사람들에게 말하는 것"이 그것이다. "물론 사실이기는 합니다." 기우사니가 말했다. "하지만 일자리가 중국으로 넘어갔기 때문에 맨체스터 공장에서 해고된 사람에게 그런 말을 한다면 그는 아마도 다르게 반응하겠죠. 안 그래요? 그래도 우리는 맨체스터의 그 남자에게 신경을 쏟지 않습니다. 그렇기에 현재의 상황을 정당화하는 데 활용되는 이러한 종류의 이데올로기에는 다양한 면이 있는 겁니다."

여기 핑커링을 하는 한 전문가, 사회심리학자 조너선 하이트의 사례가 있다. 수렵 채집 시기부터 현재의 낯 뜨거운 비판을 하는 아첨꾼에 이르기까지 인간 진보에 대한 관찰이 얼마나 정확한지 주목하라.

우리는 이처럼 보잘것없는 부족 단위의 종—기본적으로 서로 때려눕히고, 모든 수단을 써서 서로 경쟁하는 그런 유형의—이었는데, 웬일인지 이러한 설계를 훌쩍 뛰어넘어 아주 엄청나게 성장했다. 나는 우리를 둘러보면서 말한다. "힘내라, 인간." 우리는 굉장하다. 그래, ISIS도 있고 나쁜 일도 많지만, 상황이 좋지 않다고 생각하는 당신 같은 사람들은 지나치게 많은 진보를 기대하는 것이다.

TED 글로벌의 큐레이터로서 기우사니는 최근 수십 년 동안 새로운 지적 영역을 구축하는 데 기여한 수많은 사람 중 한 명이다. 그 새로운 지적 영역은 지식 소매상을 우리가 가장 경청하는 철학자로 바꾸어 놓았다. 많은 이들이 돈벌이의 방편으로서 기업과 부호로부터 보상을 받았다. 그리고 이 시대의 승자에게 우호적인 어떤 사상 체계를 홍보했다. 최근 몇 년 동안 세계가 더 좋아지고 있는 이유를 설파하는 수많은 사상을 퍼뜨리다 보니 밀려오는 수많은 사람에 관한 전파를 안테나로 감지하지 못했다. 사람들의 삶은 나아지지 않았고, 사람들은 펑커링을 당하는 데 관심도 없었다. 왜냐하면 이들은 자신들이 보고 있는 것을 알고 있었고, 이들이 보고 있는 것은 콘퍼런스를 찾아다니는 소수의 사람들과 그들의 친구들이 필연적이고 풍족하며 모두를 이롭게 한다고 주장하는 진보를 독차지하는 그러한 사회였기 때문이다.

이제 미국, 유럽 그리고 그 너머에서는 반란이 준비되고 있었다. 사람들은 기우사니가 묘사했던 승자들의 합의를 거부했다. 마켓월드가 아이디어의 영역을 징발하고 왜곡한 것이 그를 그토록 불안하게 만든 분노에 기여한 것일까? "물론 한몫했지요." 그는 말했다. "심지어 분노의 가장 큰 동력 중 하나라는 게 내 생각입니다." 마켓월드의 엘리트들은 자신을 위해 지적인 보호막을 쳤고, 급진적인 변화를 대비한 보험 같은 이야기를 계속해서 반복했다. 그러는 동안, 기우사니에 따르면 전 세계 수많은 사람들은 "현실의 많은 부분이 기껏해야 무시되고 검열되거나 심지어 조롱의 대상으로 전락했다고 느끼고" 있었다.

결국, 이들은 그와 관련해 무엇인가를 할 것이다.

5장

방화범이
최고의 소방수가 되다

나보다 시스템을 더 잘 아는 사람은 없다.
그렇기에 시스템을 고칠 수 있는 사람도 나뿐이다.

－도널드 J. 트럼프

주인의 도구로는 결코 주인의 집을 부술 수 없다.

－오드리 로드Audre Lorde

사회를 변화시키는 윈윈 접근법이 전 세계로 확산되었을 때도 조지 소로스George Soros는 동참하지 않고 있었다. 100억 달러의 순 자산을 가진 소로스는 지구상의 최고 부자 중 한 명이었다. 2016년에 9억 3,100만 달러를 기부한 자선단체의 설립자인 그는 가장 관대하며 영향력 있는 인물이기도 했다. 최근까지도 그의 기부는 마켓월드의 원리와 다소 충돌하는 방식으로 이루어졌다. 나치 치하에서는 유대인으로서, 공산주의 헝가리에서는 자본가를 지망하며 청년기를 보낸 소로스는 대다수의 부자에 비해 정의와 사회운동, 인권과 좋은 정부에 대해 관심이 많았다. 그의 열린사회재단Open Society Foundations 은 자신들의 임무를 '책임감 있고 비판에 귀 기울이는 정부, 논쟁을 통해 시정되는 법과 정책, 모든 사람이 참여할 수 있을 만큼 개방적인 정치 제도를 지닌 활기차고 관용적인 사회 건설'이라고 묘사했다. 2016년에 재단은 인권과 민주주의의 실천을 위해 1억 4,200만 달러를, 저널리즘을 위해 2,100만 달러를, 사법 개혁과 법치를 위해 4,200만 달러를 내놓기로 했다. 소로스는 승자들에게만 혜택을 주는 시장 지향적인 가치와는 다른 종류의 대의에 기금의 상당 부분을 기부하고 있었다.

그러나 윈윈이라는 복음이 점점 더 세를 확장해나가자, 시장을 통하는 것이 사람들을 돕는 최선의 방식이라는 믿음이 모든 방면에서 우세해지기 시작했다. 말하자면 새로운 종류의 변화를 위한 새로운 요구가 존재했다. 소로스의 팀은 유럽에서 한 젊은 로마 여성을 만났다. 로마의 구세대는 권리rights를 원했지만 신세대는 사회적 기업가 social entrepreneurs가 되기를 원한다고 그녀는 전했다. 근본적인 권리들이 사회적 기업의 밑바탕을 이룬다는 점에서 그녀가 전한 양자택일의 접근법은 미심쩍었지만, 그 자체로 시대를 대변했다. 시장이 지배하는 시대에, 법에 따라 사람들의 권리와 평등을 쟁취하려고 싸우는 조직은 영리 목적의 사회정의 사업에는 실패함으로써 사람들을 실망시킬 우려가 있었다.

이러한 시대적 요청에 대한 응답으로 2016년, 소로스 재단의 경제적 진보 프로그램Economic Advancement Program이 탄생했다. 윈윈의 문법을 수용한 재단은 이 프로그램이 "경제개발과 사회정의가 만나는 지점에서 작동할" 것이며, "개방적이고 번창하는 사회를 촉진함으로써 물질적 기회가 늘어나는 변화를 자극할" 것이라고 말했다. 과거 소로스의 재단은 이러한 종류의 일은 대체로 피해왔다. 시장의 큰손이 국가를 상대로 시장을 정비하고 규제해야 한다고 주창하는 것이 일종의 이해 충돌로 보일 수 있다는 염려 때문이었다. 그러나 회피는 이제 더는 선택지가 아니었다. 새로운 프로그램은 전통적인 자선 보조금을 제공하고, 더 공정하고 포용적인 경제를 육성하는 연구에 기금을 대고, 다른 조직에 대부를 하고, 정부에 정책 조언도 할 수 있었다. 무엇보다도 프로그램이 임팩트 투자 기금을 운용할 것이라는 사실이야말로 궁극의 원인이었다. 더 개방적인 사회를 촉진하고 "사회적 약자의 이익을 증진시키는" 영리 목적의 회사들에 투자하는 것이 이 기금의 임무였다.

세상을 변화시키는 새로운 접근에는 그에 걸맞은 새로운 리더가 필요했기 때문에 재단은 최근까지 맥킨지, 골드만삭스, 그리고 거대 광산복합기업 리오 틴토Rio Tinto에서 일한 바 있는 숀 힌턴Sean Hinton을 프로그램의 최고책임자로 고용했다. 힌턴과 그의 팀은 프로그램의 지침이 될, 더욱 포용적이고 공정한 경제를 지향하는 그럴듯한 이론을 수립하는 데 수개월을 보냈다. 이제 그들은 이론에 대한 평가가 필요했다. 몇 가지 중요한 질문, 예컨대 '빠르게 성장하는 동시에 정의, 거버넌스, 권한 강화, 사회통합, 평등을 촉진하는 경제를 어떻게 육성할 수 있을까?', '전통적인 경제 진보의 도구들이 가장 취약하고 소외된 사람들에게 해를 끼치는 것이 아니라 도움이 되도록 하는 방

법은 무엇일까?' 등에 관한 토론에 재단 외부의 사람들도 참여하기
를 원했다.

그러던 어느 날, 힌턴은 인맥을 동원하여 자신이 존경하는 인물들
을 맨해튼 웨스트 57번가 위쪽의 한 회의장으로 불러모았다. 그곳에
는 한 사모펀드의 시니어 어드바이저, 루스Ruth가 있었다. 그녀는 브
리지워터Bridgewater라는 거대 헤지펀드와 유사 금융 기관에도 관여했
고, 미국의 한 대도시에서도 2년간 수석 투자 고문으로 일했다. 또한
사모펀드에서 일했을 뿐만 아니라 아이비리그 경영학부에서 강의했
던 폴Paul도 있었다. 그는 전직 투자은행가이자 경영 컨설턴트였다.
요동치는 시장 상황에서 기업의 전략을 짜주는 부티크 자문 회사를
운영했고, 실리콘밸리의 몇몇 스타트업의 벤처 파트너였으며, 그 이
전에는 맥킨지 파트너였던 오를리앙Aurelien도 있었다. 또한 리오 틴
토의 브랜드와 홍보를 관장했던 알베르트Albert도 있었다. 세계은행
과 국제금융공사에 관계하면서 해당 주제와 관련한 전문적인 지식
을 갖춘 두 명의 인물도 있었다. 그중 한 명은 줄곧 이 분야에 있었던
찰리Charlise였고, 다른 한 명은 나중에 시스코Cisco와 보스턴컨설팅그
룹에 있었던 후안 파블로Juan Pablo였다. 마지막으로 그곳에는 이 일을
맡기 전까지 광업 기업, 은행 그리고 중국, 몽골, 아프리카의 기업들에
서 자문을 해왔던 힌턴이 있었다.

가죽보로 덮인 탁자 주위의 붉은 의자에 전문가들이 앉았고, 이들
은 세 개의 벽걸이 TV로 시선을 돌렸다. 화면에는 마켓월드가 사회
문제 해결에 나설 때 필수적인 도구로 입증된 마이크로소프트의 파
워포인트가 띄워져 있었다. 이 방문자들 앞에는 인류에게 알려진 가

장 난해한 문제 가운데 일부인 정의와 평등이 놓여 있었다. 그러나 이들의 작업이 철학적인 통찰이나, 도움을 받아야 할 사람들의 분명한 욕망이나, 아니면 정의와 평등의 추구를 억제하는 권력 구조에 관한 분석을 토대로 이루어질 것은 아니었다. 그보다는 비즈니스를 할 때 마켓월드 사람들을 대상으로 해왔듯, 그래프와 도표가 있는 슬라이드 형태로 전달될 것이었다. 더욱 포용적인 경제를 건설하는 문제는 무수히 많은 하위 범주로 세분화되어 인간의 현실은 거의 사라질 정도에 이를 것이었다. 근본적인 문제는 거의 인식할 수 없게 될 것이었다. 정의와 평등은 사모펀드의 루스가 해결할 만한 문제로 전환될 것이었다.

이러한 현상은 흔히 그렇듯이 토론이 발표 자체로만 국한될 때 특히 두드러졌다. 폭포 차트, 2*2 행렬 그리고 세부 범주들이 워낙 복잡하고 주목을 끌었기에 토론은 대개 이들에 집중되었다. **다음 슬라이드를 보여주세요. 이전 슬라이드 좀 다시 볼 수 있을까요? 이 도표에서 나타난 추세는 무엇입니까?** 이는 마치 연인들이 현안을 두고 다투는 것이 아니라 다투는 행위 그 자체를 두고 다투는 것과 유사한데 그러는 과정에서 결국 근간이 되는 문제로부터 멀어지게 된다. **그 도표는 경제 상태가 네 개의 극단 사이 중간 지점에 있다는 것을 의미하나요, 아니면 실제로 네 요소의 통합을 의미하나요?** 회의실에서는 인간의 도전을 그저 모호한 방식으로만 보여줄 뿐인 그래픽 디자인 요소에 관해 토론이 벌어지기 시작한다. 그러고는 조명이 루스에게 향한다. 이제 그녀가 공헌하고 주도할 차례이기 때문이다. 실제 이 주제의 전문가들 그리고 이러한 결정으로 영향을 받게 될 이들은 종종 뒤로 밀려나 말문이 막힌다. 마켓월드의 시스템을 작동시키는 방향으로 문제는 재설정된다.

비즈니스 세계에서 단련된 해결사들은 문제를 재주조하여 특별히 자신들이 해결할 수 있는 유형으로 만든다. 기존의 전통적인 방식은 제쳐둔 채 텅 빈 캔버스를 앞에 두고 자신들 고유의 방법과 편견으로 그림을 그린다. 이런 식으로 소로스 재단의 미팅에서도 인도 외딴 지역의 농장 생산 및 공급 과정을 두고 토론하게 되었을 때 비즈니스 세계의 언어가 공통어가 되었다. 공급 과정에 너무 많은 중간단계들이 존재한다는 이야기가 나왔다. 다시 말해 인도 농부와 저녁상을 차리는 인도 소비자 사이에는 수많은 상인과 중개인이 있었다. 이들의 해답은 "중간 단계를 없애는" 것이었다. 웨스트 57번가에 모인 이들은 인도 농촌에 어떤 문제가 생길 가능성은 떠올리지도 않았다. 만일 그 중간 단계가 여성이라면, 일자리를 없애는 동시에 사회 진보의 교두보를 마련할 수 있을까? 만일 그 중간 단계를 통해 곳곳의 작은 마을과 부락에 신선한 제품이 배달되었는데, 이제 더는 거대한 트럭이 들르지 않아 그들이 가공식품에 의존할 위기에 처했다면 어쩔 것인가? 만일 이 회의실 안에 있는 골드만삭스, 맥킨지, 리오 틴토, 브리지워터의 동창생들이 볼 수 없는 여타의 인간적인 사실들이 있다면 어쩔 것인가? 만일 이 승자들이 아무것도 모르는 반면, 회의실 밖에 있는 외부자들이 더 많은 것을 알고 있다면 어쩔 것인가?

*

지난 한 세대에 걸쳐 전 세계의 수많은 사람과 제도들은 가난하고 배제된 이들의 문제를 줄여가기 위해서는 힌턴이 한데 불러모은 종류의 사업가들이 던지는 충고가 필요하다고 인정했다. 이러한 논리에 따르면 변화를 이끄는 최선의 안내자는 변화가 필요한 바로 그 권력 구조를 고안했고, 그 내부에 참여했으며, 그것을 옹호했던 이들이었다. 그러나 오드리 로드의 표현을 빌자면 주인의 도구로 주인의 집을 부수는 것이 유용하다고 보는 견해가 늘 우세했던 것은 아니다.

프로토콜*을 익히기 전에 힌턴은 매우 다른 길을 걸었는데, 한때 그는 런던에 있는 길드홀음악연극학교의 학생이었다. 예술가 집안에서 극장에 다니며 성장했고 클래식 음악과 작곡을 공부했다. 4학년이 되었을 때, 어찌 된 일인지 그는 몽골에 가야겠다고 생각했다. 1980년대 후반 폐쇄적이던 그 나라에 들어갈 수 있는 유일한 방법으로서 궁리해낸 답이 그곳에서 민속음악학ethnomusicology을 공부하는 것이었다고 그는 말했다. 그는 그 주제로 박사 학위를 받기 위해 케임브리지에 등록했고 영국문화원에 장학금을 신청해서 받았으며 결국 몽골에 가서 전통 음악을 공부하게 되었다. 1년으로 예정된 유학이었는데, 결과적으로 이따금 휴식을 취한 것을 제외하면 그곳에서 7년을 보냈다.

힌턴은 1988년 12월 울란바토르에 짐을 풀었다. 처음에는 권위주의 정부의 엄격한 제약 아래에서 살아야만 했다. 그는 경호원 없이는

---

* protocols of business. 넓게는 마켓월드에서 통용되는 암묵적인 규약을, 좁게는 주어진 문제를 분석해서 해결책을 도출하는 컨설팅 회사의 방법론을 의미한다.

수도에서 반경 20킬로미터를 벗어날 수 없었고 이 때문에 제대로 연구하기가 어려웠다. 그러나 곧 민주주의 운동이 분출했고, 오래지 않아 70년 공산주의 통치가 붕괴했다. 혁명 덕분에 힌턴은 나라를 마음껏 돌아다닐 자유를 얻었다. 그는 몽골에서 가장 먼 서쪽 지역으로 이주했고 유목민들과 어울려 살았다. 그곳에서 몽골 서쪽 부족의 사랑 노래와 결혼 풍습을 집중적으로 연구했다.

그는 공부를 마치고도 더 머무르고 싶을 만큼 몽골에 애정을 가졌는데, 혁명이 다시 한번 기회가 되었다. 새로운 시장경제 덕분에 비즈니스도 시작할 수 있었다. 새로 개방된 국가에 대한 외국인들의 관심이 커지자 힌턴은 자신이 겪었던 종류의 체험을 그들도 할 수 있도록 돕는 여행사를 차리기로 마음먹었다. 당시만 해도 몽골의 내부 사정에 정통한 미국인이 거의 없었기에 힌턴은 그 방면의 믿고 찾는 전문가가 되었다. 울란바토르의 미국 대사관 직원들은 몽골에서의 회사 설립에 관한 문의를 받으면, 종종 힌턴을 연결시켜주곤 했다. 그는 조언을 제공함으로써 돈을 벌 수 있다는 사실을 깨달았고 곧바로 실행에 옮겼다. 엑셀과 파워포인트로 일하는 대신, 사람들이 끊임없이 변화하는 사회를 탐험하도록 도왔다는 점에서 그는 다소 특별한 유형의 컨설턴트였다.

몽골에 온 지 7년이 지났을 때 그는 결혼을 했고, 서른 살 생일을 맞이할 즈음 새로운 일자리를 알아보았다. 그는 말했다. "모두가 나를 데리고 나가 맥주라도 마시며 유목민과 살았던 경험을 들으려고 했어요. 그런데 다들 똑같이 말했습니다. '분명한 건 너에게 일자리를 줄 수는 없다는 거야'라고요." 맥킨지의 시드니 지사는 예외였는데, 이는 전적으로 우연이라고만은 할 수 없었다. 힌턴이 지성과 감성을 겸비했다는 점이 맥킨지가 바라던 인재상과 맞아떨어졌기 때문이기도 했다.

새 직업을 얻은 후 가장 머리 아팠던 부분은 아마도 거의 정반대의 방식으로 외부 환경과 관계를 맺는 일이었다. 힌턴이 맥킨지에서 맡은 업무는 몽골에서 그가 했던 일과 기본적으로 공통된 면이 있었다. 말하자면 일종의 외부자로서 두각을 나타내면서 성과를 만들어내야 했다. 그런데 이를 제외한 나머지 경험은 판이하게 달랐다.

몽골에서 힌턴이 취한 접근법은 조심스레 관찰하며 몰랐던 사실을 깨치면서 자신이 연구하는 사람들로부터 배우는 방식이었다. 성공하기 위해서는 다른 사람들이 이끄는 대로 내버려 둘 필요가 있었다고 그는 기억한다. "내가 써먹었던 도구들은 대개 감각이나 지각과 관련이 있었죠. 대부분 직관의 문제인 데다, 창의적이어야 했고, 연관성을 찾아내는 작업이었습니다. 결국 상당 부분 사람들과 관련이 있었죠." 수년 동안 힌턴은 쉽게 단정하지 않으려고 조심했고 확신을 멀리하면서 단서를 찾아다녔으며 다른 이들이 주도하도록 내버려 두는 경험을 해왔다. "내가 몽골의 어느 텐트에 있다고 합시다." 그가 말했다. "앉아서 다리를 뻗고 있는 그 텐트가 전부예요. 나는 그 주변에 맞춰가게 되어 있죠. 몸짓으로 내가 이렇게 하는 게 맞는지 물어가면서요. 다른 사람들은 무얼 하고 있지? 나는 결국 주변 사람들이 보내는 신호를 읽으며 완전히 거기에 맞춰가게 됩니다." 낯선 환경에 다가가는 이러한 접근을 그는 겸손함이라고 불렀다. "완전히 이국적인 환경, 이국적인 문화에서 이국의 언어로 텐트 안에서 살아가는 방법을 생각해보면 매일같이 겸손함을 배우는 것 말고는 다른 선택지가 없으니까요." 그는 이어서 말했다. "그곳에서의 삶과 생존의 뿌리는 모른다는 사실을 인정하고 모든 것에 완전히 마음을 여는 태도, 말하자면 나를 둘러싼 그 모든 영향을 흡수하고 귀 기울여 듣는 것입니다."

이제 그는 맥킨지에서는 아주 다른 방식으로 움직여야 한다는 사실을 깨달았다. "몇 달이 지난 후의 일입니다. 호주 굴지의 기업 대표 옆자리에 앉게 되었는데 그 상황에서 나는 어떤 견해와 의견, 즉 함께 이야기를 나누던 문제에 관한 가설을 제시해야 했습니다." 사람들은 모름지기 높은 연봉을 받는 잘나가는 컨설턴트라면 경청하고, 받아들이고, 컨설팅하려는 대상의 동학을 정중하게 해독하려고 노력하는 대신, 불쑥 끼어들며 모든 것을 다 알고 있으리라고 기대했다. 음악을 공부하고 몽골 서부의 사랑 노래를 연구한 힌턴 같은 컨설턴트에 대한 기대도 별반 다르지 않았는데, 이는 맥킨지가 컨설턴트에게 가르치는 프로토콜 때문이었다. 맥킨지는 잘 알지 못하는 세계로 들어가 현실을 재구성하는 강력한 방법을 제공했고, 그에 따른 해결책도 명백해 보였다. 프로토콜은 이상한 종류의 주제넘은 개입도 허용했다. 문제를 재단하고 데이터를 분석해서 마침내 해결책에 도달하는 특별한 방법을 장착한 덕분에 컨설턴트는 권위를 구축했다. 힌턴의 표현을 빌자면, 컨설턴트는 "거의 종교와 같은 사실들, 말하자면 논박할 수 없고, 과학적으로 보이며, 감정이 개입되지 않고, 사람들이 방해할 수 없는 진실을 만들어내는 일을 했다."

이러한 확신을 가능하게 하는 프로토콜은 한때 라틴어가 그랬듯이, 수많은 방언을 낳는 일종의 모어였다. 이로부터 파생된 방언도 공통의 목적을 가졌다. 산업 내부에서보다는 비즈니스 세계의 내부자이자 외부자인 컨설턴트, 금융가, 경영학자 사이에서 시작된 이 방언들은 다른 사람의 상황을 파악하는 방법을 제공했다. 곧 상장될 화학 회사의 초기 주가를 제시하기 위해 고민하는 은행가가 반드시 화학 비료의 전문가일 필요는 없었다. 제약 회사를 위해 고용된 기업 전략가가 반드시 약물 전달 매체의 전문가일 필요는 없었다. 금융이나 컨설팅 또는 두 분야를 넘나드는 영역에서 특징적인 프로토콜은 이들이 불쑥 들어와서 어떤 문제를 분해하여 새로운 현실을 드러내고, 통찰력을 내보이며 여타의 해법을 밀어내서 자신을 없어서는 안 될 요소로 만들도록 했다.

힌턴은 프로토콜의 맥킨지 방언을 학습했다. 에단 라지엘Ethan Rasiel이 쓴 『맥킨지는 일하는 마인드가 다르다』에는 그 회사의 핵심적인 프로토콜이 제시되어 있다. 컨설턴트들은 우선 해당 기업과 산업에 대한 평가에 기초해서 "사업의 니즈" 또는 기본 문제를 찾는다. 그다음 이들은 "분석한다." 이 단계에서는 "문제를 프레이밍하는 것, 즉 문제의 경계를 규정하고 구성 요소들로 분해하여 문제 해결반이 해결책을 위한 초기 가설을 제안할 수 있도록" 해야 한다. 여기서 일찌감치 가설을 만들어낼 수 있게 하는 섣부른 확신이 작동한다. 그러고 나서 컨설턴트들은 가설을 입증하기 위해 "분석을 디자인"하고 "데이터를 수집"해야만 하며, 그 결과에 기초해서 자신들이 내놓은 해결책이 옳은지 판단해야만 한다. 만일 옳다면, 다음 단계에서는 외부자의 그럴듯한 빅 아이디어를 산뜻하고 명확하며 확신에 찬 방식으로 "발표"하여 당연하게도 해결책을 의심할 수도 있는 고객을 사로잡아야 한다. 그러면 마침내 "지속적인 향상을 위한 반복"을 거쳐 해결책이 "실행"되는 단계에 이른다.

힌턴은 일찍이 맥킨지 입사 면접을 치를 때부터 이러한 문제 해결 접근법이 주는 핵심 교훈을 배웠는데, 지식에 의존하지 않고 심지어는 이를 조롱하기까지 하는 것이었다. 오히려 아는 것 없이도 익숙하지 않은 어떤 상황을 분석할 수 있어야 했다. 그에게 충격을 주었던 면접 질문은 다음과 같았다. "보잉 747기에는 탁구공이 몇 개나 들어가겠는가?", "볼리비아의 철강 산업 규모가 어느 정도일 거라고 생각하는가?", "호주에서는 매년 면도날이 몇 개나 팔리는가?" 이러한 질문을 들으면 관련 지식이 있을 법한 이런저런 직종의 친구에게 전화를 걸어야 할 것 같다고 힌턴은 농담처럼 말했다. 그러나 핵심은 정확한 수치를 제시하는 것이 아니었다. 그저 자신이 한 가정에 근거해서 추론한 방식을 보여주는 것이었다. 요컨대 "문제를 작은 조각으로 분해해서 논리적으로 관련짓고 경험에서 우러난 추측을 활용할 수 있는 사실과 결합한다면, 혹은 최소한 한데 모을 수 있는 사실로부터 추론하여 결론에 도달한다면, 상당히 많은 문제에 대해서 논리적이면서 설득력 있는 답변을 만들어낼 수 있다"는 생각이었다. 다시 말해 맥킨지, 그리고 프로토콜에 입문하면서부터 힌턴은 자신이 알지 못하는 어떤 것에 대해 불가사의할 정도로 확신에 찬 답변을 내놓도록 요구받았다.

힌턴은 맥킨지의 방식에 적응하면서 컨설팅에 회의적인 수많은 사람이 보기에는 약점이지만 비즈니스 세계를 포함한 많은 부문에

222

서 여전히 놀라운 영향력을 발휘하는 도구인 '화법speech'과 관련한 소소한 규칙과 특징을 알게 되었다. 예를 들어 그는 사람들이 정보를 받아들이는 방식에 관한 연구를 바탕으로, 세 가지 항목을 뽑아서 말하면 가장 효과적이라는 사실을 배웠다. 만일 두 가지 중요한 요점을 말하고 싶다면 여기에 한 가지를 추가하고, 만일 네 가지 요점이 있을 때는 두 개를 더하든지 하나를 버려라. 또한 힌턴은 매우 광범위한 문제를 다루기 위한 계율도 익혔다. "바닷물을 끓이려 하지 마라." 프로토콜에 통달한 이라면 다른 이에게 이렇게 말할 것이다. 눈앞에 펼쳐진 현실의 규모에 압도되지 않으려면 생각의 범위를 줄이고 참조하는 데이터의 양을 제한하라. 이것이 프로토콜이다. 이렇게 시야를 좁히는 것이 당신의 문제 해결 능력을 손상시키지 않을까 우려하지 않도록 프로토콜은 80 대 20의 법칙을 제안한다.

1900년대 초, 이탈리아 경제학자 빌프레도 파레토Vilfredo Pareto는 이탈리아 국토의 80퍼센트가 단지 20퍼센트의 사람들에 의해 소유되고 있다는 사실과 그의 정원에서 나오는 완두콩의 80퍼센트가 단지 20퍼센트의 콩깍지에서 나온다는 사실을 알아차렸다. 이러한 관찰로부터 대다수 시스템의 20퍼센트가 80퍼센트의 결과물을 산출한다는 비즈니스 세계의 경구가 만들어졌다. 가장 흔한 사례를 인용하자면, 20퍼센트의 고객이 매출의 대부분을 제공한다. 프로토콜에 따르면, 문제를 해결하겠다고 나선 사람은 목표물에 달려들어 20퍼센트를 찾아내고 그 언저리에서 숫자를 맞춰 그럴듯한 결과물을 내놓을 수 있다. 이러한 속임수는 다양한 인간의 시각에서 어떤 문제를 전체적으로 조망하면서 포괄적으로 이해하는 방식은 아니었다. 오히려 앞서 말한 행동은 하지 않으면서 결론을 도출하는 것이었다.

힌턴은 맥킨지에서 소위 이슈 트리issue trees를 만드는 법을 배웠다. 이는 적절한 범위의, 80 대 20의 법칙을 품은 연못 크기의 문제를 개별 요소로 잘게 분해하도록 돕는 시각적 지도다. 예컨대 어떤 은행이 더 큰 이익을 내는 일에 도전한다고 하자. 수익성 증대는 수입을 늘리거나 비용을 낮추는 방식으로 달성할 수 있다는 것이 그다음 칸의 내용이다. 계속 뻗어가는 가지들은 엄밀히 말해 "상호 배타적이면서 일어날 수 있는 사건은 전부 포괄해야 한다.●" 즉 수입을 늘리는 것은 비용을 낮추는 것과 완전히 다르며, 궁극적인 목표에 도달하는 모든 경로는 이 두 가지를 반드시 통과해야 한다. 이제 각 가지는 그 아래 가지로 분해될 수 있다.

예를 들어, 수입의 증대는 기존 사업을 통하거나 아니면 새로운 사업에서 발생할 수 있다. 이런 방식으로 계속해서 가지들이 뻗어나간다. 공정하게 말하자면, 전체를 조망했을 때는 볼 수 없는 것을 명확하게 인식하도록 해주기 때문에 비교적 쉽게 숫자를 맞추면서도 효과를 높일 수 있다. 만약 맨해튼에 있는 임대료가 비싼 은행 세 지점을 폐쇄한다면 필요한 자금의 80퍼센트를 마련할 수 있을 것이다. 그러나 이러한 도식화 작업은—맥킨지 방식이든 아니든 간에—때에 따라서는 임의성이 개입되는 한계가 있을 수 있다. 가지를 이루는 범주는 현실에 조응하기도 하지만 아닐 수도 있다. 상호 배타적이

● 맥킨지를 대표하는 '전략적 사고기법'의 하나로, 주로 'MECE'로 말한다. 'Mutually Exclusive and Collectively Exhaustive'의 머리글자를 모아서 만든 말이다.

224

지 않고 연결될 수 있는 것들을 분리해버린다. 낙하산을 타고 뛰어드는 사람이 보기에 가장 분명하거나 유용할 법한 방식으로 사물이 분해되는데, 때때로 이렇듯 현실을 수백 개의 작은 조각으로 쪼개는 일은 해결책이 명백하게 드러나도록 하는 반면 사실상 문제의 본질은 흐리게 한다. 낙하산을 타고 내려오는 사람에게 진실을 말할 수 있는 이들, 소중한 현지의 전통 지식을 가진 이들은 문제를 다루는 생소한 언어로 말할 수 없기 때문에 자기가 속한 영역에서 문맹자로 남는다.

힌턴은 결국 맥킨지 방식을 취했고, 그와 관련해 열변을 토했다. 그는 맥킨지 입사가 "일종의 충격이었지만 박진감 넘치고 흥분되는 일"이었다고 말했다. "내가 가진 수많은 장점을 활용할 수 없었다면 그곳에 있지 못했을 겁니다." 몇 초 후 그는 "혹은 약점들"이라고 덧붙였다. 몇 년이 지난 후에도 그는 여전히 자신이 배운 것이 정확히 무엇인지 확신하지 못했다.

*

힌턴은 비즈니스 세계에서 살아남기 위해 프로토콜을 배웠다. 그런데 그가 아직 배우는 과정에 있을 때, 프로토콜은 이미 원자화하는 방법을 통해서 비즈니스 세계를 뛰어넘어 매우 광활한 영역을 정복하는 중이었다. 프로토콜은 기업의 문제를 해결하는 과정에서 만들어졌지만, 언제부터인가 마켓월드가 이를—전통적으로 공공 의식으로 무장한 행위자들이 다른 방식으로 다루어왔던—사회문제 해결에 적용하기 시작했다. 또한 점점 더 많은 사람들이 프로토콜의 아이디어가 사회문제 해결에 필수적이라고 생각하게 되면서, 마켓월드는 정부를 제치고 변화와 진보의 동력으로 부상했다.

시장 우위의 시대는 프로토콜이 마치 미래를 크게 변화시키는 것인 양 축복해왔다. 특수한 사업상의 문제를 해결하는 전문적인 접근법이던 것이 어느새 많은 사람에게 없어서는 안 될 만능 해결 도구가 되어버린 것이다. 자선단체, 교육, 사회정의, 정치, 보건, 예술, 뉴스 보도, 그 밖의 수많은 영역은 한때 자신들만의 훈련 방식으로 인력을 키우는 데 만족했지만, 이제는 프로토콜을 익히는 것이 필수라고 여기고 있다. 예컨대 게이츠 재단은 미국 빈민 아동의 교육 문제를 해결하기 위해 프로토콜 전문가를 고용한다. 민권 단체는 돈뿐만 아니라 조언을 얻기 위해 프로토콜 전문가를 운영위원으로 위촉한다. 앞서 살펴본 것처럼 힐러리 코헨 같은 젊은이들은 이 프로토콜을 익혀야만 수많은 사람들을 도울 수 있다고 강변하는 문화적 환경에 놓여 있다.

프로토콜이 얼마나 널리 퍼져 있는가를 다른 무엇보다 더 잘 보여주는 사례가 있다. 이 비즈니스 도구를 사용하여 억압받는 자들을 위해 투쟁하는 데 헌신하는 새로운 종류의 컨설팅 회사가 등장했고, 이들은 성공적으로 운영되고 있다. 대표적으로 1968년에 설립된 테크노서브TechnoServe가 있다. 테크노서브는 "빈곤 퇴치를 위한 비즈니스 솔루션"이라고 광고하는데 이는 프로토콜 전문가들이 사회문제 해결 영역으로 치고 들어와 그들 방식의 진단을 내리는 전형적인 사례라고 할 수 있다. 테크노서브는 "민간 부문의 힘을 이용하여 사람들이 빈곤에서 벗어날 수 있도록 돕는" 데 있어 자신들이 선두주자라고 자랑한다. 더욱이 이들은 마켓월드의 사회변화 이론을 서슴없이 선포한다. "사람들을 정보, 자본, 시장과 연계시킴으로써, 우리는 그들이 가족과 공동체를 위해 지속적인 번영을 창출하도록 도울 수 있다." 이는 사람들이 가난한 이유가 이러한 연계가 없기 때문이라는 말로 읽힐 수 있다. 그러니까 사람들이 가난한 이유는 카스트, 인종, 토지, 축재, 임금, 노동조건, 강탈 그리고 누군가가 다른 누군가에게 행했거나 행하고 있는 어떤 일, 사회가 내린 돌이킬 수 없는 결정 때문이 결코 아닌 것이다.

이는 사회이론으로서 대단히 의심스럽지만 그와 동시에 기민한 태도라고 할 수 있는데, 만일 연계의 부족이 문제라면 그러한 종류의 연계를 잘 만드는 이들이 해결사의 지위로 올라설 것이기 때문이다. 다른 방법으로 문제를 해결하자고 제안하는 사람들, 특히 권력과 자원 그리고 그 밖에 승자들을 불안하게 만드는 방안에 주목하는 이들은 이 이론에서 배제된다. 가난한 사람들이 고통받는 원인에 대한 테크노서브의 관점에 한계가 있다면, 그것은 회사를 이끄는 이들 때문일지도 모른다. 테크노서브의 경영진은 주로 투자은행, 경영 컨설팅, 헬스케어, 펀드 운용 분야의 전문가들이며, 또한 모건스탠리, 크레디트 스위스Credit Suisse, 몬산토, 퀘스트Qwest, 카길Cargill, 바클레이스Barclays, 그리고 (수차례 등장하는) 맥킨지 등 누구나 이름만 들으면 아는 기업 출신이다. 테크노서브가 불의를 시정하는 데 있어서 인생 경험보다는 프로토콜의 힘을 신봉한다는 가장 명백한 신호는 이사회의 면면을 보아도 알 수 있다.

테크노서브가 빈민과 적절한 정보, 자본, 시장 사이의 연계 부족을 강조한다면, 그 경쟁사인 브리지스팬*은 훌륭한 해결책들이 너무나 많지만 지나치게 규모scale가 작다고 주장한다. 이는 편리하게도 부자들의 책임을 묻지 않으면서 사람들이 여전히 가난한 이유를 제시하는 또 다른 이론이다. 테크노서브가 맥킨지 출신에 의해 운영된다면, 브리지스팬은 3대 컨설팅 회사 중 또 다른 하나인 베인앤드컴퍼니Bain & Company 출신의 활동 무대라고 할 수 있다. 이곳에서 세상의 변화를 이끄는 이들은 "사회 이동성을 높이고 기회의 평등을 가져올 열정"을 지녔다고 회사는 말한다. 브리지스팬은 거침없이 사회변화의 이론을 제시한다. 가난한 이들과 이들을 돕고자 하는 단체들을 연결하여 규모를 키움으로써, 가난한 이들을 돕겠다는 구상이 그것이다. 이 접근법은 "복잡한 문제를 파악한 다음, 규모를 키우는 데 방해가 되는 요인들을 이들이 이해하고 극복하도록 도울 수 있는 실용적인 해결책을 내놓는" 것이다. 브리지스팬의 리더 중 한 명은 하버드 경영대학원에 다녔고, 다른 한 명은 그곳에서 가르쳤으며 "변화에 필요한 규모", "규모 조정의 효과", "일의 규모 조정하기", "규모 측정하기" 등의 논문을 썼다. 효험이 있는 일을 더 많이 하는 것은 확실히 마켓월드가 수용할 만한 접근이다.

이렇듯 프로토콜 전문가들이 문제의 해결책을 내오기 위해 애쓰고 있지만, 아이러니하게도 이들의 방법론은 문제의 원인과 공모 관계에 있다. 예를 들면 에너지 관련 기업과 금융 산업이 세계를 기후

- Bridgespan. 비영리 부문에 수준 높은 전략 컨설팅 서비스를 제공함으로써 빈곤의 굴레를 깨뜨리고 가난한 사람들의 삶의 질을 획기적으로 향상시키겠다는 목표로 베인앤드컴퍼니가 2000년에 설립한 비영리 조직이다.

변화로부터 보호하는 공익 프로젝트를 시작했지만, 이들이 본디 매출을 일으키는 방식이 바로 기후변화를 야기하는 주요 원인이었다. 비즈니스 리더들이 여성의 권리를 옹호하는 전략을 입안하기 위해 모였는데, 이들의 방식은 대다수 여성이 권리를 주장하기 더 어렵게 만든 상시 근로의 문화와 보편적인 유아 돌봄 서비스와 같이 여성 친화적인 정책을 추진하기 더 어렵게 만든 조세 회피에 책임이 있었다. 소로스 재단의 미팅에서처럼 이들은 평등의 증진에 없어서는 안 될 사람들로 간주되지만, 이들의 분석틀이나 노동자 및 공동체의 현실을 원자화하는 방법론은 불평등의 증대에 기여해왔을 뿐이다.

프로토콜과 이를 채택한 이들은 사회문제로 가득한 세계에 제공할 다양한 무기들—예컨대 엄격함, 논리, 데이터, 신속한 의사 결정 능력 등—을 보유하고 있었다. 질병에 맞서 싸우거나 교육을 개혁하는 일에까지 파고들면서 이들은 상당한 선행을 베풀었고 그에 따라 사람들의 돈과 시간이 더 효과적으로 쓰일 수 있었다. 그러나 항상 대가가 있기 마련이다. 프로토콜에 의해 다시 포맷된 문제들은 승자의 시각에서 규정되었다는 사실이 그 대가의 일부였다. 말하자면 문제의 해결사들이 문제를 정의한 다음, 이것을 벗어나는 다른 시각은 배제한다. 오랫동안 비영리 단체의 간부로 일해온 카비타 람다스 Kavita Ramdas는 사회변화 영역이 '문제 수선fix the problem' 접근법에 의해 장악되었음을 날카롭게 지적했다. "이 접근 방식을 도입한 사람들은 그 후광으로 다시 헤지펀드 매니저, 자본시장 투자자, 소프트웨어 개발자로서 성공"할 수 있었다. 그녀에 따르면, 이들의 접근 방식은 "계량화할 수 있는 매우 신속한 해결책을 제시하도록 고안된"

것이었다. 문제는 그 프로토콜이 종종 더 소박한 방법을 대체하고 있다는 사실이다.

사회변화를 추구하는 데 있어서 계량적 분석을 앞세우고 효율성을 추구하며 기술에 초점을 맞춘 이러한 접근은 사회과학의 미묘한 특징 및 그것에 내재한 겸손함, 즉 어떤 문제의 복잡하고 다면적인 속성과 씨름하려는 의지와 더불어 주민들, 인간과 사회의 복잡성, 문화와 전통이라는 현실에 관여할 때라야만 개발이 이루어질 수 있다는 생각 등을 결여하고 있다.

비록 힌턴이 람다스가 비난하는 문제의 전형적인 인물처럼 보일 수도 있겠지만, 그는 자신이 비즈니스 세계의 일부라는 점을 인정하는 동시에 그로부터 벗어나기를 열망했다. 그리고 결국에는 마켓월드의 방식을 비판하게 된다. 이를 두고 그는 "문제를 야기하는 도구를 가지고 문제를 해결하려는 노력"이라고 불렀다. 이어서 이러한 프로토콜의 확산이 "돈과 과학으로 무장한 고귀하고 자비로운 의도를 지닌 계몽된 백인이 결국 이 문제를 해결할 것이라는 제국주의적 오만의 연장선"에 있다고 말했다. 더는 영국 식민주의자들이 자신들의 이익을 앞세우며 식민지를 지배하던 시대와 같은 상황이 아니다. 지금은 노트북을 손에 든 잘 차려입은 이들이 사회문제를 해결하기 위해 조언하는 시대다. 하지만 힌턴은 파워포인트로 치장한 이 "문제 수선"의 유행이 "약간 더 과학적이고, 약간 더 합리적일 뿐, 본질은 과거 전통의 연장"이라는 점을 우려했다.

*

힌턴은 천천히 이러한 결론에 도달했다. 그는 5년 만에 맥킨지를 떠났고 그 후 몇 년 동안 영화 스튜디오를 운영하고 부티크 투자은행을 차리는 등 런던에서 일하다가 마침내 중국으로 가서 복잡한 금융 거래에 조언하는 활동을 했다. 그 일은 결국 골드만삭스와 리오 틴토를 위한 프로젝트로 연결되었다. 이들은 한때 몽골에서 지낸 경험이 있는, 프로토콜 전문가 힌턴을 보면서 자신과 고객들이 정치 지형을 이해하고 잘 헤쳐나갈 수 있도록 그가 도와줄 것이라고 생각했다. 외국 거대 기업으로부터 구리 및 기타 자원을 채굴하기 위한 투자를 유치하는 등 당시 몽골은 광산업 호황을 누리고 있었다. 힌턴의 임무는—그가 묘사한 것처럼—이 기업과 몽골 사이를 오가며 양측이 서로를 이해하도록 도와줌으로써 그 프로젝트에 수반된 위험을 줄이는 것이었다. 만일 채굴 계약이 어그러진다면 투자자들은 엄청난 손해를 입을 수 있었다.

골드만과 리오 틴토에서 수석 자문역을 맡은 힌턴은 자신이 사랑하던 나라와 자신이 일하는 회사 사이에 끼이게 되었고, 이해 충돌로 인해 수년간 고심한 듯했다. "나는 반대 의견을 제시했지만, 광산 회사로부터 돈을 받았고 투자은행에서도 돈을 받았습니다." 그가 말했다. "상당 부분 그들의 필요와 이익에 맞게 움직이는 것이 내 역할이라는 사실을 모를 정도로 바보는 아니었습니다. 실제로 그래야 했고요." 그나 다른 누구도 외국 기업이 그 나라에 약속한 대로 도움을 줄지, 아니면 해외 자본에 의한 자원 채굴의 역사에서 드러나는 것처럼 빼먹을 만큼 빼먹고 떠날는지 알 수 없었다. 힌턴은 회사들이 원하는 바가 곧 몽골에도 도움이 될 거라고, 말하자면 윈윈이라고 믿었고 다른 이들에게도 이러한 확신을 주는 대가로 돈을 받았다. 그는 어우러질 수 없는 것들을 어우러지게 만들라고 고용되었다. 힌턴은 수년 전 어느 시점에 자신이 찾아갔던 유명한 프로토콜 전문가도 스스로 의심을 품고 있었다는 사실을 깨달았을 것이다.

현대 기업 전략의 창시자로 평가받는 하버드 경영대학원 교수 마이클 포터Michael Porter가 2011년에 쓴 한 논문에 힌턴은 주목했다. 기업에 대한 지배적인 접근법을 다소 부드럽게 비판한 글은 우호 세력의 공격에 익숙하지 않았던 마켓월드에 파문을 일으켰다. 포터는 경영학 분야에서 가장 널리 인용되는 저자 중 한 명이었고 기업 간의 경쟁은 어떻게 작동하는지, 기업에 유리한 방향으로 사회를 경쟁력 있게 만드는 요인은 무엇인지 등 비즈니스 세계가 선호하는 이론의 창시자였다. 그는 강의와 출판뿐만 아니라 프로토콜을 확산하는 사업에도 뛰어들어 모니터 그룹Monitor Group이라는 컨설팅 회사를 세우고 수많은 의료 개혁 프로그램에 조언을 제공했다. 「포춘」지는 한때 "그가 다른 어떤 경영학 교수보다도 더 많은 경영진, 나아가 더 많은 국가에 영향력을 행사한다"고 주장했다. 그렇기에 2011년 포터와 공동 저자 마크 크레이머Mark Kramer가 「하버드 비즈니스 리뷰」에 "공유 가치 창출Creating Shared Value"라는 논문을 출판했을 때 그 논문은 비즈니스 세계의 이목을 끌었다.

"오늘날 자본주의는 포위당했다." 포터와 크레이머는 19세기 선언문과도 같은 어조로 썼다. 기업들이 "사회, 환경, 경제 문제의 주범으로 비판받고" 있었다. 기업들이 "공동체의 희생을 대가로 번영하고 있다는 생각이 널리" 퍼져 있었다. 그렇다면 누구의 책임인가? 그들은 "문제의 상당 부분이 기업들 자체에 있다"고 썼다. 그중에서도 문제라고 지목한 것은 "시대에 뒤떨어진 협소한 가치 창출 방식"이었다. 기업은 "단기 재무 성과의 최적화"에만 주의를 기울여왔다. 그들은 "자신들의 장기적인 성공에 영향을 미치는 광범위한 요인뿐만 아니라 시장에서 충족되지 못하는 가장 중요한 욕구를 간과하는" 위험스러운 성향을 습득했다. 거듭 말하자면, 똑똑한 인재를 고용하고 고비용의 외부 자문역을 보유한 기업은 "그들 고객의 안녕, 그들 사업에 필수적인 자연 자원의 고갈, 공급자의 생존 능력, 그리고 자신들의 생산과 판매의 터전인 지역사회의 경제적 곤궁"을 무시하는 결정을 내려왔다. 포터와 크레이머는 비즈니스 세계를 뒤덮은 문화, 맥락을 보지 못한 채 원자화하는 프로토콜이 창조한 문화를 비판하고 있었다.

힌턴은 결국 포터를 만나 조언을 구했다. 그는 몽골에서 자신이 중개한 거래를 프로토콜의 지배를 덜 받는 대신 더 인간적으로 구조화할 방법에 관해 물었다. 몇 년이 흐른 후, 포터는 뉴욕의 고급 호텔 월도프 아스토리아의 고상하면서도 부산한 로비에 있는 라운지 피콕 앨리에 앉아서, 자신이 프로토콜 효력에 의문을 갖게 된 과정을 설명했다. 그는 대공황 이후 많은 미국 기업과 부유한 개인이 얼마나 잘 살아남았는지, 반면 보통사람과 노동자의 처지는 얼마나 나빠졌는지에 관한 데이터를 보고서 불평등 문제에 관심을 갖게 되었다. "우리는 정말 심각하게 생각했어요. 하버드 경영대학원에서 무엇을 하고 있는 걸까? 우리는 여기에서 무엇을 가르치고 있는 걸까? 어찌 되었든 우리는 방정식의 아주 중요한 부분을 놓친 거죠." 그가 말했다. 이러한 질문 끝에 그는 다른 방식으로 기업의 목표와 실천을 사고함으로써 거대 기업과 사회의 관계를 개선할 수 있다고 보는 "공유가치"라는 아이디어에 이르렀다.

포터는 그날 희망 가득한 의제를 가지고 월도프에 나타났다. 그는 사람들이 무엇을 잘못하고 있는지 말하고 싶지 않았다. "내 생각에는 현재 활용할 수 있는 매우 강력한 힘이 존재합니다." 그는 말했다. 예전의 비즈니스 방식이 더는 효과적이지 않다는 점을 사람들은 알고 있었다. 이들은 새로운 방식을 원했다. "그렇기 때문에 '아닌 것' 보다는 '해야 하는 것'을 명확히 밝히는 게 중요합니다." 그가 여전히 마켓월드의 사람이라는 사실을 감안하면 이러한 '아닌 것'에 대한 거부감은 이해할 수 있었다. 그러나 포터의 '아닌 것'에 대한 생각은 더 중요한 의미가 있는 듯했다. 마켓월드 외부에 있는 수많은 사람들이 보기에 이전 세대가 사용한 마켓월드의 프로토콜이 현 세계가 당면한 수많은 문제를 야기한 원인임이 명백하다고 하더라도, 내부에 있는 사람들에게는 그 점이 그렇게 명백하지 않을 수도 있기 때문이다. 아마도 포터가 이러한 방식으로 얘기를 한다면 그들이 수용하기가 좀 더 쉬울 수도 있었다.

지금은 비즈니스적인 접근이 사회적 질병에 대한 치료제로 제시되고 있지만, 지난 한 세대에 걸쳐서 오히려 사회적 질병을 키워왔다는 점을 포터는 신중하고 체계적인 방법으로 풀어내기 시작했다. 이 야기의 핵심에는 프로토콜에 대한 비판, 즉 전체를 조망하기를 거부하고 현실을 단편적으로 이해하는 그 특유의 방식이 사람들에게 얼마나 해악을 끼쳤는지에 대한 설명이 자리해 있었다.

포터는 지난 세대에 걸쳐 기업들이 세계화를 내걸면서 자신들이 지역사회에 아무것도 빚지지 않았다는 생각을 계속해왔다고 말했다. 그 이유는 간단한데 하버드 경영대학원 같은 곳에서 자신과 같은 교수들에게 배우고, 컨설팅이나 월스트리트를 비롯한 훈련장에서 길든 이들은 장소place에 대해 무지한 경향이 있기 때문이다. 당신은 데이터를 분석한 다음 기회가 있는 곳으로 이동한다. 돈을 좇는 과정에서 당신이 지역사회 그리고 지역사회에 지고 있는 의무와 단절되는지의 여부는 중요하지 않다. "기업이 전통적으로 지역사회를 후원하기 위해 했던 수많은 일이 있습니다. 사람들을 양성하는 것에서부터 기업이 어느 정도 책임감을 느끼는 다른 일련의 활동에 이르기까지, 우리가 공유자원commons에 대한 투자라고 부르는 것들 말입니다." 포터가 말했다. 포터가 말하는 공유자원은 마치 공립 학교처럼 산업뿐만 아니라 평범한 사람도 혜택을 얻는 것으로 한 장소의 공유자산shared assets을 의미했다. "사람과 장소가 분리되면서 기업들은 공유자원에 사실상 재투자를 하지 않습니다. 이들은 스스로 세계를 무대로 일하고 있다고 생각합니다."

맥락을 제거하고, 분해하고, 문제를 전체로서 보지 않는 프로토콜의 접근 방식은 포터가 말한 분리를 부추겼다. 프로토콜이 비즈니스의 세계를 지배하게 되기 이전에 기업은 아마도 그리 멀지 않은 곳에서 자금을 모으고, 그리 멀지 않은 곳에서 원자재를 조달하고, 그리 멀지 않은 곳에서 고객에게 판매하고, 그리 멀지 않은 정부에 세금을 납부하고, 사업이 성공적일 때면 그리 멀지 않은 은행에 수익을 예치하거나 그리 멀지 않은 곳에 공장을 짓는 등 새로운 벤처에 재투자했을 것이다. 그러나 최근 수십 년 사이에 그 모습은 변화하기 시작했다. 기술 덕택에 멀리 떨어진 곳의 상대와도 더 쉽게 거래를 할 수 있게 되었고, 새로운 시장이 열렸으며, 무엇보다도 금융 귀재와 경영 컨설턴트가 이사회에서 자신들의 영향력을 증대시켰기 때문이다. 프로토콜을 갖춘 이들은 회사를 압박하여 '어디가 되었든지 간에 그것을 가장 잘 수행할 수 있는 곳에서 하라'는 새로운 철학을 받아들이도록 했다. 당신은 한국인 투자자에게서 자금을 모으고, 멕시코에서 부품을 조달하며, 프랑스에서 팔고, 카리브해에서 세금을 내고, 성장하게 되면 그 수익금을 보관하기 위해 스위스 은행이나 천상의 비트코인을 선택하고, 아니면 지구상의 어떤 벤처든 당신에게 가장 매력적인 수익을 약속하는 것에 그 수익금을 재투자했다. 이는 상업적 자유의 확대였다. 하지만 포터는 일종의 시민 의식을 가지고 행동하는 기업의 오래된 활동 방식은 파괴되었다고 주장했다. "이러한 세계화 통념은 어떤 분리를 불러옵니다. 예컨대 우리는 더는 하나의 미국이 아닙니다." 그가 말했다. "그리고 만일 당신이 전 세계를 누비며 사업을 한다면, 더는 밀워키Milwaukee에 대해 걱정할 어떤 특별한 필요도 없다는 이야기입니다."

세계화로 가는 길목 어딘가에서, 지역사회의 대들보로 여겨졌던 기업의 자기 이미지는 "이제 전 세계로 뻗어가므로 지역사회는 더 이상 우리 문제가 아니다"는 생각으로 대체되었다고 포터는 말했다. 그는 덧붙이기를, "그들은 지역사회가 자신들의 일이 아니라고 생각했기 때문에 그에 대한 어떠한 책임감도 받아들이지 않으려고 했습니다. 만약 지역사회가 자신들 마음에 꼭 드는 일을 하지 않으려고 한다면 언제든지 다른 곳으로 옮겨갈 준비가 되어 있었죠." 이것은 승리와 패배의 양상이었다. 지역사회는 지렛대가 없었기 때문에 자유롭게 달아날 수 있었던 회사들만 번창했다.

포터는 두 번째 비판 영역에서 "최적화"를 평가했다. 신흥 프로토콜 덕분에 기업 활동 각각의 미세한 요소들이 완벽하게 최적화될 필요가 있다는 새로운 기업 문화가 발전했는데, 이것이 노동자를 더 쉽게 학대하도록 했고 더 큰 시스템에 미치는 어떤 영향도 간단히 무시하도록 했다는 것이 포터의 지적이다. 20세기 후반 프로토콜이 정복에 나선 비즈니스 세계는 종종 배타적이고 편협하며 전혀 최적화되어 있지 않았기 때문에 이 최적화 문화는 성공을 구가했다. 수많은 기업, 심지어 대기업도 가족처럼 운영되고 있었다(여전히 가족이 운영하는 기업이 많다). 당신은 팔 수 있는 모든 곳에서 팔지 않았고, 어느 곳이든 최상의 시장 가격에 따라 팔지 않았다. 그 대신 한 다리 건너 아는 사람이 있는 곳에서 팔았고, 당신이 최상이라고 생각하는 요금을 청구했다. 수요가 급증했을 때 노동자에게 더 많이 주지 않았고 수요가 급감했을 때 더 적게 주지도 않았다. 말하자면, 당신은 그들의 급여를 균등하게 주었다.

이렇듯 다소 예스러운 비즈니스 세계에, 지난 수십 년에 걸쳐 경영 컨설팅 회사, 차입매수 회사, 투자은행, 그리고 여타의 프로토콜 전문가들이 밀고 들어왔으며 각 부분을 압박하여 최적화시켰다. 이들은 최적화를 위해 회사가 발주한 자문 프로젝트, 적대적 인수합병

이후 인수된 기업의 효율화, 주주들의 주가 상승 압박 등을 적절하게 조합하여 활용했다. 새로운 최적화 윤리가 비즈니스 세계 곳곳에 퍼졌는데 처음에는, 최소한 포터의 눈에는 전적으로 긍정적인 듯 보였다. "더 생산적으로 기업을 경영하는 방법, 공급망을 운영하는 방법, 더 효율적으로 기술을 배치하는 방법, 더 똑똑하게 조달하고 구매하는 방법에 대해 우리는 많은 것을 배웠습니다." 그가 말했다. 지난 30년 동안—대부분 하버드 경영대학원에서 배양된 노력 덕분에—경제는 전반적으로 더 생산적이고 더 경쟁력 있게 되었다. 그러나 포터의 표현처럼 "이 기회가 사라지자" 같은 기간에 수많은 노동자의 삶이 더욱 힘들어졌던 것은 결코 우연이 아니었다. "우리는 결국 기업을 더욱 생산적으로 만들었고 그 덕에 수년 동안 많은 이의 임금이 인상될 수 있었습니다. 좋은 시절을 보냈죠. 그러나 그와 동시에 기업과 평범한 피고용인 사이의 연결을 끊어버리기 시작했습니다. 그렇게 하고 있다는 것을 인식하지도 못한 상태에서 말이죠."

그는 스타벅스를 키웠다. 다른 많은 회사와 마찬가지로 최신식의 "동적인 시간 관리" 도구를 활용하여 노동자의 작업 일정을 짜기 시작했는데, 이를 통해서 고용주는 시간 계획을 더 자주 변경했고 그 결과 끊임없이 최적화할 수 있었다. 그 덕택에 회사는 최소 임금을 지급하면서도 일정량의 수요에 맞춰 서비스를 공급하는 일이 가능했다. 이 같은 종류의 변화는 기업의 수익성을 증대시켰지만, 노동자의 생활에는 혼란을 초래했다. 노동자는 더는 특정 기간에 몇 시간 일하게 될지 알지 못했고, 그에 따라 급여 명세서는 복잡해지고 살림 계획을 짜기 어려워졌다. 이들은 대충 그때그때 봐가며 육아를 처리해야 했다. "어느 정도 능률이 오르고, 영리해지고, 생산성이 향상되는 동안 사람들은 시스템 안에 있는 인간과 만인의 행복에 대해서는 더 이상 고려하지 않아도 되는 것처럼 생각했습니다." 포터가 말했다. 그에 따르면 동일한 종류의 근시안은 고수익을 올리는 기업이 저임금을 고집하는 데서도 발견할 수 있었다. "우리는 이 많은 사람들을 상품으로 만들었고, 어떤 식으로든 그들에게 최적화한 것이 아니라 우리에게 최적화시켰을 뿐입니다. 그러다 보니 수많은 노동 관행, 즉 계약직 노동자가 있어야 하고 수당은 지급할 필요가 없다는 식의 생각들이 나타났죠. 이 모든 것은 그냥 너무 영리했어요. 누구에게나 '오, 우리 생산성이 오르고 우리 수익이 극대화됐어. 이건 다 그럭저럭 우리 일이니까'라는 식으로 정당화되었죠."

포터는 "비즈니스"가 어떤 고정된 수량은 아니라는 점을 분명히 말하고 있었다. 이는 다른 접근법에 따라, 다른 방식으로 수행될 수도 있다. 최근 수십 년 동안 모든 것을 최적화해야 한다는 사고가 비즈니스 세계를 지배했고, 그 결과 다른 사람을 무시하고 심지어 상처를 입히는 행동이 당연한 권리인 양 행해졌다. "우리는 일종의 만화cartoon를 창조했습니다." 포터가 말했다. "그 만화에 담긴 생각은 이런 겁니다. 잔여 수당을 지급하지 않고도 직원들이 초과 근무를 하도록 강제할 수 있다면, 당신은 당장 그 일을 실행해야 합니다. 그게 바로 자유시장이고, 이윤 극대화죠."

마지막으로 포터는 프로토콜의 금융 버전이 확산되면서 기업들이 점점 더 노동자, 고객, 또는 다른 누구를 위해서가 아니라 주주를 위해서 운영되게 된 방식을 이야기했다. "처음에 강의를 시작했을 때는 주주가치에 대해 이야기하지 않았습니다." 그가 말했다. 그렇다면 당시 기업은 어떤 지침을 따랐던 것일까? "기업은 지속적으로 좋은 수익을 거두어야 하고, 장기적으로 그 상태를 유지해야 하며, 그래서 훌륭한 회사를 키우고 있다는 것이 그 지침이었을 겁니다." 그는 말했다. "주식시장의 움직임이 당신이 잘하고 있는지 아닌지를 결정한다는 생각은 없었어요." 기업이 현지에 더욱 밀착해서 그다지 과학적이지 않은 방식으로 운영되던 시절에는 또한 다양한 사람을 위해 운영되기도 했다. 주주가 그들 중 일부였지만 주가의 미시적인 움직임이 기업의 성공을 가늠할 수 있는 종합적이고 최종적인 지표도 아니었고, 회사의 운영 방식에 대한 지침도 아니었다. 물론 낭비도 있었다. 예컨대 수많은 자본이 가장 효율적인 용처에 투입되지 않았다. 그러고 나서 1970년대와 1980년대에는 떠오르는 신자유주의가 법과 문화 영역에 변화의 씨앗을 뿌리면서 기업의 첫 번째 임무는 주주가치의 극대화라는 견해가 등장했다. 시카고학파 경제학자 밀턴 프리드먼Milton Friedman은 1970년 「뉴욕타임스 매거진」 가을호에서 "기업의 사회적 책무는 이윤을 키우는 것"이라고 선언했다. 프로토콜을 학습한 월스트리트의 사람들은 자신들의 기업 평가 방식이 확산되며 영향력이 커지는 것을 목격했다. 기업이 어떻게 운영되어야 하는지에 대한 이들의 발언은 점점 더 중요해졌다.

포터는 종종 "금융화"로 불리는 이러한 현상으로 인해 기업이 그 소유자의 종복이 되면서 여타의 고려 사항은 희생되는 것을 목도했다. "주주가치 위주의 사고방식은 아주, 아주 강력해졌습니다." 그가 말했다. 사람들은 그 방식에 "집착하게" 되었고, "단기적인" 사고로 이끌렸다. 이는 일시적으로 주가를 올릴 수도 있지만 실제로 기업의 장기적 전망, 노동자나 고객이나 지역사회를 위태롭게 할 수 있는 결정을 야기했다. "나는 다수의 이사회에 속해 있었고 이사회 회합에 갈 때면 주주가치를 체험했습니다. 우리는 시시각각 변하는 실적을 걱정했고, 그 실적을 매기는 이들에게 귀 기울이기 시작했습니다. 자본시장이 기업이 해야 할 일을 규정한 셈입니다." 포터가 말했다.

"노동자에게 안정적인 급여를 지급해야 한다. 비수기에는 비용이 많이 들겠지만 장기적으로 노동자를 고용하는 데 도움이 될 것이다"는 식의 주장은 이제 정당화될 수 없었다. "노동자에게 안정적인 급여를 지급해야 한다. 단기적이든 장기적이든 비용이 많이 들겠지만 옳은 일이다"는 식의 주장은 아예 선택될 여지가 없었다. "내가 보기에 우리는 그럭저럭—예컨대 효율성, 세련된 금융 시장, 모델링 등을 추구하면서—돈을 벌 수 있는 수많은 방법을 발견했습니다." 포터가 말했다. "그러나 궁극적으로 자본주의의 핵심이라고 할 수 있는 실물 경제에서는 얼마간 분리되었죠." 기업의 투자 측면이 물건을 만들고, 사람들에게 기여하고, 문제를 해결하는 것을 포함하는 다른 측면을 지배하게 되었다.

종합적으로 보았을 때, 이러한 변화는 두 가지 의미에서 대단한 합리화를 비즈니스 세계에 들여왔다. 우선 이러한 변화를 통해 기업 경영이 합리화되었고, 그리고 의미심장하게도 기업가들은 자신의 삶을 스스로에게 합리화했다. 포터가 묘사했던 것의 상당 부분은 원자화하는 프로토콜을 통해 비즈니스 세계에 들어왔다. 프로토콜의 도움을 받아 기업은 모든 것을 분석하고 최적화하면서 한 세대에 걸쳐 자신의 행동을 바로잡았다. 포터는 이제 그 일부가 과용된 점을 인정하고 있었다. "어쩌다 보니 기업의 여러 측면에 도입된 합리적인 유형의 관행 대다수가 결국에는 정도를 넘어서고 말았습니다." 그가 말했다.

그 결과 너무나 많은 사람이 고통과 혼란을 겪었다. 이제 프로토콜은 이들의 고민에 대한 해결책으로서 재단과 정부 기구, 그리고 컨설팅 회사 앞에 모습을 나타냈다.

*

몇 년이 지난 후, 힌턴은 현대 자본주의에 대한 우려를 품은 또 다른 자본가와 마주 앉게 되었다. 조지 소로스는 더 포용적인 경제를 건설하기 위한 자신의 새로운 프로그램을 운영할 누군가가 필요했다. 특히 그는 프로토콜을 완전히 신봉하지 않는 사람을 원했다. 몽골 서부에서 수년을 지낸 경험이 있을 뿐만 아니라 이후에 맥킨지와 골드만삭스에서도 일했던 민속음악학자는 완벽해 보였다. 힌턴은 비즈니스 세계의 철저한 교육을 받은 것이 자신이 지닌 매력 가운데 하나임을 알고 있었다. 하지만 그는 이렇게 덧붙였다. "그곳에 있었던 이유 중 하나는 제가 했던 다양한 일들 때문이라고 짐작합니다. 몽골 음악학자로서 제가 가진 능력도 가끔은 발휘될 수 있으리라고 기대하고요."

그는 새로운 일을 맡아 뉴욕과 런던을 오가며 사회적 부문의 새로운 세계로 첫발을 내디뎠다. 힌턴은 게이츠 재단이든, 오미디야르 네트워크Omidyar Network든, 클린턴 재단Clinton Foundation이든, 지금 그처럼 많은 사람이 억압받는 이들을 돕는 역할을 맡고 있다는 사실에 놀랐다. 이들은 그와 마찬가지로 과거에 컨설팅을 했거나, 혹은 금융 쪽에 있었다. 그는 이들이 어떻게 움직이는지 알고 있었다. "그 접근법이 전혀 고려하지 못하는 한 가지는 소위 도움의 수혜자인 사람들과 그들의 식견이 그 자체로 문제에 대한 해법을 가지고 있을지도 모른다는 것"이라고 그는 말했다. 힌턴은 새로운 공익 임무를 맡은 프로토콜 전문가들이 지침으로 삼고 있는 가정을 목격한 후 이렇게 묘사했다. "우리가 충분한 지력과 돈을 모으면 이것을 깨뜨릴 수 있고 문제들을 해결할 수 있습니다." 그러면 해결책이 "확장"된다. 그가 보기에 이러한 접근은 "애당초 문제를 만들어낸 바로 그 도구와 정신으로 문제를 해결하려고 시도하고 있다는 것을 인식하지 못할 뿐"이었다.

힌턴은 빈곤과의 전쟁에 재배치된 프로토콜이 마켓월드에 아주 유용할 수 있다는 점을 이해했다. "우리가 갑자기 백기사가 되고 세상의 구원자로서 말을 몰 수 있다면, 어쨌든 나쁘지는 않을 겁니다." 그는 마켓월드가 옹호하는 시스템과 아이디어에 대해 말했다. "아마도 정말 좋겠지요. 자본주의를 구원할 기회이기도 하고요."

사회문제에 적용된 프로토콜은 가능한 해법의 범위를 엘리트들이 제한할 수 있도록 해주었다. "그들은 자기가 볼 준비가 되어 있는 해결책만을 밀어붙일 겁니다." 그가 말했다. "뻔한 일이죠. 안 그런가요? 영어가 모국어인 사람들과 함께 있다면 해법은 영어로 말해질 테니까요." 힌턴이 보기에 그것은 악의적인 행위는 아니었다. "지극히 평범한 무신경함이죠." 그가 말했다. "사악한 것도 아니고, 의식적인 자기 검열도 아닙니다. 그냥 습관일 뿐이에요." 그는 웨스트 57번가 위에 있는 회의장에서 자신이 주관했던 '비전문' 전문가들의 회의 이야기를 꺼냈다. "여기에는 내 잘못도 있습니다." 그가 말했다. "나는 꽤 방대한 인맥 명부를 가지고 있습니다. 하지만 당신도 명부를 펼치면 당신처럼 똑똑하고 분명한 사람들을 고르겠지요. 내 말은, 우리 모두가 그렇게 한다는 겁니다. 결국 자기를 복제하는 일이죠."

그는 원대한 프로젝트와 그 배후에 있는 재단들이 제각기 운영될 수 있을지 고민했다. 만일 그가 프로토콜의 확산을 식민화라고 생각한다면, 탈식민화는 어떠한 모습일까? "내가 추정하건대 식민화는 불가피합니다." 그가 말했다. "독립이라는 생각은 꿈도 꾸지 못했어요. 나는 질문조차 하지 않았어요. 바보처럼 말입니다. 탈식민화는 어떠한 모습일까요? 이 추세를 어떻게 뒤집을 수 있을까요? 음, 회의 테이블을 둘러싼 피부색과 목소리(프로젝트를 논의하는 사람들의 구성)를 극적으로 바꾸는 일은 비록 충분하지는 않겠지만 반드시 필요하다고 생각합니다." 그는 자신의 말이 흔히 하는 인종과 성의 다양성 요구나 명목상의 형식 준수를 의미하는 것은 아니라고 했다. 재단이 도와주려고 애쓰는 그런 부류의 사람들을 지도부의 일원으로 넣는 것은 어떠한가? 그가 물었다.

그는 지금 새로운 경제발전 프로그램의 자문위원회를 구성하는 중이었다. "나는 경험 많고 엘리트 인증을 거친 사람을 구한다는 가정에 의문조차 품지 않았어요." 그가 말했다. 그런데 만약 그가 이 가정을 버리고 예컨대 인도 출신의 초등학교 교사를 이사회 명부에 올리면 어떻게 될까? "사실 나는 그 아이디어를 한 번 시도해볼 생각입니다." 그는 보통사람, 예컨대 사모펀드와 컨설팅 회사 사람을 대신해서 한 명을 이사회에 앉힐 것이라고 말했다. 이는 미팅의 성격 자체가 더 다양한 배경을 수용하는 방향으로 변해야 한다는 것을 의미했다. 아마도 파워포인트는 쓰지 않는 게 좋을 것이다. 아마도 그는 묘사나 이야기 형식으로 발표하거나 영화 한 편을 보여줘야 할 것이다. 아이디어가 샘솟고 있었다.

힌턴은 바하이교*신자인데, 이 종교의 입법·행정부 격인 세계 정의원Universal House of Justice은 사람들의 삶을 향상시키기 위한 적절한 방법에 대해 성명서를 발표한 적이 있다.

정의는 만인의 참여를 요구한다. 그러한 점에서, 사회적 행위에는 어떤 형태로든 재화와 서비스의 제공이 포함되겠지만 일차적인 관심사는 더 나은 세상을 만드는 데 참여할 수 있도록 주민의 역량을 쌓는 것이어야만 한다. 사회변화는 한 집단이 다른 집단의 이익을 위해 수행하는 프로젝트가 아니다.

힌턴은 그 생각을 믿었다. 그는 자신의 삶 속에서 체험한 그 믿음이 비즈니스 마인드와 균형을 맞출 수 있을 만큼 강력한 몇 안 되는 힘 중 하나라고 생각했다. 비즈니스적 방식의 커다란 결점은 "물질

• Baha'i. 만인의 통합과 평등을 설교하는 종교로, 세계적으로 약 600만 명의 신도가 있다고 알려졌다.

주의"라고 그는 말했다. 사업가는 실용적인 측면에서 일을 바라보는 경향이 있었다. 예컨대 사람들은 먹고살기 위해서, 그리고 재화를 얻기 위해서 일을 한다고 여긴다. 그러나 영적인 차원도 존재한다. "그일은 생산적이고 공동체에 보탬이 되고자 하는 내면 욕망의 표출일 수도 있습니다. 이를 실현할 기회를 부정하는 것은 나무가 열매를 맺지 못하게 하는 것과 같습니다." 기업가정신을 소유한 많은 사람들도 힌턴과 마찬가지로 한편에서는 종교적이거나 영적인 삶을 누렸다. "그런데 웬일인지 종교적 사고와 기업가정신이 서로 겹치는 것 같지는 않습니다." 그가 덧붙였다. "직장 생활을 하면서 그런 생각을 하는 것은 허용되지 않습니다. 별개의 영역으로 간주되죠. 내가 속한 집단에서도 종교적인 믿음에 대해 이야기하는 것은 사실 좀 곤란한 일입니다."

그는 프로토콜을 이용해서 비즈니스상의 문제를 해결하는 수완 덕분에 고용되었다. 그가 중시하는 가치관은 그 자신만의 문제였다. "내가 파티에 초대된 이유는 그 가치 때문이 아니었습니다." 그가 말했다.

관대함과 정의

부는 과수원과 같다.
당신은 과수원이 아니라 과실을 공유해야 한다.
— 카를로스 슬림

  털로 된 원통형 러시아 모자를 쓴 대런 워커Darren Walker는 검은색 링
컨 리무진 뒷좌석에 앉아 초조하게 몸을 움직이며 웨스트 57번가에
있는, 그가 "괴물의 배belly"라고 부르는 곳을 향하고 있었다. 리무진
은 콜버그크라비스로버츠*의 뉴욕 사무실로 가는 중이었다. KKR
은 『문 앞의 야만인들』에 등장하는 불멸의 사모펀드로서, 기업을 매
입한 후 경영합리화를 거쳐 비싼 값에 되파는 거래 열풍을 주도했
던 회사다. 워커는 사회정의센터라는 이름을 가진 포드 재단Ford

●　　Kolberg Kravis Roberts & Co, KKR. 세계 최고의 사모펀드 중 하나로, 한국
　　에서는 2009년 OB맥주를 1조 1,500억 원에 인수한 후 2014년 6조 1,690
　　억 원에 매각하여 아시아 최대 규모의 투자금 회수를 기록한 바 있다.

Foundation의 이사장이었고, 날마다 돈을 기부하는 것이 그의 일이었다.

한 무리의 사모펀드 임직원을 앞에 두고 오찬 모임에서 연설을 하기로 한 워커는 몇 달 전 자신이 쓴 편지 한 통 때문에 착잡한 마음이었다. 크게 보도된 그 편지는 자선사업계를 지배하던 유쾌한 분위기를 깨버렸다. 불평등 확산과 관련하여 날카롭고 도발적인 언어로 질문을 던지는 편지였는데, 그 자체로 수많은 부자에게 불안감을 주었다. 부자들은 아마도 희생이 뒤따르는 보다 철저한 개혁보다는 빈곤의 감소나 기회의 증대에 관해 말하는 편을 선호했다. 워커의 편지는 자선사업을 통해 '돌려주는' 엘리트를 정면으로 비난했다. 이들이 해결하겠다고 나선 바로 그 문제의 발생에 그들 스스로가 공모하고 있다는 사실을 무시한다는 비판이었다.

편지를 쓰기 전까지 워커는 부호들에게 전반적으로 인기가 있었다. 그렇다고 해서 그가 쓴 편지를 좋아한 사람이 아무도 없었다는 말은 아니다. 골드만삭스와 씨티그룹 회장, 재무부 장관을 역임한 로버트 루빈Robert Rubin은 '신선하고 색다르다'며 워커에게 그 편지가 마음에 든다고 말했다. 이어서 그는 "엘리트들을 비난한 내용이라고 생각하지 않았다"고 덧붙였다. 그러나 많은 부호들은 워커가 자신들이 좀 더 편하게 이야기하는 빈곤이나 기회 같은 사안이 아니라 불평등에 관심을 집중하도록 하는 데 반대했다. 이들은 어떤 해결책에 참여하도록 요청하는 것이 아니라 자기들을 비난하는 방식으로 사안을 제기하는 것이 마음에 들지 않았다. 돈이 어떻게 기부되는지가 아니라 어떻게 벌리는지에 초점을 맞추는 것이 싫었다.

"나는 당신이 불평등에 대해 큰소리로 불평하는 일은 그만두었으면 해." KKR 행사가 있기 며칠 전, 사모펀드의 한 친구가 그에게 쏘아붙였다. "그건 정말로 방향을 잘못 잡은 거야." 워커는 자신이 속한 분야에서 중요한 금기 사항을 어겼다. 부자들이 더 많은 선을 행하도록 고취하되, 결코 피해를 덜 입히라고는 말하지 말라. 부자들이 돌려주도록 고취하되, 결코 덜 가져가라고는 말하지 말라. 그리고 부자들이 해결책에 동참하라고 고취하되, 결코 그들이 문제의 일부라고 비난하지 말라.

*

포드 재단 웹사이트에 있는 워커의 편지 제목은 "부의 신복음을 향하여"다. 그는 다른 사람들을 돕는 것에 대한 초창기 미국인들의 생각을 바꿔놓은, 우리 시대와 아주 비슷한 시대에 기원을 둔 오래된 복음서를 개정하고 보완하고자—아니, 어쩌면 전복하려고—시도하고 있었다.

미국의 기부 문화에 대한 권위자인 작고한 역사가 피터 돕킨 홀 Peter Dobkin Hall은 그 기원을 17세기 후반과 18세기 초까지 추적해 올라갔다. 당시에는 식민지 상품 무역이 부의 차이를 확대하면서 "국민들이 책임을 져야 할 가난하고 의존적인 사람들이 점차 눈에 띌 정도로" 많아지고 있었다. 홀에 따르면 이 시기 이전에는 대부분의 기부금이 공적 영역, 말하자면 기관 그 자체나 하버드 대학 같은 "입법부의 감독을 받고 법에 따른 보조금 형태로 상당한 지원을 받는, 즉 공공 단체로 간주되는" 기관으로 갔다. 그러나 점증하는 국제 무역,

이민, 급격히 성장하는 시장경제, 인구 증가, 천연두 같은 질병의 발병 등 날이 갈수록 복잡해지는 사회와 경제로 인해 미국인들은 직접 그 일을 떠맡도록 고취되었다. 홀은 뉴잉글랜드의 존경받는 청교도 성직자 코튼 매더Cotton Mather가 1710년에 쓴 소책자 『보니파키우스 Bonifacius』에서 자선에 대한 지배적인 관념을 재구성했다고 생각했다.

자기 인생의 과업을 좋은 일을 하는 것으로 삼는 지혜에 만족하지 않는 사람은 그 어리석음으로 인해 항상 측은해 보이게 될 것이다. … 좋은 사람이 아니면 누구도 진정으로 살아 있는 것이 아니다. 그리고 좋은 일을 더 많이 하는 사람은 실제로 더 오래 산다. 나머지는 모두 죽었거나 결국 죽은 삶에 속한다.

홀의 설명에 따르면, 매더는 "가난한 이들을 '친근하게 방문'하는 것, 상호 지원을 목적으로 한 자발적인 연합을 활용하는 것, 그리고 가난한 사람들을 구제하고 학교, 대학, 병원을 지원하기 위해 부자들이 인정 넘치게 기부하는 것을 옹호하면서" 좋은 일을 한다는 것의 의미를 특정한 방식으로 이해했다.

열성적인 자선활동의 시대 이전에 미국에서 기부가 갖는 두드러진 특징은 다수가 다수를 돕는 것이었다. 이러한 목적을 지닌 집단들이 18세기와 19세기에 걸쳐 크게 증가했다. 홀은 "질병과 사망 시 회원과 그 가족을 재정적으로 도와주는 공제 조합을 통해 도시 생활의 위험과 불확실성이 완화될 수 있었다"는 널리 퍼진 견해를 쓰고 있다. "장인들의 조합은 성원을 착취로부터 보호하고, 이들의 작업에 대해 공정한 대가가 지급될 수 있도록 보장하기 위해 노력했다."
1830년대에 알렉시 드 토크빌Alexis de Tocqueville은 미국을 순례했는데,
그의 관찰에 따르면 미국인들은 왕과 교황이 사람들을 도와주기를
기다리지 않았다. 그들은 "축제를 열고, 신학 대학을 설립하고, 여관
을 짓고, 교회를 건설하고, 책을 배포하고, 멀리 떨어진 지역에 선교
사를 파견하기 위해" 조합associations—토크빌 덕에 유명해진 용어—
을 결성했다.

　19세기가 저물며 이러한 초기 경향은 오늘날 조직화된 자선활동
으로 불리는 것으로 발전했는데, 미국인의 삶의 주요한 변화가 여기
에 일조했다. "인간의 친절한 행위는 인류만큼이나 오래되었다"고
연구자 루시 베른홀츠Lucy Bernholz, 치아라 코르델리Chiara Cordelli, 롭 라
이히Rob Reich가 최근에 펴낸 『민주주의 사회에서의 자선활동』에 썼
다. "반면 현대의 조직화된 자선활동의 관행은 훨씬 더 최근에 생겨
났다." 세기가 바뀔 무렵, 새로운 산업 자본주의가 급격히 성장했다.
철도, 철강, 석유를 비롯한 빠르게 성장하던 산업들에서 엄청난 부가
만들어졌다. 오늘날과 마찬가지로, 누군가는 새로운 기회를 잡았고
다른 누군가는 쫓겨나면서 불평등은 크게 확대되었다. 분노가 끓어
올랐고 포퓰리즘적인 열정이 급증했다. 이 초기 도금시대gilded age에
만들어진 부는 많은 이들이 보기에 부적절할 정도로 많았고 그 출처
도 미심쩍었으며 국가에 행사하는 영향력도 옹호할 수 없었기 때문
에 새로운 포퓰리즘 정서가 생겨났다. 또한 기부에 대한 새로운 사고
도 촉진했다. "불평등의 증대는 시민들의 우호 관계는 해칠 수 있지
만, 사적인 자선활동에는 친구가 될 수 있다"고 정치학자이자 자선을

베푸는 기부 연구의 탁월한 권위자인 라이히가 썼다.

바로 그 무렵, 이타주의와 대중의 분노를 잠재우려는 자기보존의 욕망이 뒤섞인 가운데 일부 나이 든 거물, 특히 앤드류 카네기Andrew Carnegie와 존 D. 록펠러John D. Rockefeller가 재산의 환원을 시작했다. 록펠러의 자문이었던 프레드릭 게이츠Frederick Gates는 그에게 이렇게 말했다. "당신의 부는 눈덩이처럼 불어나 눈사태가 되었다! 당신은 시류를 따라야만 한다! 재산이 불어나는 속도보다 더 빠른 속도로 그것을 분배해야 한다!" 이를 보면 새로운 자선활동의 눈에 띄는 특징 중 하나는 그 시대에 대한 인식이었던 듯하다. 최소한 몇몇 기부자들은 자신들이 이 위협적인 우려와 분노를 진정시켜야 한다는 점을 알았다.

이 시기에 탄생한 새로운 형태의 자선단체는 민간 재단이었는데, 라이히에 따르면 규모와 성격 모든 면에서 과거의 자선단체와 달랐다.

포괄적이고 보편적인 목적을 지닌 기관으로, 직접 서비스를 제공하기보다는 사회문제의 근본 원인을 해결하기 위해 노력하면서 ("소매"가 아니라 "도매"로) 다른 제도들을 지원하고 사실상 새로운 조직, 예컨대 연구소 등을 세우면서 자금을 제공하려고 했다. 또한 유급 전문 직원을 둔 민간의 자율적인 이사들에 의해 운영되도록 설계되었고 공익을 대변하고자 했다. 이러한 재단의 또 다른 새로운 측면은 방대한 자원 덕분에 좀 더 평범한 기부금과 달리 대규모로 운영될 수 있었다는 점이다.

다시 말해, 카네기나 록펠러와 같은 소수의 부유한 사람들은 이러한 재단을 통해 엄청난 액수의 돈을 공익사업에 기부했고 그럼으로써 국정과 관련하여 수많은 공직자에 버금가는 발언권을 획득할 수 있었다. 새로운 재단들은 틈새를 노려 특정한 대의를 추구하기보다 마치 국가처럼 인간의 보편적인 복지에 관여했다. 이 새로운 자선활동은 기업에 비견할 만한 기관에 의해 전문적으로 관리되었고, 마치 정부처럼 전문가들의 권고를 받았는데 바로 이 점이 주먹구구식의 자발적인 조합과는 달랐다. 그 당시 록펠러가 썼듯이, "이 자선사업을 적절하고 효과적으로" 운영하는 것이 중요했다. 신흥 자선활동은 토크빌이 목격했던 공동의 문제를 해결하기 위해 함께 모인 지방의 헛간 준공식과는 거리가 멀었고, 점점 더 "부, 대개 개별 자본가들이 이윤 활동을 통해 최초로 벌어들인 것을 '비영리 부문'을 통해 사적으로 재분배"하는 일로 변화해갔다고 시카고 대학의 역사학자 조너선 레비Jonathan Levy는 말한다.

이렇듯 새로운 관대함은 그 규모가 엄청났지만, 비판도 있었다. 기부된 돈이 어떻게 만들어졌는지 다룰 필요가 있었다. 라이히에 따르면, 새로이 설립된 재단들은 "도금시대의 악덕 자본가들이 아마도 부정하게 취득했을 부를 대표했기 때문에" 애를 먹고 있었다. 록펠러가 눈덩이처럼 불어난 그의 돈을 처리하기 위해 자선 재단을 설립하겠다고 제안했을 때, 그 돈은 애초부터 썩은 것이라고 주장하는 강력한 저항의 목소리가 대두했다. 시어도어 루스벨트Theodore Roosevelt 대통령은 "이렇듯 재산을 쏟아붓는 자선단체가 아무리 많다 한들 그 재산을 획득하는 과정에서 벌인 잘못을 배상할 수는 없다"고 말했다. 록펠러의 자애롭지 못한 석유 독점과 노조 탄압의 기억들이 생생하게 남아 있었기 때문이다. 찰스 비어드Charles Beard와 메리 비어드Mary Beard는 악덕 자본가들의 "원초적인 금권정치", "안전과 속죄로 좀 더 점잖아 보이게끔 겉치장을 해가며" 이들이 "이리저리 몸부림치는" 방식을 기록했다. 부정부패 탐사 기자이자 악덕 자본가라는 말을 처음 만들어낸 것으로 알려진 매슈 조지프슨Matthew Josephson은 1934년에 역사서 『악덕 자본가The Robber Barons』에서 이들이 "마치 많은 돈을 내지 않으면 신이 노여워할 것을 두려워하는 듯, 성공적인 약탈로 취한 전리품의 상당 부분을 내놓으려고 서둘렀던" 방식을 기록했다.

또 다른 비판은 이 새로운 자선활동이 잔인하게 번 돈을 세탁했을 뿐만 아니라 민주 사회에 영향을 끼치는 집단으로 변환된 방식에 초점을 맞추었다. 라이히는 새로운 재단들이 "아주 반민주적인 제도, 즉 영구히 존재할 수 있으며 오로지 엄선된 재단 이사들에게만 책임을 지는 기관이었기 때문에 문제가 있었다"고 썼다. 그 예시로서 미국시민자유연맹American Civil Liberties Union의 회장을 오래 역임한 유니테리언교의 목사, 존 헤인스 홈스John Haynes Holmes의 비판을 인용했다.

나는 지금 이러한 재단을 총괄하는 사람들, 예컨대 록펠러 재단을 대표하는 사람들이 지혜롭고 통찰력이 뛰어나며 선견지명이 있고, 또한 그야말로 최선의 동기를 가지고 활동한다는 사실을 당연하게 생각한다. … 내 견해는 온전히 민주주의 사상에 기반한다. … 이러한 관점에서 보면 이 재단은 민주주의 사회의 모든 관념에 비추어 혐오스러운 것임이 틀림없다.

라이히가 지적하는 것처럼, 오늘날 이러한 비판은 거의 들을 수 없다. "우리는 100년 동안 아주 멀리 왔다"고 그가 말했다. "자선가들은 널리 존경받고 있으며, 부자들의 재단 설립에 대한 반응은 공적이거나 정치적인 회의주의가 아니라 시민들의 감사로 표현된다." 부자들이 자기 돈을 기부한다고 해서 미국 대통령이나 상당한 영향력을 갖춘 언론인들이 비난하고 나서는 모습은 상상하기 어렵다. 사실 기자들 사이에서 이 규칙에 대한 예외가 발생하면 다른 기자들이 재빨리 수습에 나섰다. '자선활동의 속사정Inside Philanthropy'이라는 웹사이트의 개설자이자 그 분야의 몇 안 되는 비판적인 경향을 지닌 영향력 있는 기록자 중 한 명인 데이비드 캘러헌David Callahan이 관련 주제를 다룬 책 『기부자들The Givers』을 최근에 출판했을 때, 동료 언론인인 「뉴욕타임스」의 한 평론가는 기부자들이 한 세기 동안의 설득으로 얻어낸 이익이 무엇인지를 드러내 보였다. "많은 독자들이 화가 나서 포기할 지경에 이르렀다. 그래서 이제 우리는 부자들이 사회적 의식을 너무 많이 가졌다고 초조해해야 하는가? 이 사람은 도대체 무엇을 원하는가?"

21세기 초, 언론인이 엘리트 권력을 비판했다는 이유로 동료들을 저격할 수 있다는 사실은 자선가에 대한 우려가 일반적이었던 20세기 초에는 상상할 수도 없었던 일이다. 오늘날과 달리 그 시절에는 기부한다고 해서 기부자가 면책권을 얻지는 못했다. 기부한다고 해서 사람들이 미소 짓거나 그 돈의 기원에 관해서 하고 싶은 말을 애써 참지도 않았다. 기부한다고 해서 언론인이 그들을 무조건 옹호하지 않았고 변호하려고 달려들지도 않았다. 기부한다고 해서 부가 창출되는 시스템에 대해 침묵하지도 않았다. 번 돈의 일부를 기부했기 때문에 이러한 일들이 일어나기 위해서는 어떤 문화가 발명되고 확산되어야만 했다. 결국에는 그렇게 되었는데, 자선활동이 어떻게 보일지에 대해 큰 관심을 가졌던 카네기가 1889년에 쓴 에세이는 이 새로운 문화의 기반을 닦은 지적 작업의 산물이었다.

"부Wealth"라는 제목을 단, 그러나 "부의 복음서gospel of wealth"로 더 널리 알려진 카네기의 에세이는 자선활동에 대한 새로운 관점을 수립하는 데 기여했다. 자신과 다른 이들이 직면했던 종류의 비판을 반박했을 뿐만 아니라 비판자들의 권위를 효과적으로 실추시켰고 그들의 질문할 권리에 의문을 제기했다. 카네기는 자신을 비롯한 거액 기부자들이 돈을 벌기 위해 했던 그 모든 소름 끼치는 일들을 해명하고, 공적인 이슈들을 지배하는 사적인 권력에 대한 민주주의 사회의 우려를 가라앉히는 작업에 착수했다. 비판자들이 바랐던 것은 카네기와 록펠러 같은 이들이 덜 극단적으로 가져가서 그들이 내놓는 것도 적은, 결과적으로 휘두르는 권위 또한 제한되는 세계였을 것이다. 만일 카네기가 이에 대항하려 한다면 극단적으로 가져가는 시기에 이어 극단적으로 주는 시기가 뒤따르는 것이 그 반대보다 더 낫다고 주장해야 했다.

「북미 리뷰North American Review」에 실린 카네기의 복음은 비판자들이 염두에 둔 문제를 능숙하게 규정하는 일에서부터 시작했다. 그는 불평등이 바람직한 것은 아니지만 진정한 진보로 나아가는 데 따르는 불가피한 비용이라고 주장하며, 다음과 같이 썼다. "인간 생활의 상태는 단지 변화되었을 뿐만 아니라 근본적으로 변혁되었다." 카네기는 불평등이 일반적으로 생각하는 것보다 더 좋은 것이라고 설명했다. "오늘날 우리는 백만장자의 궁전과 노동자의 오두막을 대조하며 문명화와 더불어 나타난 변화를 측정한다. 그러나 이는 개탄할 것이 아니라 매우 유익한 변화로 환영받아야 한다." 계층화는 진보가 치러야 할 비용이었다.

물론 불평등이 진보의 대가였다고 하더라도, 그 시대의 신흥 백만장자들이 그들의 사업으로부터 그토록 많은 돈을 벌면서도 노동자에게 그렇게 적게 줄 필요는 없었을 것이다. 탐욕을 조금만 자제했다면 노동자의 집이 궁전은 아니더라도 오두막보다는 나은, 제대로 된 공간으로 개선될 수 있었을 것이다. 카네기는 이 점을 부정했다. 그는 파산하지 않으려면 인색할 정도로 공격적인 방식으로 운영하는 것 말고는 달리 선택의 여지가 없었다고 말했다.

경쟁의 법칙 아래에서는 수천 명의 고용주들이 극도로 심하게 절약할 수밖에 없는데, 그중에서도 노동자에게 지급되는 몫이 가장 중요하다. 그래서 종종 고용주와 고용인, 자본과 노동, 부자와 빈자 사이에 마찰이 존재한다.

이는 두 단계에 걸친 카네기의 지적 작업 중 첫 번째 단계다. 만약 여러분이 진보를 원한다면, 부자들이 할 수 있는 한 많은 돈을 벌도록 내버려 두어야 한다. 심지어 불평등을 확대하더라도 말이다. 기업가들은 이러한 허가를 받을 자격이 있다. "조직과 경영을 위한 재능을 가진 이들은 드물기" 때문이다. 그 방법에 대해 질문을 제기할 여지는 없다. 카네기는 다음과 같이 썼다.

그러므로 우리는 환경의 거대한 불평등, 산업이든 상업이든 소수의 수중에 집중되는 일을 적응해야만 하는 조건으로서 받아들이고 환영한다.

이 산업 관리자들industrial steward이 가장 잘 알고 있다는 사실을 의심하지 않도록 카네기는 "그들의 재능은 이를 소유한 자들이 변함없이 막대한 보상을 받고 있다는 사실에 의해 입증된다"고 말했다. 다시 말해, 부자들이 가능한 한 많은 돈을 자유롭게 벌 수 있도록 해야 한다. 왜냐하면 많은 돈을 버는 경향이 있는 이들이 있을 때, 그 돈이 다시 우리 모두를 위한 진보를 가져오기 때문이다.
이러한 식으로 카네기는 토론이 차단된, 부를 창조하는 경제 시스템을 선포했다. 이제 복음의 후반부를 살펴볼 차례다.

그러면 한 가지 문제가 제기된다. 만약 앞서 말한 논의가 옳다면, 이것이 우리가 다루어야 할 유일한 문제일 것이다. 문명의 토대를 이루는 법칙에 따라 소수의 수중에 부가 집중된 이후에 이를 적절하게 관리하는 양식은 무엇인가?

부를 나누는 다양한 방법을 고려하면서 카네기는 가장 흔한 두 가지 접근법, 즉 후손에게 주거나 사후에 주는 방법을 조롱했다. 전자의 접근은 아이들을 허약하게 만들었다. 후자의 접근은 잠재적으로 도울 수 있는 수십 년이라는 시간을 후원자가 죽기를 기다리면서 허비하게 했다. 카네기는 당시나 지금이나 다른 많은 부자와는 달리, 자선활동을 장려하게 될 가혹한 상속세를 신봉했다. "모든 형태의 과세 중에서, 가장 현명한 듯 보인다." 만약 죽은 다음 그 돈의 상당 부분이 사라진다는 것을 부자들이 안다면 살아 있는 동안 좋은 목적을 위해서 기부하도록 설득할 수도 있었다.

카네기는 부가 공동체에 속한다고 생각했기 때문에 오직 부자들이 적극적으로 기부하는 접근을 지지했다. 기부하지 않고 가지고 있는 것은 빼돌리는 것이었다. 부자는 "과시나 낭비를 피하고 검소하고 수수한 생활"을 실천해야 한다. 남은 재산과 관련해서 그는 "더 가난한 동료를 위한 단순한 대리인이자 수탁인trustee"일 뿐이었다. 그러므로 빼돌리는 것은 대중을 상대로 도적질하는 것과 다름없었다.

많은 돈을 계속해서 비축하는 이들이 있다. 그런데 그렇게 하지 않았다면 그 돈은 공적인 목적을 위해 적절히 사용되어 지역사회에 도움이 되었을 것이다. 그러므로 (대개 국가의 형태를 취한) 공동체는 그 돈이 공동체의 합당한 몫이므로 빼앗길 수 없다는 점을 이들에게 확실히 알려주어야 한다.

지나치게 가져가는 것을 정당화한 카네기는 "지나치게 주는" 원칙도 제시했다. 대중에게 주는 것이 그저 선행이라고만 할 수는 없다. 당신에게 필요하지 않은 돈, 그리고 대중이 쓸 수 있는 돈은 **사실 당신의 돈이 아니다.** 카네기는 수단과 방법을 가리지 않고 돈을 벌 수 있는 권리라는 극단적인 생각을 하는 동시에 돈을 돌려줄 의무가 있다는 극단적인 생각도 제안하고 있었다. 역사학자 레비는 "이상하고, 겉보기에 모순적인 그림"이라고 말한다. "책상 앞에 앉은 카네기가 카네기 철강 회사의 경영진에게 임금을 대폭 삭감하라고 지시하는 편지 한 통을 쓴 다음, 자선활동 담당 임원에게 자신의 부(그 임금을 대폭 삭감해서 번 이윤)를 재량껏 기부하라고 또 다른 편지 한 통을 쓴다."

이렇게 보면 카네기에게 불평등이란 가져가는 단계와 돌려주는 단계 사이의 짧은 상태에 불과했다. 그는 돌려주는 일이야말로 "일시적인 부의 불평등한 분배에 대한 부자와 빈자의 화해, 화합의 지배를 가져오는 진정한 해독제"라고 말했다. 일시적인 불평등이라는 이 관념은 특히 중요하다. 카네기가 보기에 불평등은 과도적인 것, 진보를 위한 필요조건이지만 그 진보의 열매 덕분에 곧 돌이킬 수 있는 것이었다.

카네기는 애초에 가난한 사람들이 더 많은 급여를 받는다면 그러한 도움이 필요하지 않을 수도 있다는 반대를 예상한 듯했다. 그는 한껏 온정주의를 과시하며 일시적인 불평등의 필연성을 방어했다. 그는 "소수의 손을 거쳐서 전달될 부는 사람들에게 소액으로 배분되었을 경우보다 인류의 고양을 위한 더 큰 잠재력이 될 수 있을 것"이라고 말했다. 이어지는 문장을 보면 그가 말한 "소액"이 임금을 가리키는 것임은 분명하다. 기업가이자 자선가로 변모하여 자기 이름을 따서 맨해튼에 쿠퍼 유니온Cooper Union을 창립한 피터 쿠퍼Peter Cooper의 사례를 인용하면서 카네기는 다음과 같이 썼다.

만일 사람들에게 소액으로 배분되었다면 이 돈의 상당 부분은 식욕의 탐닉에 그것도 아주 심하게 낭비되었을 것이다. 일부라도 가정의 안락함에 보탬이 되도록 하는 등 최선의 용도로 썼다 하더라도 과연 쿠퍼 연구소에서 세대에서 세대를 거쳐 흘러나오고 또 흘러나올 예정인 그 돈에 비할 만큼 인류를 위한 결실을 만들어낼 수 있을지 의문이 든다.

카네기는 그가 노동자에게 급여를 충분히 줄 수 없고, 얼마나 많은 노동시간이 과도한 것인지를 두고 감상적일 수는 없다고 믿었다. 그렇게 되면 공익을 훼손할 것이기 때문이었다. 하지만 그는 노동자에게 돌려줄 수 있었다. 그는 자신의 저임금 노동자들이 마침내 누릴 즐거움과 의식 고양을 위해 도서관, 박물관, 그 밖의 공공시설에 자금을 지원했다. 그는 다음과 같이 썼다.

따라서 부자와 빈자의 문제는 해결될 것이다. 축적의 법칙은 구속받지 않을 것이고 분배의 법칙도 마찬가지일 것이다. 개인주의는 계속되겠지만 백만장자는 가난한 사람들을 위해 일시적으로 돈을 관리하는 사람들에 지나지 않을 것이다. 한 계절 동안 지역사회의 늘어난 부의 상당 부분이 이들에게 맡겨지지만, 이들은 공동체가 스스로 할 수 있거나 하는 것보다 훨씬 더 공동체를 위해서 잘 관리할 것이다.

이것이 바로 타협의 정수, 휴전이다. "경쟁적인 시장 안에 우리를 가만히 내버려 두어라. 우리는 승리를 얻은 후에 당신에게 봉사할 것이다. 그 돈은 당신이 쓰는 것보다 당신에게 더 현명하게 쓰일 것이다. 당신은 우리의 부를 즐길 기회를 가질 것이다. 단 우리가 생각하기에 그것을 누려 마땅한 방식으로 말이다."

여기 언젠가 마켓월드의 기부를 지배할 거의 헌법과 같은 원칙들이 있다. 사후 자선사업은 어떠한 자본주의든 정당화한다는 생각, 파괴적인 시장의 냉혹함과 불의도 사후 자선활동에 의해 용서된다는 생각, 기부는 약자를 도울 뿐만 아니라 더 중요하게는 그들이 강자의 털끝도 건드리지 못하도록 한다는 생각, 그리고 무엇보다도 관대함이 더 적절하고 공평한 시스템, 더 공정한 권력 배분의 필요성을 대체하면서 그것을 회피하는 수단이라는 생각이다.

*

카네기의 에세이가 출간된 지 127년이 지난 후에 뉴욕의 한 자선 행사장에 모인 사람들은 그 핵심 원리를 내면화한 것처럼 보였다. 기금을 모으는 그 단체는 어렵고 힘들고 취약하고 가난한 뉴욕 시민들에게 일, 주택, 기술, 교우 관계, 안전을 찾도록 도와준다. 밤새도록 이어지는 무대 위 공연에는 두 유형의 사람들이 있다. 도움을 받는—대부분 흑인이거나 유색 인종인—젊은이들이 기부자들을 위해 반복적으로 춤을 춘다. 그런 다음 공연자들 사이에서 나이가 좀 더 많은 백인 남성들이 불려 나와 칭송을 받으며 그 프로그램을 마련한 이들의 관대함을 이야기하고 박수갈채가 쏟아진다.

이 남자들 대부분이 금융 부문에 종사한다. 이들 중에는 비용 절감을 통해 수익을 올리려고 시도하면서 안정적인 고용을 저해하는 데 일조해온 기업 사냥꾼도 있다. 이들은 빈민가를 고급화하여 부동산 가격을 치솟게 만들고, 그 무대에서 춤을 춘 젊은이들의 가족이 도시 생활을 유지하기 어렵게 만들었다. 이들은 성과 보수*에 우대 조치를 해주는 세법의 혜택을 받는다. 이 특혜로 인해 국고는 비고, 빈민들이 다니는 학교는 자금난을 겪는다. 그 결과 빈민들은 거리로 내몰리거나 때때로 운이 좋으면 자선단체에 의탁하게 된다. 그러나 이 남자들은 관대하고, 그 관대함의 대가로 이러한 쟁점은 제기되지도 않는다. 이 프로그램에 기부한 부류의 사람들이 투자를 다르게 하고, 회사를 다르게 운영하며, 부를 다르게 관리하고, 정치인들에게 다르게 기부하고, 로비를 다르게 하고, 플로리다에서 사는 척하면서 얼마 안 되는 뉴욕시 세금을 회피하려고 하는 것에 대해 다르게 생각한다면, 요컨대 이들이 소중하게 여기는 것들을 기꺼이 내려놓으려고 한다면, 보통사람들의 위태로운 삶이 덜 위태로워질 것이라는 사실을 아무도 말하지 않는다. 한 도시의 하룻밤 일화지만, 이는 광범위하면서도 말해지지 않는 면책의 거래에 관한 것이다. 관대함 덕분에 승자들은 수많은 질문으로부터 면제될 자격을 얻는다.

*

자선의 세계에서 정상에 오르기까지 워커는 이런 종류의 축하 행사에 셀 수 없을 정도로 많이 참석했고, 그때마다 부유한 백인들이

•   carried interest. 사모펀드는 보통 투자자의 자금을 운용하면서 2퍼센트를 수수료로 받고, 투자가 잘 되어 이익이 발생하면 20퍼센트를 추가로 받는다. 미국 사회에는 이 20퍼센트를 세율이 낮은 자본 이득으로 봐야 할지, 세율이 높은 일반 소득으로 봐야 할지를 둘러싼 오랜 논쟁이 있다.

자신을 추켜세우는 멋진 말을 하는 것을 묵묵히 견뎌냈다. 이들은 워커는 벗어났지만, 거의 벗어나기 힘든 삶과 자신들의 풍족한 삶 사이에는 어떤 연관성도 있다고 생각하지 않았다. 워커는 이러한 면책의 거래에 도전하기 위해서 편지를 썼다. 그동안 쌓아온 분노를 끌어모아 금기를 깨기로 했다.

"대런을 봐." 자신의 추종자들이 속삭이는 것을 흉내 내며 그가 말했다. "저들은 왜 대런처럼 되지 못할까? 내 말은, 대런을 보라고. 그에게는 홀어머니뿐이야. 그는 끝까지 학교를 마쳤어. 너도 알잖아, 대런에게는 아버지가 없다니까. 그는 자기 아버지가 누군지조차 몰라." 가난한 모든 사람들은 왜 대런 워커처럼 되지 못했을까? 이것이 대런의 삶이 이들에게 던진 의문이었다.

어느 날 워커는 자신의 포드 재단 사무실에서 "내가 해야 할 일 중에는 사람들이 모두 나와 같이 될 수는 없다는 점을 부유한 엘리트에게 환기시키는 것도 있다"고 말했다. "우리가 하는 일은 배경이나 유산이 나와 비슷한 이들이 나처럼 되는 것을 더 어렵게 만듭니다. 우리가 하는 일이란, 바로 나 같은 사람이 앞으로 계속해서 나오는 것을 체계적으로 불가능하게 만드는 일이라고요. 이렇듯 끔찍한 일을 하고 있기 때문에, 나라도 나서서 이야기를 할 필요가 있다고 생각했습니다. 내가 그 일을 해야만 한다고 생각했죠."

이러한 충동이 발전하기까지 오랜 시간이 걸렸다. 워커가 어릴 때부터 자선사업을 위해 타고난 인물이 아니었던 것처럼, 처음부터 그가 자선활동에 비판적이었던 것은 아니다. 그는 루이지애나에 있는 라파예트 자선 병원에서 태어났다. 부유한 사람들은 각각 찾아가는 병원과 의료 기관이 있었고, 가난한 백인과 아프리카계 미국인은 자선 기관의 보살핌을 받았다. 워커의 어머니는 자신이 가혹한 처지에 몰려 있음을 알았다. 그녀는 "이 작은 마을에서, 결혼도 하지 않은 채 한 남자와의 관계에서 두 아이를 낳은" 흑인 어머니였다. "그리고 그는 분명 그녀와 결혼하지 않을 것"이었다고 워커는 말했다. 그의 어머니는 "멋졌고, 실로 여러 방면에서 도전을 받았겠지만 선견지명과 뛰어난 야망을 가지고" 있었다. "떠나야겠어." 어느 날 그녀는 가족을 데리고 텍사스주 리버티 카운티의 에임스Ames라는, 워커가 말하는 "검둥이 마을"로 이주했다.

워커의 어머니는 간호조무사가 되기 위해 공부했고 곧 자격증을 땄다. 그녀는 늘 일했지만 가난을 벗어날 수는 없었다. 워커는 아주 작은 집에서 지냈던 일과 전기 기사나 전화 기사가 납부 기일을 넘긴 서비스를 차단하기 위해 찾아왔던 일을 기억한다. 그는 이들과 협상을 하거나 유예 기간 또는 최소한 그의 어머니가 나가서 수표를 현금을 바꿔 돌아올 정도의 시간을 요청하곤 했다.

어느 날, 한 여성이 집을 찾아와 워커를 헤드스타트Head Start라는 프로그램에 등록해도 되겠냐고 물었다. 워커의 어머니는 어떤 프로그램인지 잘 알지 못했지만 동의했다. 여기에서 다시 한번 워커에게 축복인 자선단체가 나타났는데, 정부 업무를 조금 보완하는 정도의 기능을 하는 곳이었다. 1920년대부터 록펠러와 다른 기부자들은 아이들에 대한 연구에 자금을 지원했다. 그 대부분이 아이오와 대학의 아동복지연구소Child Welfare Research Station에 기반을 두고 있었다. 이곳의 연구자들은 당시로서는 논쟁의 소지가 있었던 '아이들의 성공은 유전보다는 그들에게 주어진 기회에 의해 좌우된다는 생각'을 확립했다. 연구자들은 수십 년 동안 정치의 그늘에 가려진 채 조용히 자신들의 주장을 펼쳐왔다. 그 후 1965년 5월 18일, 린든 존슨 대통령이 백악관의 로즈 가든에서 "빈곤한 아이들이 영원히 빈곤의 포로이지는 않도록" 하는 새로운 계획을 발표했을 때, 자선단체로 시작했던 것이 공공 정책이 되었다. 몇 주 안에 정부는 53만 명의 아이들을 대상으로 하는 2,500개의 유치원 프로그램을 개설했다. 가을에 등교할 수 있도록 아이들을 준비시키고, 건강에 문제가 있는 수만 명은 치료하는 것을 목표로 했다. 워커는 이 최초의 50만 명의 등록자 중 한 명이었다.

워커는 또한 메이저스Mrs. Majors라는 이름의 교사가 베푼 친절과 지혜의 덕도 보았다. 그녀는 워커에게 재능은 있다고 격려하면서도 옳지 않은 행동을 하면 자칫 특별 교육을 받을 수 있다고 말해주었다. 시스템상 너무 많은 흑인 소년이 이 특별 교육을 받았는데, 그곳을 거치면 거의 필연적으로 감옥에 가게 되었다. 메이저스 여사의 사회학적 통찰력은 타당했다. "내 사촌 중 여섯 명의 남자들이 감옥에 있었습니다." 워커는 말한다. "그중 한 명은 교도소에서 자살했고요." 메이저스 여사의 경고는 워커가 자신을 단속하는 데 도움이 되었다.

그가 살아온 길을 보면 크고 작은 권력의 개입이 개인의 삶에 변화를 주기도 한다는 사실을 알 수 있다. 그러나 그의 삶에는 전체로서 시스템을 바꾸지 않으면 아무것도 바뀌지 않는다는 것을 상기시키는 순간도 많았다. 예컨대 그가 열두 살이었을 때, 그는 어쩔 수 없이 집이 빚더미에 나앉지 않도록 어머니의 수입을 벌충하기 위해 식당에서 일을 했다(나중에 그는 자신을 차기 이사장으로 검토하고 있던 포드 재단의 이사들에게 지금껏 했던 다른 어떤 일보다 이때 식당에서 한 일이 재단 일을 맡는 데 요긴한 경험이 되었다고 말하곤 했다). 그의 나이를 감안하면 불법 고용이었기에 그는 일하면서 본능적으로 어두운 무언가를 느꼈다. 그는 인간 사회의 주변부에서 살아가는 느낌을 가졌다. 그는 삶의 케케묵은, 그러나 추상적인 사실을 식당에서 생생한 현실로 체험했다. "사치와 풍족함 속에서 외식을 할 만한 경제력을 갖춘 사람들이 있는 방 안을 돌아다니는 겁니다. 그들은 한 끼 식사를 하고 훌륭한 와인을 마시는 데 필요한 실제 비용보다 더 많이 지불할 수 있는 가처분 소득을 가지고 있지요." 워커가 말했다. "그리고 당신은 그 방의 가장자리를 돌아다니는데 보이지는 않습니다. 사람들 주변에서 접시를 치우고 식탁을 닦아도 당신은 보이지 않아요. 보이지 않는 존재입니다. 아무도 '고마워요'라고 말하지 않습니다. 아무도 당신의 존재를 인정하지 않아요. 나에게 그 경험은 가장 심오하고도 중요한 것으로 남아 있죠."

그럼에도 그는 뛰어난 사람들은 일할 수 있고, 구매할 수 있고, 무력한 상태에서 벗어날 수 있다는 아메리칸 드림의 한 예시가 되었다. 그의 사촌들이 감옥을 들락날락할 때 그는 오스틴에 있는 텍사스 대학에 들어갔고, 그곳에서 학사 학위와 법학 학위를 취득했다. 그는 클리어리가틀립스틴앤드해밀턴Cleary Gottlieb Steen & Hamilton이라는 로펌에 들어갔다. 그는 금융서비스 회사인 유니언뱅크스위스Union Bank Switzerland, UBS로 옮겼고, 자본시장 부서에서 7년간 일했다. 그러고 나서 사직서를 제출하고 희망에 들뜬 마음으로 1년 동안 할렘Harlem에서 자원봉사를 했다. 과거 자신의 가족과 처지가 비슷한 가정을 도운

이때의 경험이 그의 마음을 움직였다. 그는 할렘의 지역사회 발전기구인 아비시언 개발공사Abyssinian Development Corporation에 입사해 공공주택과 공립 학교 건설에 몰두했다. 이후 그는 록펠러 재단으로 옮겼다. 입사 첫날 한 동료로부터 통상적인 '록펠러 유형'이 아니라는 말을 들었는데, 이는 그가 흑인이어서가 아니라 동성애자이기 때문이었다. 마침내 그는 수십억 달러의 투자 포트폴리오를 감독하는 포드재단에서의 업무에 정착했다.

공식적인 지위에 더해 주변을 밝게 하는 매력, 용의주도한 불손함, 같은 공간에 있는 모든 사람에 대한 배려를 잃지 않았던 그는 뉴욕 사회의 상류층까지 치고 올라갔다. 그는 외교관계위원회Council on Foreign Relations의 위원이었다. 또한 뉴욕시 발레단, 록펠러 자선활동자문단Rockefeller Philanthropy Advisors, 하이라인의 벗Friends of the High Line의 이사였다. 사람들은 워커와의 친분을 과시하기 위해 그를 대런이라고 칭하고는 했다. "있잖아, 대런이 요전에 말하기를…" 어느 날엔가 그는 중국 대통령을 위한 백악관 국빈 만찬에 참석했고, 또 어느 날엔가는 실리콘밸리에서 마크 저커버그가 자신의 기부를 돌아보는 일을 도왔다.

그가 자선활동의 세계에서 입지를 확고히 한 후에도 자신과 동료들의 노력이 여전히 변화시키지 못한 것을 상기시키는 일은 언제나 있었다. 어느 날 밤 그는 한 축하 행사에서 여동생이 보낸 문자를 받았다. 숙모 베르타의 장례식 사진이 함께 있었다. 워커는 사진 중 한 장에서 사촌을 발견했다. 그는 죄수복 차림이었고, 모르는 백인 남자가 그의 뒤에 서 있었다. 워커는 "저 사람은 누구야?"라고 물었다. 루이지애나주는 친척의 장례식이 있으면 이따금 감옥에서 내보내준다는 답장이 왔다. 봉사료를 지불하면 경찰관 한 명이 동행한다. 또 다른 날, 다른 장례식에 관한 다른 메시지가 도착했다. 그의 다른 사촌이 죽었을 때였다. 그들은 돈이 없었고, 그래서 워커의 어머니가 그가 대금을 결제하는 신용카드를 사용해서 비용을 부담했다.

그의 삶에서의 불협화음은 시간이 흐를수록 더욱 커졌고, 자신의 일에 대한 의구심도 커졌다. 그해에 그가 받은 보수는 78만 9,000달러였다. 그는 멋진 옷을 입었고, 억만장자 친구가 있었으며, 호화로운 축하연에 참석하고, 고가의 식당에서 만찬을 했으며, 매디슨 스퀘어 파크의 호화로운 아파트에 살았다. 아파트에는 그에게 필요하지 않았던 세금 감면이라는 우대 조치도 있었다. 세금 감면은 워커의 죄의식을 자극하면서 그를 괴롭혔다. 그는 아파트로 세금 감면 혜택을 받은 백만장자와 억만장자들 사이에서 살았다. 이 돈은 그가 텍사스에 남겨둔 사촌과 다른 모든 이들에게 투자될 수도 있었다. 아무리 원칙적이라고 해도 그나 또 다른 누군가가 세금 감면을 포기할까? 절대로 아닐 것이다. 바로 이것이야말로 그가 시스템에 대해 말해야만 한다고 생각하게 된 이유였다. "왜 우리는 이런 일이 일어날 수 있는 사회에 살고 있는 걸까요?" 그가 물었다. "개선하려면 무엇을 해야 할까요? 특권을 가진 우리가 그 일에 관여해야만 합니다. 왜냐하면 우리는 한편으로 '뉴욕에서 겪는 이 주택 가격 급등 현상이 끔찍하지 않아?'라고 말할 수 없기 때문이며, 결국 동전의 양면이지만 근본적으로 부패한 시스템을 받아들이기 때문입니다."

그는 생각에 잠겼다. "내게 주어진 특권이 정말이지 궁금한데, 그

안에서 너무 안락하게 있는 것은 아닐까요?" 그는 죄책감이 "매일같이 나를 너무나 힘들게 한다"고 말했다.

사회과학자는 리더가 얻는 자원의 일종으로 "괴짜 점수[•]"를 이야기한다. 이를 통해 그들 집단의 규범을 혁신하기도 하고 심지어 그것에 저항할 수도 있다. 워커는 인정받기 위해 열심히 일했다. "자신의 길을 개척할 때는 미묘한 차이를 만들어야 하며 그러한 싸움을 선별해야만 한다"고 그가 말했다. 포드 재단에서 그는 최고의 자리에 올랐다. "사람들이 내 전화에 답을 합니다. 밥 루빈[••]과 로저 올트먼[•••]을 보러 갈 필요도 없습니다. 이들이 포드 재단으로 오니까요." 실제로 수십 년간 정부와 금융 사이의 회전문을 오가며 최고의 지위에 올랐던 이 두 사람이 워커의 사무실에서 막 걸어 나왔다.

워커는 자신이 얻은 새로운 지위로 무엇을 할 수 있는지, 자신이 밖에 남겨두고 온 이들을 위해 내부에서 그 지위를 어떻게 "활용leverage"할 수 있는지 자문했다. 이는 포드 재단의 역할을 맡기 전 인터뷰 자리에서 그가 재단 이사들의 질문 중 하나에 답변했던 내용이기도 했다. 그는 질문을 받았다. "어떤 유형의 이사장이 되겠습니

- idiosyncrasy credits. 심리학자 에드윈 홀랜더Edwin Hollander가 주창한 개념으로, 집단의 기대에서 임의로 이탈할 수 있는 재량권을 말한다. 동료 집단으로부터 인정을 받아야 이러한 권한을 가질 수 있는데, 애덤 그랜트는 『오리지널스』에서 평판이 좋은 사람들은 권력이 없어도 주변을 움직이는 힘이 있다고 주장하며 이 개념을 차용했다.
- •• Bob Rubin. 밥은 로버트의 별칭으로, 루빈은 250쪽에도 등장했다. 클린턴 행정부의 재무부 장관, 골드만삭스와 씨티은행 회장을 역임했다.
- ••• Roger Altman. 카터 행정부와 클린턴 행정부의 재무부 고위 관료 출신이며, 투자은행인 에버코어Evercore의 창업자이기도 하다.

까?" 그는 "우리 사회의 심각한 불평등을 증대시키고 사람들, 특히 저소득층과 유색인에 대한 심각한 배제와 소외를 심화시키는 이 나라의 구조와 제도와 문화적 관행을 포드 재단의 이사장이라는 지위를 이용해서 심도 있게 파헤치고 싶다"고 답했다.

워커는 자신이 싸워서 쟁취하고 싶은 종류의 세상을 알고 있었고, 그것을 향하는 수많은 길이 있다는 것도 알았다. 하나는 자신이 올라갔던 구름 위 같은 상류층에서 떨어져 나와, 그의 표현대로 "빈곤의 해결을 말하면서 전용기를 타고 다보스, 벨라지오, 아스펜 등에 참석하는 부자들globetrotting jet set"을 버리는 것이었다. 워커는 '그 내부의 모순'을 두고 고군분투했지만, 또한 식당의 빈 그릇을 치우는 성난 소년과 UBS의 은행가가 얼마간 섞인 자기 자신을 직시할 만큼 현실적이었다. 자신이 할 수 있는 일은 문 안쪽으로 들어오게 해준 승자들을 설득하는 일이라고 그는 결론을 내렸다. 그들이 자기 자신과 다른 사람들에게 들려준 많은 이야기가 진실이 아니며, 이러한 거짓된 이야기들이 끔찍한 결과를 가져온다는 사실을 그들에게 확신시킬 자신이 있었다. 그런 이야기들을 없앨 때, 아마도 평등과 공정한 사회에 대한 새로운 대화가 가능할 것이다. 아마도 그들은 자신이 사회 변화를 말하며 선택한 수많은 접근법이 결국에는 자기 잇속을 차리는 수단이었음을 알게 될 것이다. 아마도.

*

워커의 편지는 2015년 10월, 온라인에 게재되었다. 그 편지는 자선 세계 구석구석으로 퍼져나갔고 어떤 이들은 서너 명의 다른 사람으로부터 똑같은 이메일을 받기도 했다. 편지는 기부 세계를 뒤흔들며 많은 사람들 사이에서 회자되었다.

워커의 신복음은 당연하게도 카네기로부터 출발했다. 워커는 카네기의 글이 "현대 자선활동의 지적인 헌장이며 그 기본 계율은 미국 기부의 근간으로 남았고 나아가 세계적으로 급성장하는 자선 기업의 시대에 엄청난 영향을 미쳤다"고 말했다. 워커의 해석에 따르면, 카네기 에세이의 중심에는 극단적 불평등이 "자유시장 시스템의 불가피한 조건"이며 자선활동은 일종의 효과적인 치료법이라는 관념이 자리하고 있었다.

KKR의 한 임원이 이것을 읽고 고개를 끄덕이는 모습을 그려볼 수 있다. **그래, 정확해, 불가피하다고.** 그러나 그다음 워커는 대본을 벗어나기 시작했다. 그에 따르면, 기부 세계는 "엄청난 특권의 차이를 영속화하고 그것을 개선하는 임무를 특권층에게 맡긴, 이 시스템에 내재된 긴장을 공개적으로 인정하고 대면할" 필요가 있었다. 여기에서 워커는 이미 카네기 협약을 어기고 있었다. 그는 부자들이 '사회의 잉여'를 다루는 데 가장 훌륭하고 정당한 관리자라는 관념에 의문을 제기했다. 시장에서 부가 형성된 이후에 일어난 일만 분석의 대상으로 삼는다는 합의를 거부하고 있었다. 그는 그 부가 어떻게 형성되었고 어떠한 선택들이 그 부의 기원이 되었는지에 관심이 있었다. 그는 물었다. "우리가 개선하려고 하는 그토록 명백한 불평등을 조장하는 근본적인 요인은 무엇인가?"

워커는 "우리가 19세기 자선활동의 기본 교의를 해석함으로써 할 수 있는 것의 한계에 부딪치고 있다"고 주장했다. 그리고 그는 "자선이 필요하도록 만드는 경제적 불의의 환경"을 무시하지 않으면서도 자선활동을 찬미하고자 했던 마틴 루터 킹 주니어Martin Luther King Jr.가 카네기의 굳어버린 생각을 훌륭하게 보완할 것이라고 말했다.

킹은 경제적 불의의 상황을 검토한 후, 권력자들과 관련이 있으며 진정한 관대함은 가져간 것의 일부를 뒤늦게 나누는 것이 아니라 가져가는 것 자체를 억제하는 것일 수 있다고 주장했다.

카네기의 시각에서 보면 불평등은 진보의 자연스러운 부산물이었다. 경제가 변화하고, 새로운 기술이 발명되고, 어떤 이들은 그것을 이용하는 법을 알아냈다. 그들의 부는 급증했고, 다른 이들은 초라한 오두막에 남겨졌다. 워커는 "불평등이 선행요인들, 예컨대 뿌리 깊은 선입견과 역사적인 인종, 성별, 종족 편견에서부터 역진적인 조세 정책에 이르는 이미 존재하는 조건들 위에 형성되며, 제도와 구조에 누적된 이 조건들이 불평등을 곪아 터지게 한다"고 주장함으로써 카네기의 그림을 복잡하게 만들었다. 그는 사람들이 변화를 이용하지 못하기 때문에 뒤처지고 버려지는 것이 아니라고 주장했다. 많은 사람들이 그들, 그들의 부모, 또는 증조부모들이 누구였는지, 그들이 어디에 사는지, 그들의 피부색이나 장애, 그리고 이것들을 다루는 방식과 관련된 사회의 정치적 선택 때문에 불운한 환경에 놓였다. 워커가 보기에 바로 이 점 때문에 진보의 대가로서의 일시적인 불평등이라는 카네기의 관념을 넘어서는 것이 중요했다. 부유한 사람들은 스스로 다음과 같이 물어볼 필요가 있었다. "내가 부를 축적한 경기장은 평평하고 공정했는가? 시스템이 나의 이점을 강화하는 여러 방식으로 나 같은 이들에게 특혜를 주지는 않았나?" 카네기가 제시한 것처럼 부자들은 진보의 과실을 임시로 관리하는 수호자들인가, 아니면 그 진보를 세습의 방식으로 축재한 이들일 뿐인가?

워커는 거대한 부에 무슨 일이 일어나는지에 대해서뿐만 아니라 거대한 부가 어떻게 생기는지에 대해서도 사회가 발언할 수 있어야 한다고 주장했다. 그렇지 않다면, 자선가는 이미 해가 진 뒤에야 달래보려고 애쓰는 바로 그 고통을 자신이 영속화하고 심지어는 악화시키면서 스스로에 대항하는 싸움을 벌이는 것이라고 그는 말했다.

워커는 특권을 지닌 이들이 이제는 자신의 언어와 심성으로 기부 세계뿐만 아니라 여타의 영역까지 지배하면서 더 큰 이득을 얻고 있다고 말했다. 그들은 더 이상 좋은 집과 차의 특권만 누리는 것이 아니다. 이제 그들은 수많은 공공 문제를 어떻게 해결할지에 대해서도 발언권을 가진다. 그는 말한다. "경제적 불평등에 대해 이야기할 때, 우리는 근본적인 위계를 암묵적으로 승인하고 있는지도 모른다. 이 구조에서는 모든 것이 자본으로 연결된다. 삶의 대다수 영역에서, 특히 모든 학문이나 가치의 개념화에서 우리는 시장에 기초한 화폐 본위의 생각을 키워왔다."

워커는 후한 기부자들이 권력마저 갖는 것은 위험하다고 말했다. 포드를 비롯한 재단들은 "물려받은, 위장된, 온정주의적 본능"에 발목이 잡혀 있었다. 서구의 기부자들은 가난한 나라의 수혜자들을 이런저런 명령을 받는 대상, 파트너가 아닌 실행자로 대하는 경향이 있었다. 거대 자선기관은 "다른 이들의 말을 듣고, 배우고, 이들의 위상을 높임으로써 우리가 성취하고자 하는 평등의 모형을" 더 잘 만들 필요가 있었다. 권력이 있고, 종종 그 엄청난 권력을 휘두르는 사람들의 부에 기초하여 설립된 포드와 같은 재단은 이 기부자의 권위에 대해 냉철한 질문을 던지고 현실의 영향력을 제거할 필요가 있었다. "사람들을 불평등과 빈곤의 덫에 빠뜨리는 가장 고질적이고 뿌리 깊은 원인에 우리가 관여하는 것을 우리 자신이 가진 특권을 이용해서 막아볼 수는 없을까?"

워커는 2,000개의 단어들로 마켓월드 자선활동의 오랜 기반이었던 지적 강령을 뒤흔들었다. 이 편지는 그 자신의 오랜 불협화음의 조화를 상징했다. 힐러리 코헨이나 에이미 커디처럼, 그도 시스템을 작동시키는 동시에 그에 대해 우려했다. 자신의 위치를 어떻게 설정할지, 예컨대 침묵을 지킬지, 떠날지, 아니면 도전할지를 고민했다. 그 편지는 그가 포드 재단의 이사장직에 오를 만큼 시스템을 충분히 오래, 그리고 충분히 잘 작동시켰기 때문에 중요해졌을 뿐이다. 그러나 그 편지는 아마도 그 자리에까지 오르기 전에 그것의 잘못된 목표를 알았을, 그리고 시스템을 유용하게 만들지 않고서는 자신의 지위 상승을 거부했을 한 남성에 의해서도 쓰일 수 있었다.

*

워커가 KKR을 상대로 한 적절한 접근법을 고민할 때, 리무진은 한낮의 교통 체증에 발이 묶여 3번 애비뉴를 기어가다시피 했다. 워커가 신복음서를 발행함으로써 그가 졌던 부담의 성질이 반전되었다. 그가 속한 영역의 불편한 진실 중 하나를 말했기 때문에 그의 과제가 바뀐 것이다. 이제 게임에 남아서 권력을 가진 자들로 하여금 계속 귀를 기울이게 만들고, 자신의 부자 친구들을 겁먹게 하여 그들을 쫓아버리지 않으면서도 이의를 제기하는 것이 새로운 과제가 되었다.

차가 몇 바퀴를 밀려가다 멈추고 다시 밀려가는 동안 워커는 친구들로부터 들은 반발, "불평등에 대해 큰소리로 불평하는 일을 멈추고" 그 대신에 "기회를 말하라"는 호소를 곰곰이 생각했다. 그는 그 비판이 자신에게 말하는 바가 무엇인지 궁금했다. 이 부자들은 내심 그의 이상을 지지하고, 그가 원하는 것과 같은 종류의 사회를 원하지만 좀 더 부드럽고 슬기운 언어를 선호했던 것일까? 아니면 애초에 근본적으로 다른 것을 원했을까?

처음에 그는 수년 동안 그들의 신뢰를 얻었던 열린 마음을 드러내며 변호에 나섰다. 비록 그들이 워커가 말하는 불평등이라는 단어를 사용하지는 않지만 "실제로는 '아냐, 나는 기회가 있는 그런 세상을 **정말로** 원해'라고 말할 것"이라고 그는 생각했다. 워커는 이들이 "불평등"이라는 말에서 느끼는 불안감과 자신이 그들을 "들볶고" 있다고 느끼는 이유를 이해했다. 그가 알고 지낸 수많은 승자들에게, 그들 자신에 관한 이야기는 특권이 아니라 투쟁이었기 때문이다. "나는 특혜를 누린 그런 아이가 아니었어." 그는 그들이 이렇게 말하는 것을 상상했다. "나는 정말 열심히 일한다고. 이 얼간이들을 설득하고, 이들에게서 돈을 모으려고 얼마나 애쓰는데! 내 위젯이나 그 무엇이든 팔아보려고 하고 있어. 그러니 내가 특권이 있다는 말은 하지 마. 나는 매일 새벽 4시에 일어나서 라이°에서 뉴욕으로 오는 기차를 탄다고."

278

잠시 후 그는 자신의 아량을 재고했다. "내가 원하는 것을 그들도 원하게 하기는 어렵겠지요." 그가 말했다. "내가 원하는 것은 결국 그들이 무언가를 포기해야만 한다는 것을 의미하기 때문에, 조정이 어려울 겁니다. 핵심은 불평등을 줄이기 위해 우리가 재분배에 대해서 이야기해야 한다는 겁니다. 우리는 형평성에 대해 말해야 해요. 분명 그들에게 영향을 미치게 되겠지요." 그가 원했던 것, 그리고 그가 오랜 시간을 보내면서 비로소 요구할 기회를 얻은 것은 바로 그들의 권력을 통제하는 일이었다. 그는 그들이 더 많은 세금을 내기를 원했다. 그는 그들이 일류 대학에의 기여 입학을 포기하기를 원했다. 그는 말했다. "교육에 대해 얘기하고 싶어 하는 모든 내 친구들에게, 당신이 말해보세요. '자, 기여 입학에 대해 말해봅시다. 소수집단 우대 정책affirmative action을 없애고 있는 시점에서 정말 기여 입학을 생각하는 겁니까? 우리는 그것을 없애야 하지 않을까요?' 오, 절대 아니죠. 그들은 아마도 이렇게 말할 거예요. '무슨, 절대 안 됩니다.'"

아마도 그의 비판자들을 가장 불안하게 한 것은 영리 활동이 바뀌어야만 한다는 워커의 견해였다. 부자들이 더 많은 세금을 낼 필요가 있고, 자신의 아이를 하버드에 몰래 집어넣는 일을 그만두어야 한다고 주장하는 것과—그가 지금 말하는 것처럼—곧 만날 사람들이 종사하는 바로 그 산업이 약탈적인 성격을 지녔다고 주장하는 것은 성격이 아주 달랐다. "사모펀드의 문제는 효율을 중시하고 자신이 투

• Rye. 뉴욕시 북쪽에 위치한 도시로, 가계 평균 소득이 미국 내 상위 1퍼센트에 드는 것으로 알려져 있다.

자한 기업들로부터 가치를 추출하는 데 몰두한다는 겁니다. 이는 비용은 더 적게 들이면서 생산성은 높이도록 하는 것을 의미하지요. 기본적으로 사람들을 내쫓고, 해고하는 겁니다." 그는 말했다. "우리는 지난 20년간의 생산성이 노동자에게 혜택으로 돌아가지 않았다는 사실을 알고 있습니다. 그들의 소득은 그대로니까요." 그에 따르면 그러한 자원은 "추출되고", 이제 KKR과 같은 회사의 수익으로 탈바꿈한다. 그 돈의 일부는 결국 그들이 만들어내는 데 일조한 상처를 달래기 위해 자선단체로 갈 것이다.

만약 워커가 KKR에서 이렇게 말하려고 계획했다면, 분명 지금껏 행했던 수많은 초청 연사 오찬 모임에 비해 훨씬 생동감 넘치는 시간이 될 것이었다.

이러한 생각을 가지고 있음에도 워커는 이 청중을 설득하려는 다른 이들은 갖지 못했던 기회를 얻었는데, 그가 이들에게 말하는 법을 알았고 이들이 나쁜 사람들이라고 믿지 않았기 때문이다. 말하자면 워커는 그들을 비방하지 않았다. 그는 마켓월드의 많은 사람들이 잘못된 신조에 사로잡혔을 뿐이라고 생각했다. 그는 그 신조를 이렇게 정리했다. "세상으로 나가서 최대한 많은 돈을 벌어라. 그리고 할 수 있는 모든 일을 다 해서 우리 자본주의 시스템이 작동하도록 해라. 그러고 나면 당신은 자선가다. 이는 일종의 단계들로, 매 단계는 구분되어 있다."

그가 부자들을 관찰하면서 알게 된 점은 이 신조가 좋은 사람이라는 느낌을 쉽게 갖도록 한다는 것이었다. "분리하는 것이 이들이 대응하는 방법입니다." 그가 리무진의 뒷자리에서 말했다. "만약 그들이 약간의 도덕성을 가지고 있다면, 오싹함을 느끼지 않을 수 없는 일들이 날마다 벌어지죠." 그러나 그들은 "남는 시간에 할렘에 있는 학교의 운영위원으로 참여해야겠다거나 브루클린에 사는 세 명의 흑인 소년을 가르쳐서 예일에 갈 수 있도록 하겠다"고 다짐한다. 그렇게 함으로써 스스로 괜찮은 시민이라는 느낌을 갖는다. "이러한 방법은 그들 자신과 시스템에 다른 것들을 요구하게 만들 수도 있는 두뇌, 도덕성, 인간애의 작동을 멈추게 한다는 점에서 문제라고 할 수 있지요." 워커가 말했다.

*

현대 미국인의 생활에서 워커의 생각을 새클러Sacklers만큼 잘 구현한 가문도 드물다. 그들은 이 나라에서 가장 부유한 가문 중 하나고, 그들의 삶은 자선 은하계의 여러 지점에서 워커의 삶과 교차한다. 예컨대 그와 그들이 기부했던 단체들이 겹치며 워커는 엘리자베스 새클러Elizabeth Sackler가 거액을 기부한 한 박물관으로부터 상을 받기도 했다. 새클러 일가는 카네기의 구복음의 화신이었다. "명예롭게, 사려 깊게, 풍족하게 주고 또 주라. 그리고 그 대가로 돈의 기원이나 그것을 가능하게 한 시스템에 대한 질문은 받지 말아라."

새클러 형제들—엘리자베스의 아버지인 아서와 레이먼드, 그리고 모티머—은 의사였고, 나중에 퍼듀 파마Purdue Pharma라고 불리게 될 한 제약 회사를 공동으로 창업했다. 형제는 뉴욕의 메트로폴리탄 미술관Metropolitan Museum of Art(결국 새클러 관을 열었다), 구겐하임 미술관, 미국자연사박물관American Museum of Natural History, "세계에서 가장 중요한 고대 중국의 옥과 청동으로 된 작품들의 일부"를 자랑하는 워싱턴 D.C.의 스미소니언아시아예술관the Smithsonian Institution's Asian art museum, 런던의 테이트 갤러리Tate Gallery와 왕립예술대학교Royal College of Art, 파리의 루브르, 베를린의 유대인 박물관Jewish Museum, 컬럼비아 대학, 옥스퍼드 대학, 에딘버러 대학, 글래스고 대학, 잘츠부르크 대학, 그리고 텔아비브 의과대학에 엄청난 기부를 했다.

형제들은 개인적으로만 기부한 것이 아니었다. 이들의 회사 역시 지역사회에 감탄할 만큼 관대했다. "약물 남용과 같은 고위험 행동을 줄임으로써 청소년의 건강한 발달을 장려하기" 위해 지역 단체들에 보조금을 제공했다. "전국 수준에서나 우리의 지역사회에서 삶의 질을 향상시키는" 조직을 지원했다. "의료 전문가들이 약의 남용을 인식하고 감축할 수 있도록 돕는" 교육 프로그램에도 자금을 댔다. 코네티컷에 있는 본사 주변에 위치한 스탬퍼드 소년소녀 클럽에도 기금을 제공했는데, 노숙인, 도서관, 스탬퍼드 궁전극장, 코네티컷 발레단, 스탬퍼드 교향악단, 스탬퍼드 상공회의소, 페어필드카운티 기업협회, 스탬퍼드 미술관 및 자연 센터, 해양 아쿠아리움, 유나이티드 웨이, 그리고 유방암에 맞서는 행진Making Strides Against Breast Cancer 에 자원봉사하는 단체였다.

미국뿐만 아니라 전 세계 권력과 영향력의 중심지에서, 새클러 일가의 후한 유산을 만나지 않기는 어려웠다. 그러나 그들이 해결책에 기여하는 것 외에도 문제를 야기하는 과정에서 담당한 역할에 대해 답변할 것인지, 워커가 이제 막 질문을 던진 참이었다.

새클러 일가는 비즈니스와 관련해, 처음에는 눈살을 찌푸리게 하고 결국에는 심각한 법적 문제를 야기한 행위에 연루되었다. 「뉴욕타임스」에 따르면 아서 새클러는 "제약 산업의 보다 공격적인 마케팅, 예컨대 의사들의 콘퍼런스를 후원하며 자신들의 제품을 홍보하게 하는 등의 기법으로 널리 명성(일부에게는 비난)을 얻었다." 공격적인 약품 마케팅의 유산은 수많은 다른 의약품의 판촉에도 영향을 미쳤지만, 1996년에 판매되기 시작한 옥시콘틴OxyContin이라는 진통제는 퍼듀 파마와 그 자회사들, 그리고 미국 사회에 특히 중대한 결과를 초래했다. 옥시콘틴은 심각한 고통을 최대 12시간 유예시키는 강력한 진통제다. 처음에는 약효가 서서히 발휘되어 중독과 남용을 막을 수 있는 획기적인 제품이라고 홍보되었다.

「뉴욕타임스」의 보도에 따르면 "그 주장은 지금까지 제약 회사들이 마약성 진통제를 대상으로 벌인 가장 공격적인 마케팅의 핵심이 되었다." 퍼듀의 파트너인 애봇 연구소Abbot Laboratories를 포함한 옥시콘틴의 홍보 담당자들은 의사에게 식사를 제공하는 것 외에도 이들이 옥시콘틴에 우호적인 입장을 갖도록 하기 위해 집요한 방식으로 영업했다. 의료 매체인 「에스티에이티STAT」에 따르면, 어느 정형외과 의사는 처음에는 옥시콘틴 세일즈맨을 만나주지 않았다. "간호사와 사무실 직원들은 그의 호감을 얻으려면 정크 푸드를 이용하라고 알려주었다." 「STAT」가 폭로한 한 메모에 적힌 세일즈맨의 말이다. 이들은 그 조언에 따라 신속하게 움직였다. 「STAT」에 따르면, 그다음 주에 애봇의 직원이 도넛과 다른 간식들이 든 상자 하나를 안고 나타났다. 그 달달한 간식은 "옥시콘틴"이라는 단어의 철자대로 특별히 배열되어 있었다. 이번에는 담당자들이 의사와 이야기할 수 있었다. "그 후 애봇 세일즈맨들은 매주 의사를 찾아가 최소 세 명의 환자에게 진통제를 옥시콘틴으로 바꾸도록 부탁했다"고 「STAT」가 보도했다.

퍼듀는 또한 일반의들에게 옥시콘틴을 홍보하는 전략을 추진했다. 일반의는 심각한 고통을 치료하고 환자들의 진통제 남용의 징후를 추적하는 데 있어 정형외과 의사 같은 전문의보다 훈련이 덜 되어 있다는 약점(또는 관점에 따라 장점)을 지니고 있었다. 물론 전문의보다 일반의들의 수가 훨씬 많았다. 옥시콘틴을 팔기 위한 이 공습과도 같은 홍보 전략을 통해 1990년대 중반 소규모 제약사였던 퍼듀는 2001년 한 해에만 거의 30억 달러의 매출을 올렸다. 그 5분의 4는 옥시콘틴으로 벌어들인 것이었다.

나중에는 "옥시"라고 불리게 된 이 약품은 통증을 줄이는 강력한 신무기였지만, 머지않아 널리 남용되는 거리의 약물이 되었다. 삼키는 약이었기 때문에 약효가 오래갔다. 그러나 「뉴욕타임스」는 "경험 많은 약물 남용자뿐만 아니라 10대 청소년을 포함한 초보자도 옥시콘틴 1정을 씹어 먹거나 아니면 부순 다음 그 가루를 코로 흡입하고 바늘로 주사하는 것이 헤로인만큼 강력한 황홀감을 만들어낸다는 사실을 발견했다"고 썼다. 그래서 옥시콘틴은 점점 더 많은 수의 과다 복용 및 사망에 연루되기 시작했다. 세기가 바뀔 무렵, 이 죽음들은 몇 년 후에 전국적으로 확산되는 "진통제 유행병opioid epidemic"의 초기 징조로 밝혀졌다. 마침내 질병통제예방센터Centers for Disease Control and Prevention는 1999년과 2014년 사이에 처방 진통제 과다 복용 사망자가 4배 증가했다고 보고하고, 그 전해에만 1만 4,000명이 사망했다고 주장했다. 같은 해, 거의 200만 명의 미국인들이 "처방 진통제를 남용하거나 중독되었고," 암 이외의 병으로 이 약을 복용한 환자의 4분의 1이 중독과 사투를 벌였다. 하루에 1,000명 이상의 사람들이 진통제 때문에 응급실로 보내지고 있었다. 온라인 게시판에서는 사람들이 죽음에 이르지 않고 최고의 황홀경에 이르는 가장 좋은 방법에 관한 정보를 교환했다.

답변re: 씹을 것인가, 아니면 통째로 삼킬 것인가?
내성이 아주, 아주 빠르게 커진다는 점을 꼭 명심해라!!!
나는 오전 10시 이후에 80mg 두 알을 먹었고 오후 10시에 1정을 코로 흡입했다. 3년간의 경험을 말하는 것이다. 나는 통증 치료가 필요한 두 가지 중요한 질환을 앓고 있지만 2.5 또는 2.25면 견뎌낼 수 있었다. 주말에는 마음대로 했고, 내가 얼마나 활동을 하는가에 따라 달라졌다. 걷는다거나 등등.
조심해라. 나는 하루에 80mg으로 시작했고 ⋯ 지금은 하루에 300mg이다. 다 떨어진 다음 금단 증세를 겪고 싶지는 않을 것이다. 나는 작년 12월 24일에 이 수준에서 일주일 일찍 약이 떨어져 정말 힘들었다. 당신이 이 고통을 알 필요는 없다.

이렇듯 다가오는 거대한 사회문제를 아무도 보지 못하는 경우도 있지만, 이번에는 그렇지 않았다. 2001년 옥시콘틴 등 다른 진통제의 판매가 급증하자 웨스트버지니아주의 '공무원 건강관리공단' 관계자들이 이상한 점을 눈치챘다. 주 공무원들의 보험사로서 이들은 사망 원인에 대한 검시관의 설명을 포함하여 직원들이 사망할 당시의 서류를 받아보았다. 「STAT」에 따르면 이 관계자들은 옥시콘틴의 유효 성분인 옥시코돈oxycodone으로 불리는 물질로 인한 사망자 수의 증가를 확인했다. 이들은 그 약을 잘 알고 있었다. 이 약에 대한 인기가 고객들 내에서 폭증하면서 1996년에는 1만 1,000달러, 그리고 2002년에는 200만 달러어치나 처방되었기 때문이다.

관계자들은 재빨리 목소리를 높였다. 이들은 의사들이 옥시콘틴을 처방하기 전에 사전 허가를 받도록 요구하는 규제를 밀어붙였다. 규제의 목적은 옥시콘틴이 반드시 필요한 사람들로만 약의 복용을 제한하고 이미 파악된 중독자들과 약물 남용의 기록이 있는 사람들이 이 약을 구하지 못하도록 하는 것이었다. 그러나 이러한 노력은 퍼듀 파마의 격렬한 저항에 부딪혔다. 「STAT」는 옥시콘틴 처방을 제한하려는 그 어떤 시도도 격퇴하는 것이 2001년 퍼듀의 "최우선 임무"가 되었다고 보도했다. 그 매체가 입수한 자료는 이 회사의 웨스트버지니아 지점의 연간 목표를 기술한 것으로 그중에서도 "옥시콘틴에 대한 모든 사전 허가 노력을 중단시켜라"는 내용이 눈에 띄었다. 또 다른 자료에는 옥시콘틴의 처방을 둔화시키려는 측의 모든 노력을 "방해"하기 위한 웨스트버지니아 공무원들과의 회합이 언급되어 있었다.

전 퍼듀 관계자는 「STAT」에 "우리는 모든 약에 사전 허가제를 두지 않기를 바란다"고 설명했다. 그는 이러한 시도가 규제에 대한 일반적인 혐오에서 유래한 것이라고 말했다. 퍼듀는 웨스트버지니아 사람들이 사전 허가 없이 옥시콘틴을 받을 수 있도록 하기 위해 보험

약제 관리기업Pharmacy Benefit Manager, PBM이라는 제3의 회사를 이용하는 묘책을 찾아냈다. 만약 PBM의 약제사들이 추가적인 안전 조치 없이 이 약을 처방하면 이들에게 일종의 "리베이트rebate"를 지불하는 제도가 그것이었다.

공공연하게 퍼듀는 회사와 소유주의 자선의 정신을 따라 사람들을 돕기 위해 자신들이 존재하며, 주 정부만큼이나 남용이나 피해를 예방하는 데 적극적이고 치열하다는 이미지를 가공하기 위해 노력했다. 그러나 주 변호사들이 제기한 소송에 따르면 다음과 같다.

자신들이 그리려고 시도한 유익함과 협력의 이미지와는 대조적으로, 퍼듀의 직원들은 웨스트버지니아가 옥시콘틴의 판매에 규제를 부과하지 못하도록 열렬하고도 은밀하게 노력하고 있었다.

「STAT」에 따르면 웨스트버지니아의 맥도웰 카운티McDowell County는 "국가적 진통제 위기와 관련하여 그 유명한 '탄광의 카나리아●'"인 것으로 판명되었다. 보험 회사 관계자들이 처음으로 목소리를 높였던 2001년으로 돌아가면, 여전히 주 전체에서 주민 10만 명당 6명이 진통제 과다 복용으로 사망했다. 그러나 맥도웰 카운티에서는 이미 그 수치가 10만 명당 38명에 이르렀고, 이는 웨스트버지니아의 비극적인 운명에 대한 전조였다. 향후 10년 동안 웨스트버지니아의

●　위험에 대한 사전 경고를 의미한다. 과거 광부들은 카나리아 새가 메탄이나 일산화탄소가 사람에게 위험한 수준이 되기 전에 죽는다는 사실에 빗대어서 이러한 은유를 사용했다.

사망률은 세 배 이상으로 뛰었고 이에 따라 국가 전체의 '과다 복용으로 인한 사망률 및 일반적인 진통제 처방에 따른 사망률'이 최고치에 이르렀다. 만약 주 정부 관리들이 옥시콘틴 처방을 계획대로 규제할 수 있었더라면 그러한 죽음 중 상당수는 예방되었을 것이다. 맥도웰 카운티의 보안관 마틴 웨스트Martin West는 기자들에게 말했다. "여기서 검색대가 내는 소리 좀 들어보세요. 매일 밤 과다 복용 신고가 들어와서 응급 구조원이 오르락내리락하는 소리입니다. 돌아가는 상황이 참 딱하지요."

그러는 동안 전국의 다른 공무원들이 이 약의 중독과 남용 성향을 우려하기 시작하자, 퍼듀는 "효과가 지속되는 성격상 전통적인 마약류보다 남용될 가능성이 낮다고 주장하며" 반발했다고 「뉴욕타임스」는 보도했다. 미 법무부는 동의하지 않았다. "옥시콘틴은 퍼듀가 주장한 것과 다르다." 당시 버지니아주 로어노크Roanoke의 연방 검사였던 로버트 브라운리Robert Brownlee의 말이다. "옥시콘틴은 중독성이 떨어지고 남용과 환락에 덜 노출된다는 퍼듀의 주장은 거짓이고, 퍼듀는 자신의 주장이 거짓이라는 사실을 알고 있었다. 퍼듀의 그릇된 설명은 처방 약물의 남용이라는 심각한 국가적 문제의 원인이 되었다." 그는 이 약의 허위 광고가 "버지니아를 비롯한 미국 전역의 수많은 지역사회에 파괴적인 영향을 미쳤다"고 덧붙였다. 브라운리는 퍼듀를 기소했고, 2007년 해결에 합의했다. 퍼듀는 "사기 또는 오도의 의도로" 옥시콘틴을 마케팅한 사실을 인정했고, 6억 3,500만 달러의 벌금과 여타 경비를 지급하기로 합의했다.

이는 유사한 사건에서 지금껏 지급된 최고 액수의 벌금 중 하나였지만 옥시콘틴이 얼마나 많은 수익을 냈는가를 따져보면 그저 불편한 정도에 지나지 않았다. 2015년 「포브스」는 매년 발표하는 '부자 가문' 명단에서 140억 달러의 순자산을 가진 새클러 일가를 "새로이 진입한 최고 부자"로 선정했다. 이 가문이 "부시*, 멜론** 그리고 록펠러 같은 유서 깊은 가문들"을 앞질렀다고 말하면서 「포브스」는 물었다. "새클러 일가는 어떻게 해서 전국 16위에 오를 만한 어마어마한 재산을 형성했을까? 답은 간단하다. 21세기의 가장 대중적이며 논쟁적인 진통제, 옥시콘틴을 만들었기 때문이다."

질문에 대한 또 다른 대답은 공공선의 수호자들이 시민을 보호하려고 시도할 때마다 그들을 좌절시킨 것일 수도 있다. 퍼듀의 유죄 선고를 끌어내기 전날 밤, 브라운리가 특이한 전화를 받았던 사실은 나중에 보도되었다. 「워싱턴포스트」에 따르면 법무부의 고위 간부, 마이클 엘스턴Michael Elston은 브라운리에게 휴대전화로 전화를 걸어 "속도를 늦출 것을 권유했다." 브라운리는 상관의 요구를 거부했다. 「워싱턴포스트」에 따르면 "8일 후 엘스턴이 작성한 해고 대상자 검사 명단에 브라운리의 이름이 올랐다." 이는 조지 W. 부시 행정부의 대규모 검찰 숙청 시도 가운데 하나였다. 하지만 브라운리는 자리를 보전했다. 반면 명단이 공개되어 논란이 벌어지면서 엘스턴은 사임했다. 엘스턴은 왜 전화를 걸었을까? 그에 따르면 상관인 폴 맥널티 Paul McNulty 법무부 차관이 퍼듀 경영진을 대표하는 피고 측 변호인으

- • Busch. 2008년 매각하기 전까지 맥주 브랜드 버드와이저를 소유했던 가문이다.
- •• Mellon. 19세기에 부동산과 은행업으로 거부를 축적한 가문이다.

로부터 시간을 더 달라는 요청을 받은 후, 엘스턴으로 하여금 브라운리에게 전화를 걸게 했다.

새클러 일가는 과거를 돌아보라는 워커의 편지에 의해 고무되었을지도 모르는 미국의 수많은 가문 중 하나에 불과했다. 워커가 시선을 집중시키려고 했던 것은 이들의 행동이 아니었으며 오히려 이들이 경기한 운동장, 이들이 이점을 누릴 수 있었던 시스템이었다.

옥시와 새클러 일가에 대해 쉽게 정보를 구할 수 있었음에도 마켓월드는 이 가문의 '선행'을 열렬히 받아들이고 그들이 끼친 해악에 대해서는 침묵을 지켰다. 새클러 일가를 묘사하는 가장 흔한 단어는 '자선가'가 되었다.

관대함과 정의는 같지 않지만, 여기 마켓월드에서 종종 그러한 것처럼 이제 관대함이 정의를 대체하게 되었다. 누군가는 새클러 일가가 국가적 위기를 조장하는 과정에서 담당했을 수도 있는 모든 역할을 속죄해줄 것을 요구하면서 그들의 후한 기부금으로 혜택을 입은 위엄 있는 기관의 기록을 찾기 위해 애쓴다. 관대함은 힘 있는 사람들이 모이는 장소에 있기 마련이며, 반면 불의는 맥도웰 카운티와 같은 장소에서 눈에 띄지 않게 일어나는 법이다. 맥도웰의 이야기를 전할 기구들은 메트로폴리탄 미술관에의 기증을 다루는 주요 뉴스와 경쟁할 기회가 거의 없었다. 그 관대함은 수백만 달러였지만, 불의는 140억 달러의 부를 이루는 데 기여했다.

대런 워커는 자신의 편지에서, 새클러 가문 같은 기부자들이 단지 기부만 하지 말고 "정의 쪽으로 **수요 곡선**을 구부리라"는 킹 목사의 말을 인용했다. 쉽지 않을 일이었다.

리무진은 49번가 3번 애비뉴에 있었다. 새클러 일가 같은 자선가든, KKR의 경영자든, 그 밖에 자신이 어울리는 부유하고 권력 있는 그 누구든지 간에 워커는 이들에게 다가갈 방법에 대해 말하고 있었다.

오늘날 인기 있는 두 구절을 가져와서 그는 "사람들의 처지에서 그들을 만나meet people where they are"고, "판단하지 않는" 것이 핵심이라고 말했다. 여기에서 워커가 든 비유는 그가 사물을 바라보는 방식을 나타내고 있다. 할렘에서 일할 때, 그는 아이들을 데리고 약속한 진료 시간에 나타나지 않는 여러 부모를 보았다. 그는 종종 판단하고 비판하려는 유혹과 마주했다. **지금 우리는 당신을 도우려 애쓰고 있는데, 거실 소파에서 일어나지조차 못하십니까.** 워커는 이것이 올바른 접근이 아니라는 점을 알고 있었다고 말했다. 그는 그들만의 논리와 사정이 존재한다는 것을 알았다. "문을 두드리고서는 '당신은 패배자야. 당신은 나빠'라고 말하면 안 됩니다. 그들의 처지에서 그들을 만나야 합니다."

그가 계속 말했다. "이것은 내가 지닌 확고한 생각인데, 그래서 우리가 그들을 만나려고 하는 곳—그는 지금 매우 특권을 누리는 사람들에 대해 말하고 있다—은 그들의 처지입니다. 그들은 실제로 자신이 좋은 일을 하고, 우리 경제에 기여한다고 믿지요. 그들은 과세 기반에 기여합니다. 그들은 사적인 기부든 이사회 참여든 이러저러한 것들을 통해 자선활동에 기여하고 있어요. 그러니 그곳이 그들의 처지입니다."

이 비유는 강력한데, 왜냐하면 약자를 보호하기 위해 발달한 '판단하지 않는 윤리'가 강자를 보호하기 위해서도 얼마나 잘 기능할 수 있는지 보여주기 때문이다. 사람들의 처지에서 그들을 만나는 것이 세 개의 일, 두 명의 아이, 그리고 여러 약속으로 곡예를 하듯 바쁜 할렘에 사는 정신 건강이 좋지 않은 어머니에게 적용될 때의 의미와 사모펀드 거물이 판단의 유예를 누릴 때의 의미는 전혀 다르다. 하층민과 마찬가지로, 정말 그의 처지에서 만나야만 할까?

워커는 리무진에 편안히 앉아서 우리 시대의 부와 권력의 집중이 "중산층의 공동화"와 "포퓰리즘, 민족주의, 외국인 혐오증의 거대한 역류"를 만들어냈다고 말했다. 전 세계적으로 분노와 복수의 정치가 기승을 부리는 것은 사람들이 진정으로 현대에는 느껴보지 못한 방식으로 고통을 느끼고 있기 때문이라고 그는 말했다. 그러나 부자들은 그에 대해 이야기하지 않으려고 했다. 그들은 그 대신 기회에 대해 말하기를 원했다. "좋아요. 그곳에서 만납시다. 기회에 대해 이야기해보자고요." 워커가 말했다.

그는 회의실이나 거실에 앉아서 많은 돈을 상속받은 또 다른 나이 많은 백인 거물이 "그것이 불평등의 문제가 아닌" 이유를 설명할 때 불쾌함을 느꼈다. 그는 차 안에서 그들에게 말하지 않을 것들을 말했는데, 다음과 같이 이야기하는 것을 공상하는 듯 보였다. "당신은 현실과 씨름할 필요가 없는 세상에서 살 수 있도록 허락받았군요." 그러나 워커는 KKR을 위한 준비를 하면서 다시 말했다. "그들의 처지에서 그들을 만나겠어요."

마켓월드의 많은 사람들은 그들의 돈이 어떻게 만들어졌는지에 대한 워커의 질문을 스스로에게 던지는 일에는 관심이 없었다. 그러나 한편으로는 기꺼이 질문을 던지려 하고 실제로 끝까지 가서 자신들의 정당화 논리로부터 빠져나오려고 분투하는 이들도 있다.

캣 콜Kat Cole은 시나본Cinnabon, 앤티앤스Auntie Anne's, 모스사우스웨스트그릴Moe's Southwest Grill, 카벨Carvel 등 수많은 음식 공급업체를 소유한 사모펀드의 지배를 받는 포커스브랜드Focus Brands의 최고운영책임자다. 이미 많은 재산을 축적한 자선가들과 달리, 콜은 벌 때와 베풀 때 모두 워커의 신복음을 따를 기회를 아직 가지고 있는 경영 일선의 여성 사업가다. 그와 동시에 그녀의 삶은 복음에 반하는 논리와 합리화에 대해 연구할 만한 사례라고 할 수 있다.

콜은 열일곱 살에 후터스*에서 일하기 시작했다. 후터스는 오랫동안 도덕적으로 논란이 되어온 식당으로, 그녀 역시 다른 사람들과 마찬가지로 생존을 위해서 시작한 일거리였다. 그녀는 플로리다 잭슨빌Jacksonville의, 처음에는 중산층이었던 한 가정에서 자랐다. 부모님은 집안에서 차량 두 대를 가진 유일한 부부였는데, 그들은 사무직 일을 했다. 친척 중 다수는 트레일러 공원에 살았고, 직장(고물상, 공장, 트럭 수송)과 감옥과 약물 중독을 번갈아 들락날락했다. 콜의 아버지는

●　　Hooters. 탱크톱과 핫팬츠를 착용한 웨이트리스를 내세운 미국의 레스토랑 체인점이다.

알코올 중독자였다. 그는 줄곧 취해 있었고, 아내를 비참하게 만들었으며, 아이들을 잘 돌볼 수 없었다.

콜이 아홉 살일 때 엄마는 말했다. "이제 됐어. 어떻게 해나갈지 모르겠지만, 우리는 떠나야만 해." 자신의 실용주의를 자랑스럽게 여기는 콜의 기억에 따르면 그녀는 속상해하지도 않았다. "나는 그냥 '왜 이렇게 오래 걸렸어?'라고 생각했어요." 그녀의 엄마는 곧 자신과 세 딸의 식비로 일주일에 10달러를 쓸 수 있는 더 가난한 가정을 꾸렸다. 그들의 식단은 대부분 스팸, 통조림 고기, 통조림 콩인 비니 위니Beanee Weenees, 다진 고기와 양파 등으로 만든 샌드위치인 슬로피 조에 의존했다. 콜의 엄마는 계속 비서로 일했고 밤과 주말에는 부업을 구했다. 몇 년 후 그녀는 재혼을 했고 가정에는 얼마간의 안정이 찾아왔다. 그러나 빈곤에 가까웠던 수년간의 생활은 캣에게 많은 영향을 미쳤다. 나중에 캣은 일을 하는 내내 운이 좋지 않거나 괜찮은 선택지가 많지 않은 사람들에 대한 자신의 책임이 무엇일지 생각했다.

콜은 열다섯 살 때 상점에서 옷을 파는 일을 시작했다. 그리고 앞서 말했듯 고등학교 2학년 때 후터스에 취직했다. 이듬해가 되자 안내원에서 웨이트리스로 승진했다. 그래서 옷을 파는 일은 그만두었는데, 그래도 대학에 가기 위해 저축할 수 있을 만큼 벌어놓은 상태였다. 식당은 웨이트리스의 가슴을 판매 전략으로 내세워 "기막히게 촌스러우면서도 세련되지 못한" 점을 자랑했지만, 콜은 이 일 덕분에 성공의 발판을 마련했다. 여기에서 그녀는 고등학생, 나중에는 대학생으로 일하며 일당 400달러를 벌었다.

그녀는 훌륭하고 다재다능한 웨이트리스였다. 만약 술에 취한 누군가를 바닥에서 끌어내 날개라도 매달아 내보내야 했다면 그녀가 솜씨 좋게 해냈다. 그녀는 바텐더가 사라지면 바도 지켰다. 이러한 수완 덕분에 관리자들의 눈에 띄었고, 후터스 본사가 인재를 찾을 때 그녀의 이름이 물망에 올랐다. 스무 살에 그녀는 본사의 관리직으로 전환 배치되었다. 그녀는 새로운 영업점을 개설하면서 전국을 돌았고, 나중에는 세계를 돌면서 같은 일을 하라는 요청을 받았다. 그녀의 급여와 의무는 해를 거듭할수록 높아져만 갔다. 콜은 유명인이 되었다.

그녀는 젊은 여성을 지도하고, 콘퍼런스에서 강연하라는 요청을 받는 등 여성 지도자를 꿈꾸는 사람들에게 일종의 역할 모델이 되었다. 그 모든 것을 후터스를 위해서 했기 때문에 사실상 복잡한 역할 모델이었다.

처음에 그녀는 '후터스를 통한 자신의 성공'과 '후터스의 본질에 관한 사실' 사이에서 어떠한 모순도 발견하지 못했다. 후터스는 잭슨빌의 익숙한 풍경 중 하나였다. "플로리다에서는, 정말로 별로 대단한 문제가 아니었어요." 그녀가 말했다. 후터스는 콜이 세 살 때부터 그 장소에 있었다. 그녀가 고등학생일 때는 토요일 밤이면 야구 선수건 축구 선수건 응원단이건 할 것 없이 모두가 거기로 모여들었다. "낯선 느낌도 떳떳하지 못한 느낌도 여자들을 착취한다는 느낌도 전혀 없었어요. 여자아이들도 즐겁게 놀았거든요. 고등학생인 내가 보기에도 이 아름다운 여성들은 정말 재미있게 즐겼습니다. 이들은 자기 역할을 상당히 잘 통제하고 있었고, 나름대로는 유명 인사나 다름없었죠. 사실 희망적으로 보이기까지 했어요." 이들은 애플비즈

Applebee's의 종업원들보다 훨씬 더 행복해 보였다.

더욱이 그 회사는 여성을 중용했고 사업이 성장함에 따라 종종 내부에서 승진을 시켰는데, 이는 대부분 노출이 심한 옷을 입은 웨이트리스를 관리자로 전환하는 것을 의미했다. 콜은 "그래서 내부에서 직접적으로 바라보기에 '이곳은 여성들에게 멋진 장소'라고 생각했다"고 말했다. 남자들이 술에 취해서 후터스 소녀들을 때리는 경우가 있었다. 콜에게는 애플비즈에서 일하는 친구들도 있었는데, 그곳에서도 그렇게 자주는 아니었지만 똑같은 일이 일어났다. "주위를 둘러보면 여성의 권익 신장을 위한 일만 눈에 들어왔어요." 그녀가 말했다.

그녀는 후터스가 자신을 위해 해준 모든 호의에 대단히 감사했고, 후터스를 대신해서 그것을 옹호했다. 관리직으로 이동하여 한 회의에서 명함을 내밀었을 때, 그녀는 사람들이 그 부엉이 로고를 내려다보는 것을 지켜보았고 그들의 눈에 가득한 비웃음도 알아챘다. 그녀는 "여성을 착취하는 회사에서 그냥 일만 하는 것도 아니고 그 성장의 일부가 되다니, 당신도 참!"이라고 말한 여성을 아직도 기억한다. 콜은 자신의 진심을 말하는 방식으로 응수했다. "우리는 여자를 착취하지 않습니다. 그들을 고용할 뿐이지요."

콜은 수많은 사업가가 자신과 타인의 의심을 잠재우기 위해 건설해야만 하는 합리화 시스템의 기초를 다지고 있었다. 그녀가 볼 수 있는 분명한 장점이 존재했고 사실상 그것으로 충분했다. 추상적이고 이해하기 어려운 더 큰 시스템에 자신의 회사가 부정적인 기여를 한다는 질문에는 귀를 기울이지 않았다.

콜은 마침내 후터스의 부사장이 되었다. 그리고 그 정도의 지위에 올랐을 때 그녀는 사람들이 느낄 만한 어떤 해악도 선한 행동에 의해 상쇄된다고 합리화했다. 그녀는 여성들이 대학을 졸업할 수 있도록 돕는 학자금 지원 프로그램에 공을 들였다. 이력서 작성 프로그램을 만들어서 후터스를 떠나는 여성들이 "이들에 대한 의례적인 판단을 최소화할 수 있는 최선의 방법으로 경험을 기술할 수 있도록" 도왔다.

하지만 결국 콜은 후터스를 자신의 '유일한 이야기'로 만들지 않겠다고 결심했다. 그녀는 학교로 돌아가 매일 저녁 그리고 주말마다 MBA 과정(학사 학위는 없었지만)을 공부했다. 그녀는 한 사모펀드 회사에 채용되었고 그들이 투자한 회사 중 하나인 시나본의 사장으로 임명되었다. 나중에 그녀는 승진하여 모회사인 포커스브랜드에서 고위 임원 역할을 맡았다. 시나본에서 일을 하면서부터는 새로운 합리화가 필요했다. 사람들이 가급적 먹지 않는 편이 나을 듯한 여러 종류의 식료품을 세상에 출시하는 것이 콜의 역할이었다. 그녀는 시나본을 "빵집"이라고 부르기를 고집하면서 이를 합리화했다. "말 그대로 수 세기 동안 어디에나 존재해온 빵집이니까요." 그녀가 말했다. 이어서 잠시 생각하는 듯하더니 한마디 덧붙였다. "그저 설탕을 더 많이 넣을 뿐이죠. 200년 전 빵집에서 의미 있게 변화한 지점이네요."

이렇듯 다소 대담한 합리화는 좀 더 그럴듯하게 들리는 이유들과 섞여 있었다. 예컨대 나쁜 산업이 존재하게 된다면, 좋은 사람들이 그것을 운영해야 한다는 것이다. "자유시장 사회에서는 설탕이 들어간 제품이든, 술이든, 식당 전략에 따른 노출이 심한 옷이든 수요가 있다면 존재하게 됩니다." 그녀는 말했다. "중요한 것은 '어떻게' 존재하느냐지요." 이러한 합리화는 중요했다. 콜과 같은 누군가가 후터스와 같은 조직에 자신의 재능을 바치는 일이 수용할 만한 것일 뿐만 아니라, 이를 통해 더 고귀한 일을 하는 편이 나을 수도 있다고 주장하는 것이기 때문이다. 만약 후터스와 같은 곳이 자유시장에 존재하고 그곳의 운영 방식이 중요한 문제가 된다면, 그곳에서 일하지 않는 것은 아무것도 해결하지 못할 것이다. 사실상 잘못된 **방식**을 따르는 잘못된 지도자들이 결국 당신 대신 거기에 있도록 만들 가능성만 키울 것이었다.

콜은 또한 그녀가 시나본의 제품에 대해 공개적으로 다 털어놓았기 때문에 자신의 의무를 다했다고 생각했다. 그녀는 말했다. "우리는 있는 그대로 이야기합니다. 설탕과 지방으로 가득 차 있다고 말하지요. 일종의 면죄부로 마케팅이 되는데, 심지어 방송에 나갔을 때도 나는 아침, 점심, 저녁으로 먹지는 말라고 말하곤 했습니다." 다시 한 번 시스템과 구조의 문제, 예컨대 좋지 않은 식습관이라든가 영양 선택, 비만 등 더 크고 복잡한 사안에 관해 시야를 좁히고 무시하는 일이 중요해졌다.

콜은 해로운 제품에 대해 투명하게 공개하는 태도를 카네기가 장려한 도덕적 상쇄보다 더 진정한 형태의 기업 미덕으로 여겼다. 그녀는 자신의 브랜드는 자신들이 야기했을지도 모를 그 문제들에 대해 되갚아주는 방식을 취하지 않는다고 말했다. 그녀가 보기에 그 방식은 옳지 않았다. "청소년 당뇨병 재단을 후원하는 것은 표리부동한 일입니다." 그 제품이 잠재적으로 해로울 수 있고 일상적인 소비용으로 고안된 것이 아니라고 고객들에게 말하는 것이, 도덕적인 관점에서 따져보면 그럴듯하게 홍보하면서 판매하는 효과를 "능가하는" 더 나은 방식이라고 그녀는 주장했다.

콜은 강력하고 진지하게 자신의 합리화를 유지했다. 만약 대런 워커가 돈벌이 시스템 자체와 비즈니스가 진행되는 방식을 바꾸기를 원한다면, 그는 강력한 기업 이익과 그들의 로비스트에만 대항해서는 안 될 것이다. 예컨대 콜과 같은 수천 명의 사람들의 심리, 그리고 해악을 끼치는 것에 대해 냉소적이거나 무감각하지만은 않은 삶을 바라보는 방식에도 대항해야 했다. 이는 자신을 둘러싼 더 큰 시스템에 익숙해지는, 그 시스템이 자신의 문제가 아니라고 생각하는 사물을 바라보는 방식이었다.

*

KKR을 방문하기 몇 달 전, 워커는 자신의 사무실에 앉아 그날 밤 뉴욕 현대미술관Museum of Modern Art에서 자선가 로리 티시Laurie Tisch가 그에게 수여할 상에 대해 생각하고 있었다. 행사 후에는 티시와 "세인트 레지스St. Regis 호텔에서 80분 정도 간단한 식사를 할 예정이었다." 워커는 KKR에서의 오찬과 마찬가지로, 이러한 행사가 "분열을 일으키는 기회들"이라고 생각했기 때문에 흥분했다. "'부끄러운 줄 아세요, 부자 여러분'이라고 말하는 것이 아니라 부, 인종, 특권, 정의, 그리고 우리 모두가 얼마간의 정의감을 가지고 수행하는 역할 등 사람들을 불편하게 하는 것들에 관해 질문하고 추궁하며 이야기를 나누는 것"이라고 그는 말했다.

마켓월드의 사원temple 중 하나인 아스펜 연구소의 월터 아이작슨 Walter Isaacson 회장이 무대 위에서 그를 인터뷰할 예정이었는데, 워커는 아이작슨이 무엇을 원하는지 정확히 알고 있었다. 바로 '대런 워커의 별난 인생 이야기'였다. "월터가 그 이야기를 유도하리라는 건 확실합니다. 그는 늘 그래요. 그게 나쁘지는 않습니다." 워커가 말했다. "사실 바로 그건데요. 내 접근 방식 중 하나는 그가 원하는 것을 주는 겁니다. 나 같은 사람도 꿈을 이룰 수 있는 나라에서 우리가 살고 있다는 점을 사람들에게 일깨워주는 이야기를 하는 것이죠." 그러나 이는 워커가 전달하려고 하는 이야기의 절반일 뿐이다. "그와 동시에 우리는 말해야만 합니다. '자, 그럼 당신은 내 이야기를 믿는 겁니다. 그렇죠?'" 그는 자신에게 홀딱 빠져 있는 (대부분 백인으로 이루어진) 군중의 속삭임을 흉내 내면서 말했다. "**네, 우리는 그 이야기를 믿어요. 당신의 이야기를 믿습니다!** 그렇다면 여러분은 나의 이야기처럼 거의 성취할 수 없을 것만 같았던 이야기가 미래에 실현되는 그림을 다른 사람들도 그릴 수 있도록 도와주어야 합니다. 나의 여정, 나의 이야기는 우리가 알고 있는 모든 것들 때문에 오늘날에는 결코 가능하지 않게 되었습니다. 내가 에스컬레이터에 올라탔을 때 앞으로 나아갈 수 있도록 여러 방면에서 나를 돕던, 여정 곳곳에 있던 모든 것들이 지금은 더는 존재하지 않거나 약해졌거나, 아니면 사실상 오히려 나를 뒤로 돌려보낼 것입니다." 그에 따르면 이와 같은 밤의 섬세한 예술은 부호들로 하여금 "미국에 대해 만족감을 느끼도록" 하고 "그들 자신에 대해 쾌감을 느끼게" 했다. 이제 감정적으로 누그러뜨린 다음, 이들의 미국이 변화해야만 한다고 설득할 차례였다.

300

티시는 워커가 요청한 근본적인 변화와 정의에 관한 새로운 대화에 이미 관심을 보이기 시작한 자선가다. 그러나 그녀는 어디에서부터 시작해야 할지 몰랐다. 관성과 자기보존의 본능도 방해 요인이었다. 그녀는 210억 달러로 추정되는 재산의 상속자였다. 그녀의 아버지 프레스턴 로버트 티시Preston Robert Tisch는 뢰스*의 창업자였고, 이를 통해 대부분의 돈을 벌었다. 이들은 미국에서도 눈에 띄게 너그러운 가문 중 하나였다. 특히 뉴욕에서는 훌륭한 이상을 추구하는 건물마다 티시라는 이름을 볼 수 있었다. 이러한 기부 덕분에 로리는 휘트니 미술관Whitney Museum of American Art 이사회 공동의장, 링컨센터 이사회 부의장, 아스펜 연구소 이사이며, 예술교육센터Center for Arts Education와 맨해튼 어린이박물관Children's Museum of Manhattan의 장도 역임했다. 그녀는 또한 뉴욕 자이언츠 풋볼팀의 공동 소유주였다.

동료 부호들의 기준에서 보면 티시는 자기 재산에 대해 양가적인 태도를 지녔다. 얼마 전 늦은 아침 그녀는 뉴욕의 뢰스 호텔에 있는 연회장 구석에 앉아 왜 자신이 스스로를 가족들 안의 "국외자outlier"로 여기는지 이야기했다. 아마도 또래 중에서 유일한 여성으로 자랐기 때문일 것이다. 그녀는 두 명의 오빠와 네 명의 남자 사촌들 사이에서 컸고, 자신이 티시 성을 가진 최초의 여성이라고 자랑스럽게 말했다. 티시는 그녀의 조부모가 러시아에서 이민을 떠나 브루클린의 벤슨허스트Bensonhurst에 새로운 뿌리를 내리면서 20세기 초 미국에

• Loews Corporation. 보험, 원유 시추, 에너지, 호텔 체인 등을 소유한 미국의 기업이다.

서는 너무 이국적으로 들리던 이름을 약간 부드럽게 변형한 것이었다.

이제 60대 중반인 티시는 베트남전 마지막 해, 미시간 대학의 학생이었던 시절을 회상했다. 그녀는 자신이 얼버무리듯 "급진적인 부류의 정치"라고 부른 것, 예컨대 "폭탄 투하를 멈추라"고 외치는 대학가 시위에 참여했다. 그녀와 동지들은 미시간에서 학생군사훈련단ROTC의 신병 모집을 저지하려고 시도했다. 비록 그 시대의 새로운 거부 중 한 명이었지만, 그녀는 자본주의를 "추잡한 단어"라고 생각했다. 대학에 다니던 어느 날, 그녀는 대규모 시위행진에 참여하기 위해 워싱턴에 차를 몰고 갈 예정이라고 부모에게 알렸다. "이것만 확실하게 하자." 부모 중 한 명이 대답했다고 그녀는 회상한다. "그래서 말하자면 우리가 사준 차를 타고 워싱턴에 가서 '기업을 타도하자'고 외치겠다는 거지?" 성장하는 회사가 벌어들인 돈 덕분에 그들은 차를 살 수 있었다. 그녀는 결국 가지 않았다.

그 당시 로리 티시가 되는 것은 그 시스템에 저항하는 것이자 바로 그 시스템의 화신이 되는 것이었다. 그녀는 그것이 "항상 골칫거리였다"고 웃으며 말했다. 그녀의 생각과 전술은 세월이 흐르면서 진화했지만, 기본적인 갈등과 두통은 머릿속을 떠나지 않았다.

그녀의 죄책감은 해가 갈수록 커져만 갔다. 그녀에게 '마사지를 받고, 온천으로 날아가고, 그림을 사라'고 말하는 부유한 친구들은 느끼지도 또는 이해하지도 못할 죄책감이었다. 그들은 그녀에게 "당연히 넌 그것을 해야지. 너는 그럴 만한 자격이 있어"라고 말했다. 그녀는 죄책감에 속으로 생각했다. "그럴 만한 자격이 있다니, 왜? 내가 많은 돈을 상속받았기 때문에?" 한 번은 그녀가 대런 워커에게 그 죄책감을 실토했다. 당시 워커는 그러한 죄책감이 사실 정당하다고 생각했고 경력을 쌓아오는 내내 기부로는 충분하지 않다는 것을 확신했지만, 점잖은 그는 그렇게 말하지 않았다. "내가 죄책감을 덜어낼 수 있도록 말해주는 것 같았어요." 그녀가 말했다. 불의의 공모자라는 그녀의 느낌을 반박하기 위해 그는 티시의 관대함을 칭찬했다. "그건 말도 안 됩니다. 당신이 하고 있는 일을 보세요!" 하지만 워커가 아무리 멋진 말을 해도 죄책감을 씻어낼 수는 없었다. 티시는 "나 자신과 전쟁 중이거나 정신분열증 환자, 고문을 당하는 사람"처럼 인생의 대부분을 죄책감에 시달렸다고 말했다. 그녀는 비영리 단체가 돈을 끌어내고 싶다면 자신의 신용카드 청구서를 추적해야 한다고 농담하곤 했다. 그녀의 지출이 급증할 때, 죄책감도 함께 따라 올라가고, 결국 기부하고 싶은 마음도 커지기 때문이라고 했다.

그러나 티시에게 그 죄책감은 단지 관리해야 할 감정의 문제는 아니었다. 옳은 일을 보면 그것을 믿고 행하도록 하는 자극제이기도 했다. 오래전 그녀의 친구는 "너 언제쯤 그 죄책감을 떨쳐버릴 건데?"라고 물었다. 어쨌든 그녀는 기부를 정말 많이 했다. 티시는 "바라건대, 결코"라고 대답했다. "그건 내 나침반이야." 죄책감을 느낀다고 해서 자신이 부당하다고 생각하는 시스템으로부터 이득을 얻는 일이 용서받지는 못하겠지만, 어쨌든 죄책감은 그러한 사실을 망각하지 않도록 해주고 나아가 그녀가 할 수 있는 일을 하도록 자극했다. 그녀가 재단을 시작한 이유 중에는 "죄책감에서 벗어나 그 감정을 좀 더 유용한 결과로 바꿔내기 위한" 동기가 있었다고 말했다. "그러나 죄책감은 여전히 어느 정도는 있을 겁니다." 왜냐하면 자신이 하는 기부가 "제도적 변화나 시스템의 변화는 아니라는" 사실을 스스로도 알기 때문이었다. "그건 내 아이들에게 맡겨야 할 듯해요."

그러나 그녀가 솔직해진다면, 그 죄책감은 한편으로는 털어놓고 싶지 않은 다른 어떤 것을 제공한다. 그녀보다 죄의식을 덜 느끼며 더 하고 싶은 대로 하는 부자들에 대해서 느끼는 우월감이 바로 그것이다. 죄의식과 공모의 느낌으로 인해 티시는 워커의 신복음, 단지 사후 기부가 아니라 더 공정하면서 죄의식은 덜 유발하는 경제 시스템을 주창하는 복음의 훌륭한 목표물이 될 수 있었다. 그러나 실제로 다른 시스템이 그녀에게 어떤 의미일지를 생각하면 티시의 자기 보호 본능은 그러한 죄책감을 압도하기 시작한다.

그녀도 다른 많은 국가의 사례처럼, 지금보다 더 많은 세금을 상속에 부과해야 한다고 생각할까? 티시는 몹시 당혹스러워했다. "제 생각에, 이상적으로는, 분명히, 부자와 빈자 사이에 이렇게 큰 격차가 있어서는 안 됩니다. 그래서는 안 되죠." 그녀가 말했다. 그렇다면 자신이 그렇게 많은 돈을 상속받을 수 없었다면 사회가 더 나아졌으리라고 생각할까? 이는 그녀에게 더 어려운 문제였다. "내가 하고 싶은 일을 할 수 있으니까, 나는 운이 좋습니다." 그녀는 유산 덕분에 자신이 관여할 수 있었던 자선활동에 대해 말했다. "하지만 그것이 가장 공정한 시스템이라고 내가 생각할까요? 아마도 아닐 겁니다."

그렇다면 그녀에게 더 많은 세금이 부과되어야 했을까? 그녀의 자녀들이 받을 재산에 더 많은 세금이 부과되어야 할까? "나보다는 당신이 더 역사로부터 잘 연구해야 할 겁니다." 그녀가 말했다. "내 말은, 그것이 일종의 희망적인 꿈이라는 겁니다." 그녀의 말은 자신 같은 부자에게 더 많은 세금을 부과하는 것이 이론적으로는 옳은 생각이지만, 어쩌면 이론으로만 그럴 것이라는 주장처럼 들렸다. 그리고 때때로 그녀는 그조차 확신하지 못했다. 그녀의 아이들이 큰 재산을 상속받지 못한다면, 그들은 돈을 좇아 월스트리트나 다른 곳에 가거나 해서 사람들을 돕는 데 쓸 시간이 줄어들지 않을까?

세습되는 부가 적은 사회가 더 나은 사회라고 그녀가 믿었을까? "더 나을까요?" 그녀가 말했다. "아마도 가난하지 않은 것이 더 낫다는 게 내 생각입니다."

그렇다면 그녀가 이러한 변화를 지지할 수 있을까? "그래서 내가 역사 연구자가 아니라고 말했던 겁니다. 왜냐하면 일종의 염원이니까요." 티시가 말했다. 달리 말해, 그것은 좋게 들릴 수도 있는 일종의 유토피아적인 생각이지만 자신은 그것을 수용할 정도로 잘 알지는 못한다고 그녀는 주장했다. 그러나 잠시 후에 덧붙였다. "그쪽에 더 근접한 나라에서는 그 편이 더 나은 사회겠죠? 아마도."

그러나 빈곤이 덜한 스칸디나비아와 같은 곳은 티시 같은 사람들이 나누어줄 널린 돈도 적다는 점에 주목해야 한다. "그렇게 많이 기부할 필요도 없는 것이겠지요." 그녀가 말했다. 질병이 더 적으면 그렇게 많은 증상을 치료할 필요도 없다.

그러나 우리에게는 우리의 시스템이 있다면, 그녀의 추상적인 입장과 그녀가 실제로 살아가는 방식을 조화시킬 만한 방법도 있지 않을까? 그녀는 그렇게 생각하지 않는 듯했다. "내가 보기에 그것은 어떤 의미에서는 우리의 지난번 대통령이—또는 어떤 대통령이라도—공교육에 매우 친화적이면서 자신의 아이들은 사립 학교에 보내는 것과 똑같습니다. 쉬운 답은 없지요." 그녀가 말했다.

티시와 같은 부유한 사람들이 정치에 미치는 영향력을 묻는 질문에서도 마찬가지로 그녀의 삶은 이상과 충돌했다. 그녀는 이러한 영향력이 억제되어야 한다고 믿는 것일까? "당신은 아마도 훌륭한 이론이라고 생각할 겁니다. 하지만 그 일을 하는 유일한 얼간이는 되고 싶지 않을 거예요." 그녀가 말했다. 그녀는 선거자금조달 시스템이 불공평하다고 믿었고, 불의와 들리지 않는 목소리 그리고 그녀가 나중에 자선활동을 통해 완화하려고 하는 사회적 배제 사이의 연관성도 이해했다. 그러나 힐러리 클린턴의 대통령 선거 운동을 지지한 일과 관련해서는 이렇게 말했다. "내가 2만 5,000달러, 5만 달러를 가지고 얼마나 많은 모금 행사에 갔겠습니까?" 티시의 전 남편, 도널드 서스만Donald Sussman은 '거액 기부에 반대하는' 거액 기부자의 뒤틀린 논리로 보일 듯한 주장을 매우 공개적으로 펼쳐왔다. 헤지펀드 매니저인 서스만은 민주당 슈퍼 정치행동위원회super PACs와 기타 외부 단체에 4,000만 달러를 기부하여 2016년 힐러리 클린턴의 최대 후원자가 된 것으로 알려졌다. 그는 자신과 같은 거액 기부자의 영향력을 없애고자 하는 바람에 고무되었다고 「워싱턴포스트」에서 말했다. "정치판에서 사실상 돈을 없애는 게 목표인데 수천만 달러를 기부하다니 아주 이상하죠. 나는 선거 자금 공영제를 매우 강력하게 지지합니다. 그리고 이를 성취할 수 있는 유일한 방법은 클린턴 국무장관과 같은 사람을 뽑는 것이라고 생각하고요. 그녀는 시민 연합Citizens United의 소송 결과에 따른 불운한 재난을 일소하는 데 공헌하고 있습니다.●" 현 상태를 바꾸려면 현 상태에 굴복해야 한다.

이렇듯 현 상태를 벗어나는 데 내재한 곤란은 티시에게 가장 큰 죄책감을 안겨준 재산의 성격, 즉 담배로 번 돈에서 특히 두드러졌다. 「뉴욕타임스」에 따르면 1968년 뢰스는 "흡연에 대한 공중 보건의 염려가 커지자 이를 이용해서 담배 회사를 헐값에 사들였다." 뢰스가 인수한 로릴라드Lorillard는 뉴포트Newport라는 담배를 생산했는데, 일반적인 담배보다 더 유혹적이고 치명적인 제품으로 아프리카계 미국인을 겨냥했다는 점에서 논란이 되었다. 구체적으로는 흡연을 쉽게 시작하도록 멘톨 향을 가미했고 중독이 유지되도록 니코틴 함량을 평균 수치보다 더 높였다. 1994년 일곱 명의 담배 회사 임원이 의회 청문회에 출석하여 담배의 해로운 영향을 부인했을 때, 티시의 사촌 앤드류가 거기에 끼어 있었다. 흡연과 암이 연관되어 있다고 생각하는지 질문을 받았을 때, 그는 "믿지 않는다"고 말했다. 이듬해 CBS가 담배 산업의 내부 고발자를 다룬 프로그램 「60분」을 없애면서 CBS의 회장이었던 티시의 삼촌 로렌스는 큰 분노를 샀다. 그는 결국 영화 「인사이더」의 한 인물로 그려졌다(뢰스가 CBS를 매각할 의도를 발표한 이후에야 그 프로그램이 살아났다).

로리 티시는 이러한 사실을 알고 있었고, 그 담배와 자기 잇속만

●   2010년 보수 단체인 시민 연합이 연방선거위원회Federal Election Commission
     에 대해 제기한 소송에서 승소한 결과, 개인이나 기업이 출처를 밝히지
     않고 무제한으로 정치 자금을 지원할 수 있게 되었다. 시민연합은 억만장
     자인 코흐 형제Kochs의 지원을 받는 것으로 알려져 있는데, 제인 메이어의
     『다크 머니』에 따르면 코크 형제는 미국의 금권정치 시대를 연 핵심적인
     인물이다.

챙기는 기만 때문에 사람들이 죽었다는 사실을 알아야만 했다. 예술을 진흥하고, 어린 생명에 투자하고, 할렘과 같은 아프리카계 미국인 사회에 더 건강한 식품을 지원하기 위해 보조금을 지급한 것에 대해서 사람들이 그녀에게 감사를 표할 때 티시는 때때로 그 담배에 대해 생각했다. 그 빚이 갚아지는 것인지, 구한 생명이 빼앗긴 생명을 따라잡기는 하는 것인지 알기 어려웠다. 그러나 티시는 그녀에게 감사를 표하는 사람들이 그 담배로 번 돈을 모를 때 이러한 죄책감을 느낀다고 말했다. 또 다른 경우에 그녀는 말했다. "그들이 그것을 알고 있을 때는 방어하게 되죠." 그녀는 큰소리로 물었다. "담배가 술보다 나쁜가요? 술이 설탕보다 나쁜가요? 그 때문에 비판을 받을 때 저는 방어적인 태도를 취하게 됩니다. 우리 가족은 병원에 기부하면 안 되고, 이것도 저것도 하지 말아야 한다고 하면 말이죠." 그녀는 생명을 구하는 병원에는 담배로 번 돈이 있을 자리가 없다고 사람들이 말하는 것을 들을 때마다 괴로웠다. 왜 그녀의 가족이 유해한 제품 탓에 손가락질을 받는 유일한 얼간이가 되어야 하는가?

여전히 그 죄의식의 나침반을 들고 있는 티시는 자신의 방어적인 태도를 넘어서 조심스럽게 말했다. "나는 선하고 믿음직한 사람들이 일반적으로 시스템을 이용하는 것을 합리화할 수 있다고 생각합니다." 그녀가 말했다. 그들은 어떻게 합리화할까? 이것이 우리가 가진 시스템이라고 되뇌는 방법밖에는 없을 것이다. "바로 그런 방식입니다." 그녀가 말했다. "왜 나만 유일한 얼간이가 되어야 하죠?"

유일한 얼간이가 되지 않으려는 과정에서 티시는 현 상태가 그녀에게 미친 영향력을 드러내고 있었다. 그녀는 계속해서 어떤 이상을

308

말했지만, 그것을 위해 희생하지는 않으려고 했다. 자신의 부자 친구들에게 느끼는 우월감은 그녀에게 중요했지만, 그들 앞으로 나아가서 잘못된 것임을 알고 있는 시스템을 이용하지 않는 유일한 사람이 되려고 하지는 않았다. 그녀는 자신이 믿는 세상을 만들어낼 사람은 못 된다고 거듭 고백하면서 대런 워커에게 메시지를 보냈다. 만약 그가 더 공정한 시스템을 원한다면 그녀 같은 사람들이 그의 편에 서 있는 상태에서가 아니라, 그들의 반대를 무릅쓰고서 그것을 추구해야만 할 것이다. 그가 그들의 도덕적 지지를 받을지는 모르겠지만, 그들이 자신의 모든 것을 만들어준 시스템을 바꾸겠다고 결심하기를 기대할 수는 없을 것이다.

"시스템을 이용할 수 있는 사람들이 왜 진정으로 그것을 바꾸려고 하겠어요?" 티시가 어느 순간 말했다. "그들은 아마도 더 많은 돈을 기부할 테지만, 시스템을 급진적으로 바꾸기를 원하지는 않을 겁니다."

달리 그들을 납득시킬 수 있는, 더 공정한 시스템을 추구하도록 고무할 만한 어떤 것이 있을까?

"아마도 혁명이겠지요." 그녀가 말했다.

*

드디어 워커의 리무진은 웨스트 57번가에 멈춰 섰고, 그는 빠르게 위층으로 올라갔다. 쾌활한 안내 직원이 그의 낙타털 외투와 털모자를 보관했다. 워싱턴의 전설적인 실세인 버논 조던˚의 딸이자 KKR에서 IR investor relations을 담당했던 제니스 쿡 로버츠Janice Cook Roberts가 자신의 아버지에 대한 환담을 워커와 나누었다. 그러고 나서 워커는 또 다른 임원인 켄 메흘맨Ken Mehlman과 마주쳤다. 그는 공화당이 반反게이 의제를 제기하는 것을 위원장으로서 도왔는데 그 자리에서 물러난 이후에는 게이임을 밝히고 게이 권리를 위한 싸움을 시작했다. 카네기처럼 그는 자신이 해야만 할 일을 해왔고, 지금은 비록 KKR에서 일하지만 번 것을 돌려주는 노력을 하고 있었다.

한쪽으로 뷔페를 차려 놓은 넓은 방에서 오찬 연설이 시작되었다. 방은 하얗고 우아한 가죽 의자로 가득 차 있었는데, 청중은 젊었고 대부분 신참 직원이었다. 그들은 살아 있다고 할 만한 수준에 오르지 못한 삶을 사는 이들의 표정을 하고 있었다. 워커는 자신의 경험상, 그러한 많은 직원들이 직장을 그만두고 선행을 하는 사람이 되겠다는 꿈을 품고 있기 때문에 이와 같은 행사에 나타난다고 말했다. 그러나 당분간 그들은 월마트의 노동자에게서 발견되는 것의 고급 유사물인 지루함과 소외감을 느끼며 살아가야 한다. 그들은 옳고 신중한 선택을 수없이 반복함으로써 이 방에 들어왔다. 캣 콜처럼 시야를 좁힌 채 자신이 사주하고 있는 더 광범위한 것들을 질문하지 않는 법도 배웠다. 그리고 회사는 이 모든 것이 어떤 심리적 희생을 요구하는지도 어느 정도 알고 있었기에, 그들을 위해 품위 있는 일련의 강연을 개최했다. 강연에서는 박물관 관장, 보건의료 전문가, 그리고 워커 같은 재단의 이사장 등 이들보다는 자신의 진실에 더 가까이 살

● Vernon Jordan. 미국의 기업가이자 시민권 운동가로, 클린턴 대통령의 자문역으로 활동하기도 했다.

고 있는 사람들이 청중을 약간 고무시킬 수 있을 것이다. 자신의 임무에 왕성한 의욕을 보이는 워커는 그의 청중들과 현저한 대조를 보였다.

워커는 그들에게 그들이 세계적인 민족주의의 발흥에 책임이 있고, 자신이 원하는 세계는 그것을 얼마간 진정시킬 것이라고 말하려 했는가? 그들의 비즈니스 관행이야말로 문제의 일부라고, 또는 그들이 더 많은 세금을 내야만 한다고 말하려 했는가? "그들의 처지에서 그들을 만났"는가? 그가 이 모든 것을 할 수 있었을까?

그날은 적어도 아니었다. 워커는 연설 앞 순서에서 KKR 창업자 중 한 명인 헨리 크래비스Henry Kravis를 몇 차례인가 "자선가"라고 언급했다. 그는 더 이상 기업 사냥꾼이나 워커가 리무진에서 개탄했던 가치 추출의 선구자가 아니었다. 워커는 자신이 금융서비스 업계에서 지냈던 시간을 높이 평가했다. 그에게 "기량"을 주었으니 말이다. 그 기량 중 하나는 아마도 이제는 약자들을 위해 사용한다고 말할 수도 있을 프로토콜일 것이다. 프로토콜은 그에게 한번에 여러 가지 일을 하고, 복잡한 프로젝트 포트폴리오를 관리하고, 데이터를 완전히 이해해서 통찰력으로 전환하고, 절제력을 갖도록 가르쳐주었다. 그가 청중에게 아첨한 것은 아니다. 그는 수많은 사람들을 돕기를 열망했던 힐러리 코헨과 같은 이들 다수가 세상을 바꾸는 일에 착수하기 전에 KKR과 같은 곳으로 간 이유를 읊고 있었다.

워커는 자선활동을 여러 상대적인 개념 중 하나로 바꿈으로써 방안을 편안하게 유지하려고 노력했다. "미국에서 자선가라고 하면, 여러 가지를 의미하지요." 그가 말했다. "헨리 같은 개인 자선가뿐만 아니라 여러분이 아는 많은 사람들, 그리고 여러분 대부분을 의미합니다. 비록 스스로 자선가라고 부르지 않을지 모르지만 여러분 대다수도 자선가이기 때문입니다."

마침내 그는 주제에 가까이 갔다. "미국, 그리고 전 세계에서 극단적인 수준의 불평등이 나타나고 있습니다. 과장하려는 것은 아니지만 실제로 우리의 민주주의를 위협하고 있다고 생각합니다. 미국 이야기의 핵심에, 우리의 민주주의에, 매우 단순한 기회의 관념이 있기 때문입니다." 이것이 그가 실행한 방법이다. 그는 그들이 좋아하지 않을 수도 있는 생각으로 찌르고 난 다음에 재빨리 마켓월드가 선호하는 "기회"라는 언어를 가지고 그들의 처지에서 그들을 만났다.

그러고 나서 그는 자연스럽게 라파예트에 있는 자선 병원과 그 밖의 모든 것에 대한 이야기를 했다. 그는 거기에 자신이 "올라탈 수 있었던 에스컬레이터가 있던" 것과 "미국 사회에서 기회의 레버리지"에 대해 이야기했다. 차 안에서 그는 미국에 기회 문제는 있지만 불평등 문제는 없다고 믿는 부자들이 "현실을 다루지 않아도 되는 그런 세상에서 살고 있다"고 말했다. 이제 새로운 세대의 "문 앞의 야만인"들 앞에서 그는 그들의 처지에서 그들을 만나고 있었다. 그는 "우리 시스템에서 불평등이 더 커질수록 기회는 더 줄어들 것이다"고 말했다. 그는 좀 더 사적인 이야기로 마무리했다.

나는 매일 내 특권을 생각하며 스스로에게 도전합니다. "너도 알잖아, 엄청난 특권을 누리고 있다는 걸. 확실히 너만큼이나 똑똑했던 너의 사촌들은 감옥에 갔지. 왜 그런 일이 생겼을까?" 결국 모든 것은 특권에 대한, 여러분 같은 사람들과 이런 곳에 있는 데 대한 내 작은 머릿속의 대화입니다. 여러분은 분명 똑똑하고, 야심 있으며, 세상을 바꾸기를 바라고, 그리고 특권을 누리고 있습니다.

사실 그 방 안에 있던 사람들이 워커가 주장했던 방식으로 "변화를 만들기"를 원한 것인지는 분명하지 않았다. 질의응답 시간이 다가오자 이는 명확해졌다. 첫 번째는 그의 리더십 유형과 직원들에게 동기를 부여하는 방식에 관한 질문이었다. 어떻게 하면 비즈니스를 더 잘할 수 있을지 그에게서 배우려고 애쓰는 사람이었다. 두 번째는 세계 안보에 관한 질문이었다. 세 번째는 능력 있는 자선가들은 얼마 안 되는데 이들을 쫓아다니는 자선 기금은 너무 많은 것은 아닌지에 관한 질문이었다. 차 안에서 사모펀드가 불평등의 확대에 기여했고, 이들이 더 해야 하는 것이 아니라 덜 해야 한다고 말했던 워커는 거의 침묵에 가까울 정도로 이 질문을 절묘하게 다루었다. 그리고 그의 절묘함과 이들의 둔감함이 만난 결과, 그의 이야기는 하나도 전달되지 않았다.

리무진으로 돌아온 워커는 저들이 자신의 신복음서를 제대로 파악하지 못했거나 아예 접하지도 않았다는 걸 알 수 있었다고 말했다. 하지만 그 방 뒤쪽에 앉아 있던 두 여성에게서 위안을 찾았다. 그에 따르면 이들은 "그 모든 사안에 관해 고개를 끄덕이고" 있었다. "앞쪽 탁자에 있던 백인 남자들, 그들은 미동도 하지 않는 것 같았다." 정확히 말해, 그들 중 한 명이 "세금을 한 푼도 내지 않았다"는 구절의 변형을 들었을 때는 예외였다. 이 말은 포드 재단의 창립을 묘사하면서 몇 차례 등장했다. 그때 그가 고개를 끄덕였다.

물론 워커는 자신이 KKR의 고위 임원들이 아니라 평직원들을 상대로 했다는 사실을 알고 있었다. 그는 여전히 두려움 속에서 삶을 헤쳐나가는 시기에 있는 사람들에게 연설하고 있었다. 그는 고위 임원들을 만나려면 좀 더 사적인 환경에 있어야 한다고 말했다. "그런 부류의 사람들은 일대일로 만나거나, 아니면 요전날 밤 내가 있었던 행사 같은 곳에서 볼 수 있습니다. 그곳에는 정말 부자인 백인 남자들이 있지요. 이들은 누군가의 집에서 한잔하려고 모입니다. 그리고 안전하지요." 그가 잠시 뒤에 덧붙였다. "이 사람들은 둘러앉아 있거나 도서관에 강연을 들으러 가지는 않습니다."

이러한 생각을 하면서 워커는 미국이 지금 사유화privatize되고 있다는 견해를 표명했다. 미국 대중은 혼란스러운 민주주의의 현장에서 중요한 대화를 나누고 있고, 엘리트들은 그들만의 관계 내에서 대화를 나누고 있다. 그는 엘리트들이 자기들만의 세계에서 비슷한 사람들끼리만 어울리는 현상에 주목했다. 공연을 한 번 보기 위해 수만 달러를 쓰고, 감독을 자신의 집으로 불러서 일종의 상영 전 시사회 같은 강연을 하게 하는 사람들을 언급했다. 여기에서 그는 브라질로 갔던 여행을 떠올렸다. 그는 그 나라에서는 흔한 안전이 확실하게 보장된 외부인 출입 제한 주택단지에서 자란 어떤 사람을 만났다. 그가 어렸을 때 그 건물 내에 그와 친구들만의 디스코장이 있었다는 데 워커는 충격을 받았다. "그들은 디스코를 추기 위해 마을로 갈 수가 없었는데, 그 일이 너무 위험하기 때문이었어요." 그가 말했다. "그래서 그들은 자기들만의 작은 디스코장을 만들었던 겁니다."

워커는 비유하자면 오늘날 미국에서 그의 부유한 친구들이 밖으로는 담을 쌓고 안으로는 디스코장을 둔 건물을 짓고 있다고 느꼈다. 외부인 출입 제한 주택단지, 가정용 극장, 사립 학교, 전용 제트기, 사설 공원 등은 구조되어야 할 사람들을 등지고 있는 사적인 세계 구원의 모습이었다. "삶이 점점 더 출입 제한 구역이 되고 있다"고 그가 말했다. "시민 활동과 공공 활동 중 많은 부분이 점점 더 사적인 활동이 되고 있어요."

불평등으로 인해 누군가는 자신만의 디스코장을 짓고 스스로를 내부로 격리시킬 수 있는 자원을 얻었다. 그러나 이러한 삶의 방식이 바람직한 것으로 된 데는 더 많은 문화 요소가 있었다. 사람들은 자신의 담 너머에 있는 것, 즉 대중을 신뢰하지 못하면서 이러한 방식의 삶을 선택했다. 사람들이 이렇게 느낀 것은 "공"과 "사"의 역사적인 순위가 역전되어 우리의 상상 속에서 "공"이 "사"보다 더 낮은 지위로 강등되었을 때였다. 법학자 제데디아 퍼디Jedediah Purdy가 관찰했듯이, 공화국 안에서 가장 고상한 희망을 찾을 만큼 "공"을 사랑했고, "사"에서는 어원이 같은 "궁핍"과 "박탈"을 떠올렸던 시절이 있었다. 시민들을 점차 설득하여 배려의 범위를 가족과 부족 너머로 확장하고 동료 시민들을 포괄하도록 한 것이 현대성이 이룬 성취였다. 불평등은 그것을 역전시키면서 워커가 사랑하는 조국을 갉아먹고 있었다. 정부는 여전히 책임을 맡고 있지만, 갈수록 더 많은 부자들이 규칙을 만들었다.

과연 워커가 세계의 새클러'들', 콜'들', 티시'들', KKR'들'로 하여금 그와 비슷하게 생각하도록 만들 수 있는 체력과 능력을 지녔는지 생각해봤어야 했다. 그의 신복음이 나온 지 거의 1년이 지났을 때 워커가 펩시코PepsiCo의 이사회에 합류했다는 보도가 나왔다. 일부는 그이동을 비판했다. 불평등에 대항하는 전사가 이제 포드 재단 이사장직뿐만 아니라 이 새로운, 매우 비정기적인 역할로부터 한 해에 100만 달러 이상을 벌게 될 것이라는 점이 한 가지 이유였다. 비판의 또다른 근거는 펩시가 한 일, 예컨대 회사가 지속적으로 그 해로운 설탕 음료를 팔고 있는 선택에 대해서 이제 그가 공식적인 책임을 맡았다는 것이었다. 비판자들은 그가 결코 혼자가 아니라는 생각에 위안을 받을 수도, 아니면 절망할 수도 있었다. 그와 같은 주요 재단의 몇몇 이사장들이 씨티그룹과 페이스북과 같은 회사의 이사로 활동했다. 다시 한번 마켓월드가 침투하고 승리할 것이라는 사실이 두려웠다.

포드 재단의 한 전직 임원은 「뉴욕타임스」에서 "최선의 전술은 당신의 비판자들을 내집단으로 들여오는 것"이라고 말했다. 그러나 워커는 자신이 세상을 바꾸겠다는—그 반대는 아닐 것이라는—약속을 했고, 그렇게 믿는 것 같았다. 그는 「뉴욕타임스」에서 "사회정의단체의 지도자로서 나의 관점을 들여올 것"이라고 말했다. "가난하고 취약한 지역사회 주민들의 복지에 대해 깊이 염려하는 사람으로서 나의 관점을 들여오겠습니다." 지금까지 그가 보여준 유일한 타협은 코카콜라Diet Coke를 마시던 습관을 펩시콜라Diet Pepsi로 바꾼 것이다.

7장

현대 세계에서
효력을 발하는 모든 것

이들 중 대다수가 수년 동안 쉐라톤Sheraton 호텔에서 열린 빌 클린턴의 콘퍼런스에 참석해왔다. 이들은 스스로에게 기부자, 자선가, 사회혁신가, 임팩트 투자자 등 다양한 이름을 붙였지만, 최근의 정치적 격동으로 인해 그보다 딱 붙는 새로운 이름이 생겼다. 이들은 친구에게든 적에게든 똑같이 세계주의자globalists로 알려지게 되었다. 2016년 9월 그날 아침, CGI에 도착한 사람들은 '세계주의자들의 가족 상봉'의 장이 될 한 주를 고대하고 있었다. 물론 자신들이 그 어느 때보다 경멸에 찬 눈초리를 받는 시점에서의 회합이라는 점도 의식하고 있었다. 은밀한 비밀회의에서 인류의 문제를 해결하겠다고 제트기를 타고 세계 곳곳을 여행하는 이들이, 해결책만큼이나 문제점이라는 의혹은 대단히 강력해진 듯 보였다.

그 콘퍼런스는 유엔 주간UN Week이라는 다소 시대착오적인 이름으로 알려진 시기에 개최된 여러 행사 중 하나였다. 유엔 주간이라는 이름은 뉴욕시에 전 세계의 국가수반 대다수가 모인다는 데서 유래했다. 이들은 차례차례 유엔 총회장 앞으로 걸어가 유명한 녹색 배경

앞에 서서 세계를 향해 연설할 예정이었다. 따라서 이 9월 아침 뉴욕의 보안은 마치 전투를 방불케 했는데, 위협적으로 차려입은 남자들이 쏘아보는 두 눈은 죄를 추궁하는 듯했다. 몇 분 단위로 자동차 행렬이 국가수반과 장관 전용 제한 차선을 빠르게 통과했다. 여기 2번 애비뉴에서는 한 무리의 시위대가 지나가는 차들을 향해 "시리아에 간섭하지 마라"는 피켓을 내보이며 경고를 날리고 있었다. 또 다른 구석에는 서아프리카 예복을 입은 두 명의 여성이 클립보드를 들고 공중보건과 관련된 탄원서에 서명을 받으려고 했다. 이들은 전략적으로 유엔 본부 가까이에 자리를 잡았다. 빌 클린턴 덕분에 유엔 주간 행사가 열리는 그곳에 이미 유엔은 없다는 것을 아무도 그들에게 말해주지 않았다.

클린턴은 2001년 1월 구원이 필요한 장년의 남자로 미국 대통령직을 떠났다. 그는 두 번의 임기를 견뎌내는 동안 스캔들과 하원의 탄핵 표결로 골치를 썩였고, 의심쩍은 사면과 백악관 물품 도난 논란*으로 인해 퇴장까지 망쳤다. 퇴임 이후 클린턴을 내부에서 조명한 책 『세계의 남자Man of the World』에서 언론인 조 코나슨Joe Conason은 이 전직 대통령이 새로운 생활을 시작한 첫 몇 달 동안 번민에 차서 몹시 괴로워하며 계속 시달리는 모습으로 묘사한다. 스캔들은 끊이지 않았다. 처음에는 사면과 물품 도난 논란의 여파로, 이후에는 맨해튼 중간 지대의 한 건물에 세금으로 운영되는 사무실을 차리려고

●   클린턴은 백악관을 떠나며 재임 중 받은 선물 등 몇몇 물품을 가지고 나왔는데, 「워싱턴포스트」가 이 중 일부는 백악관 소유라는 기사를 내면서 논란이 일었다.

한다는 데서 터져 나왔다. 그 임대료는 네 명의 다른 살아 있는 전직 대통령의 사무실 경비를 합친 것보다 더 많았다. 결국 클린턴은 할렘의 웨스트 125번가에 사무실을 차림으로써 격렬한 항의에서 벗어났다. 그곳에서 그는 주변의 아프리카계 미국인 사회를 지원하려고 노력하면서 무료로 상점주들을 도울 수 있는 프로토콜에 능숙한 컨설턴트를 모집했다. 그래도 부정적인 여론을 피하기는 어려웠다. 클린턴의 새 연설 비서관은 한 번에 25만 달러에 이르는 행사들을 예약했지만 코나슨의 표현대로 "대중의 경멸이 쇄도"하는 바람에 상당수가 취소되었다. 그러나 외국에서의 초청은 거의 취소되지 않았다. 클린턴은 여기에서 한 가지 교훈을 얻었다. "그와 그의 직원들은 고국에서의 인기가 아무리 떨어진다 해도 세계의 나머지 지역 대부분은 그를 환영하고 심지어 찬양할 준비가 되어 있다는 것을 깨달았다"고 코나슨은 말했다.

이러한 통찰을 따라, 클린턴은 퇴임한 이후의 첫 해외 일정을 잡았다. 이를 통해 그는 세계적인 자선활동의 우상이 되는 여정을 시작했고, 마침내 「세계의 대통령: 빌 클린턴 현상」이라는 제목으로 제작된 텔레비전용 다큐멘터리의 소재가 되었다. 그는 인도 서부 구자라트주에서 지진 구호를 위해 돈을 모았다. 개발도상국의 후천성면역결핍증HIV/AIDS 치료제 비용을 낮추기 위한 복잡한 거래도 중개했다. 그 후 2005년 클린턴은 시대의 흐름에 조응하여, 이제 진정으로 세상을 바꾸고 싶다면 기업과 부호의 도움이 필요하고 따라서 마켓월드의 순회 행사 중에 그의 콘퍼런스를 조직할 필요가 있다고 생각했다.

그래서 뉴욕의 유엔 주간 동안 콘퍼런스 하나를 주최하는 계획을 세웠다. 그곳에 모이는 각국의 지도자들을 활용하려는 의도였는데, 그들이 아마도 뉴욕시의 부유하고 관대한 사람들을 끌어모으는 미끼 역할을 할 수 있기 때문이었다. 클린턴은 이 시점에서 아이디어를 제시한 공을 그의 오랜 보좌관, 더그 밴드Doug Band에게 돌렸다. 클린턴은 나중에 자신의 반응을 회고했다. "내가 말했죠. '그래, 그리고 모든 사람이 유엔 개막식 동안 뉴욕을 누비는 절묘한 즐거움을 누리게 되겠군!' 그러고 나서 아마도 충동적으로 결심한 다음 말했습니다. '내가 한번 해보겠어.'"

다보스의 세계경제포럼World Economic Forum, WEF은 마켓월드의 초기 콘퍼런스 중 하나다. 이곳에서 기업가들은 정치 지도자 및 그 밖에 유사한 사회적 지위를 가진 이들과 어울리기 위해 상당히 큰돈을 지불한다. 2005년 1월, 그 콘퍼런스의 무대 위에서 클린턴은 CGI를 발표했다. 그는 CGI가 다보스와 같은 콘퍼런스가 될 것이라고 말했다. 차이가 있다면, 다보스에 한데 모인 부자와 권력자는 지구적 선을 위한 구체적인 프로젝트에 공헌할 필요가 있다는 점을 출범 조건에 명시했다는 점이었다. "나는 다보스의 진정한 지지자입니다. 하지만 부국과 빈국의 세계 지도자와 그 사이에 있는 모든 이들이 매년 9월 유엔에 옵니다. 그래서 내 생각에 올해 우리는 WEF와 유사한 다소 작은 콘퍼런스를 준비할 필요가 있습니다. 이곳에서는 참가자들이 할 수 있는 모든 구체적인 일에 좀 더 집중할 겁니다." 결의, 행동, 문제의 실질적인 해결이 CGI만의 특징이 될 것이었다. "참여하는 모든 사람들이 에이즈, 결핵, 말라리아에 대해 우리가 무엇을 해야 하는지, 민간 부문이 지구 온난화에 대해 무엇을 할 수 있는지 등에 대한 의견을 요구받는다는 점을 우선적으로 알아야 합니다." 그가 덧붙였다. "당신은 그와 관련된 매우 구체적인 결정에 참여하도록, 그리고 매우 구체적인 헌신을 하도록 요구받을 것입니다."

첫 번째 CGI에 대한 평가는 우호적이었다. 노련한 잡지 편집자 티나 브라운Tina Brown은 "클린턴은 자신의 역할을 최고의 조력자로 설정한 듯하다. 그는 우리가 극도의 소극성을 버리고 스스로 사태를 바라보라고 촉구하고 있다"고 썼다. 그녀는 몇 달 전 허리케인 카트리나로 드러난 거대한 국가 실패에 비추어 볼 때, CGI는 정부가 나서는 공적인 문제 해결 방식에 대한 대안이라는 요지의 언급을 했다. "홍수가 나서 오도 가도 못하며 옥상에 올라 셔츠를 흔드는 대신, 시민 행동을 통해 정부의 역할을 지휘하는 일은 문득 매우 고무적인 생각처럼 들린다." 실제로 CGI가 발전함에 따라, "시민 행동을 통해 정부의 역할을 지휘하는 일"에 관심이 있는 점점 더 많은 수의 사람들을 그 자리로 끌어모았다. 투자자, 기업가, 사회혁신가, 활동가, 연예인, 자선가, 비영리 단체 임원, 프로토콜에 능숙한 컨설턴트 등이 그들이다. 이들은 새로운 DBL 펀드*를 고안하고 말라리아에 대항하는 계획을 수립했다. 게다가 전부 뉴욕에 살고 있던 이들은 자신들의 본업과 관련된 거래도 성사시켰다. 해를 거듭할수록 이들의 존재감이 커지면서 유엔 주간의 무게 중심이 이동하는 것처럼 보였다.

CGI가 발전하면서 두 개의 단어가 이를 규정하게 되었다. 바로 제

- ‘경제적 가치’와 ‘사회적 가치’를 모두 추구하는 기업에 투자하는 펀드를 말한다.

휴partnership와 헌신commitment이다. 클린턴은 기업가, 자선가, 정치 지도자, 노조, 시민사회 등 다양한 부문의 인사들을 초청해서 사회 개선을 위한 계획을 함께 추진하고, 이들이 달성하려고 계획한 목표에 대해서 공개적으로 약속하도록 했다. 이러한 접근은 진보가 이루어지는 방식에 대한 최근 생겨난 견해로 클린턴은 이를 크게 지지하며 적극적으로 설파했다. 클린턴은 젊은 시절 예일 법대Yale Law School를 다녔고, 그 후로 수십 년 동안 정치와 법을 도구 삼아 세상을 더 나은 곳으로 만드는 일을 추구했다. 그는 자유주의를 수용했다. 작가 네이슨 헬러Nathan Heller의 표현에 따르면 자유주의는 일종의 "시스템 건설 철학"으로, "사회는 그냥 내버려두면 엔트로피와 극단을 향하는 경향이 있는데 이는 사람들이 본래 끔찍해서가 아니라 협소하게 생각하기 때문이다." 사적 개인들이 사회의 큰 그림을 본다고 믿기 어려운 반면 "정부와 같은 더 큰 실체는 믿을 수 있다"고 헬러는 쓴다. 클린턴이 공직에 취임했을 때, 그는 공공의 문제는 공공서비스와 집합 행동을 통해 가장 잘 해결된다고 믿었다. 그러나 백악관 시절, 그리고 이후에는 훨씬 더 단호하게 시장, 그리고 민간과 공공 기관의 제휴를 통해서 문제를 해결하는 것이 더 바람직하다는 입장으로 넘어갔다. 이러한 방식을 통해 공동의 '대의의 영역'을 발견하고 '윈윈의 해결책' 마련에 주력할 것이었다.

초기에 클린턴은 더 많은 돈을 기부하고 거기에 더해 자원봉사도 하게 하는 행사에 사람들이 돈을 내고 참석할 것인지 궁금해했다. "내 말은, 더 많은 돈을 쓰거나 더 많은 시간을 쓰라는 요청을 들으려고 회비를 낸다는 말을 들어본 적이 있나요?" 그가 농담했다.

그는 자기 자신을 과소평가했다. 약속은 보상을 가져왔다. 만약 당신이 소비자 제품 회사에서 일하고 수백만 명이 정수기를 쓸 수 있게 하겠다고 약속한다면, 또는 수십만 명이 청력을 회복할 수 있도록 약속하는 재단에서 일한다면, 당신은 CGI 무대에 오르도록 초청받을 것이다. 거기에서 빌 클린턴은 옆에 서서 청중들에게 당신의 약속을 읽어주고 당신을 칭찬할 것이다. 이 순간은 '좋은 일을 함으로써 성공한다'는 공식 중에서도 탐낼 만한 성취로서 곧장 경력으로 이어질 것이다. 영향력 있고 부유하지만 상대적으로 덜 알려진 사람들은 마치 유명인 같은 관심을 받게 될 것이다. 만약 당신이 새로운 자금을 댈 투자자를 찾는 중이라고 해보자. 이는 수많은 부자와 권력자들 앞에서 당신의 얼굴을 알릴 수 있는 좋은 방법이었다. 만약 비행기 한 대를 소유하고 자선을 베풀겠다는 약속을 할 만큼 엄청나게 많은 돈이 있다면, 캐나다 광산 거물 프랭크 기우스트라Frank Giustra가 그랬듯이 당신 또한 빌 클린턴, 당신의 문을 열어주는 사람이자 형제와 다름없는 친구인 그와 함께 빠른 속도로 지구를 돌 수 있을 것이다. 당신은 그의 재단을 통해 그를 도울 것이고, 그는 당신을 그의 친한 벗들과 어울리게 할 것이다. 그의 친한 벗이 되면 다음에 당신이 어느 광산 프로젝트에 입찰할 때 아마도 이득이 될 것이다.

클린턴의 계산에 의하면, 열두 번의 CGI 콘퍼런스는 대략 3,600개의 약속을 발표했다. 조직은 이러한 약속이 180개국에서 4억 3,500만 명 이상의 삶을 개선했다고 주장했다. 인상적인 수치였지만 입증하기는 어려웠다. 이 새로운 방식의 세계 구원은 사적이고 자발적이며 아무에게도 책임을 지지 않았기 때문이다. "주요 기업과 함께 번영을 창출하다"라는 제목의 어떤 공약은 빈곤 퇴치 컨설팅 회사인 테크노서브가 제안했는데, 그 제휴사로는 월마트, 코카콜라, 카길, 맥도날드, 사브밀러* 등의 기업이 있었다. 나중에 그들은 "'피라미드의 바닥'에 있는 기업가를 위한 사업계획 경쟁 프로그램"을 실행했다고 주장하는 경과 보고서를 제출했다. 또 다른 공약은 "위테크 WeTech"라는 제목이 붙었다. 맥킨지, 구글, 골드만삭스 같은 제휴사를 끌어들인 이 계획은 과학기술 분야에서 경력을 쌓으려는 소녀와 여성을 위한 교육 및 멘토링 프로그램을 약속했다.

이렇듯 변화에 대한 일반적인 접근은 클린턴이 집권하는 동안 지지해왔던 세계화의 옹호, 시장의 수용, 동정심, 노동과 자본 갈등의 종말 선언, 부자와 빈자의 상생의 약속 등과 궤를 같이한다. 이들은 월스트리트에 좋은 규제 완화는 메인스트리트**에도 좋을 것이고, 대기업이 갈망한 무역 협정은 노동자에게도 이상적인 거래라고 홍보했다. 클린턴주의Clintonism에 대한 국민 투표***가 두 달 남았다. 노동자 계급이 번영할 수 있도록 하기 위해 "억만장자 계급"을 그들의 자리로 돌려보내겠다고 말한 버니 샌더스Bernie Sanders를, 모든 사람에게 더 좋은 미국을 만들겠다고 말한 힐러리 클린턴이 이겼다. 그리고 마침내 그녀는 마지막 상대와 대적하게 되었다. 이번 상대는 인종

- SABMiller. 밀러와 필스너 우르켈 등을 판매하는 세계 2위의 주류 회사였으며, 2016년에 1위 업체 앤하이저부시 인베브AB InBev와 합병하였다.
- Main Street. 월스트리트에 대비하여 보통사람들이나 중소기업의 이익을 나타내는 표현이다.
- 도널드 트럼프와 힐러리 클린턴이 경합했던 2016년 11월의 미국 대통령 선거를 말한다.

차별주의, 권위주의, 종족적 민족주의 같은 것으로 무장해 있었다. 도널드 트럼프는 정의를 위한 운동을 벌이면서 엄청난 부를 취하고, 생명을 구하면서 상당한 권력을 장악하고, 나아가 많은 것을 돌려준다는 이들이 그 모든 것을 차고 넘치게 가진 가짜일 뿐이라는 직관을 이용했다. 그가 큰소리로 외쳐댄 것은 비록 사이비 염려에 지나지 않았지만 수많은 사람들이 당황할 만큼 이 감정을 잘 이용했다.

　지난 수년 동안 CGI의 활동에 대한 비판의 목소리가 점점 커졌다. 그 수많은 참석자에게 자선활동이 그 자체로 목적인지, 아니면 자기 잇속을 차리기 위한 수단일 뿐인지에 관한 끊이지 않는 의문이 제기되었다. 대런 워커는 그 주의 어느 날 아침 자신의 포드 재단 사무실에 앉아 "CGI는 사회적 선을 행하는 다보스"라고 표현했다. 새로운 유엔 주간은 '성공하는 것'과 '좋은 일을 함으로써 성공하는 것'이 만나는 그 지점에서 생명령을 얻었다. 워커는 클린턴이 말하는 변화를 신뢰했고 포드는 그의 행사를 후원했다. "바로 CGI라는 매개를 통해 수많은 새로운 행위자들이 동원되었고 임팩트 투자를 비롯한 수많은 다양한 방법이 시작되었죠." 클린턴은 그의 비상한 권력을 활용하여 믿기 어려울 만큼 다양한 이들이 협력하도록 했고 빈곤과 고통에 대한 창의적인 해결책을 만들어냈다. 그러나 워커도 말했듯이 "자선가와 상업 기업이 선을 베푸는 일과 자신들의 브랜드를 구축하는 일 모두에서 영향력을 발휘할 수 있는 플랫폼을 CGI에서 보았던" 것도 사실이다. 결과적으로 워커가 보기에 CGI에서는 자기 잇속을 챙기고자 경솔하게도 이타주의를 가지고 장난질을 하고 있었다. 왜 이 최고경영자들이 모두 다 날아왔을까? "투자 기회를 보았기 때문이죠. 이들은 자기 브랜드를 선전할 기회를 본 겁니다." 워커가 말했다. 클린턴의 명석함은 사람들을 돕는 데 동의하는 이들이 자신의 모임을 "인지도를 높이는 통로"로 이용하도록 한 데 있었다. 그러나 이는 워커의 시각에서 보면 CGI가 불러일으킨 기부의 동기를 흐리게 만들었다. 지금은 다른 이들도 유엔 주간에 자신을 홍보하는 전례들을 따르고 있다. 워커가 다소 과장해서 말한 것처럼 "수백 개의 부대 행사들"이 차려졌다. 그는 "여기에 있는 위험은 잠재적인 상쇄 효과"라고 말했다. "나이지리아에 질병, 설사 등을 줄이기 위한 건강 계획을 지원할 수 있고, 그와 동시에 니제르 삼각주의 오염원인 회사에 투자할 수도 있다는 생각이죠."

CGI가 씨앗을 뿌렸다고 할 수 있는, 유엔 주간에 나타나는 공공선과 사적 욕망의 뒤섞임은 이제 그 장소에만 국한되지 않았다. 사실 멀리 내다보지 않더라도 뉴욕시 곳곳에는 민관이 협력하여 세상을 바꾼다는 형태의 행사가 매해 점점 더 많이 생겨나고 있었다. 예를 들어 변화를 만드는 임팩트 투자Make a Difference, Invest with Impact라는 이름의 모임, 세계 기아를 종식시키기 위한 열린 데이터 혁명에 동참하라Join the Open Data Revolution고 초대하는 고단 서밋GODAN Summit, 그리고 조지 소로스 재단이 주관하는 포용적 성장을 위해 지속가능한 발전 목표를 활용하라Leveraging the SDGs for Inclusive Growth at George Soros라고 불리는 또 다른 모임, 홍콩상하이은행HSBC에서 주관하는 "지속가능한 금융"에 관한 콘퍼런스, 코카콜라와 제이피 모건J.P. Morgan이 후원하는 세계에서 가장 긴박한 도전을 검토하고 협력의 길을 찾기 위해 지식 소매상과 혁신가들이 만나는 콩코르디아 서밋Concordia Summit,

그리고 씨티은행, 마스Mars, 사브밀러의 출연으로 만들어진 지속가능한 발전 목표를 전파하기 위한 사업 협력Business Collaborating to Deliver the SDGs이라는 행사, 아프리카 대안 투자 집중 포럼Africa Alternative Investment Intensive Forum, 자선 및 임팩트 투자를 통한 기후변화 혁신의 촉진Catalyzing Climate Change Innovation Through Charitable and Impact Investment, 베이커 맥켄지Baker McKenzie라는 국제법무회사에서 열리는 깨끗한 경제의 조정Scaling the Clean Economy이라는 네트워킹 행사, 블룸버그 자선 단체들이 주관하는 미국-아프리카 사업 포럼U.S.-Africa Business Forum, 모든 여성과 어린이 민간 부문-혁신Every Woman Every Child Private Sector-Innovation 고위급 오찬 등이 그것이다.

소셜 굿 서밋Social Good Summit은 이렇듯 세상의 변화를 꾀하는 사적인 비밀회의 중 하나였다. 이틀간 열리는 이 콘퍼런스는 "세계의 리더들과 풀뿌리 활동가들이 우리 시대의 가장 커다란 도전에 대한 해법을 토론하는 역동적인 커뮤니티"였다. 맨해튼의 92Y˙에서 개최되었고, 참가자들은 "세상을 더 살기 좋은 곳으로 만드는 기술의 잠재력을 해방하기 위해 단결"할 것을 약속했다. 다른 수많은 행사와 마찬가지로 모든 곳에서 공과 사가 뒤섞였다. 서밋은 타겟Target, 나이키, 타코벨 재단Taco Bell Foundation의 후원을 받았고, 디지털 미디어 라운지에서 발견된 엠앤엠즈M&M's에는 그해 유엔 주간의 주요 주제이기도 했던 유엔의 지속가능한 발전 목표를 나타내는 작은 상징이 뚜

˙ 전 세계의 사람들을 문화, 예술, 엔터테인먼트로 연결하겠다는 모토를 가진 문화 커뮤니티 센터로, 유대계 조직이다.

럿하게 새겨져 있었다. 행사가 시작되기 전, 난민 위기를 상기하는 자극제의 일환으로 전 세계의 이목을 집중시켰던 익사한 시리아 소년 아일란 쿠르디Alan Kurdi를 추도하는 짧은 묵념이 있었다. 이어서 "2030년까지 우리가 원하는 세계에 도달하기 위해서는 협력과 공동 설계가 핵심"이라고 말하는 상용어가 돌풍처럼 몰아쳤다. 그곳에서 배운 또 한 가지는 "타코벨 재단은 청년들이 꿈을 크게 꿀 필요가 있다고 믿는다"는 것이었다.

CGI와 이를 벤치마킹한 여타의 수많은 기업이 후원하는 세계 구원 모임은 마켓월드 사람들이 주축이 된 유엔 주간의 일종의 자매 행사가 되기에 이르렀다. 쉐라톤에서 불과 몇 마일 떨어진 센트럴 파크 서쪽에는 프랑스 제2제국 양식으로 지어진 랭함Langham 빌딩이 서 있었다. 이 호화 아파트 건물의 한 집—어느 사모펀드 거물이 소유한—에서는 일부 아프리카인이 초대되어 돈 있는 사람들에게 아프리카에 대한 투자 문제를 이야기했는데, 이 만찬은 가난 없는 맥킨지McKinsey-but-for-poverty의 자문 회사 중 하나가 공동 주최했다. 치킨 카레와 샐러드를 앞에 두고 아프리카에서 가능한 종류의 거래, 규제의 어리석음과 규모의 중요성에 대한 논의가 있었다. 그러고 나서 향연의 참가자들은 아래층에서 기다리고 있던 검은색 파티 버스에 올라탔다.

버스는 아프리카를 기념하는 파티로 가기 위해 승객들을 태우고 시내로 향했다. 안에는 키 크고 멀쑥한 우버의 임원이 타고 있었는데 그는 자신이 회사에서 아프리카 시장 개척을 책임진다고 말했다. 이는 새로이 확대된 유엔 주간에서 인도주의적 노력이 얼마나 포괄적으로 정의되는지를 보여주었다. 버스는 그래머시 파크 호텔Gramercy Park Hotel 앞에 섰다. 로비는 인근 식당에서 오바마 대통령이 식사하는 것을 목격했다는 소식으로 떠들썩했다. 오바마는 유엔 주간을 위해 뉴욕에 있었는데 미국-아프리카 비즈니스 포럼에서도 연설을 할 예정이었다. 5번 애비뉴에 새로 생긴 아프리카 센터가 조직한 파티를 위해 버스에서 내린 한 무리는 옥상으로 올라갔다.

파티는 누군가의 표현대로 두 장소 "사이에서 사는" 사람들로 가득 차 있었다. 치킨 소시지와 달걀 요리도 널려 있었다. 구글의 유명한 임원 한 명이 어느 나이지리아 여성을 웃기는 모습이 보였다. 미국의 저명한 신문사 중 한 곳의 부회장이 파티 주인의 어깨를 톡톡 두드리며 그녀의 아버지가 어디 있는지 물었다. 그녀는 카딜 이브라힘Khadil Ibrahim이었고, 그녀의 아버지 모Mo는 아프리카 최고의 부자로 알려져 있었다. 파티의 공동 주최자는 첼시 클린턴Chelsea Clinton이었는데, 그녀는 모습을 드러내지 않았다. 아일랜드의 전 대통령 메리 로빈슨Mary Robinson이 지나갔다. 아프리카 센터와 아프리카를 위한 간단한 건배가 있었다. 그 후 다시 비즈니스로 돌아왔다. 누군가가 그녀 뒤에 서 있는 남자에게 인사해야 한다고 수군거렸다. 마서스 비니어드*에 멋진 별장을 세 채나 가지고 있는 사람인데, 그곳에서 사람들과 어울리곤 한다는 이야기도 나왔다.

그날 밤 파티에 참석한 사람 몇몇은 빈곤 퇴치 컨설팅 회사 중 하나인 달버그Dalberg에서 일했다. 당연한 얘기지만 유엔 주간은 이들

---

* Martha's Vineyard. 매사추세츠주에 있는 호화 여름 휴양지다.

에게도 중요한 한 주였다. 달버그는 유엔 주간의 부대 행사(또는 관점에 따라서는 주요 행사) 목록을 배포했다. 그 목록의 오른편 줄에는 각각의 행사에 참석할지의 여부와 방식이 적혀 있었다. 8개의 행사는 무료였고, 8개가 유료였으며, 48개의 행사는 초대받은 사람만 참여할 수 있었다. 이 비율은 새로운 마켓월드 주도의 유엔 주간에 대한 한 가지 진리, 민간의 행위자들이 공공 문제의 영역으로 들어오면 그것은 점점 더 공공의 사업과 멀어지게 된다는 것을 말해주었다.

클린턴 재단이 벌인 사업들의 사적인 성격은 수년간 비판을 받아왔다. 정확히 누가 돈을 주는가? 정확히 무엇이 그들의 동기였는가? 이들은 미래의 힐러리 클린턴 행정부에서 영향력 또는 직위를 확보하려는 의도를 가지고 기부했는가? 이러한 비판 덕분에—그리고 힐러리가 곧 승리하여 비난을 훨씬 더 위협적으로 만들 것이라는 기대감 덕분에—유엔 주간을 변형하는 데 그토록 많은 일을 한 콘퍼런스는 열두 번째이자 마지막 모임을 맞게 되었다. 그래서 그 주에 쉐라톤에는 향수의 분위기가 감돌았지만 걱정도 있었다. CGI에 모이는 세계를 여행하는 부류의 엘리트들이 세상을 더 나은 곳으로 만들기보다는 최근 몇 년간 자신들의 이익을 보호하는 데 솜씨를 발휘했다는 인식이 키운 들끓는 분노는 수많은 단체를 집어삼킬 듯했다.

*

마켓월드의 사람들은 분노를 의식하게 되었다. 니얼 퍼거슨의 표현에 따르면, 2016년의 사건들로 그해는 "글로벌 엘리트들의 끔찍한 해annus horribilis"가 되었다. 하버드의 탁월한 역사학자인 퍼거슨은 엄청난 강연료를 받는 지식 소매상이며 세계주의자 부족의 존경받는 성원이었다. 퍼거슨은 「보스턴글로브Boston Globe」에 자신과 동료들이 1월의 다보스에서 도널드 트럼프를 얼마나 비웃었는가에 대해 썼지만, 결국 그가 공화당 후보로 지명되는 것을 보았다. 그러고 나서 몇 달 후 아스펜, 레이크코모Lake Como, 마서스 비니어드를 뛰어다녔지만 영국의 유럽연합 탈퇴 캠페인을 심각하게 고려하지 못했고, 결국 브렉시트가 가결되는 것을 보았다. 세계의 엘리트들은 반란에 직면했으며 이는 아마도 다른 사람들의 현실과 그간 얼마나 단절되어 있었는지와 관련이 있을 것이다. 퍼거슨은 자신과 같은 "뿌리 없는 세계주의자" 부족이 독일 재무장관의 발언에 동의할 수밖에 없었다고 주장했다. "사람들은 더욱더 그들의 엘리트들을 믿지 않았다."

유엔 주간을 앞두고 뉴욕에서 곧 있을 행사를 준비하는 만찬, 살롱, 패널 토론, 그리고 이사회 등 수많은 모임에는 이러한 불신에 대한 우려가 가득했다. 그때 나온 질문은 이러했다. "그들은 왜 우리를 싫어할까?" 여기에서 "그들"이란 뿌리 없는 세계주의자들의 덜 고상한 동료 시민들로, 계속해서 민족주의, 선동, 원한에 찬 배제에 이끌리는 한편 엘리트들이 가장 소중히 여기는 믿음인 국경 없는 정신, 모든 질병 치료는 시장에 맡겨야 한다는 생각, 불가피한 기술 진보, 테크노크라트가 주도하는 사회 등을 거부하고 있었다.

일부 엘리트들은 그들의 아름다운 꿈을 이들에게 다시 설명해야 한다고 믿었다. 하나의 세계, 개방된 국경, 기술 진보, 데이터에 의한 통치, 마켓월드 패권 등은 잘못 매도되었을 뿐 올바른 전망의 일부였다. 그들이 충만한 열정으로 세계화, 열린 국경, 무역을 충분히 납득시키지 못했을 뿐이었다. 그들은 배제된 이들을 위한 직업 재활훈련 같은 것으로 변화의 거친 가장자리를 제대로 다듬지 못했을 뿐이었다.

마켓월드 사람들 중에는 세계주의자의 꿈 그 자체가 문제인 것은 아닐지 생각하게 된 또 다른 진영도 있었다. 그들은 민족주의자는 아니었다. 이 진영의 성원들 역시 좋은 일을 함으로써 성공한다는 생각, 세계주의자의 사고방식에 젖어 있는 편이었다. 그러나 여러 곳에서 일시에 표출된 거리의 분노가 가슴에 와닿기 시작했다. 그들은 자신과 동료 엘리트들이 이제야 신문의 1면에 등장하게 된, 변화의 고통으로 수십 년간 커져온 좌절을 보지 못했다는 사실을 깨닫고 있었다. 그들은 시위자들도 세상이 나아지기를 원한다는 사실을 인정했지만, 어찌 되었든 자신들이 더 많은 발언권을 갖기를 원했다. 반면 보통사람들은 자신의 생각에 관심을 가지겠다고 말한 민주주의의 약속을, 아무리 실현 가능성이 낮더라도 믿었다. 마켓월드 사람들이 그 분노에 대해 열띤 토론을 하고 있던 그 가을, 누군가가 주장했을지도 모른다. **아마도 문제는 우리에게 있을지 몰라.**

그렇다면 문제의 본질은 정확히 무엇인가? 마켓월드 사람들 다수가 그 문제를 공개적으로 탐구하고 있었다.

퍼거슨이 보기에 자신과 동료 마켓월드 엘리트들은 새로운 계급전쟁에 징발되었다. 그것은 더는 부자 대 빈자가 아니라, 오히려 모든 곳everywhere에 속한다고 주장하는 사람들 대 어떤 곳somewhere에 갇힌 사람들의 구도였다. 퍼거슨의 동료인 마이클 포터는 이를 모든 곳의 기업들과 어떤 곳의 사람들로 표현했다. 앞서 언급한 글에서 퍼거슨이 주장한 바에 따르면 어떤 곳의 사람들이 더는 모든 곳의 사람들의 배려와 자선의 실적에 만족하지 않으며, 결국에는 머릿수가 모든 곳의 사람들의 발목을 잡게 된 것이 문제였다. "어느 집단의 수가 더 많은지는 누구나 다 안다. 자선가와 정치가를 막론하고 세계의 엘리트들이 얼마나 많은 기부를 했건 간에 그 불균형을 결코 완전히 보충할 수는 없을 것이다."

마이클 포터가 비난했던 프로토콜을 따라 움직이는 기업들과 마찬가지로, 마켓월드의 승자들은 퍼거슨의 주장대로 장소에 대한 어떠한 충성심도 버렸다. 문제는 세계가 여전히 장소에 따라 통치되고, 따라서 글로벌 수준에 초점을 맞춘 충성심과 프로젝트를 가진 엘리트들은 본질적으로 민주주의 그 자체에서 벗어나고 있었다는 점이었다. 그리고 가장 호전적인 세계주의자의 일부는 이제 많은 부분을 인정하고 있었다. 과거 미국 재무부 장관과 하버드 대학 총장을 역임했던 경제학자 로렌스 서머스Lawrence Summers는 「파이낸셜타임스Financial Times」에 사과문을 쓰면서 "사변적인 국제주의 reflex internationalism"의 종식과 새로운 "책임 있는 민족주의responsible nationalism"를 촉구했다.

다소 추상적인 지구적 선이라는 개념을 추진할 것이 아니라, 정부의 기본적인 책임은 시민의 복지를 극대화하는 것이라는 생각에서부터 새로운 접근을 시작해야 한다. 사람들은 자신들이 살고 있는 사회를 자신들이 만들어가고 있다고 느끼게 되기를 바란다.

서머스의 하버드 대학 동료인 대니 로드릭Dani Rodrik은 유엔 주간이 열리기 전 토요일 자 「뉴욕타임스」에 한 편의 글을 기고했는데, 여기에서 그는 마켓월드 사람들이 자신들에게 좋은 것이 모두에게 좋은 것이라고 가정한다고 꾸짖었다. 그는 세계화가 "포퓰리스트뿐만 아니라 세계주의자들에게서도" 구조될 필요가 있다고 주장했다. 그에 따르면 "이들은 세계화의 새로운 모델을 가장 중시했고, 사실상 민주주의가 다른 모든 것을 대신해서 오로지 세계 경제만을 위해 작동하도록 만들었다."

　조너선 하이트는 그해 한 에세이에서 무엇이 잘못되었는지에 대한 또 다른 이론을 제시했다. 그는 "민족주의와 우익 포퓰리즘이 어떻게 그토록 강하고 빠르게 성장했는지 그 원인을 파악하려면 세계주의자의 행동을 살펴보는 것부터 시작해야 한다"고 썼다. "어떤 면에서는 세계주의자들이 '그것을 촉발시켰다.'" 왜냐하면 그가 보기에는 "새로운 코스모폴리탄 엘리트들이 그들의 동료 시민들, 특히 심리적으로 권위주의 성향이 있는 이들 다수를 모욕하고 소외시키고 자극하는 방식으로 행동하고 말하기" 때문이다. 하이트가 보기에 세계주의자는 유토피아주의자였다. 그들은 변화와 미래를 믿었다. 그들은 "사람들을 분리된 집단이나 정체성으로 분할하는 모든 것은 나쁘고, 국경과 분리를 없애는 것이 좋다"고 믿었기 때문에 "민족주의에 반대했고, 종교에 반대했고, 지역주의에 반대했다." 하이트는 또한 이들의 반대파는 뿌리에 대한 감각을 소유한 것으로 이해될 수 있다고 말했다. '뿌리 감각'은 에밀 뒤르켐Émile Durkheim이 그의 대표 저작인 『자살』에서 보여주려고 애쓴 것으로, 그에 따르면 "가족, 종교,

지역사회의 유대로 단단히 묶인 사람들은 더 낮은 자살률을 보인다. 반면 사람들이 공동체의 제약에서 벗어날 때, 이들은 '아노미' 또는 규범 없는 상태의 세계에서 살고, 자살률은 올라간다."

하이트의 분석에서는 세계주의와 반세계주의 둘 다 설득력 있는 세계관으로, 각각의 염려가 타당하며 이를 뒷받침할 데이터도 있다. 사람들이 자유롭게 섞여서 어울리고 활동하는 세계의 이점들이 있으며, 안정적이고 단단하게 묶인 공동체에는 각기 다른 이점들이 있다. 그러나 하이트에 따르면 세계주의자들은 개방성, 자유, 하나의 세계의 도덕적 우월성을 지나치게 확신한 나머지, 수많은 사람들에게 불러일으킨 진정한 공포를 처리할 수 없었다.

이러한 고백이 때때로 간과하는 것은 방대한 양의 인종 차별주의, 외국인 혐오, 반유대주의, 광신적인 남성 우월주의, 그리고 이민자에 대한 비방이었다. 포퓰리스트들은 이를 막힘없이 쏟아냈을 뿐만 아니라 심지어 부추기기까지 했다. 이러한 정서는 실재했고 정치적 혼란이 가중되는 데 중요한 역할을 담당했다. 그러나 또한 마켓월드의 원죄─퍼거슨을 비롯한 이들이 사과했던─가 우익 포퓰리스트, 종족적 민족주의자 등의 길을 열어준 데 얼마간 책임이 있다고 주장할 수도 있었다.

CGI가 끝난 지 며칠 뒤, 그리고 대통령 선거가 있기 전 이메일 인터뷰에서 클린턴은 포퓰리즘적 분노의 폭발 배후에 있는 것에 대한 자신의 생각을 말했다. 그는 "선거에 투영된 우리가 목도하는 고통과 거리의 분노는 오랫동안 쌓여온 것"이라고 말했다. 그는 "정부, 경제, 사회에서 가장 영향력 있는 사람들이 더는 그들을 돌보지 않거나 아예 무시한다는 느낌"이 그 분노를 키우는 데 어느 정도 기여했다고 생각했다. "이들은 공유된 기회, 공유된 안정성, 공유된 번영을 향한 진보의 일부가 되기를 원하죠." 그러나 "유일한 답은 사태를 개선하기 위해 정부, 민간 부문, 비정부 기구 등 모두가 참여하는 공세적이고 창의적인 제휴 관계를 구축하는 것"이라는 클린턴의 해결책은 그가 이미 약속했던 모델과 거의 유사하게 들렸다. 달리 말해, 유일한 답은 전통적인 공공 부문 외곽에서 사회변화를 추구하는 것이다. 여기에서는 소수의 정치 지도자들이 인류를 대표하고, 기업들이 특정 프로젝트에 후원할지의 여부에 상당한 발언권을 갖는다. 물론 팽창하는 포퓰리즘적 분노의 일부는 그가 모으려고 했던 바로 그 엘리트들을 향해 있었다. 클린턴은 탈정치적 방식으로 문제를 해결할 것이라며 이들을 신뢰했지만, 수많은 사람들은 배신당하고, 무시당하며, 경멸당한다는 느낌을 준 이들을 신뢰하지 않았다.

미국, 영국, 헝가리 등지에서 사람들은 자신이 보기에 이웃과 동료 시민의 욕구보다 이윤을 추구해온 글로벌 엘리트들의 통치를 거부했다. 이 엘리트들은 지역사회가 아니라 서로에게 더 충성하는 것처럼 보였다. 엘리트들은 종종 10마일(약 16킬로미터) 떨어진 곳에 있는 사람들의 고통보다 저 멀리 있는 곳의 인도주의적 사업에 더 큰 관심을 보였다. 좌절한 시민들은 엑셀과 파워포인트를 다루는 이들에 대해 자신들이 아무런 권력도 갖고 있지 못하다고 느꼈다. 반면 이 엘리트들은 이들의 노동시간을 전환하거나, 이들의 공장을 자동화하거나, 이들의 아이가 다니는 학교에 어느 갑부가 만든 새 교육과정을 조용히 법제화하는 식으로 권력을 행사했다.

사람들이 환영하지 않았던 것은 자신들 없이 변화하는 세계였다.

*

CGI의 마지막 행사를 준비하는 사람들은 반세계주의자들의 반란의 고통 속에서 개최되는 만큼 이 주제를 다루는 패널이 반드시 있어야 한다고 결정했다. 그들은 또한 이 패널이 전부 세계주의자로만 구성되어야 하며 다른 쪽을 대표하는 이들은 넣지 않는다고 분명하게 결론지었다(이것은 단지 외관상의 배제가 아니었다. 그 주제에 고무되어 회의장 맨 앞까지 온 사람들은 앞 좌석의 몇 열이 대부분 비어 있고, 그것이 맥도날드와 록펠러 재단을 비롯한 부자 후원자들의 자리라는 것을 발견했다).

세션의 공식적인 명칭은 "세계 번영을 위한 제휴 관계"였다. 좀 더 적합한 명칭은 "왜 그들은 우리를 싫어할까?"였을 것이다. 빌 클린턴이 이 패널의 사회를 보았다. 거기에는 아르헨티나의 쟁쟁한 포퓰리스트들을 물리치고 대통령이 된 사업가 출신 마우리시오 마크리 Mauricio Macri, 클린턴이 "제3의 길"이라고 부른 시장 친화적 진보주의로 자신의 경력을 디자인해온 이탈리아 총리 마테오 렌치Matteo Renzi, 아스펜과 TED를 비롯한 마켓월드 순회 행사의 어딘가에서 종종 보이는 전 나이지리아 장관이자 세계은행 관료이며, 최근에는 투자은행 라자드Lazard에 합류한 응고지 오콘조-이웰라Ngozi Okonjo-Iweala, 그리고 런던 최초의 무슬림 시장이자 영국이 유럽연합에 남아야 한다고 주장하는 진영의 대표 주자인 사디크 칸Sadiq Khan이 있었다. 토론자들은 좌파와 우파를 아울렀고, 무대 위의 모든 이들은 세계주의자,

코스모폴리탄, 테크노크라트, 그리고 마켓월드가 촉진하고 후원한, 하지만 최근에는 빈축을 사고 있는 워싱턴 합의의 일원이었다.

클린턴은 "완전히 신임을 잃은 경제와 정치 상황"으로 고통받는 국가에 상식을 되찾아왔다며 마크리를 칭찬했다. 그러고 나서 그는 "당신이 무엇을 발견했는지, 무엇을 하려고 애쓰는지, 다른 사람들, 특히 민간 부문과 비영리 부문의 사람들이 이를 어떻게 지지하고 있는지"를 청중과 공유해달라고 요청했다.

"대통령 당신도 아시겠지만, 아르헨티나는 수십 년 동안 포퓰리즘에 시달려왔습니다." 마크리가 입을 열었다. 그는 자신의 기업 친화적 선거 운동의 승리를 아르헨티나 사람들이 "더 잘 살아야 마땅하다"는 집합적 결정이라고 표현했다. "우리는 세계의 일부가 되기를 바랐습니다. 우리는 고립주의와 단절하기를 바랐습니다." 그는 자신의 청중들이 세상을 더 나은 곳으로 만드는 데 관심이 있다는 것을 알았고, 그래서 아르헨티나에서 빈곤을 줄이려는 자신의 계획을 중심으로 발언했다. 그럼에도 그는 평등, 정의, 권력 개념의 근처에는 가지도 않았다. 그는 토지 개혁이나 소수 일가로의 부의 집중 등의 주제는 아예 꺼내지도 않았다. 그 대신에 그는 사업을 더 수월하게 할 수 있도록 만들겠다고 말했다. "우리는, 우리 모두는 빈곤을 퇴치하기 위해서는 좋은 일자리, 괜찮은 일자리를 만들어야만 한다는 사실을 알고 있습니다. 그리고 이를 위해서는 신뢰할 수 있는, 믿을 수 있는 환경을 만들어야 합니다. 당신이 법의 지배를 존중할 것이라는 점, 그리고 믿을 만하다는 점을 투자자들에게 확신시켜줘야만 합니다."

그의 주장은 고전적인 마켓월드의 윈윈주의를 세계주의로 변형한 것이었다. 생활고를 겪고 있는 아르헨티나의 국민들을 위한 최선은 외국인 투자자와 국제적인 기관들이 편안하게 느낄 수 있도록 무슨 일이든 하는 것이었다. 바로 이러한 이유로 그는 "힘든 결단들"을 내리고 있었다. 아르헨티나의 환율을 통일하고, 배당금을 해외로 송금할 수 있도록 하고, 해외 채권 보유자들과의 분쟁을 해결하는 것이 그것이었다. 그는 얼마 전 국제통화기금 사절단이 아르헨티나에 온 것을 자랑스럽게 여겼다. 그는 바로 전 주에 비즈니스 및 투자 포럼을 주관해서 수십 개 국가의 수천 명의 사업가들을 불러모은 것에 신이 났다. "모든 세계적 기업이 아르헨티나로 와서, 우리나라의 발전에 기여하도록 해야 합니다." 좋은 사회란 해외 자본을 안심하게 하는 곳이라고 생각하는 그로서는 세계주의자와 변화의 승자들에 대한 원한에 가득 차 있는 대중의 문제를 어떻게 해결해야 할지 난감할 뿐이었다.

클린턴은 렌지에게로 옮겨갔다. 그는 렌지가 과감하게 이탈리아에 시장 친화적인 정책을 들여왔다고 칭찬했다. 렌지는 노동시장을 개혁하고, 국회의원 정수를 줄여 자신의 권력을 강화하려는 목적이라고 비난을 산 (그리고 결국은 실패한) 국민 투표를 추진했다. 렌지는 그 방의 청중들이 사랑했던 무디스Moody's가 승인한, 정확히 그런 부류의 정치인이었다. 그는 청중들이 듣기에 너무나 맞는 말을 했는데, 바로 다시금 경제가 정치를 대체해야 한다는 것이었다. 그는 이탈리아가 더는 명작과 문화의 나라일 수만은 없다고 말했다. 이제는 "변화의 도전"을 수용해야만 했다.

렌지는 세계주의자들의 합의의 또 다른 측면을 반영한 자신의 노동시장 개혁에 대해 말하면서 비정규직 노동자들을 따로 빼놓았다. 그는 작년에 이탈리아가 고용 및 해고법을 개정함으로써 마침내 독일과 영국의 기준을 충족했다고 말했다. 그는 "분명 미국은 20년 전에 이 지점에 도달했다"고 덧붙였다. 세계주의자들은 마크리가 해외 투자자를 위해 안전한 장소를 만들었던 것처럼 공공 정책에 "정답"이 존재한다고 믿었다. 그리고 고용과 해고가 쉬운 매우 유연한 노동시장을 갖는 것이 그러한 정답 중 하나라고 생각했다. 정답은 민주적으로 찾아오지 않았다. 이탈리아 사람들이 20년이라는 '지연' 기간 동안 행동함으로써(또는 행동하지 않음으로써) 선택했던 답은 그것이 아니었다. 세계주의의 자명한 진리는 이탈리아가 동참하여 자신들의 신중한 방식을 수용하기를 기다리면서 그 나라를 맴돌았다. 그리고 마침내 그것이 이루어졌을 때, 그 나라의 총리는 다른 선택에 의해 규정된 이전 시기를 일종의 지연이라고 묘사할 수 있었다. 시간 지연으로 유명한 이탈리아인들은 세계주의자들의 "정답"에도 늦게 도착했다. 렌지 같은 지도자들은 다국적 기관과 해외 투자자들이 강요하다시피 한 조치들이 도덕적으로 타당하다고 생각했다. 시민들의 민주적 선택은 그러한 도덕적 타당성을 결여했는데 왜냐하면 효율성과 성장에 해로웠기 때문이다.

이제 클린턴은 칸 시장에게로 옮겨갔다. 클린턴은 그를 "긍정적인 상호 의존의 훌륭한 예시"라고 칭찬했다. 마켓월드는 상호 의존을 신봉했는데 세계가 하나인 방식을 반영했기 때문이며, 또한 기업이 진출할 더 많은 시장을 의미했기 때문이다(민족주의적인 사람은 있어도 민족주의적인 사업은 거의 없다). 클린턴은 이제는 "우리의 협력에 저항하는 사람들의 감정의 강도가 이로부터 얻어가는 사람들의 감정의 강도를 압도하기 때문에" 이러한 전망이 위협받고 있다고 생각했다.

세계를 휘젓고 있었던 분노를 실제로 조금이라도 느꼈던 누군가가 무대 위에 있었더라면 유용했을 것이다. 그 대신에, 그 모든 현상을 설명하는 과제가 칸에게 맡겨졌다. 누군가 "전 세계에서 벌어지는 일에 비추어 봤을 때 브렉시트 투표는 무엇을 의미하죠?"라는 질문을 던졌다. 칸은 답했다. "국민 투표 캠페인 동안 자신의 아이들을 지역의 좋은 학교에 보내고 싶었던 사람들, 보건 의료를 우려한 사람들, 정말로 살 만한 집을 갖고 싶어 한 사람들이 두려움의 정치로 빨려 들어갔습니다. 이들은 자신이 직면한 도전과 쟁점의 근거가 유럽연합, 이방인 때문이라는 이야기를 들었습니다." 다시 말해 브렉시트에 투표한 사람들은 쉽게 현혹된 양들이었다.

클린턴은 여기에 허위의식이라는 관념을 보탰다. "이 모든 잉글랜드 주들이 유럽연합으로부터 경제적 도움을 얻는 것을 포기하는 데 투표했습니다. 이들에게는 그것이 필요했지만 자신들이 무엇을 하는지도 몰랐죠. 그저 안으로 들어와 문을 닫기를 바랐습니다. 본능적으로 우리와 그들을 나누는 심리 상태가 발전하고 있지요." 미국의 전직 대통령이 브렉시트가 예기치 않게 성공한 몇 달 후에, 그리고 그 브렉시트 운동과 동맹을 맺은 한 포퓰리스트 선동가에게 자신의 부인이 예기치 않은 패배를 당하기 두 달 전에 내놓은 진단이었다. 자신들을 둘러싼 분노를 이해하는 과제를 스스로 떠맡은 사람들은 그 안에는 이미 이성적이거나 의식적인 선택으로 받아들일 만한 기초가 없다는 생각에만 충실했다. 그들은 마켓월드 사람들과는 근본적으로 다르게 세계를 보는 이들, 그리고 맞든 틀리든 간에 자신들의 목소리가 들려지기를 원하는 이들을 고려할 수가 없었다.

"런던이 잉글랜드에서 유일하게 유럽연합에 남는 투표를 했다는 점, 단호하게 그렇게 했다는 점이 정말 자랑스럽습니다." 칸이 말했다. "내 생각에 이것은 제로섬 게임이 아닙니다. 런던이 잘나가는 것은 영국의 다른 지역을 희생한 탓이 아닙니다. 런던이 번영하면, 영국의 나머지 지역도 번영하죠."

번영하는, 세계적으로 연결된 거대 도시는 거기에 살 수 있는 경제적 여력을 가진 은행가들과 여타의 교양 있는 전문직으로 가득 차 있다. 또한 이 도시에는 그곳에 부재하는 사우디, 러시아, 나이지리아의 왕족도 넘쳐난다. 이들은 그 경제나 과세 표준이나 자신들이 사는 지역사회에 크게 기여하지도 않으면서 임대료를 올렸다. 이렇듯 거대 도시에 좋은 것이라면 무엇이든지 자동적으로 모든 영국인에게도 좋다는 생각은 브렉시트 선택이 코앞에 닥쳤을 때 일부 유권자가 당연히 거부했던 교만함에 해당했다. 한 가지 반례를 들자면, 영국은 최근 몇 년 동안 긴축을 둘러싼 정치 논쟁에 휘말렸다. 시티 오브 런던City of London의 은행가 엘리트들이 선호한 그런 종류의 재정 "규율"은 직접적으로 교육과 의료 지출의 삭감, 그리고 사회적 이동성의 축소로 나타났다. 사람들은 분노했고 외국인을 도와주는 돈이 어디에서 나오는지 의구심을 품었다. 그런데도 칸의 전망에서는 사태가 엘리트들에게 너무 훌륭하고 간단하고 유리하게 정비되어 있던 탓에 그는 영국, 그리고 전 세계의 수많은 보통사람들이 고통을 겪고 있다는 생각은 조금도 할 수 없었다. 그는 마크리, 이어서 렌지가 주창했던 세계화의 승자들은 문제와는 아무런 관련이 없고, 우리가 그들이 승리하도록 돕는다면 결국 모두가 승리할 것이라는 주장의 또 다른 판본을 제시하고 있었다.

여기 이 하나의 패널 토론에서는 CGI의 복합적인 가치들이 대변되었다. 그 가치란 이상주의적인 일을 하는 대신에 시장 친화적인 일을 하는 것, 사람들에게 경제적으로 필요하다고 생각되는 일을 그들이 정치적으로 원하는 일보다 중시할 것, 올바른 데이터에 기반한 테크노크라트적 해답이 자신을 대변한다고 믿을 것, 정치인의 성공은 투자자의 수익으로 판단할 것, 시장의 힘을 굴복하고 양보하고 적응할 수밖에 없는 불가항력으로 생각할 것 등이다.

네 명의 토론자와 클린턴은 오콘조-이웰라가 "이 사람들"이라고 부른 이들에 대해서 숙고했다. 그들은 이 사람들의 분노를 골똘히 생각한 다음 편리한 이론을 내놓았다. 클린턴은 "경제적 불황기에는 갈등 모델이 더 잘 작동한다"고 주장했다. 오콘조-이웰라는 백신에 대한 접근 가능성을 높이는 것이 분노를 줄이는 데 도움이 될 것이라고 주장했다. 그녀는 가비GAVI라고 불리는 세계백신연합의 리더로서 백신은 그녀의 전문 분야이기도 했다(그녀는 자신이 현재 은행가들을 위해 일한다는 사실을 말하지 않았다. 또한 자신들의 원죄로 벌을 받는다면, 자신들이 받은 구제 금융으로 대중에게 보상한다면, 이들이 겸허하게 자신들의 행위에 대한 규제를 좌절시키지 않는다면, 이 또한 분노를 줄일 것이라는 점도 언급하지 않았다). 그녀는 마켓월드 사람들이 이해할 수 있는 언어로 이들에게 백신을 홍보했다. 백신은 그저 생명만 구하는 것이 아니었다. 건강한 시민은 더 많은 성장,

세금의 지급, 회사의 시작을 의미했기 때문에 백신은 일종의 투자였다. 그녀는 백신이 "오늘날 경제학의 최상의 상품 중 하나"라고 말했다. 왜냐하면 "백신에 1달러가 투자되면 16달러의 수익이 나오기 때문이다." 그녀는 "백신의 수익률은 매우 높다"고 표현했다.

잠시 후에 오콘조-이웰라는 그 방 안의 사람들로 대표되는 세계주의자 부족이 "자신들을 일종의 도약의 발판으로 삼으려고 애쓰는 그들이 틀렸음을 입증할" 필요가 있다고 말했다. 여기에서 "그들"은 성난 유권자들이었다. 그들은 이용당하고 있었다. 그들은 멍텅구리였다. 성난 사람들이 비록 결함은 있을지언정, 그들의 동료 시민들에게 무언가를 적극적으로 합심하여 말하려고 하고 있다는 것은 조금도 받아들여지지 않았다. 그리고 그들은 그것이 무엇인지 직접 말하기 위해 여기에 와 있지 않았다.

패널들은 자신들이 우려스럽고 대립적인 정치에서 멀찌감치 떨어져 있다고 생각했다. 이들의 정치는 정답을 발견하는 데 헌신하는 테크노크라트적인 것이었다. 정답은 알 수 있고, 거기에 있기 때문에 단지 분석해서 스프레드시트에 적어 넣으면 충분했다. 이들의 정치는 비즈니스 세계로부터 원윈의 유쾌함과 상호주의를 빌려왔다. 다섯 명의 정치인이 한 무대에 있었지만 실질적인 논쟁은 한순간도 없었다는 사실이 놀라울 따름이었다. 이들은 모두 좋은 사회란 기업가들의 사회라고 생각하는 듯했다. 이들에게 기업가의 성공은 사회 자체의 성공에 버금가는 것이었다. 이들은 세상을 잘 엮어내는 것이 가장 필수적인 인간의 노력이라고, 정부는 민간 부문에 대항하는 것이 아니라 그들의 협력자로서 일해야만 한다고 생각하는 듯했다.

이러한 문명화된 집단을 지켜보면서 사람들은 전통적인 정치는 그럴 만한 이유가 있기 때문에 논쟁을 벌인다는 사실을 망각할지도 모른다. 정치인이 다정해지는 법을 몰라서가 아니라, 자기 운명을 스스로 개척하는 열성적인 수많은 사람들의 생각에 뿌리를 두고 있는 것이 바로 정치이기 때문에 논쟁이 존재한다. 정치는 본질적으로 양립하기 어려운 이익을 협상하고 조정하여 괜찮은 계획, 좋아할 만하지만 사랑하기는 어렵게 만들어진 계획을 내오는 복잡한 비즈니스다. 모든 사람이 식탁에 초대되고, 모든 사람이 평등하며, 모든 사람이 관심을 받지 못하고 보이지 않는다고 불평할 권리를 갖는 그런 맥락에서 문제를 해결한다. 정치는 다양한 이익을 가진 사람들을 한데 모으면서 식탁에 반드시 희생을 올려놓을 수밖에 없다. 하지만 이 포럼 같은 곳에서는 윈윈을 떠올리는 것이 더 쉽다. 왜냐하면 이곳에서는 모두가 승자일 뿐만 아니라 이익도 일치하는 편이기 때문이다. 그 합의는 초대받지 못한 모든 종류의 사람과 시각을 생각나게 하는 것이었다.

그러나 토론자들은 자신이 엄청난 분노의 한가운데 있다는 것을 알았고, 대응할 방법을 찾아 헤매는 듯했다. 칸 시장은 "사람들의 두려움에 놀아나기보다는 고심하는 것이 중요하다"고 말했다. 클린턴은 마켓월드의 승자들이 사방에서 그들을 둘러싼 분노에 직면하여 그곳을 벗어날까 봐 두렵다고 고백했다. "내가 생각하기에 우리가 정말 세계적으로 주력해야만 하는 것 중 하나는 우리의 도시적이고, 다양하고, 젊고, 경제적으로 성공한 지역들에 대해 아주 근본적으로 '이건 너무 피곤해. 이 촌스러운 지역에서 벗어나야겠어. 그 모든 것

들로부터 도망칠 거야'라고 말하지 않도록 하는 겁니다." 엘리트의
분리 독립에 대한 분노가 더 많은 엘리트의 분리 독립을 고무할 뿐이
라는 말인가? 포터가 질책한 기업의 도피주의와 퍼거슨의 동료 승자
들의 코스모폴리탄 도피주의가 수많은 지역사회의 관계를 파괴하고
수많은 불만을 부추겼음에도 불구하고, 자신들의 도피를 일종의 결
과라고 뒤집어 말하는 것인가? 아니면 오히려 지금은 그 도피가 더
정당하다고 느낀다는 말인가? 클린턴은 "우리 모두에게 중대한 시
험대"라고 말했다.

*

    CGI에는 국경 없는 세계의 꿈이 가득했다. 과거 영국 외무 장관이
었고 지금은 국제구조위원회International Rescue Committee를 운영하는 데
이비드 밀리밴드David Miliband가 진행한 세션을 살펴보자. 그 주제는
난민이었다. 이런 종류의 복잡한 글로벌 이슈는 마켓월드 사람들이
국가별 민주주의에 거들먹거릴 간단한 방법을 제공했다. 그의 동료
토론자인 스웨덴 총리 옆에 앉은 웨스턴 유니온Western Union 회장 히
크멧 에셋Hikmet Ersek이 말했다. "총리 앞에서 외람된 말씀이지만, 정
치인들의 문제 중 하나는 지역 주민의 표를 얻어야 하는 이들이 세
계적인 사안에 책임을 져야 한다는 것입니다." 마켓월드 회합에 정
기적으로 참석하는 요르단의 라니아Rania 왕비는 이 말을 듣고 이렇
게 덧붙였다. "내가 절망적이라고 생각하는 한 가지는, 전 세계를 둘
러보면 대부분의 지도자들이 단선적인 사고방식과 전통적인 접근에

갇혀 있다는 것입니다. 그렇지 않더라도 이들은 투표나 정치적 논란 같은 매우 긴박한 사안에 의해 소진되어 세계에서 벌어지는 혼란과 이것이 미래의 우리에게 미칠 영향을 생각하지 않습니다."

이것이 바로 CGI였다. 여기 어느 최고경영자가 정치인들이 현실의 장소에서 현실의 사람들을 대표한다고 한탄하고 있다. 당연히 정치인들의 모습은 세상 모든 곳의 자본의 흐름을 대표하고 국경 없는 세계에 매우 강력한 이해관계를 가진 어느 금융 최고경영자와 같을 수 없다. 그러나 이 때문에 특정한 집단의 사람들을 대표하는 선출된 지도자를 근시안이라고 할 수 있는가? 정치인들이 표를 얻는 데 집착한 나머지 세계에 대해서 명확하게 사고하지 못한다고 주장하는 한 왕비가 있었다. 투표하는 대중은 라니아 왕비가, 그리고 CGI에 함께 있던 그녀의 남편이 걱정해야 할 사안은 아니었다. 웨스턴 유니온 회장에게도 마찬가지였다. 투표에 대해서 염려하지 않는 것은 군주나 최고경영자의 이점 중 하나였다. 여기 환한 불빛에 드러난 세계주의의 반민주적인 속성이 있었다. 세계주의자들은 정치 위에서, 너머에서, 그리고 바깥에서 문제를 해결하는 방식을 장려하고 있었다. 그들은 정치가 더 잘 작동하도록 하는 데는 관심이 없었고, 반드시 세계가 원하는 것은 아니지만 세계에 필요한 것을 주는 자기들만의 특권적 권력을 고집했다.

만일 CGI의 행사 기획자들이 진정으로 사람들이 세계주의자에게 분노하는 이유에 관심을 가졌다면, 터키 태생의 하버드 경제학자이자 세계화에 관해 여러 권의 책을 쓴 대니 로드릭을 초대할 수도 있었을 것이다. 로드릭의 두 문화에 걸친 삶은 일종의 세계주의를 시사했다. 하지만 그는 세계주의자의 고귀한 의도가 어떻게 민주주의를 훼손하는지에 대해 더 날카로운 비판을 하는 이 중 한 명이 되었다.

"나보다 더 세계 시민인 사람도 없을 겁니다." 그가 케네디 스쿨에 있는 자신의 사무실에서 전화로 말했다. "미국보다 나머지 세계에 대해 더 많이 알고 있죠. 나는 두 국가의 여권을 소지했고, 여기 내 친구들 대부분도 미국 태생이 아닙니다." 그래서 사람들은 영국 총리 테리사 메이Theresa May가 브렉시트 국민 투표 이후 혼돈 속에서 권력을 잡자마자 "세계의 시민들"을 중상했을 때, 수많은 세계주의자들이 그랬던 것처럼 로드릭도 움찔했으리라고 예상했을지도 모른다. 메이는 말했다.

오늘날 권력을 지닌 수많은 이들은 길 아래 있는 사람들, 그들이 고용한 사람들, 그들이 거리에서 스쳐가는 사람들이 아니라 국제적인 엘리트와 더 많은 것을 공유하는 것처럼 행동한다. 그러나 당신이 스스로 세계의 시민이라고 생각한다면, 당신은 어느 곳의 시민도 아니다. 당신은 시민권이 의미하는 바를 이해하지 못하고 있다.

로드릭은 세계를 여행하는 교양 있는 동료들이 메이의 이 말에 대해 즉각적으로 극렬하게 반응하는 것을 목격했다. 거의 모든 세계주의자는 그 진술이 잘못되었고 악의적이라고 평했다. "사람들 안에 내재된 가장 원초적인 본능에 호소할 뿐이다." 로드릭은 놀라지 않을 수 없었다. "그 반응은 내가 보기에 표면적으로 명백해 보이는 어떤 것에 대해 너무나도 부정적이었어요." 메이의 주장은 고조되는 외국인 혐오의 물결에 영합하려는 시도였다는 점에서 문제가 있었다. 그러나 로드릭이 생각하기에 그 또한 현실적인 문제를 언급하고 있었다. 호기롭고도 대수롭지 않다는 듯 세계적인 차원에서의 개선을 말하는 수많은 엘리트들―종종 선의를 가진―이 지역사회의 회합에는 한 번도 참석하지 않는다는 점, 모든 인류와 연결되어 있음을 느낀다고 주장하는 수많은 엘리트들이 다른 계급 사람들과는 격리되어 사는 것을 선택했다는 점 등이 그것이다. 로드릭에 따르면 "CGI 또는 자유주의적 세계주의자의 기득권 주변의 사람들은 자신들이 세계를 위해 얼마나 성심껏 일하는지에 관한 이야기를 되뇌어왔다. 그러나 이는 사실 정치 과정의 일부가 아니다. 정치 과정에는 다른 시민들과 경쟁하고 그들과 아이디어를 겨루어보는 것이 포함된다. 시민들은 기존 정치 공동체의 일원으로 정의된다. 우리는 확실히 세계적 차원의 공동체를 가지고 있지 않다." 다시 말해서 정치는 실제로 공유된 역사를 갖는 실제 장소에 관한 것이다. 만인의 꿈을 좇는 세계주의는 누구의 꿈도 아닐 위험을 감수해야 한다.

로드릭이 보기에 세계적인 차원에서 문제를 해결한다(세계 정부가 부재한 상태에서 이는 종종 사적인 해결, 부호들에 의한 해결을 의미한다)는 것은 정당성이 없다는 데서 그치지 않는다. 문제를 그 영역으로 올려놓음으로써 세계주의자는 "자신의 국가 제도 내 시민으로서의 의무를 회피하기 위한 도덕적 위장 또는 윤리적 위장"을 얻는다. 그러한 방식으로 선을 행함으로써 이들은 민주주의의 기능이 저해된다는 사실을 무시할 수 있게 된다. 또는 훨씬 더 간단히 말해 그들은 분열을 가로질러 동료 시민들과 상호 작용하면서 자신들의 지역사회가 직면한 문제에 대해 배울 의무를 회피한다. 지역사회 문제에는 이들의 선택이나, 혹은 이들의 특권이 연루되어 있을 수 있다. 반면 기후변화 같은 보편적인 문제나 르완다 커피 농장처럼 멀리 떨어진 곳에 존재하는 노동문제 등은 그 거리감 덕분에 상대의 면전에서 손가락질하는 감정을 덜 수 있다.

세계주의자들은 시대의 현실과 동떨어진 진보의 이론을 수용해 왔다고 로드릭은 말했다. "CGI와 같은 종류의 프로그램들 이면에는 세계가 작동하는 방식에 대한 일반적인 관점이 있는데, 나는 그것이 잘못되었다고 생각합니다. 그 관점에 따르면 세계의 고통은 진정한 국제적 협력의 부족에서 유래합니다." 이러한 인식은 특정 사안들, 예컨대 세계적인 유행병과 기후변화 등에서는 옳다. 로드릭에 따르면 "그러나 대부분의 다른 영역, 그것이 국제 금융이든, 경제 발전이든, 경기와 금융의 안정성이든, 국제 무역이든 간에, 내가 보기에 문제는 글로벌 거버넌스나 글로벌 협력이 충분하지 않거나 또는 우리가 충분히 함께하지 않아서가 아닙니다. 문제는 우리의 국내 거버넌스가 실패하고 있을 뿐이지요." 그는 다음과 같이 덧붙였다. "세계 경제가 직면한 문제의 대다수, 그것이 무역 규제이든, 금융 불안정성이든, 아니면 적절한 발전의 부재와 세계적 빈곤을 비롯한 다른 어떤 문제이든 간에, 이 수많은 문제들은 사실 우리의 지역 정치가 제대로 작동한다면 그 심각성이 훨씬 더 줄어들 수 있을 겁니다."

로드릭은 말을 이어갔다. "외부에서 해결책을 발전시킬 수 있다는 생각, 또는 낙하산으로 해결책을 투하한다든지, 초국적인 노력을 통해서 지역의 정치를 우회할 수 있다는 생각들은 내가 보기에는 좋은 뜻에서 하는 일로 보입니다. 보완적인 성격의 노력으로는 분명 가치가 있죠. 하지만 그 자체가 어떤 대체물이 될 때, 말하자면 국내 정치 과정의 차원에서 우리가 관여해야만 하는 어려운 일들을 대체하게 된다면 잠재적으로 매우 비뚤어지게 되리라고 생각합니다." 로드릭은 세계주의자들이 유포한 '좋은 일을 함으로써 성공한다'는 반反정치와 2016년의 혼란 사이에서 "직접적인 연관"을 보았다. "세계의 금융, 정치, 테크노크라트들은 그들의 동포와 거리 두기를 하고 있습니다. 신뢰의 상실을 초래하게 된 직접적인 원인이죠."

몇 년 전 C. Z. 내메카C. Z. Nnaemeka는 「MIT 기업가정신 리뷰MIT Entrepreneurship Review」에 이 거리 두기에 관한 선견지명이 있는 글을 썼다. 이 글은 그녀가 말하는 "낯설지 않은 하층 계급", 아주 부유하지도 않고, 글로벌 엘리트의 관심을 끌 만큼 아주 가난하지도 않은 사람들에 대한 엘리트들의 무시를 비판했다. "캘커타, 키베라, 리오의 빈민가에 살고 있는 사람들의 큰 문제Big Problems를 다루는 이들이 웨스트버지니아, 미시시피, 루이지애나 같은 곳에 사는 어려운 사람들의 큰 문제big problems를 다루는 이들보다 더 많을 것"이라고 그녀는 썼다. 이렇듯 멀리 떨어진 곳의 니즈와 초국적인 문제 해결에 대한 선호는 모든 세계주의자가 한통속이고 자기 동포에게는 관심을 갖지 않는다는 정서를 심화시킬 수 있다. 이러한 정서는 음모론과 가짜 뉴스를 생산하는 거대하고 냉소적인 강박 관념에 의해 부풀려진다. 또한 지난 30년 동안 일어난 세계의 아주 실질적인 변화들, 예컨대 사람들의 삶에 영향을 미치는 더 많은 결정이 자기 나라가 아닌 곳에서 이루어지고, 아이들의 더 많은 장난감이 그들이 그 이름도 발음할 수 없는 도시에서 만들어지고, 누가 만들었는지 알 수 없는 알고리즘이 사람들의 읽을거리를 더 많이 결정하는 그러한 변화에 의해 고조된다.

이러한 변화는 이 시대에 많은 사람들이 느끼는 혼란뿐만 아니라 왜 이 시대가 엘리트들이 동료 시민들로부터 신뢰받을 수 있었던 특별히 좋은 시기였는지, 그리고 왜 엘리트들이 신뢰받지 못할 때 그토록 불안정한지를 설명하는 데 도움이 된다. 로드릭은 힐러리 클린턴을 끌어왔다. 그는 "그녀의 제안이 트럼프의 공약보다 중산층과 중하위 소득 계층을 위해 훨씬 많은 내용을 담았을 것"이라고 말했다. 그러나 "그녀는 지지를 이끌어내지 못했고, 내가 보기에는 힐러리가 세계주의 엘리트 집단과 연관되어 있거나 골드만삭스 등과 어울린다는 사실도 이러한 신뢰의 상실감을 불러왔습니다. 공약이 얼마나 좋은 내용을 담고 있는지는 중요하지 않습니다. 근본적으로 신뢰하지 않는 사람들로부터 나온 공약이라면, 유권자는 그들이 자신의 관심사를 염두에 두고 있다고 생각하지 않을 것이고, 그러면 이 공약들은 심각하게 받아들여지지 않을 것입니다."

세계주의자는 끼리끼리만 어울리는 경향이 있기 때문에 이들은 비슷한 관점과 주장을 접하며 그것만이 옳다고 착각할 위험이 있다. 로드릭에 따르면 "세계화가 어떻게 작동하게 되었는가에 대한 특정한 판본의 이야기가 있고, 이들은 계속해서 이 이야기들을 주고받습니다. 계속 말하다 보면 이 이야기들은 더욱 강화될 것이고 이를 거부하는 사람은 기본적으로 자기 잇속만 차리는 보호주의자로 여겨질 뿐입니다."

로드릭은 "자신의 견해가 옳지 않다는 사실을 어떻게 알아낼 것인지" 물었다. 그는 자신의 질문에 답하며 말했다. "시민권이 완벽히 실행되는 어느 이상적인 민주주의 세계에서라면 그것은 다른 시민들을 상대로 당신의 생각을 시험하는 그 사회 내부의 숙의 과정이겠죠. '글쎄, 잠깐만! 나는 찬성하는 입장이지만 노스캐롤라이나에서 일어나는 일을 보면 사람들이 북미자유무역협정NAFTA 때문에 일자리를 잃고 있잖아?' 아마도 우리는 필요한 종류의 보호를 마련하지 않았던 것이고, 이런 과정을 통해 자신의 견해가 틀렸음을 알 수 있습니다. 하지만 이러한 종류의 폭로와 도전은 실제로 제공되지 않고 있죠."

세계화를 비판하는 입장이라면 세계주의의 '하나의 세계'라는 도덕적 불빛과 싸워야만 했다고 로드릭은 말했다. 통합은 항상 분리보다 더 좋은 것처럼 들리고, 선을 긋는 것보다는 개입이 더 좋은 것처럼 들린다. 빌 클린턴 자신이 세계화의 틀을 짜는 데 달인이었다. 그에 따르면 세계화는 선택되어야 할 어떤 것도 아니고 다양한 합리적인 방식으로 행해질 수 있는 특정한 배열의 정책과 장려 제도도 아니었다. 그저 일종의 불가피한 도덕적 진보로 제시되어 왔다. "나는 세계화에 반대하는 국민들을 존중하고 그들이 비판하는 많은 지점이 타당하다고 생각한다. 그러나 그들은 세계화가 존재한 적이 없던 시대로 우리를 되돌리려고 한다"고 클린턴은 어느 연설에서 말했다. 이어서 그는 "인류의 역사는 고립에서 상호 의존으로, 그리고 통합으로 가는 여정"이라고 했다. "분리된 세계는 지속가능하지 않으며 위험합니다. 반세계화주의자들은 상호 의존에서 고립으로 나아가길 원하는데, 그것은 가능하지 않습니다." 때로는 좀 더 협소한 전망의 세계화, 예컨대 기업이 가장 쉽게 확장하고 프로토콜에 따라 아주 깔끔하게 최적화하도록 하는 것이 이러한 미사여구를 따라 도덕적 진화로 치장되었다. 이는 혐오와 아무런 관련이 없을 때조차 혐오로 비판하는 것을 쉽게 만들었다. 예컨대 당신은 멕시코와의 무역 지대 일부를 제한하기를 바란다. **뭐라고, 멕시코 사람들을 혐오하는 거야? 우리 모두가 신의 자식이라는 사실을 믿지 않는 거야?**

로드릭이 보기에, 세상의 조화라는 이상은 칭찬할 만하고 CGI 같은 행사가 활력을 불어넣은 자선활동과 사회적 관심에 담긴 미덕을 부정할 수는 없다. 그가 걱정하는 것은 바로 그 순간에 앞서 말한 것들을 포함한 세계주의자의 영역이 정치가 세상을 만들어가는 최선의 방식이라는 관념을 지속적으로 약화시키는 것이었다. 그는 "정치의 장소locus가 여기에서 핵심적인 쟁점이라고 생각"한다고 말했다. "정치의 올바른 거점은 어디고, 의사 결정권자는 누구인가? 이 네트워크와 세계적인 회합들인가? 아니면 국가적 차원인가? 누가 어디에서 변화를 만들어야 하는가?

이렇게 말했을 때 그는 이미 세계주의자들의 반론을 들을 수 있었다. **CGI, 다보스, 아스펜 연구소, 스콜에 갈 때 우리는 정치에 관여하지 않는다. 단지 사람들을 도울 뿐이다.** 로드릭은 "아마도 이러한 집회에 모이는 사람들은 자신들이 정치를 하고 있다고 생각하지 않을 것"이라고 말했다. "그러나 그것은 당연히 정치입니다. 상이한 장소에서의 정치, 누가 중요하고 어떻게 사태를 변화시킬지에 대해 상이한 견해를 지닌 정치, 그리고 변화와 변화의 주체에 대한 상이한 이론을 지닌 정치일 뿐이죠." 달리 말해, 당신이 더 나은 세상을 만들려고 애쓰는 중이라면 당신은 정치 행위에 관여하고 있는 것이다. 그렇다면 당신이 그 변화를 가져오는 데 적합한 정치 과정을 채택하고 있는지에 관한 질문이 제기된다. '협력 관계를 통해 세상을 변화시키는 세계 시민'이라는 세계주의자들의 전망은 "그것이 당신 같은 일군의 세계 시민들을 청중으로 하고 있을 뿐, 누구에게도 책임지지 않는다는 문제가 있다"고 로드릭이 말했다. "정체polity를 갖는다는 것, 데모스demos를 갖는다는 것의 온전한 의미는 그 데모스 내부에 책임성이 존재한다는 것입니다. 바로 그것이야말로 정치 시스템이 보장하는 것이며 이러저러한 콘퍼런스들이 하지 못하는 것이지요."

로드릭이 말하는 정치 시스템이 의회, 대법원 또는 주요 공직들로 국한되는 것은 아니다. 그것은 '그러저러한 모든 것들'이다. 그것은 시민의 생활이다. 그것은 공적 영역에서 정부의 도구를 통해, 그리고 시민사회의 참호에서 함께 문제를 해결하는 습관이다. 그것은 당신이 돕는 사람들이 해결책에 대해 발언할 수 있도록 문제를 해결하는 방식이다. 그것은 평등한 기준으로 모든 시민에게 발언권을 제공하고, 심의 과정에 얼마간의 접근을 허용하며, 그렇지 못할 경우 최소한 이유를 말해주는 의미 있는 피드백 기제를 제공하는 방식이다. 그것은 콘퍼런스에서 세계를 재해석하는 것과는 다르다.

*

한 주제별 세션의 제목은 "평등을 넘어: 지속가능한 발전을 위해 소녀와 여성의 권력을 활용하기"였다.

세션의 사회자 멜란 버비어Melanne Verveer가 "CGI의 새벽 예배에 오신 것을 환영한다"고 말하며 개회를 선언했다. 여성의 평등을 주제로 다양한 시각을 지닌 여러 관계자들이 모인 이 세션이 그날 있을 행사의 상징과도 같다고 그녀는 말했다. 패널들은 세 명의 기업 임원과 한 명의 유엔 소속 남성이었다. 페미니스트 사상가, 활동가, 변호사, 정치인, 노동조합 조직가, 그 밖에 다양한 종류의 성평등 옹호자들은 패널에 없었다. 진지한 페미니스트들이 보기에는 문제가 있었겠지만, CGI의 기준에서 형편없이 구성된 패널은 아니었다. 정반대로—세계주의와 그 혐오자들에 관한 세션의 토론자들과 마찬가지로—사실상 누군가를 걱정하는 것도 아니면서 적절한 양의 자극은 제공하는 그런 패널이었다.

이러한 세션이야말로 로드릭이 제기한 질문을 탐구해볼 수 있는 완벽한 장소였다. 민주주의의 견지에서는 좋다고 할 수 없어도 이 선의를 지닌 세계주의자들로 구성된 사적인 영역이 자신의 문제를 해결하려고 애쓰는 국민들을 "보완"했는가, 아니면 부주의하게 "대체" 했는가?

외관상 답은 명확해 보였다. 한 자리에 모인 한 무리의 사적인 개인들이 어떻게 민주주의를 대체할 수 있을까? 물론 그들은 부유하고 권력이 있다. 하지만 의회는 여전히 자신의 업무를 한다. 그들은 의제를 설정하는 기관이다.

그러나 문제는 간단하지 않았다. 스탠포드 사회학자인 아론 호바스Aaron Horvath와 월터 파월Walter Powell은 그 질문을 연구했고 놀라운 답을 제시했다. 엘리트들이 공적인 문제를 사적으로 해결할 때, 이들은 민주주의에 기여하는 방식으로 할 수도 있고 민주주의를 파괴하는 방식으로 할 수도 있다. 전자는 엘리트들이 "국가가 제공하는 공공재에 기여하고 그것을 확대하며, 국가가 쉽게 제공하지 않는 이익을 돌볼" 때에 해당한다. 그러나 고귀한 의도를 지닌 같은 엘리트라도 "특수한 공적 목표를 위해 다양한 형태의 민간 계획으로 공적 영역을 대체"할 때 민주주의를 "파괴"할 수 있다. 후자의 경우는 단지 정부가 할 수 없는 일을 하는 것이 아니다. 그것은 "공공 부문을 밀어내고, 그 정당성과 효과를 줄이며, 효율성과 시장에 대한 협소한 관심으로 공적인 목표를 대체한다."

호바스와 파월의 가장 흥미로운 분석은 엘리트들이 이러한 밀어내기를 방대한 국가 기구를 이용하여 성사시키는 **방식**에 관한 것이었다. 어떻게 호텔 연회장의 사적인 무리가 자신의 상비군을 보유한 민주주의를 마음대로 할 수 있을까? 노련하고 기민한 민간의 엘리트들은 "어떤 사회 쟁점이 중요한지에 관한 공적인 대화"를 변경하려고 애쓰고 "그것들이 어떻게 중요한지에 대한 의제를 설정하고, 누가 이 문제를 처리할 서비스의 우선 제공자인지를 특정하면서도 시민 사회의 심의 과정에는 전혀 개입하지 않는다." 이 엘리트 구원자 중 수완 좋은 이들은 그들이 민주주의 사회에 살고 있다는 것을 인정하고 존중한다. 이들은 여론을 무시하지 않지만, 그렇다고 해서 그 여론에 따라 자기들의 행동을 결정하지는 않는다. 오히려 이들은 "공적 해결책을 구하는 대신에 여론에 영향을 미치거나 혹은 변화시키려고 한다"고 호바스와 파월은 썼다.

그러므로 이러한 패널 토의에 대해 질문을 해볼 수 있다. 그들은 공공 문제에 대한 공적 해결을 단지 보완하려고 하는가? 아니면 호바스와 파월이 제시한 대로, 어떤 사안과 그에 대한 해결책을 엘리트의 이익에 유리한 방향으로 작동시키려고 애쓰면서 사람들이 생각하고 이야기하는 방식을 변경하는 작업에 열중하는가?

솔직히 세션의 사회자가 그 질문에 대한 답을 찾으려는 모든 사람에게 일정한 단서를 제공했다. 버비어는 마켓월드의 표준에 따른 신중한 선택이었다. 그녀는 오바마 행정부에서 세계 여성 문제를 담당한 최초의 미국 대사를 지냈으며, 빌 클린턴 재임 시절에는 힐러리 클린턴의 비서실장이었다. 버비어는 이러한 콘퍼런스에 초대받은 기업 후원자들과 화합할 수 있는, 일종의 안전한 페미니스트였다 (이 방에서 캐서린 맥키넌Catharine MacKinnon 같은 페미니스트 법학자나 비르지니 데스팡테 Virginie Despentes 같은 페미니스트 작가를 볼 일은 없었다). 버비어는 한 세대 전에 민권 운동에 적극적이었다. 만일 기업가 토론자 중 누군가가 강연 전에 그녀의 이름을 검색해보고 잠재적인 정치적 성향에 대해 우려했더라도 그녀가 만든 컨설팅 회사*의 웹사이트를 본다면 다시 안심했을 것이다. 거기에는 "여성이 이미 세계에서 가장 역동적이고 가장 빠르게 성장하는 경제적 세력"이라는 코카콜라 최고경영자의 말이 인용되어 있었다(마켓월드는 좁다. 그는 이븐의 공동 창업자의 아버지이기도 했다). 버비어의 회사는 고객을 위해 조언을 제공하고 "영향력 있는 모임"을 조직하는 "지식 소매상을 위한 센터"를 표방했다. 그들은 실제적

---

* 세네카 포인트 글로벌Seneca Point Global로, 여성의 발전을 추구하는 기업과 공공 기관을 상대로 컨설팅을 제공한다.

이고 구조적인 변화에는 관여하지 않는다는 점을 분명히 했다. 마이클 포터의 개념을 빌어 말하자면 그 사명은 "공유가치, 즉 지속가능한 결과를 추구하면서도 여성과 소녀들의 지위를 향상시키는 결과를 창조하는 것"이었다. 시장의 시대에, 페미니즘이 풍요로운 결과를 가져오지도 못한다면 일부 페미니스트들은 평등이 너무 어려운 요구라고 인식할 것이다.

이날 여성 평등에 관한 세션의 토론자들은 케냐의 휴대전화 제공업체인 사파리콤의 대표 밥 콜리모어Bob Collymore, 지속가능한 개발과 기후변화에 관한 유엔 사무총장 특별보좌관 데이비드 나바로David Nabarro, 프록터앤드갬블Procter & Gamble, P&G의 북미 지역 책임자 캐럴린 태스태드Carolyn Tastad, 그리고 스킨케어 제품을 판매하는 더말로지카Dermalogica의 창업자 제인 우르완드Jane Wurwand였다. 이들은 모두 발언을 했고, 얼마 지나지 않아 논의는 이 중 다수가 연결된 화제, 즉 문제(이 경우에는 여성의 평등)에 대한 해결책은 바로 기업가정신이라는 생각에 이르렀다. 우르완드는 "내가 보기에 그것은 전부 일자리 문제"라고 말했다. 그녀는 뷰티 산업이 여성에게 불균형한 수의 일자리를 창출한다고 지적했다. 여성에게 힘을 실어주는 가장 좋은 방법—그것이 "전부"인—은 여성들이 뷰티 산업에서 일자리를 갖게 하고, 자신의 가게를 내도록 돕는 것이었다. 여성을 가장 자유롭게 할 수 있는 방법은 결국 더말로지카의 성장일 것이었다.

"훌륭해요! 기업가정신!" 버비어가 응수했다. 이들은 여성의 평등에 관해 말하고 있었지만 이제, 이미, 일자리와 자기 부문의 성장에 관한 내용으로 화제를 제한하는 것처럼 보였다. 이들은 수익성 있는 부분을 계속 고수한다는 조건에서 페미니즘에 관해 이야기하고 있었다.

마켓월드의 관념은 선전이나 거짓이 아니라 이렇듯 제한에 의해 전파되었다. 그 무기는 말이 아니라 침묵, 그것이 초청하지 않은 사람들, 그것이 대화를 둘러싸버리는 방식이었다. 이러한 접근법은 그다지 마켓월드에 친화적이지 않은 반응을 단호하고 설득력 있게 정식화할 수 있는 부류의 전문성을 제거했다. 다양한 목소리가 부재한 가운데 이 패널에 대한 어떠한 비판도 쉽게 잠재울 수 있었다. **그럼 여성이 자신의 미용실을 소유할 수 없다고 생각하는가? 그럼 여성이 일자리를 갖지 않는 것이 더 낫다고 생각하는가?** 이 때문에 이러한 비판에 동정적인 사람을 패널에 앉히지 않는 것이 중요했다.

예를 들어 우리가 CGI에서 들을 수 없었던 질문들은 이러했다. 그 뷰티 산업이야말로 성차별을 지속시키는 여성의 상품화를 부채질하지 않는가? 진정한 성평등의 세계라면 뷰티 산업은 위축되지 않을까? 토론자들이 원한다고 주장하는 평등한 세계에서는 손톱을 다듬고 머리를 드라이하는 일이 훨씬 더 줄어들고 파운데이션도 덜 팔리게 되지 않을까? 나오미 울프Naomi Wolf는 자신의 책 『미의 신화』에서 "무엇이든 심오하게 본질적으로 여성적인 것은—예컨대 그녀의 표정에 담긴 삶, 그녀의 살의 느낌, 그녀의 가슴 모양, 출산 이후의 피부 변형—추한 것으로 분류되고, 이는 또한 질병으로 재분류되고 있다"고 썼다. 이렇게 인식된 추함은 비즈니스에는 좋다고 그녀는 지적한다. 살롱이나 성형 수술은 말할 것도 없고 소매업이나 광고 산업은 "성적 불만족에 의해 부추겨지기" 때문이다. 여성을 위한 진정한 평등

362

은 여성에게는 승리이지만 더말로지카에게는 손실이지 않을까?

이 세션에서는 그와 같은 짜증나는 구조적인 질문으로 들어가지 않았다. 그것은 누군가의 진보가 다른 누군가의 비즈니스—이 모임의 연사이거나 후원자인 누군가—를 희생하여 이루어지는 지대로 진입하는 것이었다. 그러나 행사 주최 측이 진행자 선정에서부터 토론자 선정과 주제의 표현 방식까지 일일이 조율했기 때문에 그러한 질문이 나올 위험은 거의 없었다. 패널 자체는 하염없이 햇볕이 내리쬐는, 분쟁이라고는 없는 지대였다. 진정하고 격렬한 철학적 의견 대립은 거의 없었다. 여성의 평등이라는 주제를 감안하면 이는 더 두드러졌다. 때때로 두 명의 토론자 사이에 희미한 균열이라도 생기면 버비어가 그랬던 것처럼 노련한 사회자가 나서서 "밥과 데이비드가 서로 충돌하고 있다고 생각하지 않는다"고 말할 수 있었다.

패널 간에 의견 대립이 일어나지 않도록 하는 일은 단지 미학적인 결정만은 아니었다. 이는 조금이라도 세상이 작동하는 방식을 변화시켰다. 왜냐하면 사람들이 이 방을 떠났을 때 어떤 생각이 이야기될지, 어떤 해결책이 행동에 옮겨질지, 어떤 프로그램이 자금을 지원받고 받지 않을지, 어떤 이야기가 다루어지고 다루어지지 않을지를 결정했고, 또한 그것은 윈원의 우호적인 방식으로 공공의 문제를 해결하는 것이 여전히 지배적이도록 하면서 다시 한번 승자의 방향으로 눈금을 이동시켰기 때문이다. 근본적인 시스템에 대해 큰 질문을 던지고 대안적인 시스템을 상상하는 사람들은 참석하지 않을 것이었다.

시장 컨센서스는 또한 특정한 종류의 해결책을 다른 것보다 추켜

세우고 일종의 보증 마크를 붙여준다. 예를 들어 토론자들이 다양성을 이야기하고 사회자는 그녀의 컨설팅 회사가 다양성을 통해 큰돈을 벌었다는 사실을 모두에게 말했다. 이처럼 다양성은 공정할 뿐만 아니라 수익도 만들어냈다. 그녀는 "다양성의 이득은 진정한 이득"이라고 말했다. 이들은 유엔의 지속가능한 발전 목표로 넘어갔다. P&G의 태스태드가 분위기를 띄우려고 애쓰면서 말했다. "지속가능한 발전이라는 목표는 근본적으로 우리 회사의 핵심 목표와 일치합니다. 바로 생활에 힘을 실어주는 것이지요." 참 다행이다.

그러고 나서 사회자는 같은 개념에 다른 방식으로 접근하기 위해 토론자들에게 성평등이 사업 전략의 근본적인 부분이 되어야 한다고 보는지, 아니면 계속해서 주로 자선가와 기업의 사회적 책임 관련 부서의 우선순위로 남아 있어야 한다고 보는지를 질문했다. 우르완드는 그것이 일종의 비교 우위라고 생각했다. 그녀는 "소녀와 여성에게 힘을 실어주려면 새로운 브랜드를 만들어야 한다"고 설명했다. 마켓월드에서 청중에게 어필하기 위해서는 바로 이런 화법이 중요했다. 버비어에 따르면 "단지 옳은 일을 하는 것만은 아니었다. 영리하게 사업을 하는 것이기도 했다." 이는 어떤 주장이 받을 수 있는 최고의 찬사였다.

이제 성평등은 28조 달러의 기회라고 이야기되었다. 이는 마켓월드에서 거의 끊이지 않는 후렴구가 되었는데 "여성", "평등", "조兆"라는 단어들은 일종의 순열 같았다. 만약 우리 시대의 논리가 더 이른 시대의 사실들에 적용되었다면, 누군가는 노예 제도를 폐지하면 무역 적자를 줄일 수 있다는 보고서를 냈을 것이다. 사파리콤의 콜리모

여는 "옳은 일이기 때문에 마땅히 해야겠지만, 강력한 사업적 근거도 존재한다"고 말했다. 요컨대 도덕성이 충분할 때 해야 하지만, 사실 도덕성만으로는 충분하지 않다는 것을 우리 모두 알고 있기 때문에 사업적 근거도 필요하다는 것을 알아야 한다.

이제 질의응답 시간이었고 토론자와 청중들의 일치된 분위기는 계속되었다. 유쾌함은 딱 한 번 깨졌다. 힐링 호텔*에서 왔다는 독일 억양을 가진 한 여성이 논평을 하려고 일어섰다. 패널이 돕겠다고 말한 여성들의 이야기를 하면서 그녀는 "때때로 우리가 모든 생각에서 여성을 제물로 삼는다는 생각이 든다"고 말했다.

이 간단한 진술은 여러 가지 가능성을 시사했다. 만일 선행을 함으로써 성공한다는 공식을 지닌 이들이 틀렸다면? 이들의 배제와 비초청과 침묵이 잘못이라면? 지식 소매상들이 금융적 후원의 혜택을 누리며 슬쩍 타협한 행동들이 사람들의 생활에 실질적인 영향을 끼친다면? 최근 수세기 동안 선출되지 않고 책임지지 않는 사람들이 폐쇄된 비밀회의에서 인류를 위한 결정을 내리는 것을 세계 여러 지역이 외면하게 된 이유가 이들이 득보다는 해를 끼칠 수 있기 때문이라면? 이러한 밀실의 논의를 현명하게 경계해온 덕분에 민주주의가 부상하지 않았는가? 선출되지 않은 기구가 범하는 어떤 오류가 사회에 광범위한 영향을 미치고 자신들의 이익을 표명하고 말대답을 할 권력, 연줄, 플랫폼이 없는 수많은 사람들의 삶에 깊숙이 파고드는

* Healing Hotels of the World. 힐링과 웰빙을 추구하는 호텔 브랜드로, 2006년에 설립된 이후 전 세계 90개 이상의 호텔을 회원사로 두고 있다.

일이 불공평하고 정당하지 않다면? 이처럼 밀실에서 세계를 재해석하는 일이 사실은 옳은 일을 하는 것이 아니라 비즈니스를 잘하는 것이라면?

이 논평은 패널이 무시한 유일한 것이었다. 사회자는 고개를 끄덕인 후 다음 순서로 넘어갔다.

*

분노, 참여, 민주주의에 대한 질문들은 콘퍼런스 내내 겉돌았고 마지막 CGI의 마지막 날, 마지막 세션에서도 마찬가지였다. "모든 사람을 상상하라"는 제목의 세션은 빌 클린턴의 고별 연설이었다. 그는 CGI의 유산에 대한 자신의 평가를 이야기하고자 했다.

그는 한 시간 이상 연설했다. 여전히 그를 사랑하는 세계를 향한 마지막 주요 연설 중 하나일 이 무대에서 CGI 모델의 역사를 되짚으며 그 성과를 찬양했다. 이러한 성공을 가져온 중심 동력은 민간 부문 행위자들을 공공 문제의 해결 영역으로 끌어들인 것이었다. 그러나 무엇이 무엇에 더 많은 영향을 미쳤는지가 언제나 분명하지는 않았다. 클린턴은 끊임없는 혁신, 충격, 확장성, 수익, 용량 등에 대해 말했다. 이는 예일 법대와 아칸소주 선거 운동의 언어는 아니었다. 그의 성년기에 나타난 주요한 문화적 발전 중 하나는 정치 지도자로 하여금 정치 언어를 누그러뜨리고 비즈니스 용어를 강조하도록 하는 압박의 증대였다. 진지하게 받아들여지고 마켓월드의 도움을 얻기를 원하는 정치 지도자들은 이로부터 자유롭지 않았다. 클린턴은 수많은 지도자들과 마찬가지로 이 흥정을 수용했다. 마찬가지로 그가 고취시킨 새로운 자선 모델은 공공의 삶에 기여하기보다 파괴적 영향을 미쳤다. 민간 부문은 공적 영역의 활동에 그저 추가된 것이 아니었다. 공적 영역의 사고와 행동의 언어를 변화시켰다.

물론 CGI의 어느 누구도 민주주의를 대놓고 폄하하지는 않는다. 클린턴이 촉진한 문제 해결의 대안적 방식은 민주주의와 긴장 관계를 만들기보다는 오히려 민주주의를 강화하려는 의도를 담았다. 그는 CGI 모델을 "창의적인 협력에 헌신하는 선량한 이들이 오늘날 사람들을 돕고 우리 아이들에게는 더 나은 내일을 선사하기 위해 거의 무제한의 긍정적인 영향력을 갖는 살아 있는 증거"라고 묘사했다. 그리고 그는 한 가지 놀라운 이야기를 덧붙였다. "이것이야말로 현대 세계에서 효력을 발하는 모든 것이다."

역사상 가장 강력한 국가의 전직 대통령, 지금은 중도파지만 정치적 좌파 출신이며 그의 아내가 머지않아 자신이 오랫동안 추구해온 권력을 손에 넣을 수도 있는 바로 그 사람에 따르면, 현대 세계에서 효력을 발하는 모든 것은 사적인, 기부자가 자금을 대는, 선한 의도로 가득 찬, 대중에게 책임지지 않는, 기업과 자선가와 그 밖의 다른 사적 행위자들이 주도하는 원원의 제휴 관계에 기초하는, 공직자들마저 (때로는) 신성하게 여기는 세계 구원이었다. 효력을 발하는 모든 것은 시스코, 디아지오, P&G, 스위스 리Swiss Re, 웨스턴 유니온, 맥도날드가 비용을 부담한 어느 포럼에서 대중의 눈에 띄지 않게 꾸며낸 프로젝트들이었다. 클린턴이 말한 현대 세계에서 효력을 발하는 유일한 문제 해결 접근은 사람들을 뒷전으로 밀어 놓고 도움의 대상으로 여길 뿐, 그 목소리에는 귀를 기울이지 않는 것이었다.

클린턴은 이제 세계주의자들이 포위되었다고 느껴왔던 의식에 대해 목소리를 냈다. 그는 "지금은 전 세계적으로 이런 종류의 이야기가 유행이 아닌 시대"라는 말로 이들의 정서를 말했다.

오늘날 어디에서든지, 내가 방금 말한 모든 것이 틀렸다고 말하려는 유혹이 존재합니다. '아니야. 당신이 틀렸어. 인생은 제로섬 게임이고, 나는 다 잃고 있어. 우리의 차이는 우리 공통의 인간성보다 더 중요해. 우리가 모두 99.5퍼센트 동일하다는 인간 게놈 프로젝트의 결과는 개나 줘버려. 그렇지 않아. 화해보다 원한을, 해답보다는 분노를, 권한 강화보다는 부정을 선택하겠어. 인류를 잇는 다리가 아니라 차라리 장벽을 선택하겠어.' 하고 말이지요.

이는 올바른 선택이 아닙니다. 여기 당신이 11년 동안 해온 선택이야말로 올바른 선택이지요.

이것이 선택을 제시하는 유일한 방식이었을까? 세계화에 저항하기를 원하는 지역사회를 지지하는 사례, 원한과 차이를 선호한다고 공허하게 비방하기보다는 그들 자신의 언어로 들을 만한 사례는 없었을까? 클린턴의 세계주의의 이상은 존중할 수 있지만, 그 역시 다른 이상들에 너그럽지 못했다. 어려운 선택을 필연적이고 단순한 것처럼 보이게 하려고 애썼다. 방 안에 있는 부호들에게 좋은 것과 보통사람들에게 좋은 것을 모호하게 하려고 애썼다. 근본적인 시스템은 그대로 놔둔 채 세계를 변화시키는 또 다른 고무적인 비전을 널리

알렸다. 클린턴의 철학이 저항을 만난 것은 온당했지만 그는 왜 저항
이 나타나는지에 대해서는 이렇다 할 책임을 지지 않았다. 그가 기반
을 닦은 원원의 교의는 단지 유행이 아닌 정도라고 말할 수 없었다.
수많은 사람들이 자신의 미래 세계에 대한 의사결정에서 배제되었
다고 느끼도록 함으로써 반란을 부추기는 것 중 하나였다.

*

　8개월 후에 클린턴은 뉴욕시 인근의 차파쿠아Chappaqua에 있는 집
근처에서 개를 산책시키고 있었다. 그는 도널드 트럼프의 팬이자, 마
지막 CGI가 끝난 지 불과 몇 주 만에 이웃인 힐러리의 선거 패배로
원하던 결과를 얻은 "괴짜" 우파 한 사람을 우연히 마주쳤다. 그 이웃
주민과 클린턴은 자신들 사이의 깊은 골을 두고 농담을 주고받는 전
통이 있었다. 그래서 그날 클린턴은 "그와 함께 노닥거리고" 있었다
고 회상했다. 그때 그 이웃은 "오바마와 힐러리가 제2차 남북전쟁을
시작했다"고 말했다.
　클린턴은 맨해튼의 40층에 있는 자신의 재단 사무실에 앉아서 우
유를 넣지 않은 차를 홀짝거리며 이 이야기를 했다. 그는 미국을 트
럼프 시대로 빠뜨린 그 패배를 소화하기 위해 반년을 보냈다. 그의
아내가 실패한 후보로서 대부분의 고통을 감내해야 했다면, 그는 약
간 다른, 가장 추상적인 방식으로 고통을 겪었다. 트럼프는 힐러리를
이겼지만, 그의 "미국 우선America First" 캠페인의 추진력이 된 생각은
클린턴이 항상 거리낌 없이 목청 높여 주창해온 세계주의적인 합의

를 부정하는 것이었다.

"나의 정치적 삶은 장대한 지구적 경쟁을 약간 축소한 정치적 판형이라고 할 수 있습니다. 이 경쟁은 지금 공통의 목표를 위해 노력하는 다양한 사람들 및 네트워크를 포함한 포용적인 협력과 다시금 영향력을 발휘하는 종족적 민족주의 사이에 벌어지고 있습니다." 그가 내게 말했다. 온 세상이 분쟁에 휘말려 있고, 심지어 호화로운 차파쿠아에 사는 사람들 중 일부도 나라가 일종의 내전 상태에 있다고 느끼는 가운데, 클린턴은 자신의 경력을 규정하는 "장대한 지구적 경쟁"에서 그의 편이 지고 있을 가능성을 무시할 수 없었다. 최근에 작가 판카지 미슈라Pankaj Mishra가 제시한 분석은 괴짜라는 그의 이웃을 지지했다. 테러리스트의 폭력과 맹렬한 외국인 혐오, 그리고 정치적 격변의 이 폭발적인 지구적 순간을 다루면서 미슈라는 "미래 역사학자들은 이러한 통제되지 않는 대혼란을 제3차 세계대전, 가장 길고도 낯선 전쟁의 서막으로 볼 수 있을 것이다. 어디에서나 벌어지는 일이므로 거의 지구적인 내전에 가깝다"고 썼다.

클린턴은 세계가 "강렬한 원한의 시대"에 있다고 말했다. "극단적인 원한의 시대에, 사람들은 동일한 대상과 사람들을 혐오하느냐로 판단합니다." 그는 미국 선거뿐만 아니라 브렉시트, 유럽의 들끓는 극우 포퓰리즘, 필리핀을 이끄는 불안정한 마약 반대 운동가, 그리고 그 너머를 보면서 자신의 새로운 철학이 퍼뜨린 번영과 약속에도 불구하고 "여전히 세계에는 이 거대한 제로섬 블록이 존재한다"는 결론을 내렸다. 그가 보기에 승자와 패자를 나누는 사람들은 자신의 진보가 다른 사람들의 희생을 대가로 해서만 가능하다고 믿었다. 그는 아직도 직선으로 뻗어나가는 진보와 점차 도래할 국경 없는 세상을 믿었다. 그는 세계가 제정신으로 돌아올 것이라고 추측했다. 그가 예전에 했던 말로 표현하자면, 세상만사에 옳은 것으로 고칠 수 없는 잘못은 존재하지 않는다고 생각했다.

이러한 신념은 미슈라가 "분노의 시대"라고 명명한 것에 대한 마켓월드의 표준적인 대응을 반영했다. 시대의 승자들이 다른 이들에게로 승리를 확산시키려는 최선의 노력을 해야만 하는 것은 맞다. 그러나 이것은 안이한 해답이었다. 이는 승자들이 직면한 더 어렵고 긴급한 질문을 회피했다. 그 질문은 벌어진 일들에 대한 그들의 과실과 관련이 있었고, 그들이 간과한 시스템이 변화해야만 하는지의 물음과 연관되었다. 일부 엘리트들이 클린턴의 대의에 기여한 일은 존경할 만했다. 그러나 그들이 분노—그들에 대한 불신으로 촉발되어 미국뿐만 아니라 전 세계적으로 부글부글 끓고 있는—에 책임을 졌는가? 클린턴은 "그렇다. 당연하다"고 말했다. "그러나."

"그렇다"는 원인으로서 세계화의 승자들이 지닌 과도한 자만심이었다. 그는 "이론적으로 안온한 환경에서 사는 사람들은 일부 일자리를 잃은 사람들이 있다는 것을 알았지만 언제나 패자보다 더 많은 승자가 있을 것이라고 생각했던 것 같다"고 말했다. 그 가정이 그다지 오래된 것은 아니었다. "그러나"에서 클린턴은 그의 오른쪽에 있는 정치적 반대파들을 비난했다. "곤경이 명백해졌을 때, 최소한 미국에서 부자든 중산층이든 우리 쪽 사람들은 그와 관련하여 더 기꺼이 무언가를 하려고 했다고 나는 믿습니다." 그가 말했다. "반면 반대편 사람들은 자신들이 가만히 있으면 우리를 비난할 수 있고 그러한 잘못된 행동에 보상도 돌아올 수 있다는 것을 깨달았죠." 그는 "그러니 우리도 책임이 있지만 대응하고 싶지 않았던 사람들이 더 책임이 있다"고 덧붙였다.

클린턴은 지나고 나서 보니까 보통사람들이 변화의 충격을 흡수할 수 있도록 자신과 동료 세계주의자들이 더 많은 일을 할 수 있었다고 말했다. 그는 대통령으로서 NAFTA에 서명할 때 그 자유에 대해 더 많은 제한을 주장할 수 있었다. 그는 공장을 해외로 이전해 일자리 감소를 초래한 뒤 그 제품을 미국 소비자에게 수출하려고 했던 기업들에게 관세를 부과했어야 했을지, 이 관세와 NAFTA에 대한 지지를 연계했어야 했을지 고민했다. 그는 그런 입장은 어떤 것이었을지 상상했다. "자, 나는 여기에 기꺼이 서명하겠지만 그 수출업자들에게 충분한 수수료를 물려서 그들 때문에 일자리를 잃은 사람들을 돌볼 수 있으면 좋겠어." 그는 무역 협정이 체결되기 전에 직업 재활에 배정될 자금을 확보하기 위해 더 열심히 싸울 수 있었고, 일자리를 지키는 방편으로 기업에 더 많은 유인을 주기 위해서도 싸울 수 있었다. 오바마 대통령이 세계기후합의를 중개했을 때, 마찬가지로 그 변화로 인해 실직하게 될 광부를 비롯한 많은 이들에게 더 많은 계획을 제안했을 수도 있었다고 그는 덧붙였다. 클린턴은 이러한 일을 하지 못한 것에 대해 책임질 방안을 강구했지만, 사실상 그가 모든 면에서 공화당원의 반대에 부딪쳤음을 합당하게 지적했다. 그러니 이러한 후회는 고려할 가치가 없는 것이었는지도 모른다.

그런데 대통령으로서 그의 정치적 항의도 최근 수십 년이 수많은 미국인에게 봉변이 된 이유의 전말을 말해주지는 않는다. 클린턴은 그의 뒤를 이은 오바마와 마찬가지로 전투적인 보수주의자와 자유주의자의 반대에 봉착했다. 이들은 공공의, 정부를 통한 문제 해결이라는 사고 자체를 싫어했고 부유한 기부자들의 지원을 받았다. 분명 이 반대자들에게 시장 만능주의가 미국을 장악하고 수많은 미국인들의 전망을 암울하게 한 주된 책임이 있다. 그러나 공화당은 국민의 절반도 대표하지 않았고, 민주당은 시장 만능주의에 대한 강력한 대안을 제시할 기회를 가졌었다. 민주당이 어느 정도는 그렇게 했다고 말할 수도 있다. 그러나 클린턴과 오바마 집권기에 민주당은 종종 뜨뜻미지근하게 시장 친화적이며 기부자가 승인하는 방식을 취했을 뿐이며 정부를 혐오하는 이들에게 너무 많은 것을 양보하여 결국 흐지부지되고 말았다.

한때 민주당에서 뇌섹남It boy으로 통했던 예일 대학 정치학자 제이콥 해커는 인터뷰에서 "많은 진보주의자들이 여전히 매우 근본적인 정부의 역할을 믿고 있지만, 정부의 능력에 대해서는 믿음을 상실했고, 많은 경우 이것에 관해 이야기할 수 있는 언어를 잃어버렸다"고 말했다. 그는 공화당원들은 정부에 대한 경멸을 드러내는 데 거리낌이 없다고 말했다. 민주당원들, 특히 중도주의적 삼각화triangulating를 추구하며 시장 친화적 정치를 펴는 클린턴 유파는 저 경멸에 대항하여 정부를 적극적으로 옹호하지 않았다. 오히려 힐러리 클린턴과 같은 후보들은 "인종과 계급의 경계를 가로질러 사람들이 함께 어울리도록" 하고 "다소 모호한 방식으로 함께 문제를 해결하는 것"을 "가벼운" 언어로 말하지만 "정부 자체의 활용에 대해서는 당연히 이야기하기를 꺼렸"다고 해커는 지적했다. 이들은 여전히 정부의 행동에 열성적인 정책을 가지고 있으면서도 이렇게 선거 운동을 한다. 하지만 이들이 제안한 정책조차 양가적인 면을 드러낸다. 모든 이들을 위한 의료지만 공적 조달 방식은 아닌, 대학 등록금을 지원하지만 무상 대학은 아닌, 정부 지원금을 받는 학교지만 평등한 학교는 아닌 것 등이 그 예다. 이러한 망설임의 정수는 빌 클린턴의 유명한 선언, "큰 정부의 시대는 끝났다. 그러나 우리 시민들이 알아서 먹고살도록 내버려두었던 시절로 돌아갈 수는 없다"에 담겨 있다. 이 구절의 두 번째 문장은 인용문에 거의 포함되지 않는다.

해커는 이러한 망설임과 "정부에 대한 믿음의 상실"이 "양당에 극도로 비대칭적인 영향"을 미친다고 주장한다. 그는 "공화당원과 우파에게 이것은, 항상 그런 것은 아니더라도 대부분의 경우 목표에 도움이 된다. 왜냐하면 정부가 무언가를 하지 않는다면, 그것은 종종 그들이 보고 싶어 하는 일과 일치할 수 있기 때문이다. 그러나 좌파와 민주당에게는 큰 손실이다. 왜냐하면 이들의 좋은 사회에 대한 전망에서는 수많은 가치 있는 공공재와 혜택이 정부의 행동에 그 기반을 두고 있기 때문이다."

해커의 요점을 분명하게 보여주면 다음과 같다. 빌 클린턴은 심장병 때문에 더 건강한 식단을 실험하게 되었다. 이 때문에 그는 아동 비만 문제를 다루기로 결심했다. 아동 비만은 당연히 공립 학교에 자신들의 제품을 밀어 넣을 만한 막대한 정치적 영향력과 수완을 지닌 가공식품 및 청량음료 제조업자들에 의해 방조된 것이다.

이 문제에 대한 우파의 대응은 자유시장을 찬양하는 것이라고 예상할 수 있다. 그 대신에 좌파는 자신들이 반대표를 던지거나 쉽게 조직화하여 마음대로 무너뜨릴 수 없는 기업들로부터 아이들을 보호하기 위해 정부와 법의 통제를 제안할 것으로 여겨졌다. 합법적인 권력은 없지만 여전히 영향력 있는 전직 대통령이 진보주의 시대의 사례를 본받아 이렇듯 모욕적인 부당이득 취득 행위를 끝장내도록 정부를 압박하는 운동을 주도하는 모습을 상상할 수 있었다. 그러나 그가 제안한 대답은 문제가 되는 그 기업들이 건강에 더 유익한 제품을 팔아서 돈을 더 쉽게 벌도록 하는 것이었다.

"만일 그들이 해를 덜 끼치도록 하고 싶다면 혁신이 필요하다. 왜냐하면 그들은 여전히 돈을 벌어야만 하며, 특히 상장회사인 경우에는 더욱 그렇기 때문"이라고 클린턴이 말했다. 말 그대로 이것이 핵심이었다. 시장의 욕구가 우선이었다. 평생을 정치에 몸담았던 전직 대통령조차도 기업가의 욕구를 세심히 배려할 필요가 있다고 느꼈다. 기업이 아이들의 수명, 특히 가난한 아이들의 수명을 단축시키는 일을 그만두어야 한다고 주장하는 대신에 이들이 현재의 유해한 제품을 대체할 수 있는, 아직은 없는 더 나은 사업 모델을 갖추도록 해야만 한다.

클린턴은 기업에게 이중으로 해석될 수 있는 주장을 제시했다. "우리는 당신이 이 모든 어린이들에게 2형 당뇨병을 주고 싶어 하지 않는다는 사실을 알고 있다. 당신의 마음도 아프겠지만, 또한 30대 중반에 다리가 잘린 채 휠체어에 타고 있으면 청량음료도 많이 마시지 않을 테니까 말이다." 아이들에게 해를 입히지 않는 것은 단지 옳은 일일 뿐만 아니라 사업적으로도 영리한 일이었다. 클린턴에 따르면, 그렇지 않으면 "그들 자신의 비즈니스 모델이 스스로를 집어삼킬 것이었다." 그는 그 회사들과 함께 일하며 이들이 하나의 집단을 이루어 자기들 제품의 칼로리를 자발적으로 감축하도록 했다. 이들은 그렇게 했고, 아이들은 더 나아졌으며, 정부는 신경 쓰지 않아도 되었다. "최고의 정부는 민간 부문에서 일이 더 잘 돌아가도록 하는 방법을 모색한다"고 그는 말했다. 또한 그는 적정한 수익을 낼 수 있는 회사의 능력을 보존하는 방식으로 아이들을 도왔다는 사실에 자부심을 느꼈다. "그들은 여전히 돈을 벌고 있는데 왜냐하면 그들이 그 일을 함께 해냈기 때문"이라고 그는 말했다.

대기업이 아이들에게 해를 미치고 있을 때조차 민간 부문의 역할 강화를 열렬히 옹호하면서 클린턴은 자신이 시장 만능주의와 화해하는 방식을 드러냈다. 그러다 어느 순간엔가 이러한 수용을 정확하게 담아낸 문구를 사용했다. 나쁜 시스템과 마주쳤고, 그 안에 결함이 있다는 사실을 알고 바꾸고 싶은데, 자신의 역량을 과신했다가 망신당하고 싶지 않을 때 당신은 무엇을 하는가? "당신은 옳은 일을 얼마나 많이 합니까?" 그가 물었다. "강한 상대에게 얼마나 굽히고 들어가죠?" 지난 30년 동안 부호들의 영향력에 어떻게 맞설 것인가 하는 문제에 있어서 아마도 클린턴은, 그의 동료 세계주의자들과 마찬가지로, 너무 많이 굽히고 들어갔다. 민간 부문이 주도하는 사회변화 접근법이 정부가 문제 해결에 앞장서는 습관과 관념을 훼손했다는 비판의 의미를 그는 어떻게 생각했을까? 그는 "거기에는 약간의 진실이 있다고 생각한다"고 말했다. 또한 그는 자선활동을 펼칠 때 가능한 어디에서든지 지방 정부와 협력하고 "그 지역의 비정부 기구에 손을 내밀고, 사람들의 제안에 열린 자세를 취하기 위해" 노력했다고 말했다.

그러나 정부와 협력하려는 이러한 시도가 있었다고는 해도 이것이 국민의 삶을 더 낫게 할 수 있는 최고 권력은 분명 정부에게 있다는 확신을 의미하지는 않았다. 일부 세계주의적 자선가들이, 미국에서든 해외에서든 간에 민주주의를 더 강하게 만들어야 할 의무를 때로는 무시했다고 클린턴이 말했을 때 그도 이 지점을 인정하는 것처럼 보였다. 그는 "민주주의를 강화하기 위해서는 국민의 문제를 해결하고 부패를 척결할 수 있는 정부의 역량을 건설할 의무가 있다"고 말했다. 그러나 오늘날 변화를 추구하는 많은 세계주의자들은 이를 간과하고 있으며 클린턴은 그 점을 우려했다. "내가 하려고 했던 일은 예컨대 탐스슈즈의 창업자—그는 신발을 기부하는 아주 좋은 사람이다—나 내가 생각하기에 훌륭한 다른 많은 젊은 기업가들에게 행정 공무원이든 선출직이든 지역 공직자들의 역량을 증대시키는 방식으로 당신들이 이 일을 한다면, 가장 긍정적이고 지속적인 영향이 있을 것이라고 틈나는 대로 말하는 겁니다."

그리하여 클린턴은 자선가들의 도움이 실제로 사회를 개선시키고 있는지 여부를 판단할 수 있는 일종의 시험을 제안했다. "기부자가 손을 뗐을 때도 사회의 개선이 지속가능하고, 국민들은 더 효과적이고, 더 즉각 반응하며, 더 정직한 정부를 갖게 될 것인가?" 하지만 미국에서 청량음료, 팩 주스, 아동 비만의 문제를 다룰 때보다는 아마도 아프리카의 프로젝트에 적용하기가 더 쉬웠다. 아프리카에 더 적극적인 정부가 있다고 해서 미국의 부호 친구들에게 반드시 문제가 생기지는 않는다. 그러나 이들은 자신의 뒷마당에서는 원원하는 해결책을 선호했다. 국내에서 적극적인 정부란 결국 비용이 많이 들어간다는 얘기처럼 들렸다.

클린턴은 슈퍼 부자들과의 인맥과 그에 따른 풍족함으로 인해 자신이 어떤 식으로든 변했다든가, 사물을 보는 방식에 영향을 받았다고 생각하고 싶지 않았다. 그렇다. 어떤 의미에서 그는 강연 한 번에 수십만 달러를 청구하는 지식 소매상들의 세계적인 족장이 되었다. 그렇다. 그는 이 연설들 전에 더 작은 규모의 부호들과 점심을 먹었다고 한다. 이들은 그와 밥을 먹으면서 세상에 대한 그의 견해를 들으려고 일인당 1만 달러를 냈다고 한다. 그러나 클린턴은 "더 이상 그들에게 이익이 되는 결정을 내릴 수 없을 때 그것은 문제가 되지 않는다"고 주장했다. 대통령 퇴임 후에 수천만 달러를 벌어들이는 기회가 재임 중인 대통령의 개혁을 위한 결정들에 어떠한 영향을 미칠지 마치 상상도 할 수 없다는 듯이 그는 이렇게 말했다.

오늘날 분노의 시대에, 수많은 사람들은 억만장자의 동료 여행자가 된 자신들의 대통령의 행보가 예사롭지 않다고 직감하는 듯했다. 그 직감은 그의 아내의 선거 운동을 방해했다. 그것은 버니 샌더스의 예상 밖의 선전, 그리고 이어서 도널드 트럼프의 예상 밖의 선거 승리—트럼프가 클린턴이 지목한 바로 그 문제의 화신이라는 사실로 인해 그의 승리는 모든 것을 더욱더 이상하게 만들었다—에 일조했다. 민주주의의 지도자들은 공직에서 퇴임한 이후에 주로 부호들과 어울릴 수밖에 없는 것일까? 그 일은 현재 엘리트들이 직면한 분노 이면에 도사린 불신, 소외, 사회적 거리와 아무런 관련이 없을까?

클린턴은 그가 마지막으로 셋을 때 유료 연설을 649차례 했고, 그 수입의 거의 절반을 세금으로 냈으며, 수입의 일부는 자선단체에 기부했고, 나이 든 친구와 친척들의 의료비로 지원했다고 말했다(그는 의료 제공자에게 직접 지불하면 증여세를 낼 필요가 없다는 말도 했다). 그는 "누군가는 내가 타락했다고 생각할지 모르지만 대체로 나는 부자들에게서 돈을 받아 가난한 사람들에게 주었다"고 말했다. "그리고 나는 로빈 후드와는 달리 그들에게 화살을 겨눌 필요가 없었죠."

그 분노에 타당한 점은 전혀 없었을까? 클린턴은 "우리가 극단적인 원한의 시대에 살고 있다는 점을 명심하라"고 말했다. 그는 그 감정의 일부가 금융 위기에 대한 것이라고 주장했다. "자신에게 일어난 일에 대한 대중의 분노는 파산한 부자들의 숫자와 감옥에 간 사람들의 숫자에 의해 충분히 상쇄되지 않았습니다." 그 감정의 일부는 세계화, 기술, 그 밖에 다른 변화의 혼란에 대한 것이었다. 다시 말해 그는 자신이 했던 일에는 아무런 잘못이 없다고 생각했다. 그는 그저 사람들의 삶이 고단하기 때문에 억울한 감정을 느끼며 희생양을 찾고 있다고 생각했다. 오콘조-이웰라가 명명했던 대로 "이 사람들these people"은 결국 사디크 칸이 표현했듯이, "공포의 정치의 길로 내몰리고" 있었다. 또한 클린턴 자신이 말했던 것처럼, 오늘날 수많은 성난 사람들은 "자신이 무엇을 하고 있는지 몰랐"고 "본능적인 우리와 그들의 사고방식"에 굴복하고 있었다.

그러나 클린턴은 세계주의자를 향한 신랄함이 이들의 하나의 세계라는 이상을 위협한다는 점을 알고 있었다. 한 가지 가능한 대응은 이처럼 널리 퍼진 신랄함으로부터 배우고 그 이상을 다시 쓰는 것이다. 그것은 대니 로드릭이 말한 "민주주의가 다른 무엇보다도 세계 경제를 위해 작동하게 하는" 그 오랜 습관을 뒤집는 것이다. 이는 클린턴이 선호하는 접근법이 아니었다. 하나의 세계라는 이상은 세계주의자에게 협상의 대상이 아니었다. 클린턴은 "미국을 먼저 돌보되, 나머지 세계로부터 도망치지 않는" 방법을 알아내야 한다고 말했다. 그는 그것이 윈윈일 수 있다고 확신했다. 분노도 그의 생각을 바꾸지 못했다.

클린턴은 세계화와 급속한 변화, 그리고 시장 만능주의에 의해 정의되는 시대를 만들어나간 위대한 인물 중 하나였으며, 그 자신이 이 시대의 산물이기도 했다. 그는 오랫동안 변화의 추구를 신봉해왔지만 실용주의자이기도 했는데, 친구와 비판적 지식인들은 한목소리로 그가 바람이 불어오는 방향을 알고 있다고 할 정도였다. 그리고 그가 정치 경력을 쌓아가는 동안, 바람은 그 어느 때보다 더 시장 친화적인 방향으로 불었다. 퓨 리서치 센터Pew Research Center에 따르면 클린턴이 고등학교를 졸업하던 1964년에 77퍼센트의 미국인들이 정부를 매우 신뢰한다고 대답했다. 이 수치는 이제 10퍼센트대로 떨어졌다. 정치가 삶을 개선할 수 있다고 믿었고, 그 가능성을 자신의 삶과 함께 보여주었던 클린턴은 이러한 변화를 수용했다. 그는 비즈니스는 반드시 수익을 내야 하며, 그와 동시에 때로는 그 수익의 명령에 반하여 아이들의 이익이 적정하게 보장되도록 해야 한다는 점을 인정했다. 그는 퇴임 이후에 아마도 어느 전임자보다 더 많은 진정한 선을 행했고 더 많은 생명을 구했을 것이다. 그러나 그와 동시에 오늘날 선이 어떠한 방식으로 행해져야 하는지에 대한 특정한 제한을 받아들였다. 마켓월드는 문명사에서 가장 강력한 국가 기구를 한때 이끌었던 한 남자조차도 이제 부자들이 주도하는 사적인 사회 변화에 대해 말할 수 있게 할 정도로 승리를 거두었다. "이것이 현대 세계에서 효력을 발하는 모든 것이다."

이러한 견해에 의문을 제기하는 사람들이 선행 자체를 부정하는 것은 아니다. 군주제에 의문을 제기한다고 해서 왕은 늘 경제를 망친다고 말하는 것이 아닌 것처럼 말이다. 왕이 어떤 종류의 일을 하고 있는지는 중요하지 않다고 할 수 있다. 심지어 왕이 최선을 다하더라도 그것만으로는 충분하지 않은데, 바로 실행되는 방식 때문이다. 자신들의 삶의 변화와 관련된 모든 것을 왕의 지속적인 후의와 실수할 역량에 맡긴 채 아무것도 할 수 없게끔 격려된 방식이 문제인 것이다. 마찬가지로 좋은 일을 함으로써 성공한다는 세계주의자들에게 제기하는 의문은 그들의 의도나 결과를 의심하는 것이 아니다. 오히려 이 모든 것이 고려될 때조차, 자신들만이 의미 있는 변화를 가져올 최상의 지위에 있다고 믿는 것은 무언가 아주 잘못되었다고 말하는 것이다. 그들의 우월성에 의문을 던지는 것은 아주 단순하게도 "세계를 위한 최선이 어쩌다 보니 부자와 권력자들이 최선이라고 생각하는 것일 뿐"이라는 명제에 의구심을 갖는 것이다. 이는 '세상이 어떠해야 하는가'에 관한 상상을 '그들의 지원을 받아서 무엇을 할 수 있는가'에 관한 상상으로 제한하고 싶지 않다는 말이다. 이는 개인의 탐욕과 공공재의 사적 조달이 점점 더 두드러지는 세계는 또 다른 종류의 사회를 꿈꾸는 사람들의 상상력을, 그들의 집합적인 역량을 신뢰하지 않는 세계라는 말이다.

그 모든 과정에서 클린턴은 주변에서 끓어오르는 분노의 진실을 보았다. 그는 마켓월드가 주도하는 변화가 어떠한 방식으로 민주주의의 습성을 몰아내는지 보았다. 그는 자기 세대의 활동가 성향과 달리, 사회문제를 바라보면서 창업 가능한 사회적 기업의 문제로 질문을 제한하는 젊은이들에 대해 진심으로 우려했다. 그는 풍족한 이들이 세계화와 디지털 시대의 진보를 규정하고 이것을 부풀려서 말해왔다는 점을 인정했다. 그는 변화의 승자들이 패자들에게 충분히 투자하지 않았던 사실에 유감을 표했다.

클린턴은 이 모든 것을 이해하고 동의할 수 있었다. 그러나 그는 엘리트의 원죄를 말하거나 권력의 재분배와 근본적이고 체계적인 변화를 요청하지 않았고 다른 사람들이 그저 최소한의 품위를 갖추도록 하려면 부호들이 귀중한 것들을 내주어야 할 수도 있다고 주장하지 않았다. 누군가는 해야 할 것이다.

에필로그

"다른 사람들은 당신의 아이가 아니다"

클린턴의 CGI가 막을 내린 지 2개월이 지났고 도널드 트럼프가 승리를 거둔 지 불과 3주가 지난 어느 날, 대통령 당선자의 5번 애비뉴 펜트하우스 북쪽에 위치한 한 건물에서는 그를 혐오하는 사람들이 칵테일이나 북경 오리구이를 먹으며 연휴를 즐기고 있었다. 우리가 니콜라Nicola라고 부를 한 여성이 거실에서 우아한 드레스와 빳빳한 정장을 입은 능력 있는 편집자와 최고경영자, 심지어 TV 프로그램 진행자인 의사 메흐멧 오즈Mehmet Oz에 둘러싸여 있었다. 니콜라는 우울했다. 파티에 온 다른 사람들도 마찬가지였다. 모두 자신들이 무엇을 할 수 있을지 생각하는 중이었다.

니콜라는 자신이 평생에 걸쳐 지키려고 해왔던 모든 것에 반하는 세상의 크고 위험한 변화를 감지했다. 그녀는 멕시코인이었고, 새로운 미국 대통령은 그녀의 동포들이 미국에 들어오지 못하도록 벽을 쌓으려고 했다. 과거에 언론인이었던 그녀는 새 행정부의 시각에서 "국민의 적"이 되었다. 그녀는 자랑스러운 세계주의자였다. 그녀는 해외 특파원이었고 영국이 유럽연합에서 탈퇴하는 투표를 할 것이라고 상상할 수 없었던 때에 런던에서 공부했었다. 그녀는 몇 년 동안 마켓월드의 주요 콘퍼런스 중 하나에서 일했고, 지금은 대통령 당선자가 일상적으로 개탄하는 어느 국제기구에서 일했다. 니콜라는 확산되는 분노의 정치로 고심했다. 그녀뿐만 아니라 파티장의 수많은 사람들도 그와 관련해서 무언가를 하고 싶었다. 니콜라는 세계화, 무역, 개방, 그리고 "우리가 신봉하는 모든 것"이—뷔페를 돌고 있는 마켓월드 사람들을 향해—그 폭도들에게 설명되어야 한다고 말했다. 니콜라는 매년 다보스에서 모이는 부호들의 단체인 세계경제포럼에서 새로운 계획을 시작할 수 있을 것이라고 말했다. 그녀 혼자 이러한 생각을 하는 것은 아니었다. 충격이 컸던 겨울, 마켓월드 곳곳에서 사람들은 자신에 대한 반란의 해법을 구상하며 돈 많은 엘리트로서 자신들이 계속 책임을 맡아야 한다고 생각하고 있었다.

똑같은 스키타운의 콘퍼런스들과 회원 대상의 프로그램들, 똑같은 정치인들과 정책들, 똑같은 기업인들과 사회사업들, 똑같은 선거 기부자들, 똑같은 지식 소매상들, 똑같은 컨설팅 회사들과 프로토콜들, 똑같은 자선가들과 개화된 골드만삭스 임원들, 똑같은 윈윈과 좋은 일을 함으로써 성공한다는 계획들, 그리고 세상을 바꾸겠다고 호기롭게 어쩌면 신중하게 약속했던 공적 문제에 대한 사적 해법들이 역시 해결책이라고 진정으로 믿는 사람이 있다면, 또한 변화를 일으키고 있다고 되풀이해서 말할 때조차 이러한 혼란을 막지도 못했고 오히려 포퓰리즘의 불길이 일도록 방치한 마켓월드의 사람, 제도, 아이디어의 복합체가 여전히 해결책이라고 생각하는 사람이 있다면 이 책으로 그들을 부드럽게 두드려 깨워라. 우리가 여기에서 어디로 갈 것인지, 이 엄청난 질문에 대한 답을 피할 수는 없다. 지금까지 우리를 이끌어온 사람들이 아닌 다른 사람들이 주도하는, 우리가 가고 있는 곳이 아닌 다른 어느 곳이 그 답이다.

*

늦은 밤 앤드류 카소이Andrew Kassoy는 브루클린 집의 거실에 앉아 널리 칭송받던 자신의 세상을 바꾸는 접근의 한계에 대해 생각하고 있었다. 다른 방법이 있을까? 그는 고민한다. 그 다른 방법에 그가 끼어들 여지가 있을까?

카소이는 마켓월드 방식의 사회변화의 상징이다. 그는 오랫동안 비즈니스로 성공적인 경력을 쌓은 이후에 그를 성공으로 이끈 도구와 가치관을 활용하여 세상을 더 공정하고 평등하게 만들기 위한 활동으로 경력을 바꾼 우리 시대 수많은 사람 중 한 명이다. 그는 16년 동안 DLJ 리얼 이스테이트 캐피털 파트너스DLJ Real Estate Capital Partners, 크레디트 스위스 퍼스트 보스턴Credit Suisse First Boston, MSD 캐피털MSD Capital 등 이른바 "완전히 주류인 사모펀드"에 있으면서 컴퓨터 업계의 거물인 마이클 델Michael Dell이 수십억 달러의 개인 재산을 투자하도록 도왔다. 카소이는 이 모든 것을 기묘한 우연으로 생각했는데, 그야말로 사람들이 꿈꿔왔던 종류의 경력이었다. 그는 "정치적으로 대단히 진보적인 사회정의를 추구하는 학구적인 분위기의 가정에서 자랐는데 어쩌다 보니 우연히 이러한 직업에 종사하게 되었다"고 말했다. 그런 카소이도 그 시대의 지배적인 이야기에 걸려들었다.

2001년에 그는 아스펜 연구소의 헨리 크라운 펠로우십Henry Crown Fellowship에 선정되었다. 비즈니스로 성공한 사람들이 세상을 더 나은 곳으로 만드는 일로 이행하도록 돕는 일종의 명문 과정이다. 그 과정의 목표는 "세계의 아주 고질적인 문제들과 씨름할 새로운 유형의 지도자"를 발굴하는 것인데, 좀 특별한 방식으로 지도자를 정의한다. "주로 비즈니스 세계에서 입증된 기업가로, 성공을 이룬 삶의 어느 지점에 도달한 이들은 자신의 창의적 재능을 더 나은 사회를 건설하는 데 발휘하려고 한다." 펠로우들은 2년 동안 네 차례의 '일주일' 모임을 갖는다. 이들은 중요한 글을 읽고 토론하고, "좋은 사회"를 만드는 방법에 관해 논쟁하고, 대개 성공할 기회를 위축시키지 않는 방식으로 좋은 일을 할 부수적인 프로젝트를 개발한다. 카소이는 그해 여름 아스펜에서 열린 첫 펠로우십 회의에 참석했고, 그곳에서의 독서와 토론은 그의 사고를 뒤흔들어 놓았다. 이 경험으로 사모펀드에 대한 그의 잠재된 불만이 되살아났다. "꽤 강렬한 경험이었는데, 그 덕분에 '11년 동안 이 분야에 있었으니 이제는 머리를 들어 내 인생이 무엇인지에 대해 생각해봐야 할 시기'라는 깨달음을 얻었다"고 그는 말했다. "그러고 나서 다시 돌아왔는데, 9/11이 일어났죠."

전직 금융가들 사이에서 이러한 이야기는 흔하다. 안락한 생활에서 정신이 번쩍 들려면 어떤 불가항력(암, 이혼, 죽음)이—때때로 한 가지 이상의 것들이—필요할 수 있다. 그러나 카소이가 깨달은 것처럼 그러한 충격조차 충분하지 않을 수 있다. 그는 자신이 다른 무엇을 할 수 있을지 생각하기 시작했다. 그는 "솔직히, 내가 실제로 관심을 갖고 있는 어떤 일에라도 나설 용기가 부족했다"고 말했다.

"용기"라는 단어는 무엇을 할지에 관한 카소이의 초기 생각, 예컨대 그의 특권을 버리고 또 다른 종류의 삶을 사는 것 등을 시사했다. 그는 진정으로 좋은 일을 하기 위해서는 성공도 포기할 수 있어야 한다고 생각했는데 이는 아마도 가족이 가진 정치 성향의 유산일 것이다. 다시 말해 그의 초창기 본능은 마켓월드의 메시지들, 그중에서도 먼저 그의 케이크를 갖고 난 후 돌려줄 수 있다는 생각에 저항했다. 하지만 그는 냉정을 되찾았다. "나는 결국 제정신으로 돌아왔다"고 그가 말했다. 사모펀드는 그의 밥줄로 남을 것이고 부업으로 남들을 도울 것이며, 여기에는 어떠한 위험도 없었다. 그는 우연히 사회적 기업가들에게 종잣돈을 주는 에코잉 그린Echoing Green이라는 한 단체를 떠올렸다. "이들이 기부자가 될 돈이 있는 사람을 물색하고 있었고 결국 내가 이사회에 들어가게 되었다"고 그가 말했다.

이것저것 손을 대본 후에 카소이는 자신에게 친숙한 영역을 발견했다. 에코잉 그린은 또 다른 사모펀드 회사인 제너럴 아틀란틱General Atlantic이 만든 비영리 단체였다. 에코잉 그린의 웹사이트에 따르면 그들은 "제너럴 아틀란틱에서 매우 효과적으로 채용한 벤처 캐피털 투자 모형이 사회변화를 추진하는 데도 이용될 수 있을 것"이라고 예측했다. 혁명은 활용될 것이었다. 아마도 주인의 도구는 결국에는 주인의 집을 깨부술 수도 **있었을** 것이다. 제너럴 아틀란틱은 "더 나은 세상의 창조를 다룬 윌리엄 블레이크William Blake의 시를 따서 이름을 지은" 에코잉 그린을 1987년에 출범시켰다.

카소이는 부업으로 에코잉 그린 동료들의 자문 역할을 맡았다. 이들은 자신의 아이디어를 확산시키려고 하는 사회적 기업가들이라고 할 수 있었다. 카소이는 이들을 괴롭히는 한 가지 공통적인 문제를 인지하기 시작했다. 누군가는 큰돈을 벌기 위해서 비즈니스를 시작한다. 그러나 에코잉 그린이 추구하는 사고방식을 따라 "자신이 관심을 가진 문제의 해결책을 더 확산시킬 방법으로 영리 사업을 시작하는" 사람도 있었다. 그는 자신의 자문을 받았던 사라 호로위츠Sara Horowitz를 사례로 들었다. 그녀는 프리랜서 조합Freelancers Union을 만들었는데, 이는 우버 운전자나 잡지 작가 같은 독립 노동자를 대표했다. 그녀는 원래 이 노동자들이 하나의 집단으로서 건강보험을 구매할 수 있도록 돕는 중개인 역할을 하려고 했다. 나중에 그녀는 자신이 직접 건강보험 회사를 설립하는 편이 더 쉽고 효과적이라는 사실을 깨달았다. 그러나 호로위츠 같은 사람들을 위한 제도가 준비되어 있지 않았다. 순수하게 주주의 이익을 위해 운영되지 않는 회사는 그 투자자들로부터 법률 소송에 휘말릴 위험이 있었다. 주지하듯이, 1970년대 이래 회사법에 대한 지배적인 해석은 회사의 제일의 의무를 주주를 위해 수익을 올리는 것으로 간주하고 있었다. 비즈니스보다 사회적 목표를 앞세운 회사는 이러한 체제에서 발붙일 곳이 없었다.

따라서 카소이는 "사람들이 다른 방식으로 비즈니스를 할 수 있도록 시장의 하부 구조를 구축하는 방식"에 관심을 갖게 되었다. 그는 점점 더 많은 시간을 마이클 델이 아니라 이 관심에 할애하기 시작했다. "매일 거의 반나절을 사무실에 앉아서는 사실상 원래 해야 할 일을 하지 않고 이 사람들과 만나는 데 보냈으며, 그것이 나와 나의 고용주 또는 내 동료에게 그다지 좋게 보이지는 않는다는 사실을 깨닫게 되었다"고 그는 말했다. 카소이는 "고개를 숙인 채" 사모펀드의 성공을 추구하다가 타인에 대한 의무감을 갖게 되었고, 월스트리트가 지원하는 방식의 일종의 안전한 사회변화를 위한 투쟁을 발견했으며 이제는 마켓월드 유형의 변화를 전업으로 추구할 준비를 갖추었다.

그는 스탠퍼드 대학 시절의 친구인 제이 코엔 길버트Jay Coen Gilbert와 바트 홀라한Bart Houlahan과 가깝게 지냈는데, 이들도 같은 문제로 고심하고 있었다. 이들은 신발 회사를 세웠고 카소이도 여기에 투자했는데 몇 년이 지난 후 회사를 매각하려고 내놓았다. 그 회사는 사회적으로 책임감 있는 생산 방식으로 주목을 받았었다. 그러나 회사를 후원했던 벤처 자본가들은 이제 배당을 원했고, 그로 인해서 책임감 있는 실천들을 계속하기 어려운 상황에 처했다. 카소이에 따르면, 투자자들은 "팔 때"라고 힘주어 말했다. "7년이 되었으니 최고 입찰자에게 팔면" 된다. 문제는 "그 사업에 가장 큰 돈을 지불할 용의가 있는" 구매자가 책임감 있는 실천들을 "제거함으로써 더 많은 돈을 벌 수 있는 기회를 가장 많이 노렸던 사람"이라는 것이었다.

세 사람은 이 문제를 해결하기 위한 아이디어를 이리저리 논의했고, 마침내 전통적인 기반 시설과 거의 유사한 자본주의적 기반 시설을 만드는 방안을 구상했다. 이는 기업들이 더 책임감 있고 의식적이면서도 자본시장에서 자금을 조달하고 법을 준수할 수 있도록 하는 것이었다. 이렇게 해서 베네피트 기업으로도 알려진 B 코퍼레이션이 탄생했다. 세 남자는 B 랩이라는 비영리 단체를 설립했는데, 기업의 사회적·환경적 실천을 엄밀하게 분석하여 의무를 다한 기업에게 인증서를 주는 기관이었다. 공예품을 사고파는 장터인 엣시Etsy를 비롯해서 킥스타터Kickstarter, 킹 아서 플라워King Arthur Flour, 벤앤제리스Ben & Jerry's, 그리고 브라질의 화장품 회사인 나뚜라Natura 등이 대표적인 B 코퍼레이션이다.

카소이와 친구들은 더 나은 세상을 만들기를 원했고, 마켓월드의 가치와 조화를 이루며 그렇게 할 수 있는 방법을 발견했다. 그들은 해를 끼치려는 기업들을 거의 무시하는 한편, 기꺼이 좋은 일을 하려는 기업들이 더 쉽게 할 수 있도록 해주었다. 카소이는 "기본 이론은 '선을 행하기 쉽게 만들어라'였다"고 말했다. "좋은 사업을 식별하기 쉽게 만들고, 사람들이 이해할 수 있는 브랜드로 성문화한 다음, 지도자들이 그 브랜드를 채택하고 그들의 가치를 큰 소리로 말하게 하라. 그렇게 하다 보면 우리는 경제의 새로운 부문을 창조할 것이다. 그리고 마침내 다른 모든 이들이 그것이 아주 성공적인 경제 부문임을 알게 될 것이고, 같은 일을 할 것이다."

카소이와 그의 동료들은 의식 있는 회사들을 인증함으로써 더 큰 비즈니스 시스템을 변화시킬 수 있기를 희망했다. "우리는 이것이 시스템-변화 모델이라고 생각했고 지금도 그렇게 생각한다"고 그가 자신의 생각을 말했다. 그러나 마켓월드 방식에서 이들은 그 시스템과 직접 겨루지는 않았다. 이들은 단지 다른 방식의 사례들을 배양하려고 했다. 그의 말에 따르면 이들이 그러한 시스템 작업을 하지 않았던 이유 중 하나는 "이곳에서 그곳으로 가는 방법을 전혀 몰랐기" 때문이다. "무엇보다도 민간 부문에서 일해온 우리 세 사람은 진정한 공공 정책이 무엇인지 잘 알지 못했다." 세 사람은 "뭔가를 입증하면 결국 정부가 그것을 채택한다는 일반적인 종류의 막연한 생각을 품고 있었다"고 그가 말했다.

십 년 동안 그들은 수백 개의 회사를 B 코퍼레이션으로 전환시켰다. 그러나 지금 자신의 거실에 앉아 있는 카소이는 회사가 어떤 전환을 모색하는 시점에 이르렀다고 말했다. 그는 "우리를 여기까지 오게 한 것이 우리가 가려는 곳으로 우리를 데려다 주지는 않을 것"이라는 그의 확신을 따라 숙고 중이라고 했다. 이들은 정확히 어디로 가고 싶어 했을까? 이들이 무시해왔던 시스템을 변화시키는 방향일까? 카소이는 비즈니스가 작동하는 방식을 바꾸는 것보다는 하나의 모델을 입증하는 일을 더 잘 해냈다는 것을 알고 있으며 이제는 방향을 바꿔보고 싶다고 말했다.

이 모색의 시점에 수많은 질문들, 예컨대 제대로 된 B 코퍼레이션의 자격을 갖추지는 않았지만 자기들의 실천을 투명하게 평가받고 싶어 하는 기업들에게 점수를 부여하는 일종의 "B 코퍼레이션 아류 B Corps lite"가 있어야 하는지 등의 질문이 떠올랐다. 카소이를 괴롭게 만든 듯한, 가장 골치 아픈 질문에는 "선을 행하기 쉽게 만들어라"라는 마켓월드의 주문을 고수할 것인지 아니면 그 대신 잘못을 저지르는 회사들이 더 큰 대가를 치르게 할 것인지도 있었다. 후자는 모든 사람을 위한 방향으로 비즈니스 시스템을 바꾸는 것, 시장이 아니라 정치와 법의 영역에서 싸우는 것, 좋은 사업을 장려하는 것보다 나쁜 사업을 멈추게 하는 일을 우선시하는 것을 의미했다. 카소이는 마켓월드의 가정과 꿈, 원원의 변화 이론을 고수할 것인지 아니면 정확히 규정하기는 힘들지만 그에게 더 진실한 것으로 느껴지는 또 다른 장르의 변화를 추구할 것인지의 문제로 씨름하고 있었다.

예를 들어 B 랩의 위대한 승리 중 하나는 유사한 회사법을 만든 것이었다. 메릴랜드주에서 처음 제정된 이후 다른 주에서도 채택된 이 법은 회사가 주주들의 불만에 따른 법적 분쟁에 대한 두려움 없이 자신의 임무에 사회적 사명을 끼워 넣을 수 있도록 했다. 좋은 회사들에게 이러한 보호를 제공하는 일은 중요했다. 그러나 카소이는 "결국 사전 동의opt-in 방식으로 기득 이익의 힘을 극복할 수 있을지 등 더 큰 시스템의 질문"을 두고 여전히 고심했다. 엣시가 좋은 일을 하기 더 쉽게 만드는 것과 엑슨모빌ExxonMobil이 해악을 끼치기 더 어렵게 만드는 것 중 어느 것이 더 중요할까? 둘 다 하는 것이 가능했을까?

카소이는 비록 지난 십 년 동안 다른 접근에 헌신했지만 시스템 작업에 끌렸다. "모든 이들이 이렇게 말하는지 모르겠지만 나는 비즈니스를 규제하는 정부의 막대한 역할이 있다고 믿는다"고 그가 말했다. "우리가 모든 사람을 바꾸려는 것은 아닙니다. 우리는 인간의 탐욕을 바꾸지 않아요. 기업은 나쁘게 행동하죠." 특히 "그저 그 산업의 존재 자체가" 인류를 신음케 하는 해악과 사회적 비용을 의미하는 "추출 산업"이 있었다. 그는 "그러한 것들을 전부 없애지는 않을 것"이라고 말했다.

미국에는 수백만 개의 회사가 있고, B 랩이 십 년 동안 복음을 전파한 이후에 단지 수백 개의 B 코퍼레이션이 생겼다. 이제 카소이는 불평등, 탐욕, 오염 같은 문제를 해결하려면 좋은 일을 더 쉽게 만드는 것 이상이 필요하다는 점을 회사를 설립할 당시보다 더 명확하게 인식하게 되었다. 자신들의 운영 방식이 세계, 아니 그냥 한 국가를 바꾸는 실제 작업에 적합하지 않을 수도 있다는 생각에 도달한 마켓월드 사람이 카소이만은 아니었다. 그러나 이 마켓월드 사람들은 종종 실제 변화가 어떻게 일어나는지 잘 모르거나 때때로 다른 종류의 변화를 추구하려면 자신들에게는 없는 기술이 필요한 것은 아닌지 미심쩍어 했다. 만약 시스템을 변화시키기 위해 가야 할 곳이 정부라면 이들은 개별적으로 무엇을 할 수 있을까? 이들은 정부에 청원할 수 있었다. 이들은 법과 정책을 바꾸기 위해 투쟁하는 운동에 동참할 수 있었다.

그러나 마켓월드의 다른 많은 이들과 마찬가지로 카소이는 이러한 접근에는 위축되었다. 그는 마켓월드의 많은 이들이 비즈니스 규범에 기반을 두고 있기 때문에 정치의 영역에는 적합하지 않다고 생각했다. 정치는 승패를 가르는 구조가 일반적이며, 상호 합의할 수 있는 거래가 체결되는 대신에 종종 싸움을 선택해야만 하는 곳이었다. 갈등은 비즈니스 유형을 위협할 수 있다. 카소이가 말했다. "저는 그다지 효과적인 활동가는 아닙니다. 많은 사람들을 알고 있고 그들을 정말 지지하지만, 실제로 그런 일을 잘 해낸 적이 없죠. 용기가 없어서인지, 어떻게 해야 할지 몰라서인지 분명히 말하기 어렵지만 정말 훌륭한 활동가가 되려면 어느 정도 공작manipulation을 할 수 있어야 한다고 생각해요. 그리고 나는 그것에 그리 능하지 않죠." 행동주의가 공작이라는 이러한 관념은 독특했다. 그것은 시스템과 대결하지 않는 근거라기보다는 변명에 더 가깝게 들렸다.

때때로 카소이는 더 나은 자본주의가 어떤 모습인지 보여주고 시스템 변화와 해악 방지는 다른 이들에게 맡겨 두어도 충분하다는 자신의 명제에 자부심을 느꼈다. 시스템 변화는 "나를 가장 잘 활용할 수 있는 분야가 아니"라고 말하면서 부지불식간에 핵심을 드러내는 기업용 언어를 사용했다. 시스템 변화는 그가 가진 재능으로 해결할 수 있는 문제가 아니었다. 그는 시스템 내부에서 변화를 모색하는 자신의 접근법을 마틴 루터 킹의 작업과 비교함으로써 그것을 정당화하는 방안을 염두에 두고 있었다. "마틴에게는 말콤이 필요했다"고 그는 말했다. "내가 하는 일이 그 자체로 자본주의를 바꿀 수 있다고는 생각하지 않습니다. 그러나 어떤 모델을 만드는 것이라고는 믿고 있죠." 다른 날에, 카소이는 이 논리에 대해 그다지 확신하지 못했다. 그는 계속해서 규제로 돌아왔다. 그는 "나는 큰 정부 유형의 사람"이라고 말했다. "아주 강력한 국가의 역할이 있다고 믿어요. 그런데 그것을 가능하게 하는 방법은 모르겠습니다."

카소이의 양가성은 제이콥 해커가 철학적으로 정부 및 공적 문제에 대한 공적 해결에 충실하면서도 마치 간접흡연처럼 우파의 공적 조치에 대한 경멸을 빨아들인 정치적 자유주의자들을 언급할 때 염두에 둔 것과 유사해 보인다. 오른쪽에 있는 사람들이 시장 해법의 우월성을 적극적으로 신봉한다면, 카소이 같은 자유주의자들은 이론적으로는 공적 해결을 거부하지 않지만 실천적으로는 사적인 해결을 추구한다는 점에서 소극적으로 그렇게 한다. 카소이는 "아버지와 끊임없이 논쟁을 하고 있다"고 말했다. 그의 아버지는 "지구 역사상 가장 사악한 인간이 로널드 레이건이라고 생각하는데 왜냐하면 정부가 나쁘다는 생각으로 한 사회를 설득하는 일을 그 혼자서 해냈기 때문이다." 카소이는 "1990년대 빌 클린턴의 성공을 떠올려보면, 그의 제3의 길은 기본적으로 저 언어의 상당 부분을 차용했다. 그리고 정부가 좋은 것이라고 힘주어 말하는 사람은 아무도 없었다"고 덧붙였다. 이렇게 말하는 중에도 카소이는 공적 문제에 대해 사적 해결을 권함으로써 정부에 대한 전쟁을 강화하고 있는 자유주의자들과 자신이 부지불식간에 최신의 연계를 맺고 있는 것은 아닌지 돌아보는 듯했다. 그는 "이제 이 문제를 생각하다 보니 밤에 숙면을 취하지도 못하게 되었다"고 했다.

카소이의 개인적인 의구심이 무엇이든 간에, B 코퍼레이션은 마켓월드 전체를 휩쓸었다. 아스펜 연구소는 카소이뿐만 아니라 B 랩의 공동 설립자 모두를 헨리 크라운 펠로우로 지명했다. 포드 재단은 B 랩에 보조금을 주었다. 설립자들은 공인된 "지식 소매상들"로부터 일상적으로 칭찬받았고, 종종 그들 자신이 지식 소매상으로 불리기도 했다. 이들 중 두 명이 TED 강연을 했다. 카소이 팀의 인증을 받은 B 코퍼레이션들은 서밋앳시에서 가장 칭송받는 기업 축에 속했다. 회사에 등급을 매기는 이들의 제도는 다보스에서 논의되었다. 조지타운 대학의 사회적 영향과 혁신을 위한 비크 센터는 사람들이 "선을 위한 힘으로서 사업"을 이용하도록 훈련하는 B 랩의 펠로우십을 장려했다. 로리엇 에듀케이션Laureate Education이라는 선도적인 B 코퍼레이션은 조지 소로스와 KKR을 투자자로 끌어들였고, 빌 클린턴을 "명예 총재"로 임명했다. 「워싱턴포스트」에 따르면 명예 총재에게 지불된 돈은 5년간 거의 1,800만 달러에 달했다. 클린턴은 "이 B 코퍼레이션을 주목해야 한다"고 말했고, 어느 해 CGI의 주요 무대에 이들을 선보임으로써 B 랩의 위상을 끌어올렸다.

카소이는 시스템 그 자체의 개혁을 추구하기 위해서, 말하자면 악을 행하기 더 어렵게 만드는 영역으로 진입하기 위해서 자신과 B 랩이 얼마나 변화해야 하는지 고민했다. 카소이가 보기에 B 랩은 엄격한 긍정의 윤리를 가지고 있었다. "우리는 무언가에 반대하기보다는 어떤 것을 옹호한다"는 표어도 같은 맥락이었다. 그러나 실질적인 변화를 위해서는 저항이 필요할 수 있고, 그는 이 점을 알았다. 실질적인 변화는 종종 희생을 요구하는데, 요즘 들어 "정말로 위험을 무릅쓰려고 하는 사람들은 많지 않다"고 카소이는 말했다. 실질적인 변화 과정에서는 트레이드오프trade off가 있거나 우선 순위를 선택해야 할 수도 있다. "단지 더 책임 있게 행동하려는 사람들 모두가 고수익을 올리는 것은 아니라고 생각한다"고 그는 말했다. 그는 또한 "트레이드오프가 있다. 하지만 아무도 그 이야기를 하지 않으려고 한다"고 덧붙였다.

그는 변화를 추구하되, 실질적인 변화는 회피하는 마켓월드의 온갖 프로젝트들을 보면서 때로는 그것이 평화를 유지하기 위해 그저 떡고물이나 던져주는 방식은 아닐까 생각했다. 사모펀드 회사들이 윌리엄 블레이크를 인용하면서 세상을 바꾸는 일을 말할 때, 얼마나 진정성이 있는가? 카소이의 표현대로 "사람들이 배제된 것은 아니라고 느끼게끔 하면서도 피비린내 나는 혁명은 일어나지 않도록 하려고" 얼마만큼의 노력을 하고 있는가?

카소이는 자신과 B 랩이 하는 일에 대해 여전히 깊은 신념을 가지고 있었다. 하지만 그는 "'이것이야말로 모든 비즈니스가 반드시 따라야 할 훌륭한 방식이야'라고 말할 수 있는 적절한 시기가 언제쯤일까?"라는 질문을 스스로에게 던졌다. 그는 "지금 우리가 하는 일만큼 중요한 것은 자본주의의 심장부에 근본적인 타격을 가하는 일"이라고 말했다. 그의 마음속 어딘가에서 밝게 불타오르는 모종의 힘이 그러한 타격을 주기를, 자신이 한때 금융 분야에서 함께 일했던 이들에게 도전하기를, 모든 사람들을 위해 비즈니스를 변화시킴으로써 모든 이들이 동일한 규칙을 따라 움직이게 되기를, 이미 좋은 것을 더 좋게 만드는 쉬운 방법을 택하는 것이 아니라 가장 나쁜 것을 추격하기를, 한마디로 부패한 시스템 주변에서 작업을 하는 것이 아니라 시민들의 동의를 얻어 시스템 그 자체를 바꾸기를 원하는 것처럼 보였다. 그와 동시에 그 힘은 엄청나게 강력하고 널리 퍼져 있는 마켓월드라는 신화의 망에 맞서고 있다는 것을 느낄 수 있었다. 만약 카소이의 마음속에서 고동치는 그 힘이, 근원부터 파헤치는 진정한 변화를 꾀하고자 한다면 많은 사람들은 이 신화로부터 벗어나 변화란 실제로 무엇인지를 상기해보아야 할 것이다.

*

카소이가 세상을 바꾸는 자신의 방식에 대해 고민하며 앉아 있던 어느 밤, 그의 모교인 스탠퍼드는 그가 참석했다면 더 많은 밤잠을 설쳐야 했을지도 모를 어떤 행사를 주최했다. 『민주주의 사회에서의 자선활동』이라는 제목의 에세이 모음집에 관한 패널 토론으로, 이 책의 편집자 두 명과 기부 세계를 대표하는 또 다른 두 명이 참석했다. 행사의 진행은 한 해에만 5억 달러를 번다고 알려진 자선가 데이비드 시겔David Siegel이 맡았다. 책이 자선가들에게 다소 비판적인 내용이었음에도 그는 이 행사를 주관하기 위해 자신의 헤지펀드 투 시그마Two Sigma의 사무실을 개방했다.

거대한 자선활동이 마땅한 벌을 받는 이야기를 듣기 위해서 온 일부 사람들을 포함하여 참석자들은 우선 헤지펀드의 비현실적인 부엌에 모여서 손가락 둘레만한 작은 타코를 야금야금 집어먹으며 와인을 홀짝거렸다. 그러고 나서 행사가 시작되었고, 얼마 지나지 않아 이 모음집을 공동 편집하고 에세이도 한 편 기고한 이탈리아의 정치철학자 치아라 코르델리가 2인용 패널 좌석에 앉아 있는 것이 보였다. 맞은편에는 그녀가 학술 논문에서 비판한 요소들을 모두 구현하고 있는 한 자선가가 있었다. 그는 씨티그룹의 전 회장이자 최고경영자이고 지금은 다수의 조직에 이름을 올린 정력적인 기부자 샌퍼드 웨일Sanford Weill이었다. 웨일은 카소이와 정반대였다. 그는 시스템에 대해 전혀 의문을 품지 않는 "시스템의 산물"이었고 자신과 같은 사적인 엘리트 구세주의 중요성을 누구보다도 열렬히 신봉하는 사람이었다.

웨일은 씨티그룹을 세울 당시에도 정부가 나서는 것을 좋아하지 않았고 규제로부터 벗어나기 원했으며, 지금도 공적 문제를 해결하는 데 정부가 나서는 것을 반기지 않았다. 그때나 지금이나 그는 자신과 같은 사람들에게 문제를 맡기는 것이 최선이라고 생각했다. 그날 저녁, 웨일은 자신과 같은 부자들이 공적 문제에 개입해서 해결해야만 한다고 되풀이해서 말했는데 정부는 너무 돈이 없고, 무능력해서 그 일을 맡을 수 없다는 이유에서였다. 정부의 자원이 이따금 부족한 이유 중 하나가 그 자신이었음에도 불구하고 그는 이렇게 말했다. 결국 웨일은 "전부 고객들에게 맡기는" 은행이라는 전망을 끈질기게 밀어붙였고, 투자자의 리스크를 제한하고자 대불황 당시 만들어진 글래스-스티걸법의 폐지를 위해 "지속적인 로비를 벌여" 마침내 성사시켰기 때문에 "금융 위기에 책임이 있는 25인" 중 한 명으로 「타임Time」지에 이름을 올렸다. 그는 대마불사 식의 은행업을 옹호했고, 수십 년 동안 최대 규모의 금융 위기를 야기하는 데 일조했으며, 그로 인해 정부는 씨티그룹을 구제하려고 수백억 달러를 쏟아부었다. 그리고 이제 웨일은 정부가 돈이 없다고 한탄하며 바로 그렇기 때문에 자신이 나서서 도와야만 한다고 주장했다. 웨일이 이 말을 서너 차례 했을 무렵 코르델리는 짜증이 치민 나머지 "정부가 곧 우리"라는 답변을 쏘아붙였다.

웨일은 이 말에 흔들리지 않았고 요지부동인 것처럼 보였다. 그러나 엘리트들이 세상을 바꾸려고 시도할 때 실제로 무슨 일이 일어나는지에 대한 코르델리의 견해는 카소이를 비롯한 흔들리는 마켓월드의 다른 사람들이 자신들의 상황을 더 분명하게 이해하고 어쩌면 자신들의 방식을 변경하는 데 필요한 영양제일 수도 있었다. 더 중요하게는 그녀의 견해가 엘리트의 도움이 있건 없건 간에 우리 모두가 더 나은 세상을 추구할 수 있다는 감각을 일깨운다는 것이었다.

행사 이튿날 아침, 코르델리는 소호 그랜드 호텔SoHo Grand Hotel의 조용하고 천장이 높은 방 안에서 아무도 없는 DJ 부스 앞 등받이가 높은 소파에 앉아 있었다. 그녀는 종이컵에 커피를 담았고, 체계적인 문장으로 신중하게 말하면서 마켓월드의 자기 정당화의 일부를 해명하려고 애썼다.

예를 들어 마켓월드가 공적 문제를 다룰 의무와 권리를 가지고 있으며 사실상 그 문제들에 대한 사적인 해결책을 개발하는 데 앞장서야 한다는 견해를 살펴보자. 코르델리가 보기에 이는 피고에게 재판정을 맡기는 것과 같았다. 엘리트들이 묻지 않으려고 하는 질문은 "애당초 당신의 도움이 필요한 사람들이 세상에 그렇게 많은 이유는 무엇인가?"라고 그녀가 말했다. "그들은 스스로에게 물어야 해요. 그들의 행동이 그 전부에 기여하지는 않았는지, 그들의 행동이 어떤 해를 입히지는 않았는지 말입니다. 만약 그렇다면, 지금 그들이 어떤 사람들을 돕고 있다는 사실을—그것이 아무리 효과적이더라도—충분한 배상으로 볼 수는 없죠."

코르델리는 능동적으로 해로운 일을 저지르는 사람과 수동적으로 용인하는 사람 모두에 대해 이야기하고 있었다. 전자의 경우를 그녀는 "쉬운 사례"라고 불렀다. "만일 누군가 상속세 반대 운동을 벌이고, 직접적으로 세금 납부를 회피하고, 노동규제가 거의 없고 불안정성이 증대된 시스템을 지지하고, 그로부터 직접적이고 자발적인 혜택을 누렸다면, 그는 예상할 수 있고 피할 수 있는 피해를 입히는 구조에 직접적으로 기여한 것"이라고 그녀는 주장했다. 그것이 "직접적인 공모"다.

반면 골드만삭스나 퍼듀 파마의 운영을 돕지 않으며, 품위 있는 삶을 살고, 시장을 통해서 조금이나마 세상을 개선하려고 시도하는 사람들을 코르델리는 "좀 더 까다로운 사례"라고 불렀다. 어느 경제학자는 카소이 같은 사람의 세상에 대한 한계적 기여가 긍정적이라고 말할지도 모른다. 코르델리는 이 분석을 거부했다. 그녀는 이러한 유형의 노력 각각에서 하나의 도덕적 행위가 아니라 두 가지를 보았다. 돕는 행위와 별도로 수용하는 행위가 나란히 존재했다.

다양한 민간의 프로젝트를 실행하는 마켓월드 사람들은 세상에 단지 선행 이상의 것을 하고 있었다. 그들은 최근 수십 년간 미국에서 배제된 사람들을 줄이기는커녕 오히려 늘려온 시스템—제도, 법, 규범의 집합—으로부터 이득을 얻어왔고, 지금도 계속해서 얻고 있다. 이 엘리트들은 나중에 그것이 훔친 것이었음을 알게 되는 그림의 소유주와 같다고 그녀는 말했다. 코르델리는 구매 이전에 절도 행위가 있었더라도 "그림의 원 소유주가 누구인지 안다면 그에게 돌려줄 의무가 있다"고 말했다. "자기 것이 아닌데 가지고 있었다는 사실을 인정하고, 또한 불의의 결실이었다는 사실을 인정하면서 사과도 해야겠죠."

카소이처럼 어떤 방법으로 문제를 해결하려는 선택은 다른 방법으로 그것을 해결하지 않으려는 선택이다. 만일 카소이가 정치, 법, 그리고 시스템 자체에 관여하면서 기업들의 나쁜 행위를 더 어렵게 만들겠다는 생각을 추진했다면, 그 일의 성공은 카소이의 미래 기회의 상실을 의미했을 수도 있고, 아예 노년의 벌이를 희생시키는 데까지 이르렀을 수도 있다. 하기 쉬운 결정은 아니다.

그러나 그것이 바로 선택이라고 코르델리는 우리에게 말한다. 더 큰 시스템과 관련해서는 아무것도 하지 않으면서 약간의 온건한 선행을 베푸는 일은 그림을 계속해서 보유하는 것과 같다. 불의의 결실에서 단물을 빼먹는 것과 같다. 당신은 형무소의 교육 프로그램에 공을 들일 수 있지만, 그것은 사람들의 삶을 더 안정되게 만들고 아마도 그들 중 일부가 감옥에 가지 않도록 할 임금과 노동법의 변화를 우선하지 않는 선택을 하는 것이다. 당신은 로스쿨 학생을 위한 대출 면제 계획을 후원할지도 모르지만, 그것은 당신에게서 더 많이 가져가고 학생들의 채무는 줄여줄 세법의 추진을 우선하지 않는 선택을 하는 것이다. 당신의 경영 컨설팅 회사는 수조 달러 가치의 여성 잠재력을 드러낼 방안에 관해 보고서를 쓸지 모르지만, 보고서가 환상적으로 그려낸 평등의 실현에 장애가 되는 고객들에게는 침묵한다. 그것은 결국 다른 나라에서 여성이 평등을 성취하는 데 유용하다고 드러난 사회적 프로그램에 반대하는 로비를 중단하라고 충고하지 않는 선택을 하는 것이다.

경제적인 추론이 우리 시대를 지배하다 보니 위 문장들 앞부분에 제시된 보고 만질 수 있는 한계적 기여에 초점을 맞추고, 뒷부분에 나오는 공모라고 할 수 있는 더 모호한 것들은 무시하고 싶은 생각이 들지도 모른다. 그러나 코르델리는 엘리트들이 적극적으로 추진하는 계획이 도덕적인 행동인 것만큼이나, 그들이 저항하지 않으려는 것들도 도덕적인 행동으로 간주해야 한다고 주장한다.

그녀는 세상에서 일어나는 모든 나쁜 일을 막지 못했다고 해서 그것이 엘리트들의 잘못이라고 주장하지 않는다. 오히려 민주주의의 시민들이 그들의 사회에 대해 집합적으로 책임을 져야 한다고 주장한다. 그녀의 주장은 사회가 체계적으로 하지 않는 것들에 대해 민주주의의 시민들이 특별한 의무를 지닌다는 것이며, 궁극적으로는 일련의 제도들로부터 가장 큰 보상을 받은 사람들이 가장 많은 부담을 져야 한다는 것이다. 그녀는 "만일 당신이 올바른 정책을 내걸고 선거 운동을 하거나 그것을 지지한 엘리트, 혹은 어떤 직접적인 의미에서도 인과적으로 공모하지 않은 자라고 할지라도 사람들이 공통의 제도에 의해 불공평하게 박탈당한 것을 그들에게 돌려줄 책임 또는 의무를 져야 한다"고 말했다.

승자들이 그 제도가 빚어낸 상태에 대해서, 그리고 다른 이들의 삶에 미친 영향에 대해서 책임감을 가져야 하는 이유는 두 가지라고 코르델리는 말한다. "사회가 없다면 그들도 아무것도 아니며, 우리의 권리를 보호하는 정치 제도가 없다면 우리 모두는 타인들에 의해서 지배를 받을 것이기 때문이지요."

두 가지를 차례로 살펴보자. 그녀는 우리가 당연하게 여기는 문명의 기반 시설이 부재하다면 헤지펀드 매니저, 바이올린 연주자, 기술 기업가도 존재할 수 없기 때문에 사회가 없다면 그들도 아무것도 아니라고 말한다. 코르델리는 "당신의 삶, 당신의 재능, 당신이 하는 일은 공통의 제도들이 없다면 가능하지 않다"고 말한다. 거리가 안전하지 않다거나 주식시장이 규제되지 않는다면, 누군가 재능을 활용하기는 더 어려울 것이다. 은행이 당신의 돈을 보호하고 보증하지 않는다면, 돈을 벌어봐야 무의미할 것이다. 당신의 아이가 사립 학교를 다니더라도 그 교사들 중 일부는 공립 학교에서 교육을 받았을 가능성이 높고, 공적 자금으로 건설된 도로가 고립된 학교와 사회 곳곳을 연결한다. 다음으로 공통의 정치 제도가 없다면 누군가가 다른 누군가를 지배할 것이라는 코르델리의 주장을 살펴보자. 지켜야 할 소중한 것을 가지고 있는 모든 사람들은 지속적으로 다른 사람들에 의한 약탈의 위험에 처할 것이다. 법을 비롯해서 모두에게 동등하게 적용되는 공통의 제도가 없는 사회에서의 삶은 코르델리에 따르면 "다른 사람의 자의적인 의지에 의존하는" 삶이다. "그것은 일종의 노예 상태일 겁니다."

나쁜 시스템 내에서 할 수 있는 일을 하면서 "세상을 바꾸려는" 사람, 그 시스템에 대해서는 비교적 침묵하는 사람을 생각해보자. 가난한 사람들을 돕기 위해 임팩트 투자 펀드를 운영하지만 머릿속에서든 밖으로든 빈곤과 자신의 자문위원회에 있는 금융인들의 사업 관행을 연결시켜서 생각하지 않으려고 하는 사람을 생각해보자. 이와 같은 사례의 백여 가지 변형을 생각해보자. 코르델리가 보기에 이러한 사람은 자신을 따뜻한 마음을 지닌 노예주라는 까다로운 도덕적 위치에 두고 있다.

"사람들이 지닌 자유의 권리를 부정하면서도 '나는 자애로운 주인'이라고 생각하며 그것을 정당화하는 주인을 둔 것과 같다"고 그녀는 말했다. "나는 사실상 노예제를 지지하지만, 일단 노예를 갖게 되면 정말 잘 대해주고, 실제로 그들은 좋은 환경에서 살고 있소."

누군가는 "노예제가 존재한다면 자애롭지 못한 주인보다는 자애로운 주인이 되는 편이 당연히 더 낫다"고 반박할 수 있다. 코르델리는 그것은 명백해 보인다고 말했다. 그러나 노예제 같은 시스템을 돌이켜볼 때, 대부분의 사람들은 그 당시 유일하게 합리적인 행동 방침이 노예의 구매를 거부하고 노예제에 동참하기를 거부하며 그 상태가 지속되는 것을 거부하는 것이라는 데 동의할 것이다. 현재를 고려해볼 때 상황은 더 모호하다. 국민의 절반이 한 세대에 걸친 성장과 진보로부터 차단된 정치·경제 시스템이 당연하게 받아들여진다. 쟁점은 복잡하다고 한다. 어떤 이들은 자신들의 입장이 언젠가 불합리해 보이게 될까봐 두려워하면서도 시스템을 수용한다. 이들은 불의의 장본인들과 끝까지 함께 일하려고 한다. 이들은 심지어 자신들의 정의 추구 프로젝트의 자문위나 이사회에 그 장본인들을 앉힌다.

때로는 그 수용이 무능이나 무지로 치장된다. 그렇다. 로리 티시와 같은 사람은 이론적으로는 시스템이 바뀌어야만 한다고 말할 것이다. 그러나 그것은 너무 어렵다. 에이미 커디는 "구조의 변화와 시스템의 변화"는 좋고 훌륭하다고 말한다. 그녀가 직면한 문제는 이렇다. "누구에게 그런 일을 하라고 말할 것인가?" 품행이 바른 자본주의를 이끌 자발적인 집단을 만들어내는 일을 부업으로 하기는 쉽다. 앤드류 카소이는 모든 사업에 적용되는 법을 바꾸기 위해서는 자신에게는 부족한 활동가의 재능을 지닌, 정치의 모든 수준에서 마켓월드에서처럼 많은 보상을 받지 않는 존경할 만한 공직자들이 있어야 한다고 지적한다.

코르델리는 시스템에 대한 숙명론, 제도 변화에 대한 무력감을 "불합리"하다며 기각한다. 그녀는 마켓월드의 시민들이 "스스로를 기업가로서, 변화의 행위자로서 인식하면서 자신들의 삶을 꾸려가고 있기" 때문에 그것은 불합리하다고 말한다. 그들은 자신들의 의지에 세상을 끼워맞추려고 할 때는 변덕스럽게도 열성적인 태도를 보여준다. 코르델리에 따르면 "이들의 기분이 좋아지는 방식으로 변화를 만들어내는 것, 다시 말해 어떤 사업을 일으키고, 무언가를 위해 로비를 하고, 자선활동을 통해 일부 사람들에게 실질적인 도움을 주는 것이라면 이들은 행위자다. 이들은 의도적으로 강력하게 변화를 실행할 수 있다." 그러나 "더 많은 세금을 내고, 더 공정한 제도를 옹호하기 위해 노력하고, 시스템의 불의를 방지하기 위해 실질적인 노력을 하고, 불평등은 줄이고 재분배는 늘리기 위한 시도를 하는 것이라면 이들은 마비"된다. 이들이 할 수 있는 것은 아무것도 없다.

"철학적으로도, 실천적으로도 이치에 닿지 않는 대리인agent의 개념이라는 점에서 그것은 불합리하다"고 그녀는 말했다. 무엇보다도 회사법을 바꾸기 위한 싸움이 유사한 자본주의 기반 시설을 발명하는 일보다 반드시 더 어렵다고 할 수는 없다. 세계를 이동하는 부호들을 상대로 더 효과적인 과세를 모색하는 일이 매년 정교한 콘퍼런스를 개발하여 이들이 약간의 기부를 할 수 있도록 하는 일보다 반드시 더 어렵다고 할 수는 없다. 코르델리가 다시 한번 말하고 있듯이, 마켓월드 사람들은 스스로를 과소평가하고 있다. 그들은 항상 중요하고 복잡하며 정교한 일들을 한다. 그들은 어려운 문제를 해결한다. 정치와 시스템의 수준에서 해결책에 기여할 능력이 없다는 그들의 선언은 입에 발린 소리처럼 들릴 수 있다. 더욱이 최근 수십 년 동안 마켓월드가 번영해온 시스템은 자연스럽게 발생한 현상이 아니다. 그것은 인간이 설계한 것이다. 세금을 낮추고, 무역을 자유롭게 하고, 글래스-스티걸법을 폐지하고, 부채를 줄이고, 규제를 축소하는 등 마켓월드 시민들이 풍족한 작금의 시대를 만든 모든 정책의 추구로 대표되는 "시스템 변화"를 위해서 마켓월드는 정치의 영역에 관여하려는 의지와 능력을 보여주었다. 그런데 바로 그러한 것들의 일부를 역전시키기 위해서 싸우는 일을 마켓월드가 떠맡기에는 너무 힘들고, 너무 정치적이고, 너무 방대하다고 여겨졌다.

코르델리의 비판이 카소이를 비롯한 마켓월드 사람들에게 너무 가혹하게 들릴지 모르지만 그녀는 이들에게 일종의 탈출구를 마련해주고 있다. 그녀는 이들을 대변하면서 일부 사람들이 개인적으로 두려워하는 것이 사실이라고 고백한다. 이들은 사회의 자비가 필요한 채무자이지 추종자를 원하는 구원자는 아니라는 것이다. 그녀는 마켓월드 사람들이 그토록 환호하는 일종의 해결책을 제시하고 있었다. 그 해결책은 그들의 본능과 어쩌면 그들의 이익에도 반하는 것이겠지만, 세계를 주조하는 장소로서의 정치로 되돌아가는 것이다.

코르델리가 옳다면 마켓월드의 기본 가정은 틀렸다. 당신이 할 수 있는 좋은 일을 하는 것은 그녀의 사고방식에서는 그다지 대단한 행위가 아니다. 당신이 무엇을 수용하는가는 당신이 무엇을 하는가 만큼이나 중요하다. 스스로를 "지도자"라 부르고 가장 고질적인 사회문제의 해결사를 자처하는 기업가들은 그 문제의 발생에서 자신의 역할을 지우는 우려스러운 방식을 대표한다. 코르델리의 시각에서 보면 사회개혁으로부터 잃을 것이 가장 많은 사람들이 개혁가 명단에 자주 오르는 일은 정말 이상하다. 마켓월드가 하는 모든 좋은 일에도 불구하고 그 사적인 방식의 세계 변화는 이들의 "나르시시즘"에 의해 훼손된다. 코르델리는 "요즘 들어 사람들은 혼자서 세상을 바꾸기를 원하는 것 같다"고 말했다. "물론 그들 자신에 관련된 문제고 그들이 하는 일에 관련된 문제이기는 합니다. 하지만 다른 사람들도 존재하지요. 모든 이들의 이름으로 좀 더 품위 있는 삶을 위한 어떤 조건을 보장할 수 있는 제도들을 만들려면 그들의 지지를 받아야 합니다."

한 사회가 공유된 민주적인 제도들을 통해서 사람들을 도울 때, 그 일은 모두를 대표하는 평등의 맥락에서 이루어진다. 자유롭고 평등한 시민을 대표하는 제도들은 누구를 어떻게 도울지 집합적으로 선택을 한다. 도움을 받는 사람들은 거래의 대상일 뿐만 아니라 그 주체, 말하자면 행위성을 지닌 시민들이다. 도움이 사적인 영역으로 옮겨 가면, 그것이 아무리 효율적이라고 하더라도 그 도움의 맥락은 주는 사람과 받는 사람, 돕는 사람과 도움을 받는 사람, 기부자와 수혜자로 이루어진 불평등의 관계다.

한 사회가 정치적으로 그리고 체계적으로 문제를 해결할 때, 그것은 전체의 감각을 표현한다. 모든 시민을 대표해서 말하는 것이다. 하는 일을 통해서 믿는 바를 말하는 것이다. 코르델리는 어느 힘 있는 개별 시민이 다른 사람을 대신해서 발언권을 실행한다면 그것은 정당하지 않다고 주장한다. 그녀는 "당신은 한 사람의 개인"이라고 말했다. "당신은 그들의 이름으로 말할 수 없어요. 나는 아마도 내 아이의 이름으로 말할 수 있지만, 다른 사람들은 당신의 아이가 아니니까요."

"자유롭고 평등하고 독립적인 개인이, 좋든 나쁘든 간에 공통의 제도들을 공유한다는 것은 바로 이러한 의미"라고 그녀는 말했다. 법률, 법원, 선출 공무원, 기관, 권리, 경찰, 헌법, 규제, 세금, 공유된 하부 시설 등 우리 문명을 지탱하고 우리가 함께 소유한 수백만 개의 작은 조각으로 이루어진 우리의 정치 제도, 바로 이것들만이 "모든 이들을 대신해서 행동하고 말할 수 있다"고 코르델리는 말했다. "물론 종종 제대로 작동하지 않는다"는 점을 그녀는 인정했다. 그러나 그렇다고 해서 마켓월드가 이해하는 대로 가야 하는 것은 아니다. 코르델리는 "혼자서 변화를 만들어낼 수 있다고 생각함으로써 그 제도들을 약화시키고 파괴하는 일을 하기보다는 그것들이 제대로 작동하게 하는 것이 우리의 일"이라고 말했다. "제도들을 개선하기 위한 여건을 만드는 일부터 시작합시다."

감사의 말

2015년 여름, 방을 가득 메운 부자와 권력자들에게 "당신은 스스로 그렇다고 생각하는 구원자는 아니"라고 말하면 무슨 일이 벌어질까 궁금해하며 나는 콜로라도의 아스펜 단상에 걱정스럽게 서 있었다.

4년 전, 나는 아스펜 연구소의 헨리 크라운 펠로우로 임명되었다. 본문에 나와 있는 것처럼 이 프로그램은 "세계의 가장 고질적인 문제들"에 맞설 "새로운 유형의 리더"를 배출하는 목표를 추구한다. 내가 선정된 것은 뜻밖이었다. 펠로우십의 선정 기준은 "주로 비즈니스 세계에서 입증된 기업가"였기 때문이다. 나는 기업가가 아니었고 기업가인 적도 없었으며 글쓰기가 비즈니스라고 치더라도 그리 대단한 것은 아니었다. 그러나 펠로우십은 기분 좋게 들렸고 나는 아스펜으로의 여행을 거절하지 않았다. 스무 명 남짓한 동료들이 한 그룹으로 만나 2년에 걸쳐서 총 네 차례, 일주일간 회의를 했다. 이 펠로우십을 통해 함께 중요한 글을 읽고 논쟁하며 "차이를 만드는" 방법을 고민하면서 비밀스럽게 우리의 삶과 문제들을 토론해야 했다.

처음에는 이 작은 집단이 나의 펠로우십 체험을 규정했다. 나는

410

동료들과 유대를 형성했고 서로의 고민을 나누었으며 나중에는 그들의 결혼식 중 하나에서 주례사까지 했다. 아스펜 연구소의 우주에서 안락한 자리를 잡았을 무렵, 조금 다른 종류의 미심쩍은 즐거움이 나타났다. 나는 전용기를 가진 이들과 사귀게 되었고 때때로 그 전용기를 타고 다녔다. 로링포크밸리Roaring Fork Valley가 내려다보이는 사슴뿔 장식이 있는 저택에 사는 갑부들과 어울렸다. 어머니를 아스펜 아이디어 페스티벌에 데려갔고, 우리는 호텔 방을 함께 쓰면서 누가 호랑이 무늬 목욕 가운을 입고 누가 표범이 그려진 목욕 가운을 입을지를 두고서 웃음을 참지 못했었다.

이러한 사치와 연줄을 맛보긴 했지만, 나는 아스펜 연구소와 관련해서 무언가 잘못된 것이 있음을 발견했다. 여기 이 모든 부자와 권력자들이 한데 모여 기부를 말했지만 이러한 모임의 이득을 가장 많이 챙겨가는 것처럼 보이는 사람들은 도움을 받는 이들이 아니라 도와주는 이들이었다. 가장 운이 좋은 사람들이 단지 차이를 만드는 것뿐만 아니라 "세상을 변화시키는 것"의 소유권을 효과적으로 주장할 때 실제로 무슨 일이 벌어지는지 나는 의문이 들기 시작했다.

민주주의와 "좋은 사회"에 대한 아스펜 연구소의 모임 대부분이 민주주의와 "세상을 바꾸려는" 보통사람들의 노력을 약화시키기 위해 그토록 많은 일을 했던 한 가족의 이름을 딴 코흐 빌딩Koch Building에서 벌어졌다는 점은 특이했다. 우리 펠로우십 동창회 개최자들이 불쑥 골드만삭스가 후원하는 점심 자리를 마련했을 때는 당혹스러웠다. 그곳에서 골드만삭스의 선행이 칭송되었고 그들이 금융 위기를 야기하는 데 일조한 사실은 거론되지 않았다. 펠로우십이 펠로우들에게 일상적인 업무를 더 훌륭히 수행하는 대신 도덕적인 부업을 하라고 요청하는 사실도 나를 괴롭혔다. 연구소는 페이스북, 헤지펀드 브리지워터 어소시에이츠Bridgewater Associates, 펩시코와 같은 영향력 있는 기업의 사람들을 불러 모았다. 연구소는 이들에게 그들의 회사를 독점적으로 운영하지 말라거나 탐욕을 줄이라거나 아이들에게 해를 입히지 말라고 요청하는 대신에 "세상을 바꾸는" 부업을 하라고 권유했다.

나는 거대하고 달콤한 거짓말의 비겁한 수혜자일뿐만 아니라 소심한 공범자로 동참하게 된 느낌이 들기 시작했다. 변화의 리더라는 우리는 도대체 누구인가? 무엇 때문에 세계의 문제를 우리가 적합하다고 생각하는 대로 해결할 권리를 갖게 되었는가? 선택된 기준을 고려해볼 때, 그 문제 해결에 우리는 어떤 이익과 맹점을 들여왔는가? 우리는 왜 아스펜에 모여 있는가? 시스템을 바꾸기 위해서인가, 아니면 그것에 의해 바뀌기 위해서인가? 우리가 세미나에서 읽은 글의 작가들처럼 권력에게 진실을 말하기 위해서인가, 아니면 부당하고 불쾌한 시스템이 좀 더 쉽게 무너지도록 돕기 위해서인가? 우리가 해결하겠다고 제안한 고질적인 문제들은 말없이 주장해온 방식—권력의 재분배를 최소화하고, 엘리트의 비용을 최소화하는—으로 해결될 수 있을까?

그 프로그램의 5년차일 때, 나는 여름 동창회에서 수백 명의 동료 펠로우들에게 강연해 달라는 요청을 받았다. 이 일은 예사롭지 않았다. 펠로우십의 규칙은 서로에게 배우는 것이지 외부의 사람들에게 강연하는 것이 아니었다. 동창회에서는 12명의 펠로우들이 이러저러한 방식으로 강연을 할 예정이었다. 여름이 밝아오고 모임이 다가옴에 따라, 지난 몇 년간의 복잡한 감정이 내 안에서 소용돌이쳤다. 나의 죄책감과 불편함이 부글거렸고 마침내 반쯤 확실히 이 책의 단초가 된 내용을 쓰고 전달하기로 결심했다.

그날 단상에서 나는 "우리는 스스로 그렇다고 생각해온 리더들이 아닐 수 있다는 주장을 하고 싶다"고 말했다. 나는 내가 아스펜 컨센서스Aspen Consensus라고 칭했던 것을 묘사했다. "우리 시대의 승자들은 더 많은 선을 행하라는 요구를 들어야만 합니다. 그러나 절대로 그들에게 해악을 덜 행하라고 말해서는 안되죠."

통상 대중 강연에 긴장하지는 않지만 그날은 달랐다. 친구라고 생각하는 이들에게 거짓된 삶을 살고 있다고 말할 때 무슨 일이 벌어지게 될지 나는 몰랐다. 그러나 나는 거기에 있었고 연설을 마쳤다. 사람들이 기립하여 함성을 질러서 나는 한참을 놀랐다. 그러나 곧이어 전 국무부 장관 매들린 올브라이트Madeleine Albright가 무대에 올랐고, 부드럽게 내 연설을 폄하했다. "도대체 뭐야Que cojones." 다른 여성이 내게 속삭였다. 그러나 그녀의 남편은 등 뒤에서 나를 헐뜯기 시작했다. 한 억만장자가 내게 다가와서 자신이 평생 분투했던 것을 말해주어서 고맙다고 말했다. 아스펜 연구소의 지도부 몇몇이 극도로 흥분해서 누가 이러한 격분이 일도록 했는지 묻기 시작했다. 그날 저녁 바에서 몇몇은 나를 응원했지만 다른 몇몇은 차갑게 노려보았고 한 사모펀드 남자는 나에게 "멍청이"라고 말했다.

그 늦은 저녁 벽난로 옆에서 「뉴욕타임스」 칼럼니스트 데이비드 브룩스David Brooks가 내 연설에 관해 글을 써도 되겠냐고 물었다. 내 말이 그 방 밖으로 퍼지도록 할 계획은 아니었지만 나는 동의했다. 그가 칼럼을 썼다. 사람들이 그 강연을 보게 해달라고 요구하기 시작했다. 나는 온라인에 올렸다. 여기저기에 소동을 일으켰고 대화가 만발했다. 이 주제에 관해 책을 쓸 계획은 아니었지만 그 주제가 나를 선택했다. 결국 나는 그 후 2년 동안 어떻게든 세상을 그대로 유지하려는 것 같은 엘리트식 변화 만들기의 역설 속에서 살아가는 사람들에게 말하고 그들에 관해 썼다.

이 이야기를 한 이유는 책의 기원에 관해 알리기 위해서이고, 가장 먼저 아스펜 연구소에 감사를 표하기 위해서다. 연구소는 나를 받아주고 엘리트가 주도하는 사회변화의 이면을 볼 수 있게 해주었다. 또한 이러한 뒷이야기를 한 이유는 연구소가 받아 마땅한 감사를 솔직하게 밝히기 위해서다. 어떠한 문제에 대해 아는 가장 좋은 방법은 그 일부가 되는 것이다.

이 책은 한 비판자의 작업이지만, 또한 그것이 다루는 문제의 내부자이면서 외부자인 이의 작업이기도 하다. 나는 이 책이 나에 관한 것이 되기를 원하지 않았기 때문에 이러한 것들을 사적인 방식으로 쓰지 않기로 했다. 그러나 여기 사의를 표하는 중에 내가 한때 맥킨지에서 애널리스트로 일했으며, TED 강연을 한 번도 아니고 두 번이나 했고, 강연을 해서 상당한 수입을 벌었으며, "세상을 바꾸라"고 외치는 콘퍼런스가 일종의 가식이라는 것을 알게 되기 오래 전에 그 콘퍼런스들에 참석했음을 밝힌다. 나는 정직하고 윤리적인 삶을 살아가려고 노력해왔지만, 내가 비판하는 것과 나 자신을 분리할 수는 없다. 이것은 시스템에 대한 비판이고 나는 당연히, 어쩔 수 없이 그것의 일부다.

나는 오랫동안, 이 책을 쓰면서 수많은 내 친구들이 속해 있는 한 무리의 실천과 신념을 기소하는 기묘함과 씨름하지 않을 수 없었다. 시인 체스와프 미워시Czesław Miłosz의 오래된 구절을 떠올렸을 때 나는 동시적인 인식을 느꼈다. 1953년 그는 『사로잡힌 정신』이라는 책을 출간했는데, 스탈린주의의 위선과 억압에 대해 합리화와 변명의 형태로 굴복한 자신의 동료 폴란드 지식인들 다수에 대한 실망을 말하는 내용이었다. 그는 자신의 책을 "신흥 종교의 마법 같은 영향력에 차츰 굴복해가는 나의 친구들과의 논쟁"으로 묘사했는데, 나에게 큰 도움이 되었다. 내 책 또한 다른 무엇보다도 나의 친구들과의 논쟁이다. 새로운 신흥 종교의 마법 같은 영향력에 조금씩 굴복하고 있는 이들, 얼마나 훌륭한 사람들인지 내가 알고 있는 이들에게 사랑과 염려를 담아 쓴 편지다. 물론, 이 책은 또한 세계 변화를 가져간 이들로부터 그것을 되찾아 달라고 당부하는 대중에게 부치는 편지다.

내 친구들과의 논쟁이기 때문에, 책에 쓴 사람들 중 일부는 나에게는 특별하게도 언론인과 연구 대상 사이의 관계를 맺기 전부터 허물없이 알고 지낸 사람들이다. 숀 힌턴, 에이미 커디, 소날 샤, 앤드류 카소이, 로리 티시가 그들이다. 그들이 보기에 내 견해가 뚜렷했음에도 나와 함께 기꺼이 이러한 문제와 씨름해주어서 감사한다. 내가 알지는 못했지만 어쨌든 나의 이메일과 전화에 답해주고 변화를 만드는 데 대한 자신들의 이야기와 신념을 공유할 수 있도록 해준 다른 연구 대상들 모두에게 감사한다. 아주 소수의 사례에서 나는 사생활 보호를 위해 이름을 변경했다.

나는 두 명의 교수에게 빚지고 있다. 토마 피케티의 걸작, 『21세기 자본』을 읽었을 때 나는 내 책의 의도를 분명하게 표현할 수 있는 한 구절을 발견했다. 피케티는 "이러한 극단적인 불평등이 지속가능할지 여부는 억압적 기구의 효과성뿐만 아니라 아마도 일차적으로 정당화 기구의 효과성에 달려 있을 것이다"고 썼다. 그날 나는 내 책이 정당화 기구에 대한 연구일 것이라고 결정했다. 그리고 하버드 대학에서 나를 가르친 마이클 샌델Michael Sandel은 돈이 우리의 상상력을 정복하고 그것과 아무런 관계가 없는 영역에까지 침투하면서 통화를 넘어 우리 문화 자체가 되었다는 생각을 나에게 심어준 아마도 최초의 인물일 것이다.

집필 작업이 마무리될 무렵인 2017년 가을, 그들의 시카고 행사에 나를 초대하여 이 책의 주제들을 최초로 공개 토론할 기회를 갖게 해준 퇴임한 버락 오바마 대통령과 그의 재단에도 감사의 인사를 드린다. 마켓월드의 사람들은 거의 찾아볼 수 없었던 그 행사장의 민주주의 활동가들과 시민운동 지도가들은 대중이 주도하는 방식의 세계 변화가 가능할 수 있겠다는 희망을 내게 불러일으켜 주었다.

몇몇 장이나 심지어 원고 전체를 읽는 데 시간을 내어준 너그러운 리처드 셔윈Richard Sherwin, 니콜라스 네그로폰테Nicholas Negroponte, 조슈아 쿠퍼 라모Joshua Cooper Ramo, 룩미니 기리다라다스Rukmini Giridharadas, 톰 퍼거슨Tom Ferguson, 힐러리 코헨, 케이시 제럴드Casey Gerald에게 사의를 표하고 싶다. 숲에 있는 그의 오두막을 빌려준 자케리 케인퍼리Zackary Canepari에게도 감사의 인사를 전한다. 이제 나의 영웅적인 아내 프리야 파커Priya Parker가 있다. 그녀는 작업이 어떻게

416

되어가고 있는지 가장 먼저 알았다. 왜냐하면 책을 쓰는 오랜 시간 동안 그녀가 날마다 그날의 성과를 큰 소리로 말하라고 했기 때문이다. 늘 나를 지지해주는 현명한 나의 부모님 샴Shyam과 난디니Nandini, 그리고 일일이 이름을 열거하기에는 너무 많은 친구들이 그들만의 중요한 방법으로 도움을 주었다. 언제나 그렇지만 글쓰기가 힘들어졌을 때 이들은 조언, 어깨, 그리고 다양한 지혜를 빌려주었고, 신속한 문자 메시지 피드백을 제공해주었다. 그리고 다시 한번, 나는 능수능란한 편집자이자 총명하고 활달한 친구인 브린다 콘딜락Vrinda Condillac이 지닌 재능의 덕을 크게 보았다. 그는 내 옆에 앉아서 거의 2주 내내 초고를 단락별로 검토했다.

나의 훌륭한 에이전트인 린 네스빗Lynn Nesbit은 전설적인 지위에 오를 자격이 있는 몇 안 되는 사람들 중 한 명이다. 책을 세상으로 인도하는 도중에 맞닥뜨린 그 모든 장애물을 처리하는 데 있어서 그보다 더 나은 사람은 없다. 린보다 더 작가를 안심시키는 사람은 없으며 장기적인 안목이 더 뛰어난 사람도 없다. 그리고 린처럼 전화를 이용해 단순히 문자를 찍는 것이 아니라 수다를 떠는 사람은 거의 없을 것이며, 그보다 수다를 더 잘 떠는 사람도 없을 것이다.

린은 나를 알프레드 A. 크노프Alfred A. Knopf 출판사로 인도했지만 그것은 또한 일종의 귀향이었다. 10여 년 전 인도에 대해서 글을 쓸 때 이 책의 편집자 조너선 시걸Jonathan Segal을 처음 만났다. 그는 마침내 그 책을 손에 넣은 것이 아니라 제안서에 대한 논평을 통해 그 책을 완전히 창조했었다. 우리는 지금 이 책에서 다시금 서로를 발견했다. 그는 똑똑하고, 헌신적이며, 책에 열성적이어서 만족시키기 힘들다. 그가 연필로 표시한 부분을 컴퓨터에 쳐 넣을 때, 나는 수술의 달인을 보고 있는 느낌이 들었다. 처음에는 절단을 주시한다. 그러나 곧이어 제거되어야 할 것은 제거하고, 이식하고, 주입하고, 봉합함으로써 그가 몸을 건강하게 만들고 있음을 알아차린다. 이 책은 그의 눈, 손, 믿음 없이는 존재하지 않았을 것이다. 나는 또한 크노프의 용맹한 리더, 책을 옹호하는 소니 메타Sonny Mehta에게 감사하고, 제시카 퍼셀Jessica Purcell, 폴 보가드Paul Bogaards, 샘 애버Sam Aber, 줄리아 링고 Julia Ringo, 킴 손튼 인제니토Kim Thronton Ingenito, 그리고 나머지 팀원들 모두에게 감사한다.

도래할 새 시대를 맞이할 나의 아이들, 오리온Orion과 조라Zora, 그리고 여러분의 아이들에게 이 책을 바친다.

주석

이 책은 일종의 르포 작업이다. 내가 쓰고 길게 인용한 사람들은 인터뷰한 이들이며 일부 예외는 본문에 표기했다. 마찬가지로 내가 자세하게 묘사한 장면은 실제로 목격했거나 거기에 있던 사람들의 증언을 토대로 재구성을 시도한 장면들이다. 문헌에 크게 의존한 경우에는 가능하면 본문에 그것들을 직접 인용했다. 그러므로 아래에 나와 있는 것은 서사의 혼란을 피하고 독자의 흐름을 방해하지 않기 위해 본문에는 인용하지 않은 실질적인 자료들의 목록이다. 전부 포함되지는 않았다. 인터넷에서 쉽게 검색할 수 있는 소소한 인용들이나 자명한 출처의 사실들은 넣지 않았다.

프롤로그

생의학 연구에서 미국 과학자들이 세계를 선도하는 것에 관해서는 "Globalization and Changing Trends of Biomedical Research Output," by Marisa L. Conte, Jing Liu, Santiago Schnell, and M. Bishr Omary (JCI Insight, June 2017)을 보라. 미국인의 평균적인 건강이 "다른 부유한 국가 시민들의 수준에 비해 여전히 뒤떨어지고" 있다는 것에 관해서는 "U.S. Health in International Perspective: Shorter Lives, Poorer Health," by the Institute of Medicine and the National Research Council (Washington, DC: National Academies Press, 2013)을 보라. 미국인의 기대 수명 감소에 관해서는 "Mortality in the United States," by Jiaquan Xu et al. (National Center for Health Statistics data brief no. 267, December 2016)을 보라. 12학년의 독해 수준 하락에 관해서는 "The Condition of Education 2017," by Joel McFarland et al. (National Center for Education Statistics, 2017)을 보라. 비만과 관련된 상태에 관해서는 "Early Release of Selected Estimates Based on Data from the 2015 National Health Interview Survey," by B. W. Ward, T. C. Clarke, C. N. Nugent, and J. S. Schiller (National Center for Health Statistics, May 2016)와 http://stateofobesity.org에 있는 다양한 자료들을 참조하라. 청년 기업가의 감소에 관해서는 "Endangered Species: Young U.S. Entrepreneurs," by Ruth Simon and Caelainn Barr (Wall Street Journal, January 2, 2015)을 보라. 구글 북스에 관해서는 "Torching the Modern-

Day Library of Alexandria," by James Somers (Atlantic, April 2017)를 보라. 미국인의 문해 능력에 관해서는 "The U.S. Illiteracy Rate Hasn't Changed in 10 Years" (Huffington Post, September 6, 2013)와 the National Center for Education Statistics의 데이터를 보라. 독서량에 관해서는 "The Long, Steady Decline of Literary Reading," by Christopher Ingraham (Washington Post, September 7, 2016)을 보라. 정부 신뢰에 관해서는 "Public Trust in Government Remains Near Historic Lows as Partisan Attitudes Shift" (Pew Research Center, May 3, 2017)를 보라. "변화의 과실"의 불균등한 확산에 관해서는 "Distributional National Accounts: Methods and Estimates for the United States," by Thomas Piketty, Emmanuel Saez, and Gabriel Zucman (National Bureau of Economic Research Working Paper No. 22945, December 2016)을 보라. 사회적 이동성과 "앞서갈 기회"의 변화하는 현실에 관해서는 "The Fading American Dream: Trends in Absolute Mobility Since 1940," by Raj Chetty et al. (National Bureau of Economic Research Working Paper No. 22910, December 2016)을 보라. 부자와 빈자의 기대 수명 격차에 관해서는 "The Association Between Income and Life Expectancy in the United States, 2001 – 2014," by Raj Chetty et al. (Journal of the American Medical Association, April 26, 2016)를 보라. 억만장자의 성장률과 다른 이들의 성장률 비교 및 상위 10퍼센트의 자산에 관해서는 "How Business Titans, Pop Stars and Royals Hide Their Wealth," by Scott Shane, Spencer Woodman and Michael Forsythe, (New York Times, November 7, 2017)를 보라.

1장 그러나 세상은 어떻게 변화되는가?

Piketty et al.의 더 많은 데이터들은 위에서 인용한 "Distributional National Accounts"를 보라. 조지타운 대학에서의 빌 클린턴에 관해서는 On the Make: The Rise of Bill Clinton, by Meredith L. Oakley (New York: Regnery, 1994)를 보라. 신자유주의에 관한 데이비드 하비의 말은 그의 책, A Brief History of Neoliberalism (Oxford: Oxford University Press, 2007)에서 따왔다. "책임감"의 의미 변화에 관한 야샤 뭉크의 논의는 The Age of Responsibility: Luck, Choice, and the Welfare State (Cambridge, MA: Harvard University Press, 2017)를 보라. 조너선 하이트와 크리스타 티펫의 대화는 "Capitalism and Moral Evolution: A Civil Provocation," an episode of the radio show and podcast On Being (June 2, 2016)을 보라.

2장 원원

아프리카개발은행의 이른바 벌처펀드 인수에 관해서는 웹사이트 www.afdb.org/en/topics-and-sectors/initiatives-partnerships/a frican-legal-support-facility/vulture-funds-in-the-sovereign-debt-context (accessed September 2017)를 보라. 임금 정체와 생산성 증대에 대한 경제정책연구소의 더 많은 연구는 "Understanding the Historic Divergence Between Productivity and a Typical Worker's Pay," by Josh Bivens and Lawrence Mishel (EPI Briefing Paper No. 406, September 2015)를 보라. 애덤 스미스의 첫 번째 인용문은 The Wealth of Nations, book I, chapter 2, 두 번째 인용문은 The Theory of Moral Sentiments, part IV, chapter 1에 있다. 마이클 포터의 문제를 해결하는 사업의 권력에 관한 인용은 그의 글, "Creating

Shared Value," coauthored with Mark R. Kramer (Harvard Business Review, January – February 2011)를 보라. 벤다이어그램에 대한 크레이그 샤피로의 글은 그의 콜라보러티브펀드의 웹사이트 www.collaborativefund.com/about (accessed September 2017)에 올라 있다.

3장 베레모를 쓴 걱정에 찬 반란군 왕들

블레어 밀러의 인용문은 "Tastemakers," published by the New York clothing boutique Otte (no longer available online)에 실린 인터뷰에 있다. 다나 보이드의 기술 재벌에 대한 비판은 그녀의 글, "It's Not Cyberspace Anymore" (Points blog on Medium, February 2016)에 있다.

에어비앤비의 차별에 반대하는 운동은 "Airbnb Has a Discrimination Problem. Ask Anyone Who's Tried to #Airbnbwhileblack," by Aja Romano (Vox, May 6, 2016)를 보라. 고발에 대응하는 에어비앤비의 보고서는 "Airbnb's Work to Fight Discrimination and Build Inclusion," by Laura W. Murphy (September 8, 2016): http://blog.atairbnb.com /wp-content/uploads/2016/09/REPORT_Airbnbs-Work-to-Fight-Discrim ination -and-Build-Inclusion.pdf?3c10be (accessed September 2017)를 보라. 캘리포니아의 공정 고용과 주택청(Department of Fair Employment and Housing)의 에어비앤비에 대한 혐의 주장은 www.dfeh.ca.gov/wp-content/uploads /sites/32/2017/06/04-19-17-Airbnb-DFEH-Agreement-Signed-DFEH-1-1.pdf (accessed September 2017)에 나와 있다. 캘리포니아의 주장에 대한 에어비앤비의 대응도 위 자료에 나와 있다.

우버에 대한 첸 판사의 판결은 그의 "Order Denying Defendant Uber Technologies, Inc.'s Motion for Summary Judgment" in O'Connor v. Uber, Case No. C-13-3826 EMC, United States District Court for the Northern District of California, Docket No. 211을 보라. 차브리아 판사의 리프트 판결은 그의 "Order Denying Cross-motions for Summary Judgment" in Cotter v. Lyft, Case No. 13-cv-04065-VC, United States District Court for the Northern District of California, Dockets No. 69 and 74를 보라.

빌 게이츠의 기술의 평등화하는 힘에 대한 신념은 그의 책, The Road Ahead (New York: Viking, 1995)을 보라. 마크 저커버그와 프리실라 챈의 인터넷 권력에 대한 신념은 이들의 "Letter to Our Daughter" (Zuckerberg's Facebook page, December 2015)를 보라.

데이비드 하이네마이어 한손의 실리콘밸리 윤리에 대한 비판은 그의 글, "Reconsider" (Signal v. Noise blog on Medium, November 5, 2015)를 보라. 마시에이 세글로스키의 비판은 "California Capitalism Is Starting to Look a Lot Like Polish Communism," published on Quartz (September 24, 2015)에 인용되어 있고 원본은 http://idlewords.com / talks/what_happens_next_will_amaze_you.htm.에 있다. 홉스의 인용문은 그의 Leviathan, book I, chapter 13에 나와 있다.

4장 비판적 지식인과 지식 소매상

에이미 커디의 연구 논문은 구글 스칼라의 https://scholar.google.com/citations?user =1kdjewoAAAAJ에 나와 있다. 남성과 독립 및 상호 의존 인지에 관한 그녀의 논문은 "Men as

Cultural Ideals: How Culture Shapes Gender Stereotypes" (Harvard Business School Working Paper 10-097, 2010)을 보라. 앤드루 졸리Andrew Zolli의 논문은 "Learning to Bounce Back" (New York Times, November 2, 2012)을 보라.

직업 안정성에 대한 통계와 관련하여, 미국 대학 내 정년 트랙을 다룬 데이터는 "Higher Education at a Crossroads," a report by the American Association of University Professors (March – April 2016): www.aaup.org/sites/default /files/2015-16EconomicStatusReport. pdf (accessed September 2017)에 있다. 뉴스룸 데이터는 "Newsonomics: The Halving of America's Daily Newsrooms," by Ken Doctor (Nieman Lab, July 28, 2015)에 있다.

애덤 그랜트의 인용문은 그의 책, Originals: How Non-Conformists Move the World (New York: Viking, 2016)에 있다. 브린 브라운의 인용문은 "The Power of Vulnerability," her talk at TEDxHouston (June 2010)에 있다. 캐롤 허니쉬의 인용문은 1969년 글, "The Personal Is Political,"에 있고, 그녀의 웹사이트www.carolhanisch.org/CHwrit ings/ PIP.html (accessed September 2017)에서 찾아볼 수 있다. 말콤 글래드웰의 유급 강연의 윤리적 곤경에 대한 논의는 그의 웹사이트 http://gladwell.com/disclosure-statement (accessed September 2017)에 올라 있는 "Disclosure Statement"에서 찾아볼 수 있다. 스티븐 마르케의 니얼 퍼거슨 비판은 "The Real Problem with Niall Ferguson's Letter to the 1퍼센트" (Esquire, August 2012)에 나와 있다. 가우탐 무쿤다의 관찰은 그의 글 "The Price of Wall Street's Power" (Harvard Business Review, June 2014)에 나온다.

"식별 가능한 희생자 효과"에 관해 더 알고 싶다면 "Helping a Victim or Helping the Victim: Altruism and Identifiability," by Deborah Small and George Loewenstein (Journal of Risk and Uncertainty, January 2003)를 보라. 조너선 하이트의 "지나치게" 기대하는 사람들에 대한 비판은 위에서 인용한 On Being 인터뷰를 보라.

5장 방화범이 최고의 소방수가 되다
열린사회재단의 2016년 예산은 www.opensocietyfoundations.org/sites/default/files/open-society – founda tions-2016-budget-overview-2016-01-21.pdf에서 볼 수 있다. 카비타 람다스의 비영리 세계를 인수한 테크노크라트에 대한 비판은 그녀의 글, "Philanthrocapitalism Is Not Social Change Philanthropy" (Stanford Social Innovation Review, December 2011)에 나와 있다. 세계의 바하이 교도들에게 보내는 편지는 모두를 위한 정의의 집(Universal House of Justice)의 연례 리드반 메시지(Ridván Message) 2010년분으로 http://universalhouseofjustice. bahai.org/ridvan – messages/20100421_001에 있다.

6장 관대함과 정의
대런 워커의 인용은 별도의 표시가 없으면 그와 했던 인터뷰에서 가져온 것이다. 워커의 잡지 프로필과 그의 주목할 만한 인생에 관해서는 "What Money Can Buy," by Larissa MacFarquhar (New Yorker, January 4, 2016)를 보라. 작고한 역사가 피터 돕킨 홀(Peter Dobkin Hall)의 미국 자선활동의 기원에 관한 설명으로는 The Nonprofit Sector: A Research Handbook, 2nd

ed. (New Haven, CT: Yale University Press, 2006)에 실린 그의 "A Historical Overview of Philanthropy, Voluntary Associations, and Nonprofit Organizations in the United States, 1600 to 2000"를 보라. 조너선 레비의 인용은 본문에 언급된 Philanthropy in Democratic Societies에 실린 그가 쓴 장에 나와 있다. 워커의 편지, "Toward a New Gospel of Wealth"는 포드 재단 웹사이트 www.fordfoundation.org/ideas/equals-change-blog/posts /toward-a-new-gospel-of-wealth (accessed September 2017)에 있다.

새클러 가족, 퍼듀 파마, 그리고 진통제 확산에 관한 부분은 책의 다른 부분과 달리 전적으로 다른 이들의 주요 보도에 의존해서 구성한 역사적인 합성물이다. 본문에 출판물을 인용했지만 많은 보도 중에서도 「뉴욕타임스」의 브루스 웨버Bruce Weber와 배리 마이어Barry Meier, 「포춘」의 캐서린 에반Katherine Eban, 「STAT」에서 한결같이 영웅적인 작업을 해온 데이비드 암스트롱의 보도에 감사를 표하고 싶다. 로버트 브라운리의 퍼듀에 관한 인용은 그가 의회에서 한 증언에서 가져왔다. "Ensuring That Death and Serious Injury Are More Than a Business Cost: OxyContin and Defective Products" (Senate Judiciary Committee, July 31, 2007)를 보라.

7장 현대 세계에서 효력을 발하는 모든 것

니얼 퍼거슨의 세계주의자에 관한 인용은 그의 글, "Theresa May's Abbanomics and Brexit's New Class War" (Boston Globe, October 10, 2016)에 있다. 로렌스 서머스의 인용은 그의 칼럼 "Voters Deserve Responsible Nationalism Not Reflex Globalism" (Financial Times, July 9, 2016)에 있다. 조너선 하이트의 분석은 "When and Why Nationalism Beats Globalism" (American Interest, July 10, 2016)에 있다.

나는 이 책을 위해서 빌 클린턴과 두 차례 인터뷰를 했다. 첫 번째는 2016년 9월 이메일로 주고받았고, 두 번째는 2017년 5월 뉴욕에 있는 그의 재단 사무실에서 90분간 수행했다.

아론 호바스와 월터 파월의 민주주의에 "기여하는" 또는 "파괴적인" 자선활동에 관한 논의는 Philanthropy in Democratic Societies에 실린 그들의 글을 보라.

에필로그: 다른 사람들은 당신의 아이가 아니다

치아라 코르델리의 인용은 그녀와 했던 인터뷰에서 가져왔다. 그녀의 생각을 더 알고 싶다면 그녀가 공동 편집자인 Philanthropy and Democratic Societies에 실린 글을 보라.

엘리트 독식 사회
세상을 바꾸겠다는 그들의 열망과 위선

1판 1쇄 펴냄 | 2019년 6월 10일
1판 4쇄 펴냄 | 2020년 6월 5일

지은이 | 아난드 기리다라다스
옮긴이 | 정인경
발행인 | 김병준
편 집 | 정혜지
디자인 | 김은영 · 이순연
마케팅 | 정현우
발행처 | 생각의힘

등록 | 2011. 10. 27. 제406-2011-000127호
주소 | 서울시 마포구 양화로7안길 10, 2층
전화 | 02-6925-4183(편집), 02-6925-4188(영업)
팩스 | 02-6925-4182
전자우편 | tpbook1@tpbook.co.kr
홈페이지 | www.tpbook.co.kr

ISBN 979-11-85585-71-0 03340

이 도서의 국립중앙도서관 출판예정도서목록(CIP)은
서지정보유통지원시스템 홈페이지(http://seoji.nl.go.kr)와
국가자료종합목록시스템(http://kolis-net.nl.go.kr)에서
이용하실 수 있습니다.(CIP제어번호 : CIP2019018843)

이 책은 2018년 대한민국 교육부와 한국연구재단의 지원을 받았다(NRF-2018S1A5B8068919).
번역을 지원해준 경희대학교 비교문화연구소에 감사드린다.